CRIME AND PUNISHMENT IN ENGLAND
AN INTRODUCTORY HISTORY
JOHN BRIGGS, CHRISTOPHER HARRISON, ANGUS MCINNES AND DAVID VINCENT

社会と犯罪
英国の場合
中世から現代まで

ジョン・ブリッグス クリストファー・ハリソン アンガス・マッキネス デヴィッド・ヴィンセント 著

吉村伸夫 訳・注

松柏社

社会と犯罪

Crime and Punishment in England *An introductory history*
by John Briggs, Christopher Harrison,
Angus McInnes and David Vincent

© John Briggs, Christopher Harrison,
Angus McInnes and David Vincent 1996

Authorized translation from English language edition
published by Taylor & Francis.

Japanese translation rights arranged with Taylor & Francis
through Japan UNI Agency, Inc., Tokyo.

本書をお読みいただく前に

　本書は、ロンドン大学ユニヴァシティーカレッジ (UCL) 出版局が出した、John Briggs, Christopher Harrison, Angus McInnes and David Vincent, *Crime and Punishment in England, an Introductory History*(1996) を全訳したものです。原書は、同種のものが他に存在しないだけでなく内容的にもよく出来ており、英国社会を理解するうえできわめて有用です。訳出に当たっては、原書にない工夫などもしていますので、本書をご利用いただくうえで最低限必要な事柄を、以下に述べます。

　本文に英語が現れないようにしたのは、制度や法律に関する専門用語がきわめて多く、訳語の後ろに括弧で原語を示したのでは、見苦しく読みづらいからです。しかし、用語の正確さを欠いてはこの種の本の価値は半減しますから、**必要と思われる原語は、逐一脚注に明示し**ました（もちろん、脚注には他の役目もありますが）。用語集として後ろにまとめなかったのは、『英米法辞典』（東京大学出版会、1991年）に依拠しているので、その抜粋になってしまうからです。

　いま述べたとおり、法律や制度にかかわる語については、『英米法辞典』に出ていれば、原則としてその訳語を採用しています。**脚注に示した原語が太字になっているもの**が、それに当たります。一般の大英和辞典からとった訳語は、とくに必要と判断した場合以外、辞典名は示しません。特殊な文献から訳語を採用したり、訳注者自身が訳語を作った場合には、その旨を明記してあります。

　『英米法辞典』関連の脚注は膨大なので、索引との連動で必要な事柄が簡便に参照できるようにしました。本書は用語の初出個所の脚注に原語を示しており、『英米法辞典』は用語を英語であげていますから、本書での初出個所を索引で調べれば、同書をひくのに必要な原語が分かります。『英米法辞典』は一般読者が座右に置く書物ではないとしても、大学図書館や市以上のレベルの公立図書館には備えてあると思われます。しかし、本文を読み進む上でどうしても必要と思われる場合には、定義や解説を適宜脚注で提供してあります。

本書の大きな特長である分かりやすさは、ほんらいが講義だったことに由来します。しかし同じ事情から、言葉遣いが十分ではない箇所がことに後半に散見されるため、そういうところでは、かなり説明的に訳しました。補った言葉が多い場合には、[　]に入れて示してあります。また、原書では、初学者向けの簡便さから注も引用の出典も省略されており、索引もきわめて簡略ですが、本書では、上記のとおりの利用法を想定して、脚注と詳細な索引をオリジナルに作成しました。

　なお、原書出版の三年後、資料編として Andrew Barrett and Christopher Harrison eds., *Crime and Punishiment in England. A Sourcebook* (University College of London Press, 1999) が出版されました。多彩貴重な一次資料が原著の構成に従って多く収録されており、原書のアカデミックな価値は一挙に高まりました。ご利用をつよくおすすめする次第です。

2002 年夏　鳥取にて　訳 注 者

目 次

はじめに　　　　　　　　　　　　　　　　　　　　　　11

第1章　イングランド犯罪処罰制度の起源を中世にたどる　　13
  1.1　アングロサクソン社会・・・・・・・・・・・・・・13
  1.2　アングロサクソン時代のイングランドの法律と裁判所・・・17
    1.2.1　裁判の行なわれ方・・・・・・・・・・・・・・19
    1.2.2　刑法・・・・・・・・・・・・・・・・・・・・21
    1.2.3　ノルマン征服と法律・・・・・・・・・・・・・22
    1.2.4　その後の革新・・・・・・・・・・・・・・・・24
    1.2.5　検死官・・・・・・・・・・・・・・・・・・・28
    1.2.6　審理陪審・・・・・・・・・・・・・・・・・・29
    1.2.7　民事法・・・・・・・・・・・・・・・・・・・31
    1.2.8　教会法・・・・・・・・・・・・・・・・・・・32
    1.2.9　荘園裁判所・・・・・・・・・・・・・・・・・32
    1.2.10　結論・・・・・・・・・・・・・・・・・・・33

第I部　初期近代イングランド　　　　　　　　　　　　35

第2章　初期近代イングランドの犯罪と諸裁判所　　　　37
  2.1　序論・・・・・・・・・・・・・・・・・・・・・・37
  2.2　大衆神話・・・・・・・・・・・・・・・・・・・・39

2.3　ロンドン・・・・・・・・・・・・・・・・・・・・・ 42
　2.4　ロンドンの外での刑事司法制度 ・・・・・・・・・ 50
　　　2.4.1　州 ・・・・・・・・・・・・・・・・・・・・ 50
　　　2.4.2　知事と検死官 ・・・・・・・・・・・・・・・ 50
　　　2.4.3　治安判事と四季裁判所 ・・・・・・・・・・・ 51
　　　2.4.4　巡回裁判所 ・・・・・・・・・・・・・・・・ 54
　　　2.4.5　重罪とウェストミンスターの諸裁判所 ・・・・ 58
　　　2.4.6　結論 ・・・・・・・・・・・・・・・・・・・ 60

第3章　教会裁判所と荘園裁判所　　　　　　　　　　　61
　3.1　教会裁判所 ・・・・・・・・・・・・・・・・・・・ 61
　3.2　荘園裁判所 ・・・・・・・・・・・・・・・・・・・ 71
　3.3　初期近代イングランドの性と諸裁判所 ・・・・・・・ 79
　3.4　結論 ・・・・・・・・・・・・・・・・・・・・・・ 84

第4章　法執行の手段　　　　　　　　　　　　　　　　87
　4.1　巨視的に見て ・・・・・・・・・・・・・・・・・・ 87
　4.2　微視的に見て ・・・・・・・・・・・・・・・・・・ 93
　4.3　中間レベル ・・・・・・・・・・・・・・・・・・・ 98
　　　4.3.1　権威の階梯 ・・・・・・・・・・・・・・・・ 100
　　　4.3.2　前進 ・・・・・・・・・・・・・・・・・・・ 102
　　　4.3.3　結論 ・・・・・・・・・・・・・・・・・・・ 106

第5章　法律に従わせる　　　　　　　　　　　　　　107
　5.1　法執行のパターン ・・・・・・・・・・・・・・・・ 107
　5.2　機構自体の限界 ・・・・・・・・・・・・・・・・・ 110
　5.3　裁判所に代わるもの ・・・・・・・・・・・・・・・ 116
　5.4　長期的変化 ・・・・・・・・・・・・・・・・・・・ 118
　5.5　結論 ・・・・・・・・・・・・・・・・・・・・・・ 121

第6章　刑罰	123
6.1　死刑	123
6.2　恥辱刑	129
6.3　肉体的刑罰	132
6.4　流刑	134
6.5　収監刑	135
6.6　罰金刑	136
6.7　刑罰の論理	138
6.8　結論	141

第7章　社会＝政治的な犯罪	143
7.1　つねに犯罪とされてきた行為	144
7.2　犯罪とされた習慣	149
7.3　抗議	152
7.4　抗議の心理	155
7.5　結論	159

第II部　産業革命後のイングランドにおける犯罪と警察と刑罰　1800年〜1875年　161

第8章　社会の秩序づけ	163
8.1　公的でない規制	163
8.2　社会内規制	165
8.3　社会変化	168
8.4　政治的変化	169
8.5　大衆の騒擾	171
8.6　「ピータールー」と、大衆抗議行動の新しい方向	176
8.7　改革への苦闘	177
8.8　チャーティズム、そして暴力についての論議	180

8.9　秩序ある社会に向けて ……………………… 185
　8.10　結論 …………………………………………… 189

第9章　19世紀における犯罪の質的変化　　191
　9.1　分類 …………………………………………… 191
　9.2　「社会的犯罪」という概念は分析の具として友好か？ … 193
　9.3　犯罪の集中 …………………………………… 195
　9.4　階級と犯罪 …………………………………… 197
　9.5　多様な犯罪 …………………………………… 200
　9.6　職場の犯罪 …………………………………… 202
　9.7　現金と犯罪 …………………………………… 205
　9.8　汚れた儲け …………………………………… 208
　9.9　対人犯罪その1 ……………………………… 210
　9.10　対人犯罪その2 ……………………………… 213
　9.11　新しい法律が生み出した犯罪 ……………… 214
　9.12　結論 …………………………………………… 216

第10章　社会を警察で管理する　　219
　10.1　マス社会の成長の圧力 ……………………… 219
　10.2　ロンドンと地方：公私の組織 ……………… 220
　10.3　法律的変化 …………………………………… 223
　10.4　新しい警察の仕事ぶり ……………………… 232
　10.5　制服を着ている警官、着ていない警官 …… 235
　10.6　警察の専門職化 ……………………………… 236
　10.7　結論 …………………………………………… 241

第11章　刑罰のパターン　　243
　11.1　懲罰的国家 …………………………………… 243
　11.2　19世紀初期の刑罰観 ………………………… 245

11.3　人道主義的改革家たち ･････････････････ 247
  11.4　流刑 ･････････････････････････････････ 251
  11.5　本国における収監刑 ･･･････････････････ 259
  11.6　非収監刑 ･････････････････････････････ 264
  11.7　結論 ･････････････････････････････････ 266

第III部　近代の犯罪の誕生　1875-1960　　269

第12章　犯罪のパターン　　271
  12.1　一般的傾向 ･･･････････････････････････ 271
  12.2　若者たち ･････････････････････････････ 275
  12.3　女性 ･････････････････････････････････ 280
  12.4　ホワイトカラー犯罪 ･･･････････････････ 284
  12.5　貧困 ･････････････････････････････････ 288

第13章　素行不良　　295
  13.1　犠牲者なき犯罪 ･･･････････････････････ 295
  13.2　飲酒 ･････････････････････････････････ 296
  13.3　浮浪 ･････････････････････････････････ 300
  13.4　売春 ･････････････････････････････････ 302
  13.5　賭博 ･････････････････････････････････ 306
  13.6　同性愛 ･･･････････････････････････････ 309
  13.7　麻薬 ･････････････････････････････････ 312
  13.8　自動車 ･･･････････････････････････････ 315

第14章　司法職の専門職化　　319
  14.1　職歴形成 ･････････････････････････････ 322
  14.2　訓練 ･････････････････････････････････ 325
  14.3　技術 ･････････････････････････････････ 327

14.4　知識 ・・・・・・・・・・・・・・・・・・・・・・・・・331
  14.5　一般市民 ・・・・・・・・・・・・・・・・・・・・・332
  14.6　治安判事 ・・・・・・・・・・・・・・・・・・・・・337
  14.7　階級間の軋轢 ・・・・・・・・・・・・・・・・・・338

第15章　刑罰体系の整備　　　　　　　　　　　　　345
  15.1　刑罰の体系と改良 ・・・・・・・・・・・・・・・345
  15.2　重懲役 ・・・・・・・・・・・・・・・・・・・・・・・347
  15.3　さまざまな刑罰 ・・・・・・・・・・・・・・・・350
  15.4　女性受刑者 ・・・・・・・・・・・・・・・・・・・354
  15.5　若年受刑者 ・・・・・・・・・・・・・・・・・・・356
  15.6　20世紀的システムの出現 ・・・・・・・・・359
  15.7　監獄に代わるもの ・・・・・・・・・・・・・・362
  15.8　変化と継続 ・・・・・・・・・・・・・・・・・・・365

第16章　おわりに　　　　　　　　　　　　　　　　　371

書　誌　　　　　　　　　　　　　　　　　　　　　　　381

各種索引　　　　　　　　　　　　　　　　　　　　　389

はじめに

　我々の社会は犯罪にとりつかれている。大衆神話によれば、家庭でも街中でも、仕事をしていても休んでいても、国内にいても国外に出ても、我々は犯罪に直面しているという。今日ではまた、犯罪は政治課題でもある。なにしろ我々は、警察活動や犯罪者の収容や裁判に莫大な公金を投入しており、この「問題」を押さえ込むか、せめて悪化はさせまいとしているのだから。そのうえ、個人も企業も、保険や防衛策に金を使っている。

　もっとも我々は、犯罪を怖れる一方では、テレビの連続番組や映画や犯罪・探偵小説、さらには「実録もの」などで、疑似体験的にそれを楽しんだりもしている。この好奇心はたんなる娯楽にとどまってはいないから、警察や監獄や犯罪者や刑法のみならず、犯罪の社会学から犯罪の歴史にいたるまで、素人や専門家による研究が、大量に存在することになった。

　それにしても犯罪は、現在多くの人が恐れているように、ほんとうに我々の社会の存続を脅かしているのだろうか？　現状は、過去より悪いのだろうか？　現代の犯罪が過去の犯罪と違うというのなら、どう違うのだろうか？　今日の問題に取り組む上で、過去の研究は役に立つのだろうか？　そして歴史家は、こうした議論に、どう貢献できるのだろうか？

　じつはそれこそ、キール大学[1]の犯罪学者たちが我々に突きつけた問題だった。彼らの学生のほとんどは歴史学専攻ではなかったが、その学生たちが現在を歴史の文脈に置き直そうというとき、我々は、どの程度力になれるのだろうか？　我々は講義と個別指導を行ったが、たちまち明らかになったのは、様々な側面や時代については優れた犯罪史の本が多くあるものの、適切な概括を提供してくれる本はない、ということだった。我々はまさにこの必要に応えるために、本書を書いたのである。

　だから、もとはいえば、以下の諸章は、歴史学専攻ではないこれら

---

[1] Keele University 英国の北スタッフォードシャーにある。

学生たちのために書き下ろした講義だった。我々の目的は、当時も現在も、イングランドでこの千年あまりの間に行われた犯罪とその処罰の複雑な歴史を、できるかぎり簡潔に示すことである。もちろん我々の仕事は、他の研究者たちの業績に依拠する部分を含むから、そのいわば負債は、巻末の書誌に明示してある。

　我々は、犯罪学の専門家でない人々もこの歴史に興味を抱いてくれるよう望んでいるし、そうなることを信じてもいる。警察官や監獄の職員、保護監察官やソーシャルワーカー、弁護士や行政官といった人たちは、自分たちがつね日ごろ直面している問題がどういう歴史をもっているのか、たとえ初歩的にでも学べるのを、喜んでくれるのではないだろうか。犯罪への大衆の反応にきわめて強い影響力をもつテレビや新聞も、より良質な情報から、得るところがあるだろう。また、政治家や役人の中には、その決心次第で犯罪への国家の対応が決まってしまうような人々がいるが、我々としては、彼らのたとえ一部でも、本書を読んでくれることを願う。というのは、過去を考慮しないで今日の問題に取り組んでだところで、およそ効果などは望めまいからである。我々はまた、歴史家や歴史を専攻する学生にも、本書に興味を抱いてほしいと思う。犯罪の歴史といえども、王朝史と同様、国の歴史と伝統の一部なのだ。最後に、といっても優先度が最後というわけではないが、我々としては、我が国精神史の暗黒面のこの研究に、一般読者の方々も興味を抱いてくださることを、せつに願うものである。

第1章　イングランド犯罪処罰制度の起源を中世にたどる

中世イングランドにおける法律の役割は、どういったものだったのか？当時の人々は、法律という概念をどう理解していたのだろうか？中世の間に、法律の施行実態は変わったのだろうか、もしそうならば、どう変わったのだろうか？イングランドの犯罪処罰制度に見られる中世の伝統とは、どういったものだったのだろうか？

1.1　アングロサクソン社会

　アングロサクソン社会、さらにそれに続く中世社会の根底をなすものは、土地だった。富も権力も所有する土地の量に反映されていたし、そこに表現されてもいた。法的な権利や義務を決定していたのも、土地所有の態様だったのである。領地もちの騎士[1]や貴族は、多くの法的権利をもち、たんなる自由人[2]は法的権利も少なかった。もっとも、ほとんどのアングロサクソン人たちには、そもそも自由がなかったが。というのは、奴隷だったり、土地を保有しない労働者だったり、隷属を条件として土地を保有する小百姓だったからである。彼らの法的権利はどういうものだったのだろうか？多くはないが、いくばくかはあった。はるかなる昔から、たとえ自由人でなくとも多少の法の保護があるべきことは、認められていたからである。

---

[1] thegn
[2] freeman

というわけで、最初から、イングランド中世の法律には、ふたつの流れが存在した。ひとつは、土地所有の有無や態様にかかわらず個人に提供される法の保護であり、いまひとつは、財産、なかんずく土地という形態の財産に提供される法の保護である。

すべての土地は、直接または間接に、領主に由来するものとして占有されていた。理論上も事実上も、土地をほんとうに所有する個人など、存在しなかったのである。アングロサクソン人が支配した当時のイングランドには、王を頂点に戴く貴族たちの階層秩序があったが、この秩序の基盤は、土地だった。大貴族は王から土地を得、中小貴族は大貴族から得た。これが上から下へと反復されたのである。王が頂点に立つ権力ピラミッドを想像すればよいだろう。王の下には大貴族たちがおり、その下には中小貴族たちがおり、さらにその下に、騎士たちがいる。あれほどに偉大な組織だった教会でさえ、土地は王のものを占有していたのだ。この階層秩序は、それでは、どう保たれていたのだろうか？主として、土地所有自体によってである。王の臣下たる貴族も自らの家臣団をもっていたが、この家臣たちは、地代を払い奉仕を行う見返りに、主人の土地を保持した。そしてこの家臣たちもまた、多くは自ら領主であって、家臣団をもっていた。つまり地代を収受し、奉仕を受けたのである。

当時の法律の多くは、領主と家臣の関係が鍵になっている。領主が自由人に土地を与えるときには（ここで、「自由[3]」という概念が重要になる）、三部構成の儀式が行われた。まず自由人は領主に敬意を表し、忠誠を誓う。この服従と奉仕の約束に対し、領主は家臣に封土[4]、つまり彼の土地を以て報いるのである。これは、占有授与[5]と呼ばれるようになった。この儀式によって領主と家臣に発生した権利と義務が、中世の法律の相当部分の基盤をなしたのである。

領主の主要義務のひとつは、家臣たちの権利の護持、つまり保護の提供だった。これはまず、彼の土地においては家臣の権利が守られね

---

[3] freedom
[4] fief
[5] investiture

ばならないということである。第二に、家臣たちが互いに争った場合、その裁きをつけねばならないということである。要するに、領主には裁判所が必要だった。それで、領主という地位につきものの事柄のうちには、裁判所を開く権利（むしろ義務）が含まれていた。家臣はこの裁判所で裁きを受け、領主は名誉と権力と利益を得たのである。ただしここでいう自由人とは、理論上、領主とその家臣に限られた。また、この関係は理論上は自発的なものだったが、現実には、領主もちにならざるをえない圧力が、どんどん強くなっていた。たとえば、アングロサクソンの王エセルスタンは、自分の全臣民が領主もちになるように、強く求めている。

> 法の満足が期待できない領主無しの者たちについては、我らはすでに宣言を発して、血縁の者がその者たちを定住させねばならないとした。これは、彼らが公法に従い、公けの場で領主もちであるようにするためである。しかしながら、もし指定期日までに彼ら［血縁の者たち］がそのようにできないのであれば、彼［領主無しの者］はその時点から無法者[6]［法の保護の埒外に置かれる者］となり、彼に行き会う者は誰であれ、彼を盗人とみなして殺害して差し支えない。

こういうわけだから、当時、領主もちになろうとする強力な動機があったのだ。なにしろ、領主をもたなければ、法の保護の埒外に置かれてしまうことになる。くわえて地元社会からも、領主もちになるように強い圧力がかかった。アセルスタンの法律が言うように、領主をもたない者は、法を満足させられない。つまり、地域社会からいえば、領主をもたない者からは、法的救済を得ることができないからである。

　当然ながら、抱える家臣が多ければ多いほど、富裕強力だった。最大の領主が王であるのは、一般に、家臣をもっとも多く抱えていたからに他ならない。王こそは、権力の階梯に特別な位置を占める存在だっ

---

[6] an outlaw

た。たんに傑出した領主というだけではなく、自らの上にもはや別の領主をもたないという意味において、他の領主たちとは、本質的に異なっていたのである。彼らは、戴冠と塗油の儀式で司祭に準じる立場を得て、ある意味では、神と教会に守られてもいた。

　王たちはその司法権限を、直接間接に、家臣たちのみならず全臣民に徐々に及ぼしていった。とはいえ、それはどのように起きたのだろうか？ 王は、臣下同士の争い[7]、ことに税を巡る争いに裁定を下す必要があったが、臣下が王の役人に不満を抱いた場合、王の裁判所つまり賢人会議[8]の他に、訴えでる先があっただろうか？ また、社会には、いろんな理由で世俗領主をもたない集団、たとえば聖職者や女性や外国人やユダヤ人がいたが、彼らの保護と安全を提供したのも、王だった。王の保護はさらに、王の街道[9]（と両側200ヤードずつ）など特定の場所にも及んだが、これは商人などの旅人を保護するためである。教会の土地にも、王の保護は及んだ。このようにして、王の裁判所は、時が経つうちに、最終的かつ最上級の裁判所となっていったのだった。

　王直轄の司法制度のこうした発達とともに、王のみが法的特権や諸権利、つまり当時の用語でいう特権[10]を付与できる、という考え方が現れてきた。もしある町が自治都市[11]になること、つまり（他にも条件はあるが）自前の法廷をもつことを望むなら、王の特許状[12]が必要となったのである。

　王の司法権の拡充と私的司法権の抑制があいまって、中世的な国家が現れてくる。王の支配下にある地、王が身分（現在では社会経済的集団とか階級とか言われたりするが）に応じて全ての人に保護を提供する義務を負う地、という概念がそれである。かくして12世紀の半ばまでに、「イングランドという土地」の王は、むしろ「イングランド人と

---

[7] disputes
[8] witan
[9] king's highway
[10] liberties
[11] borough
[12] royal charter

いう人間たち」の王であると称し始める。13世紀までには、法律は、社会全体に不可欠の中心的部分となっていた。じっさい、法律が社会を規定するまでに至っていたのである。

1.2 アングロサクソン時代のイングランドの法律と裁判所

　アングロサクソン時代のイングランドについてまず言っておかねばならない大事なことは、それが奴隷社会だったということである。ほとんどの場合、法の保護は、自由人及びそれ以上の身分の者にだけ提供された。

　第二に、アングロサクソン時代の相当期間、イングランドは、統一された王国ではなかった。名目上は一人の王を戴いていたときでさえ、地域ごとに異なった法律が行われていたのである。地域間の差異でもっとも重要なのは、東部イングランドのデーンロー地域と、それ以外の地域の差異である。デーンロー地域というのは、ヴァイキングたちが侵入して住み着いた所だが、そこでは伝統的アングロサクソンの諸王国よりも低い社会階層にまで自由人がおり、奴隷も少なかった。ウェールズとスコットランドの国境地域には、攻撃や不規則な侵略があったので、異なった法が適用されていた。またロンドンは、早い時期から、独自の司法体系を発達させていたようである。

　第三。法は、王が上級聖職者および世俗領主と相談して作るものだった。アングロサクソンの王が法を発布つまり「作る」場合、すでに慣習的合意が存在している諸条[13]を書き記したにすぎない、と表現された。にもかかわらずそれらの条目が特別な存在となり、ひときわ高く権威づけられたのは、書き記されたという事実のためである。主として口頭の情報伝達に依存していた社会であってみれば、何であれ書かれたものは、格が上だったのだ。

---

[13] precepts 『英米法辞典』には出ない訳語を採用している。

第四。書かれた法は、ごく狭い範囲しかカバーしていなかった。殺人、盗みことに牛馬など家畜のそれ、女相続人の誘拐、下女の虐待、である。

10世紀の終わりまでに、イングランドは行政や法制上の目的で州[14]に分割されており、それぞれにおいて、王の代理たる州知事[15]と、最大の領主である伯爵[16]が頂点を占めた。州は郡[17]に分けられ、郡の長は知事の任命する代官[18]が務めた。郡は、起源からいえば、財政や税のための区分であって、税などの王の歳入源である王領荘園に付随するものだった。理論上は100ハイド[19]から成る。1ハイドとは、1家族の維持に要する土地をいう。

アングロサクソン時代のイングランドの主な裁判所は、州裁判所と郡裁判所だった。郡裁判所には全自由人が出席を求められ、そこでは知事他の実力者たちが「十人組検査」[20]を行った。これは、若い自由人が、「国王の平和」[21]の遵守を誓わされる儀式である。彼らはこうして「十人組」[22]に仲間入りした。これは、相互の行動に責任を負う組織である。

郡裁判所が扱うのは些細な件であり、重大な件や重要人物が関わっている件は、州裁判所が扱った。州裁判所には全荘園の代表が一同に会し、判事は地元の貴族たちと聖職者たちが務めた。

このようにして、裁判所の上記のとおりの階層秩序を通して、全自由人が王の司法に服したのである。この原則のひとつの例外は、自治都市法廷だった。自治都市は特別な場で、デーン人の侵略からイングランドを守るために要塞化された定住地に、起源をもつ。見返りに、

---

[14] shire/county 長く同義語だったが、1970年代にその状態が失われ、後者は事実上地理上の語になった。行政区画としての前者も、その時に大幅な統合や新設が行われた。
[15] sheriff
[16] earl
[17] hundred
[18] bailiff
[19] hide
[20] view of frankpledge
[21] king's peace
[22] tithing

これらの町の住民は、特権[23]を認められていたのである。自治都市では、原告も陪審[24]も判事も市民自身だった。身分的に優越する領主の関与はなく、その司法は、土地所有や領主＝家臣関係に依存していなかった。

　騎士や司教などきわめて重要な人物が関わっている件、そして複数の州の人間が関わっている件は、王の裁判所すなわち賢人会議での裁きを、王の臨席のもとに受けることもできた。アラン・ハーディンが書いているように、「当時は、王の裁判所から州へそして郡へと、階層秩序をなす裁判所の単一の系が上下に通っていたのであり、その中では聖俗の判事たちが並んで職務を果たしていた」。この階層秩序は、裁判所開催の頻度に反映されている。賢人会議は必要が生じたときに召集され、州裁判所は6ヶ月ごとに開かれ、自治都市の裁判所は4ヶ月ごとと、郡裁判所は4週間ごとに開かれた。

　一般的にいって、述べてきたような司法システムの適用を受けるのは、自由人だけだった。では、自由人でない者たちは、どこに裁きを求めたのだろうか？公的な裁判所以外にも多くの私裁判所があり、慣習法[25]を適用していたのである。各領主は自分の裁判所を、所領である村や荘園のそれぞれに維持していた。これらの裁判所においては、領主が自分の小作人や奴隷に法を行ったのである。多くの場合、これら自由ならざる者たちに領主が下しうる刑は、死刑をも含んでいた。つまり、自由ならざる者たちに対する法はその領主が司るものであって、王の法による保護は、おおむね彼らには拒まれていたのである。

1.2.1　裁判の行われ方

　アングロサクソン時代のイングランドでは、裁判の行われ方は、基本的にふたつあった。雪冤宣誓[26]と神判[27]である。

---

[23] franchise
[24] jury
[25] customary law
[26] compurgation
[27] ordeal

雪冤宣誓による裁判では、通常 12 人の陪審あるいは宣誓者[28]と呼ばれる人々が、被告もしくは原告の申し立てが真実であることを誓うべく、召喚された。だが、これをするに際して彼らが依拠したのは、裁判所に提出された証拠ではなくて、当事者や扱われている件についての自らの理解なのだ。ウォレンの言葉を借りるなら、和解[29]を念頭に置いた仲裁[30]の一形態ということになる。

　雪冤宣誓が不可能な場合には、神判にかけられた。これは、教会で証人たちを前にして、司祭が執行した。人ではなく神が、被告の黒白を決めたのである。合理性によらない裁きであって、三つの基本形態があった。熱湯もしくは熱した鉄による裁き、聖別されたパンによる裁き、そして冷水による裁き、である。

　熱湯による裁きの場合、大釜に煮える湯に、石が入れてある。火が引かれると、証人たちと被告が教会に呼び入れられた。祈りが捧げられ、湯と石とはすこしばかり冷まされる。それから被告は、まだ熱い石を湯から取り出さねばならないのだった。鉄による裁きでは、熱い鉄を一定の距離運ばねばならない。いずれの場合も、3 日以内に手の傷が化膿せずに治癒すれば、潔白ということになった。

　聖別されたパンによる神判では、あらかじめ聖別されていたパンの一切れが、罪人を窒息させるようにと聖別解除され、被告はそれを飲み込むように強いられた。この神判は、聖職者に用いられたのである。

　冷水による神判では、被告は手首を脚の間にはさんでしゃがんだ姿勢で縛られた。脚の間から上にロープが通され、髪のところに結び目が作られる。そのまま、飛沫が立たないように静かに水におろされたが、結び目の所まで沈めば潔白、浮かんでしまえば有罪である。この裁きはことに屈辱的とされており、農奴[31]専用だった。

---

[28] jurators
[29] compromise
[30] arbitration
[31] serf

1.2.2 刑法

　アラン・ハーディングは、「刑法の起源は、個人の被害への復讐責任を国家が負ったところにある」と言う。イングランドの場合、実際にはこれは、どういうことを意味したのだろうか？アングロサクソンの刑法体系が主として意を用いていたのは、被害者もしくはその血縁者に金銭的賠償で敵対関係[32]を解消させることだった。7世紀初めのエセルベルトの次のような法律のことを、考えてほしい：「片耳に穴を明けられた場合には3シリング、両耳が裂かれていれば6シリング、片耳が切り落とされた場合には12シリングが賠償されるべし。」

　つまり金銭的賠償が、肉体的な罰よりも好まれたのである。殺人でさえ、種類によっては、金銭で償えた。（一般的に言って牢屋は、有罪者の処罰のための場所ではなく、被告を裁判まで拘束しておくための場所である。唯一の例外は聖職者で、彼らは重罪[33]への罰として投獄されることがあった。）イネの王の次のような法律は、重罪（死刑をもって罰しうる罪）さえも金銭で減刑できる方法を示している。「もし盗人が［現行犯で］とらえられれば、その盗人は一命を失うか、さもなければ、人命金[34]を支払って購われねばならない」。人名金とは、人を殺害した場合に払わされる金で、金額は、殺された人間の身分によって違った。伯爵の人命金は、自由身分の農民[35]と同じではなかったのである。この金は、殺された者の家族や縁者に払われた。となれば、人命金が殺人以外にも適用されたのも納得が行く。肉体的刑罰が固執されたのは、犯人が悪名高く、危険が地域社会全体に及ぶ場合だけだった。イネの別の法律に見るとおりである：「しばしば盗みで責められてきた庶民[36]の嫌疑がついに証明された場合、彼の手か足を切り落とすべし」。アングロサクソンの刑法体系のもっとも印象的な特徴は、おそらく、被害者や残された親類縁者に金銭的賠償を行おうとする傾向

---

[32] feud
[33] felony
[34] wergeld
[35] ceorl
[36] commoner

である。そうはいっても、常習犯の処罰は有無を言わさぬものであり、残酷でもあったが。

1.2.3　ノルマン征服と法律

1066 年のノルマン征服[37]は、イングランドの刑法にいくらかの根本的変化をもたらした。この征服ではじめて、全ての土地が、直接間接に王に由来するものとなったのだった。というのは、アングロサクソンのイングランドでは、王の支配から脱落した土地もあったからである。いまや直属受封者[38]は、王の土地の見返りとして、国王裁判所[39]への出仕義務[40]を負うことになった。この直属受封者たちにも自らの借地人がいたが、その者たちは彼らのいわゆる名誉裁判所[41]に訴えた。征服でアングロサクソンの領主たちはノルマンやフランスの領主たちにとってかわられたが、そこで起きた土地保有態様[42]の革命は、土地に関わる法律にも革命を起こした。

イングランドの 3 分の 1 もが森林とされ、その地域では森林法[43]が適用されることになった。つまり、イングランドの相当部分が、なるほど人口希薄とはいうものの、新しい法律と新しい裁判所に服することになったのである。森林法は本当の意味での法律ではなく、掟は恣意的だったから、そういうものを持ち込んだことを、アングロサクソン人たちは深く憾みとすることになった。

教会裁判所は独立して設けられ、時がたつうちに、教会法と世俗法は乖離していった。教会法はいにしえのローマ法により近い道をとり、国家法は別の方向を進んだ。奴隷制度は急激に衰退したが、これは、ほ

---

[37]**Norman Conquest**　『英米法辞典』は「ノルマン人の征服／ノルマン人による征服」とするが、英文学で用いる呼称に従う。
[38]**tenants-in-chief**
[39]**curia regis**
[40]**suit**
[41]**honorary court**　『英米法辞典』に載らない。
[42]**tenure**
[43]**forest law**　『英米法辞典』は 'forest' で載せる。

イングランド犯罪処罰制度の起源を中世にたどる　　　　23

とんどの人間が臣民[44]となったということである。訴答[45]の言葉はノルマンフランス語、記録の言葉はラテン語となったために、翻訳の問題が生じた。アングロサクソン時代は、どちらも英語だったのである。記録の言葉としてのラテン語の優越的地位は、オリヴァー・クロムウェルが支配する17世紀半ばの共和国時代に至るまで、安泰だった。

　ノルマン人たちは、決闘裁判[46]という新方式を持ち込んだ。この方式では、原告[47]と被告[48]が、本人自らか代理人[49]つまり代闘士[50]によって戦った。もっとも、代闘士を使えるのは土地を巡る件に限られており、殺人のような重罪の場合には、被告本人が戦わねばならなかった。両者は決着がつくまで戦い、負けた側は、もし生きていても、絞殺されてしまう。神判と同様、神が審判を下されるという理屈である。無実の者が罰されるのを神が看過されるわけがなく、したがって、負けた側が有罪なのだ。こういう審判は不測の結果になりやすいので、ほとんどの訴訟当事者は避けようとした。しかしながら、13世紀にも14世紀にもこれは珍しくなかったのであり、たとえば1526年になってもまだ、ヨークシャーの反乱者たちは、トマス・クロムウェルに対して、自分たちの間の係争に決闘裁判でけりを付けようと呼びかけている。

　こういった変化はあるが、ノルマンの王たちは、統治の他の諸側面と同様、法律においても連続性を強調した。ウィリアム征服王はエドワード告白王の法律を追認[51]し、ヘンリー一世 (1100-35) は父親の法律を追認した。すくなくとも理論上はイングランドの法律は征服によって変化を被らなかったはずだが、現実には、上述したような変化は革命的なものだったのである。

---

[44] subjects
[45] pleading
[46] trial by battle
[47] complaint
[48] defendent
[49] proxy
[50] champion
[51] confirm

1.2.4　その後の革新

ウィリアム征服王の息子であるヘンリー一世は、実力者たちの支配に、法律を使おうとした。その彼の道具のうちでもっとも重要だったのは、王の主たる歳入機関、すなわち財務府[52]である。王が借地料や税その他の課徴金を取り立てるのは、この財務府を通じてのことだった。それらの金は、アングロサクソンの州代官[53]である知事[54]が王になり代わって徴収したが、争いは財務府所属の貴族たち[55]のもとに持ち込まれ、彼らが事実上、裁判官の役を果たした。彼らは先例を蓄積し始めたが、これはつまり、法律を作り始めたということである。この類いの法律は「裁判官が創った法[56]」と呼ばれ、いまだにイングランドの法律体系の重要部分を成している。この裁判所は年に二度、定まった時期に、定まった場所つまりウェストミンスターで開かれた。手続きが定められ、記録を取ることが始まった。いわゆる、パイプ・ロウル[57]である。財務府裁判所の決定は完全な法的拘束力を有し、ヘンリー一世のもとで、この裁判所は事実上国の裁判所、つまり最初の恒久的な国家裁判所となった。

ヘンリーの革新のなかでいまひとつ重要なのは、王の司法を州へも及ぼし、利用しやすいようにしたことである。彼は王直属の判事たちを州に派遣し、「国王への訴え」[58]、つまり王に対して訴えることのできる件を、審理させた。だから、王もしくはその最高法官[59]に会おうとしないでも、王が任命した「巡回の判事」[60]、つまりいわゆる巡察

---

[52] Exchequer
[53] reeve
[54] sheriff
[55] barons of the Exchequer
[56] judge-made law
[57] **pipe role** 財務府に保存されていた財政記録で、12世紀半ばから、財務府が廃止になった1833年まで、ほとんど切れ目がない。知事のような地方財政責任者は税を徴収・支出して毎年財務府の会計検査を受けたが、その記録である。国王の収入の一年ごとの会計報告といった意味をもつ。ここで言われているのはその先行的試みであって、後に出るように、本格的に制度化されるのは、ヘンリー二世のときである。
[58] royal plea
[59] justicier
[60] travelling justices

裁判官[61]に訴えることができるようになったのである。このようにすることを通じて、ヘンリーは必然的に、王の司法とその影響力を拡げていった。

　こういった改革は、内戦とスティーブン王の治世時 (1135-54) の混乱のために法も秩序も完全に壊滅したので、烏有に帰した。人々は土地を逐われ、教会は略奪され、人質が取られ、男は殺害され女は強姦された。そして女相続者は誘拐されたのだった。法の裁き[62]は事実上どこにも求め得ず、無法状態が支配した。この無法状態の経験が、法と秩序への希求を生むことになった。というのも、イングランドの歴史上はじめて、無法状態の社会は結局誰の利益にもならないことが、認識されたからである。イングランドの人民と新しい王ヘンリー二世 (1154-89) の双方がこの問題に直面したが、王はイングランド人でもノルマン人でもなく、アンジュー家のフランス人だった。彼には、イングランドの他に、統治すべき大陸所領が多くある。どうして一人で全てを治められようか？

　彼が最初にしたことは、裁判所の再設置だった。これはヘンリー一世の時にはじめて作られた制度だが、「大乱」[63] で崩壊していたのである。その判事たる最高法官は、王の第一のかつ個人的な代理人だったが、いまやイングランドは大陸の帝国の一部となったので、そうした存在が必要なのだった。かくして、王が海外にいるときでも、臣民は最高法官のもとに出向けばよくなった。裁きを求めて王の後を追う必要はなくなったのである。

　第二にヘンリーは、財務府を通じて、州にいる王の役人、つまり知事たちへの圧力を強めた。裁判所は強化され、ヘンリー一世の始めた改革が、ふたたび押し進められた。財政の継続的記録つまりパイプ・ロウルが、はじめて作成された。かくて裁判所は、書かれた記憶をもつことになったのである。知事が納めるべき金銭債務[64]が年内に払わ

---

[61] justices of eyre
[62] justice いろんな訳が可能だろうが、たんに「正義」とするのは誤訳に近いだろう。
[63] the Anarchy 普通この言葉は、スティーヴン王の時代 (1135-54) 全体について用いられる。ここでもそのとおり。
[64] debt

れないと [後述部分を参照]、それは翌年度に持ち越されたが、払うべきものを払えない知事は、投獄されることがあった。

　第三にヘンリーは、1166年に巡察裁判官制度を（再）設置した。これによって王の判事たちは国内を巡回したが、彼らはただ王への訴えを審理したばかりでなく、知事たちの活動を監査して、王の法が怖れやえこひいきなしに行われるようにしたのである。この制度が正式に始まったのは、1166年のクラレンドン巡回裁判からだった。（巡回裁判法は慣習法を少し変えたものである。）知事と州の判事たちが、州内の殺人[65]と強盗[66]と窃盗[67]の全てについて調査[68]を行い、犯人だと言われている者たちや彼らを匿った者たちを特定すべきことが定められた。それにしても、容疑者はどんなふうにして定まったのだろうか？ 郡と村の代表が、告発[69]のための地元陪審[70]に任命され[71]、この人々が、地元で起きた犯罪の全てについて宣誓のうえで証言を行い、責めを負うべき者を名指したのである。このようにして、家族よりも地域社会が、犯罪訴追[72]の責任を負うことになったのだった。

　告発された者を巡回裁判所に出頭させるのは、知事の責任である。ここに、各種特権領[73]などにとらわれずに容疑者を追って投獄する必要が生じた。たとえば、自治都市に生活している犯罪者も、知事の司法権の埒外にいたのではない。

　告発された者は、冷水による神判を受けることになっていた。普通これは身分の低い者に限られていたから、いちじるしく屈辱的な措置である。有罪になると、その者の動産は王のものとなり、土地はその者の領主の手に戻った。

　2年とたたないうちに、判事が各州を1年に二度旅して回る制度が

---

[65] murders
[66] robberies
[67] thefts
[68] inquiries
[69] presentment
[70] local jury
[71] sworn in
[72] prosecution
[73] franchises

定められた。かくして王の司法が、はじめて定常的基盤を得たのである。巡回裁判の初期の時代、地方における腐敗の蔓延が暴き出された。1170年には知事についての調査が行われ、29人のうち22人が地位を逐われる結果となり、生じた空席は王の賢人会議から補充された。かくして知事の地位は、純粋に地元名士用の指定席というわけではなくなり、偶然生まれついた門地ではなく、王の引き立てで授かるものとなったのである。

1176年には、クラレンドン巡回裁判所で作られた法がノーザンプトン巡回裁判所で見直され、巡回判事の権限と彼らが課しうる罰が強化された。かくて、たとえば、有罪となった殺人者は、クラレンドン巡回裁判所の法では片足を失うだけだったのが、右手も失うことになった。神判を無事通過した者でさえ、追放されたのである。

この新しい制度の有効性は、各州での裁判から王のもとへの収入の増加の記録に見てとれる。1129-30年には、記録された60件ばかりの金銭債務から2,250ポンドが入っているが、1176-7年になると、記録された200件ほどの金銭債務から、7,900ポンドが入っている。

第四の革新は、上述のことから直接に生じた。巡回裁判の判事たちは、刑法上の件ばかりでなく、民事も審理した。人々は、王の判事に訴えよう、ことに土地に関して訴えようと、集まってきたから、巡回に出た判事たちは、持ち込まれる件の数に圧倒されるようになった。そこで、1178年には、これらの一部を審理するために、常設裁判所（後に人民間訴訟裁判所[74]として知られるようになる）がウェストミンスターに開かれた。さらに間もなく、王座裁判所[75]と呼ばれる常設裁判所も、刑事事件を審理するためにウェストミンスターに開かれた。こういうわけで、財務府裁判所（財政）と人民間訴訟裁判所（土地）と王座裁判所（犯罪）という三大常設裁判所が開かれたのは、ヘンリー二世の治世のことだったのである。

---

[74] the Court of Common Pleas
[75] King's Bench

1.2.5　検死官

これらの改革にもかかわらず、イングランドにおける刑事裁判所の運営は、理想からはほど遠い状態だった。そこで、1194年に、ヘンリーの息子リチャード一世 (1189-99) のもとで、検死官[76]という名の役人が任命されるという、さらなる改革があった。彼らに求められたのは、不自然で唐突な死のすべてについて、宣誓した陪審団とともに調査を行い、結果を王に報告することである。といっても現実には、巡回裁判所判事に報告するわけだが。殺人などの申し立てがあると、検死官たちは知事にその旨を連絡せねばならず、すると知事は、その重罪人を逮捕して次の巡回裁判まで牢屋に入れておかねばならなかった。この制度は、重大な件が間違いなく裁判所に出るように、設けられたのである。

王には、死の原因となったもの（これを贖罪物[77]という）の価値を決定する権利があった。それがナイフなど殺害の道具であっても、偶然に死をもたらした何かであっても、よいのである。たとえば、農用荷車が倒れて男を殺せば、王には荷車とそれを挽いていた牛や馬などの家畜の値を決める権利があった。（これは、現代への再導入を考えてもいいかもしれない。誰かが車にはねられて死ねば、過失の有無にかかわらずその車を国家が没収し、事故が国家にかけた費用はそれでまかなわれるのである）。

検死官の役目は他にもあった。聖域[78]に逃げ込んだ重罪犯人の追放の見届けである。重罪犯人は、教会の聖域にたどり着くと、40日のあいだ教会の保護を受けられた（キリストが荒野で試練を受けたのと同じ長さである）。期限が果てると、彼にはふたつの選択肢があった。身柄

---

[76] **coroner** 我が国でもベストセラーになったパトリシア・コーンウェルのスカーペッタシリーズの主人公が、舞台はアメリカであるが、検死官である。アメリカはイングランドの司法思想を基本的に受け継いでいる。

[77] **deodand** この言葉は、17世紀の形而上詩人アンドルー・マーヴェルが「仔鹿の死を嘆くニンフ」の話者である女性に使わせて、面白い効果をあげている。参照してみると興味深いものがある。

[78] **sanctuary** このごろ我が国でも、中世関係の論で話題になることが多い「アジール」のひとつである。「アジール」は、英語では 'asylum'。

を差し出して裁判を受けるか、それとも、追放を受け入れるかである。ほとんどの例がそうだったように後者が選ばれると、彼は改悛を表す粗衣を着せられ、木の十字架を負わされた（これらは、彼が追放処分を受ける身で海外に送られることを示すのである）。それから、最短距離もしくはもっとも直接に最寄りの港に着けるように王の街道を行き、一番早く外国に向かう船に乗せられた。この処分を監督するのが、検死官の役目だったのである。

1.2.6　審理陪審

　1215年のラテラノ公会議で、教会は神判から手を引いた。教会人はキリスト教徒同胞の生命を奪うことにかかわるべきではない、という議論があったからである。この種の審判は司祭がいなくては実行できないので、神判制度は消滅してしまった。残る審判方法はノルマン征服以前の雪冤宣誓と決闘裁判だけになったため、なんらかの代替制度が必要となった。

　「新侵奪不動産権回復令状」[79]および「相続不動産回復令状」[80]は、土地を巡る件の審判のために、「事実上の陪審」[81]を活用する制度である[82]。いっぽう、刑事犯訴追のための陪審制度も、1166年の設立以来うまく機能していた。だから、土地を巡る件における普通人の陪審という制度を、刑事犯の事例にも適用するのは、さほどだいそれた飛躍でもなかったのである。かくして、イングランドの刑事裁判制度の根幹のひとつ、つまり審理陪審[83]制度が生まれたのだった。

---

[79]**writ of** *novel disseisin*
[80]**writ of** *mort d'ancestor*
[81]*de facto* jury。**de facto** と **jury** に分けて『英米法辞典』に載る。
[82]正式な陪審ではない人々が、その役割を果たす。
[83]**trial jury**

共犯者証人

共犯者証人[84]とは、有罪となった重罪犯で、いわゆる国側の証拠[85]の提出によって死刑を免れる者をいう。該当するためには10件を立証しなければならなかったが、これは言い換えれば、自分が絞首刑を免れるには10人の重罪犯を有罪としなければならない、ということである。失敗すると、縛り首になった。成功しても、釈放されたわけではなく、追放措置に処されたのである。

治安判事

のちに治安判事[86]として知られるようになる治安維持役は、14世紀に出現した。彼らは州の紳士であって、自分の州における国王の治安の実施[87]を任されたのである。郷紳たちはこのときはじめて、武人貴族たちと対比されるかたちで、判事として正式に司法運営に組み込まれたのだった。他の役目が徐々につけ加わってゆき、たとえば、1352年には彼らは、その年に議会を通過した抑圧的な労働法の実施を命令されている。治安判事の職務はイングランドの刑事司法運営のかなめとなり、今日に至るまでそうであり続けている。ほとんどの刑事犯罪は現在でも下級判事[88]の審問[89]を経るが、かれらは中世の治安判事の末裔なのである。

---

[84] approvers
[85] king's evidence
[86] justice of the peace
[87] enforcement
[88] magistrates
[89] hear 『英米法辞典では』もちろん 'hearing' であげている。

1.2.7　民事法

多くの面で、刑法[90]は、民事法[91]に比べて洗練と柔軟性を欠いていた。たとえば、民事法上の訴訟のためには、多数の異なった令状が生まれつつあった。1087年頃には20だった令状が、1216年頃には50から60になり、1272年頃には120になっている。1320年頃になれば、890に達するのである。ではどういった令状が、民事法上の訴訟には必要だったのだろうか？その答えは、専門の訴答者[92]か法律家を雇って訴訟を起こしてもらうしかない、ということである。それで、ゆっくりとではあったが、中央の裁判所で訴訟を起こせるのは法学院[93]の信用ある法律家だけ、というふうになっていった。これらの人々が民事法を扱うために発達させた専門的な技術が、「国王の訴え」[94]つまり刑事訴訟にも適用されるように、拡充されてゆく。

かくして法は、特殊技術を備えた専門家のための保護区となり、彼らのための教科書が書かれるようになった。イングランドで最初に現れた法律書は、『イングランドの法律と慣習についてのグランヴィルの見解』[95]で、1187年から1189年にかけて書かれたものである。その少し以前には、『財務府ニツイテノ対話』[96]というのがあり、これは、財務府裁判所の手続きと財務府裁判所の法の問題点の両方を、述べたものだった。13世紀までには『年書』[97]が出されるようになっていた。『年書』には、その年に裁かれた件のうち法律的に興味深いものが詳しく述べられ、判事たちが判決に際してあげた理由も記録されていた。こうした記録は、後に同様の件が審理される場合、前例として持ち出されたのである。新しい法律の教科書も出された。14世紀になると、学生用の教科書も現れる。

---

[90] crimial law
[91] civil law
[92] pleader
[93] **Inns of Court**
[94] Crown pleas 『英米法辞典』には、**Crown cases** で載る。
[95] *Glanvil on the laws and customs of England*
[96] *Dialogus de Scaccario*
[97] **year-book**

1.2.8 教会法

12世紀半ばから、教会は独自の裁判所を開いて、自前の司法権を行使し始めた。教会の司法は、聖職者と教会の建物のみならず、多くの他の活動にも及んだ。現在我々が家族法[98]と呼んでいるものや、性的逸脱、遺言関連の事柄は、教会裁判所の仕事だった。そこで、たとえば、誰かが姦通したり、私生児を生んだり、婚姻前性交を行ったり、あるいは遺言を巡る争いが起きたりすると、世俗裁判所ではなく、教会裁判所で審理されたのである。これらの裁判所は主教区[99]ごとにまとめられていたが、ひとつの主教区は12の大執事管区[100]から成っていて、そのそれぞれに裁判所があった。重要な件は、カンタベリーもしくはヨークの大主教管区裁判所[101]に上げられる。これらの裁判所には、専任の職員と専門の法律家がいた。

1.2.9 荘園裁判所

当時のほとんどの人にとって、もっとも切実に生活に関わりがあったのは、地元の荘園裁判所[102]である。これは地元の領主、あるいはより普通にはその領地管理人[103]が主宰した。小百姓たちはここでお互いに対して訴訟を起こしたり、債務地の移転をしたり、入り会い地[104]の運営のための条例[105]を定めたりできた。小百姓たちの平穏侵害罪[106]や窃盗といった刑事事件は、この裁判所で地元の陪審によって審理され罰金を課せられ得たし、じじつそのように処理されていた。言い換えると、この裁判所は民事だけでなく刑事事件も扱ったのである。13世

---

[98]family law
[99]diocese
[100]archdeaconry
[101]provincial court
[102]manor court 『英米法辞典』には manorial court で載る。
[103]steward
[104]common land
[105]by-laws
[106]affray

紀までには、ここで課せられる刑罰は罰金と憐憫罰[107]に限られるようになった。とはいえ、ノルマン征服の前後には、場合によっては絞首刑を課す権限ももっていたのである。裁判所記録は13世紀末から残っている。多くの場合、もっとも下級とはいいながら、ほとんどの人々にはこれらが最重要の裁判所だった。重要なのは、これらの裁判所が公法と私法を混在させる形で運用していたことで、独自の条例を運用しながら、同時に王の法律も行っていたのである。

1.2.10　結 論

　信頼できる知識の集合体としての法が、出現した。これらの発達は、何を意味したのだろうか？ローマ文明の崩壊以来はじめて、教会以外に、信頼しうる知識の集合体が生まれたということなのである。教会による学問と知識の独占は終わりを告げた。第二に、法の支配の発展は、支配者やその他の大領主たちの恣意的な振舞いに、客観的な制約をもたらした。法は、王や領主の権力を制御するものとなったのである。世俗権威はもはや絶対ではなかった。第三に法は、自らの定義を通じて、ある意味では国家を定義するのを助けたのである。よかれ悪しかれ、法が国家を創り出したのだ。

　具体的には、中世という時代はイングランドの刑事司法制度に、以下の諸要素をもたらした。

1. 王座裁判所—ウェストミンスターに常設の裁判所で、重要な刑事犯罪を審理する。

2. 巡回裁判所の制度によって各州にもたらされる王の司法。

---

[107] amercement　陪審の裁量で額が決まった罰金。

3. 刑事司法運営の基礎単位としての州と郡。

4. 州の治安を維持する役人としての知事。もっとも、受ける制約と支配がどんどん大きくなっていったのだが。

5. 訴追のための陪審。これは後に大陪審[108]になる。

6. 審理陪審。

7. 暴力による死を調べる検死官と検死陪審。

8. 治安判事。これによって、領地もちの郷紳たちが州の刑事司法制度の中心的役割を担うことになった。

---

[108] grand jury

第I部

初期近代イングランド

第2章 初期近代イングランドの犯罪と諸裁判所

2.1 序 論

　1485年にヘンリー・チューダーが権力を手中にしてから1660年の王政復古までに、イングランドでは、犯罪に対する態度も何が犯罪かという感覚も、おおきく変化した。では、どのような変化が、どのような理由で起きたのだろうか？

　中世後期の王たちはまず第一に、そして何にもまして、富める者と力ある者の支配に意を用いた。王国の一体性を脅かしていたのは、貴族たちとその武装した家来たちだったからである。概して、庶民は深刻な脅威ではなかった。その主な例外は庶民の大規模な抗議行動で、頂点は1381年の大反乱[1]だった。1660年までには、犯罪というものの把握のしかたが変わってしまい、庶民の起こす治安紊乱[2]や犯罪がますます、コモンウィールとかコモンウェルスとか呼ばれた当時の社会にとって、脅威と見なされるようになった。脅威を覚えたのは王だけではない。貴族も郷紳も大商人たちも、同様だった。そして、特権と階層秩序で成り立つこの社会への挑戦とも解される事態に対処するために、法律が作られた。このふたつの概念、「階層秩序による社会[3]」と

---

[1] Great Revolt 一般には 'Peasants' Revolt' と呼ばれ、歴史事典類ではその名前で出ていることが多いようである。指導者としてワット・タイラー index タイラー、ワットや司祭ジョン・ボールが名高い。人頭税 (**poll tax**) など苛斂誅求への、全国的反乱だった。

[2] disorder

[3] 「階層秩序」と「階層秩序による」の原文は、'order' と 'ordered' である。「身分・層序」と「秩序」を同時に表せる日本語はないので、このような訳とした。

「特権の社会」はほとんど同義と見なされており、たしかに一方が他方を象徴するような関係にあった。だから、刑法がますます社会統制の具となったのだが、マルクス主義者なら、これを階級支配というところだろう。

　いったいどういう具合に、そしてまたなぜ、支配者たちは庶民を脅威と感じ始めたのだろう？まず確認しておかなくてはならないのは、単純明快、彼らの数が増えていたということである！1520年代の初め、イングランドとウェールズの人口は225万だったが、世紀の終わりには411万に増えた。人口の急激な変化は、増加であれ減少であれ、社会内部の緊張を高める。他の全ての条件が同じだとすると、より多い人間はより多い犯罪を意味するのである。ほとんど全ての裁判所で、それが国のだろうと地域のだろうと、16世紀から17世紀にかけて、仕事の量が増加している。

　第二に、庶民が貧しくなったということがある。物価、ことに基本的な食料の価格が上昇したから、実質賃金は低下した。修道院その他の宗教関係の土地が世俗領主の手に移り、領主たちのより厳しい搾取にさらされるようになった。実質地代、ことに小規模借地の地代が上がり、小百姓たちは土地を保ち続けるのが難しくなった。土地から追いたてられる者があるかと思えば、一時雇いの労働で土地からの収入を補わざるをえなくなる者もあった。一言でいえば貨幣危機が生じたのである。経済と土地保有態様の変化が、貧しい人々を苦境に陥れたのだった。土地をもたない労働者が当局の深刻な不安の種となったために、後ほど見るとおり、放浪者[4]が、初期近代の犯罪者の基本的性格となるのである。

　第三に、この時代に初めて、思想犯の広範囲な訴追が行われた。宗教改革のときイングランドは、カトリックを放棄して独自のプロテスタント信仰をもつようになったが、誰もがカトリック信仰を捨てたのではないし、ことに北西部ではそうだった。また誰もが、国教会という新しいプロテスタント信仰のありかたを気に入ったわけでもない。不

---

[4] vagabond

満はとくにロンドンで顕著だった。しかも、カトリックからプロテスタントへの移行は、円滑なものではなかった。メアリ女王 (1553-8) のもとでは、多くの犠牲者を出してカトリック復権が強行されたし、1580年代と90年代には、カトリック信者が積極的に迫害された。国は、力ずくで信仰統一を強制しようとしたが、できなかった。1559年には新しい司法機関、つまり高等宗務官裁判所[5]が、信仰の統一を強制するために設立され、さらに1580年には、教会への出席を強制する責任が、教会自身から治安判事へと移った。

宗教改革の興味深い余波として、刑法が増えた。議会の開催が頻繁になったため、刑法の改変や導入がより容易に行えたのである。16世紀の末までに、侵すと罪になる法律の数が増えていた。

第四に、この時代には、前代未聞の頻度で大衆反乱が起きており、1536年から1554年までの間に4回に達していた。もちろん、この時代を締めくくるのは内戦だが、内戦は大衆反乱の究極的形態である。こういう擾乱への当局の反応は、なんとも意外性に欠けるが、賃金・居住・宗教・貧民・犯罪者の規制をますます厳しくするというものだった。

この短い要約をまず示したのは、国の歴史の他のほとんどの面と同様、刑事司法も社会の一般的傾向と変化に影響されることを、示すためである。犯罪と処罰の歴史は、その時代の人口動態や経済や宗教や政治の出来事と切り離せないのだ。

2.2 大衆神話

中世の原型的犯罪者は無法者だった。文字通り、法の埒外に生きた人間である。彼らは集団で行動し、暴力や誘拐や殺人で、特定地域の法の支配をほとんど停止させたりした。無法者は悪辣であり、中世の風景の中でもたしかに望まれざる者たちだった。富める者たちばかりでなく、貧しき者たちも同様に苦しめられたのだが、たとえばロビン・フッドのように、大衆のロマンティックな神話の主題になったりもする。

---

[5] **Court of High Commission**

チューダー朝になると、原型的犯罪者は無法者から浮浪者に変わった。神話におけるこの変化は、現実の変化を反映しているのである。無法者の集団が田園の脅威となることはなくなったかわりに、浮浪者の群が膨張したのだった。1495年のある法律の定義によると、浮浪者とは、「労働しないあやしげな者[6]で、いかがわしい生き方をしている」者[7]をいう。もちろん、家のない者全てが犯罪者だったのではないが、当時は多くがそう信じられていたのである。大衆の目にも当局の目にも、浮浪者は悪党[8]と同じに見えたのだ。(「犯罪者」[9]という言葉は、名詞としては1626年まで用いられないし、「犯罪」[10]という抽象概念は、19世紀になるまで広くは用いられない。)

増え続ける浮浪者の中でも、ロンドンとその周辺の者たちの中核部に、職業的[11]犯罪者たちがいた。職業的というのは、収入の全てを犯罪によっており、かつ一人ずつが特定の犯罪に長じていたからである。馬泥棒は「跳ね屋盗り」[12]と呼ばれたが、これが同時に「アブラム屋」つまり狂人を装って喜捨をかたり取る専門家でもあるとは、考えにくかった。また後者が同時に、ガラスのない窓から鉤(かぎ)付きの竿を入れて品物を盗む「釣り師」[13]だということも、考えにくい。国ごとに得意技があるとも考えられていたが、それから見るとイングランド人の外国人嫌いは、今に始まったことではない。つまり彼らは、自分たちの社会に入り込んできた余所者を、とくに犯罪者扱いしがちだったのである。アイルランド人は乞食として、ウェールズ人は聾唖者を装って喜捨をせしめることで、それぞれ悪名高かった。あるエリザベス朝人の言葉では、「この偽聾唖者どもはきわめて悪辣狡猾だから、舌を押さえつけて喜捨を求める呻き声を高め、哀れさを極めた様子で両手を差し上げて、たっぷりせしめるまでは絶対に口をきかないのだ」。

---

[6] **suspect**
[7] living suspiciously
[8] rogue
[9] **criminal**
[10] **crime**
[11] professional
[12] prigger of prancer
[13] angler

この集団には、自分たちが見捨てたはずの通常社会の秩序を反映して、厳格な階層秩序があった。頂点には首領[14]が、犯罪社会の郷紳[15]として存在した。彼は盗みを手配し、格下の悪漢や乞食から保護料を取り立てて、男の犯罪者と暮らすエロ本売り女／娼婦[16]、半専業娼婦[17]、女乞食たち[18]たちの稼ぎから、上前をはねた。こういう犯罪紳士たちの下に、馬泥棒やいかさま賭博師といった特殊技能をもつ者がいる。これが、犯罪社会の自立農[19]に該当した。さらにその下にいる乞食や下級娼婦[20]は、いわば水呑み百姓[21]だったのである。

犯罪は、場合によっては徒弟制度さえ備えた職業だった。1585年、ロンドンのある酒場経営者が、掏摸と巾着切の養成学校を運営しているという容疑で逮捕されている。鈴をいくつもつけた財布を盗み取れる少年は、正式掏摸士[22]と資格認定され、同様の財布を鈴を鳴らさずに切りはずせる少年は、模範巾着切士[23]と呼んでもらえた。ディケンズの発明になるフェーギンには、生身の祖先が300年も前にいたことになる。

こうした秘密社会には、隠語[24]という独自の言葉があった。（ディケンズやメイヒューは19世紀の犯罪者が特殊な言葉を使ったことを伝えているが、特殊な言葉の使用は、今日でもある種の集団、とくに麻薬関連のサブカルチャーに見られる。）これによって、漏れ聞く者があっても目的などを悟られないよう、仲間内で情報の受け渡しができたのである。こういう言葉の多くが、今でも使われている。「少年」という意味での「ニッパー」[25]や、「男」という意味での「コーヴ」[26]は、日

---

[14] uprightman
[15] gentry
[16] bawdy basckets
[17] morts
[18] doxies
[19] yeoman
[20] harlot
[21] peasantry
[22] public foister
[23] judicious nipper
[24] canting
[25] nipper
[26] cove

常語になりおおせた。他にも、たとえば「臀（ポケット）」という意味での「プラット」[27]や「めかけ」という意味での「ドクシー」[28]や「情婦」という意味での「モル」[29]には、出自のいかがわしさが消え残っている。

　この犯罪サブカルチャーを最初に描いたのは、1566年に出たトマス・ハーマン[30]の『当然令状作成官さんご用心』[31]で、グリーンもデッカーも、ずいぶん多くをこれに負っている。「間抜け狩り」[32]たちを描きだすこうした劇や安直本[33]（短くて安価なパンフレットで、広く流通していた）は、エリザベス朝やジェームズ朝の人々には、今日の探偵小説やテレビの警察ものシリーズに負けないくらい、人気を博していた。もっとも、こうした職業的犯罪者たちとその排他的サブカルチャーが、ロンドンを中心に存在したことはほとんど疑いがないものの、ロンドンにおいてさえ彼らばかりが犯罪者だったのではない。国全体で見れば、彼らは典型でさえないのである。犯罪の本当の姿を見るには、神話を越えたところを見なくてはならないが、とにかく、ロンドンから始めるとしよう。

2.3　ロンドン

　ロンドンは、ウェストミンスターもサザックも郊外も含めて、犯罪者のメッカだった。ロンドンは特異な場であり、他所で得られない機会を犯罪者に提供してくれたのである。この都市はイングランドのど

---

[27]prat
[28]doxy
[29]moll デフォーの『モル・フランダース』を想起されたい。
[30]Thomas Harman ヘンリー七世宮廷の高官の孫に当たるが、乞食や放浪者について幅広く書いた。1567年頃に最盛期。この人が収集記録した彼らの語彙が、その後のスラング辞典の基盤となっている。*Dictionary of National Biography* による。
[31]*Caveat for Common Cursitors* 奇妙な役職名だが、原文は *Caveat for common cursitors* で、**cursitor** は、大法官裁判所で訴訟を開始するとき当然に必要となる令状を、手数料を取って作成する下級書記である。**caveat** も法律用語としては特別な意味があるが、ここではこういう意訳にしておく。
[32]cony-cathcer 原義は「ウサギ猟師」
[33]chap books

の都市よりも大きくて、しかも成長が早かった。人口は、1520 年に 6 万人だったのが 1582 年に 12 万人になり、1605 年までには 20 万人に達した。1520 年代初め、ノリッジの人口は 1 万 2 千、ブリストルは 1 万、ヨークとエクゼターとソールズベリは 8 千である。世紀の終わりになっても、これらの都市の人口は、ノリッジが 1 万 5 千、ブリストルが 1 万 2 千、ヨークが 1 万 1 千、エクゼターが 9 千で、ソールズベリは 7 千だった。絶対数においても比率においても、地方の中核都市はロンドンの敵ではなかったのである。なにしろロンドンの人口は、1700 年までには 50 万人に達するのだ。

　ロンドンの成長の実態が、犯罪史に深く関わってくる。定住者のみでは、人口の増加はおろか、その維持すらできなかった。天然痘や腸チフスなどの疫病、時折だが壊滅的な打撃をふるう発汗病やペストやインフルエンザのために、人口の自然増加はなかった。増加は、大規模な移住のためだったのである。じつをいえば、それら移住者について、ほとんどなにも資料がない。ロンドンなら稼げると信じて、自ら望んでやってきた者もいたに違いない。しかし、たとえば、追い立てを喰った小屋住み[34]や謄本土地所有権者[35]、働き口を失った農村労働者、孤児、未婚の母といった人々は、否応なく、経済的社会的な圧力に強いられて、やってきたのではあるまいか。これらの多くは若くて独り身だったから、当局の絶えざる心配の種となった。ほとんどのロンドン人は新来者で、しかもそのほとんどは若くて貧しかったから、犯罪に走っても失うものは多くなかったのである。この都市はまた、多くの根無し草的な人々にとっても、当然のすみかとなっていた。部隊が解散された兵隊や水兵、ユダヤ人、外国人、そして宗教的迫害を逃れて国内外からやってきた人たちなどである。

　一時的な住人も、総数を膨張させていた。貴族や郷紳とその家来たちが、仕事や娯楽や社会的地位の誇示のために、ロンドンに定期的にやってくる。彼らの息子たちは法学院のどれかに入っていたし、領地

---

[34] cottager 『英米法辞典』に載らない。一般に、農場の小屋に住ませてもらい、労働力を提供する。農場労働者。
[35] copyholder

管理に携わる者たちも、主人の法律上や財政上のご用を果たすためにやってきた。ウェストミンスターにある各王立裁判所は、訴訟当事者や証人や陪審といったより低い社会階層の者たちの列を、絶えず吸い寄せていた。ヨーマンの息子たちがたくさん徒弟奉公に来ていたが、彼らは、資格を得れば、故郷の州に帰る。1551 年から 1553 年までの数字を見ると、ロンドンの自由市民権を認められた 1,088 人の若者のうち、地元出身者は 244 名にすぎない。80 名が近郊諸州[36]から、764 名がその他から（ヨークだけで 168 名に達している）来ていた。そしてロンドンはいつも、旅商人や供給業者や運送業者、食料の行商人や仲買人、荷車屋や家畜追いや駄馬追いや水夫たちの大群をも引き寄せていたのである。

　この種の人々の数の多さと流動性のおかげで、犯罪者にとって好都合な事情が、二点において生じていた。第一に、ロンドンには、持ち運びが可能な、つまり盗むことが可能な財産が、国の他の所と比較して集中していた。王侯の宮殿、貴族や主教のロンドン屋敷には獲物がたっぷりあり、シティーの貿易商たちの住まいも同様だった。一時的居住者の多くは、宿賃や各種サービスや品物のために現金が必要だった。商売を終えた者は、故郷に持ち帰る現金をもっている。第二に、人口の大きさと流動性は、犯罪者の隔離や統制を不可能にした。統制のとれた治安維持機関がないうえに、司法区域がいくつもあり（シティー、ウェストミンスター、サザック、そしてロンドンを除くミドルセックス州）、犯罪件数そのものが膨大なので、犯罪は、探知されたり予防されるのではなく、事後に発見されたのである。犯行の最大の誘因は、低い逮捕率だった。

　こういう現実的な有利さに加えて、盗みと悪行が首都の伝統的評判となっていたことを、あげねばならない。伝統は、犯罪者に対しても、初期近代の他の種類の人間に対すると同様、強い力を発揮したのである。すくなくとも 12 世紀以来、伝統が悪漢たちに、どこに行くべきかを教えていた。というのも、12 世紀にすでに、あるウィンチェスターの

---

[36] Home Counties ロンドン近郊の 6 州をいう。

僧が、こんなことを書いているのだ。

> イングランドに来るのなら、ロンドンに着いたときには、速やかに通り過ぎてしまいなさい。あらゆる種類の人間が、それぞれの悪と習慣とをこの都市に持ち込んでいる。何らかの犯罪に手を染めずに生きている人間など、一人もいない。どの場所も重大ないかがわしさに満ちている。世界のどこに見いだせるどんな悪や悪事でも、この町なら見いだせる。俳優やお抱え道化や肌の滑っこい若者やムーア人やおべっか使い、愛らしい少年たちや女男や男色家、歌ったり踊ったりする娘たちや大道医者やベリーダンスの踊り子、それに魔女や強請屋や夜盗や魔法使いや無言劇役者や乞食や道化師だのがいて、家という家に満ちている。だから、悪者たちと暮らしたいのでもない限り、ロンドンに暮らしてはいけない。

こうした理由のためにロンドンの犯罪は、おそらくほかのどことも違っており、どこより多様でもあったのだ。

初期近代のロンドンについての確実なデータに出会うのは難しい。1550年から1625年にかけてのミドルセックスの四季裁判所[37]では、重罪訴追件数の93％が財産の侵害だったが、この裁判所の司法管轄区域は、ロンドン郊外の一部を含むにすぎない。また、他の主な犯罪範疇としては、殺人[38]と嬰児殺[39]があるのみである。ところが情けないことに、こういう資料では、首都全域の犯罪水準はほとんど分からない。中央の諸裁判所では多くの重大な件が審理されたが、確固たる資料はほとんどないのだ。つまり、ロンドンの犯罪についての統計学的証拠は、存在しないのである。だから、どうしても、犯罪を描く安直本や日記や年代記や書簡に頼らざるを得ない。

ハーマンが描くような職業的盗人がいたことは疑いない。しかし、彼

---

[37] quarter sessions
[38] homicide
[39] infanticide

らが法と秩序に多大な脅威となっていたようには見えない。何の対応も取られていないことから判断すれば、そうとしか思えないのだ。ところが、浮浪者一般となると、話が違う。この問題は、16世紀の初めでさえ、認識されていた。当時の市長が、「身体強健な[40]乞食や浮浪者」を罰するために、枷(かせ)を備えた小規模な拘禁施設を各区に作るよう、命令を出しているのである。この簡易施設は1560年代になっても郊外に残っており、たとえばニューイントンでは、通りの真ん中の簡単な檻がそれだった。もっとも、浮浪者の全てが犯罪者ではないことは、認識されていた。16世紀半ば、ロンドンに授産拘置所[41]が設立されたのは、貧窮者や家のない浮浪者に救済と仕事を提供するためである。しかし、こういった立派な目的はすぐに放棄された。1609年の調査では1,700人の収容者がいたが、そのうち仕事をしていたのは130人にすぎない。貧しい浮浪者への慈善制度は概して有効でなかったが、ひとつにはおそらく、乞食のほうがはるかに実入りがよかったからだろう。偽病人のジェニングズは1556年に1日あたり13シリング3ペンス稼いだが、当時、非熟練労働では、日当として6ペンス稼げれば幸運だったのである。

　浮浪者への司法の態度は粗野で残酷だった。すでに見たように、授産拘置所はたちまち人道的機能を失い、たんなる一時留置所になり果てている。出身教区に帰る日をそこで待つ人々は、すでに処罰を受けている場合が多かっただろう。浮浪者は、最初の有罪判決で、耳の軟骨に赤熱した鉄の棒で穴をあけられたうえ、荷車の後ろに縛り付けられて、背中が血塗れになるまで鞭打たれた。女性も同様の目に会ったのである。再犯になると、もう片方の耳にも穴があけられ、再び鞭打たれてから、労役につかされた。三犯は絞首刑である。1572年から1575年までの間に、ミドルセックスの裁判では、44人の浮浪者が焼き鏝を当てられ（おそらくは鞭打ちも受けただろう）、8人が労役につかされ、4人が絞首刑になった。1552年のある日には、7人の女性浮浪者が町

---

[40] sturdy
[41] Bridewell ヘンリー八世が聖ブライドゆかりの井戸の近くに建てた宮殿が後に監獄に転用されたところから、一般的にそうした施設を指すようになった。

中を引き回されて、鞭打たれた。こういった数字は典型的なものだから、浮浪者への当局の態度を反映しているのである。

　そう頻繁にあることではなくても深刻な問題になったのは、動員解除された兵士が突然大量に出現することだった。1589年には、給与を支払われていない500人以上の兵士が、バーソロミューの市を略奪すると脅した。1698年にも同じ状況が起きている。どちらの場合も戒厳令[42]が宣言された。憲兵司令官[43]の受けた指示は、「通常の司法役人によってただちに態度を改めない兵士全てを逮捕し、遅滞なく絞首台で処刑せよ」というものだった。戒厳令は、即決裁判と死刑を暗示していたのである。

　反乱があると、ロンドンは犠牲者を多く出した。1554年のワイアットの乱の後には、ロンドンとサザックで59人が絞首刑に処されている。反逆罪[44]と見なされる余地は、どんな行動にもあった。1555年5月、エドワード六世（2年前に死んだ少年王である）を自称した一人の青年が、荷車の後ろに縛られ、市中を引き回しての鞭打ちを受けた。10ヶ月の後、同じ青年が同じ行為で有罪判決を受け、処刑されてしまった。

　メアリ朝の犠牲者の運命はよく知られているから、繰り返す必要もない。だが、異端者を焼き殺したチューダー家の者は彼女だけではなく、1500年にも老人が一人、異端のかどでその運命に遭っている。それに、信仰上で受ける刑罰となれば、焚刑（ふんけい）が一番残酷というのでもない。1535年には、多くのカルトゥジオ会僧侶が、国王至上宣誓[45]を拒んだために反逆罪に問われた。彼らは、首を吊られた後、息のある間に台に縛り付けられ、腹を割かれ、内臓を抜かれたのである。内臓は彼らの目の前で焼かれ、その後でやっと、斬首によって殺されたのだった。

　放浪と反逆と異端。これらが、チューダー朝ロンドンからもっとも一般的に連想される罪である。しかし他にも少なくないし、その中には重大なものも多い。さまざまな言及資料から見るに、殺人は珍しく

---

[42] martial law
[43] provost marshal
[44] treason
[45] Oath of Supremacy

なかったようである。処罰はきわめて迅速なこともあった。イタリア人2人を殺した者たちは、犯行の5日後にはもう裁かれて有罪となり、絞首刑を執行された。また、裁判を受けていたオールドベイリーの囚人が、裁判所でナイフを抜き、他の囚人を殺すという事件があった。即決でその裁判が行われて有罪となり、犯人は表に連れ出されて、まず凶行に及んだ手を切り落とされてから、即席の絞首台に吊されたのである。

毒殺も知られていなかったわけではない。女の毒殺犯人は焚刑(ふんけい)に処され、男なら生きたまま煮殺された。かくして、ロチェスター主教毒殺を企てたかどで有罪判決を受けた料理人は、「大釜で煮殺された。鎖で縛られ、絞首台から吊されて、死んでしまうまで、何度も浸けたり引き上げられたりしたのである」。

海賊行為は、といっても文脈から判断するとロンドン港に停泊中の船舶からの盗みに違いないが、ありふれていた。それには、ふさわしい罰しかたが考案されており、有罪判決を受けた犯人は、引き潮時点で鎖に吊され、そのまま満ち潮で溺死するに任された。

その他多種多様な犯罪の多く、たとえばコインの縁を削り取るとか、強姦とか馬泥棒とか、巾着切りとか40シリング以上の品物を盗むとかは、死刑となった。かくて頻繁に死刑があったが、執行は公開だったのである。

司法の残酷さはより軽い刑罰についても特徴的だった。「晒し刑」[46]を例にあげよう。太い木の柱があり、有罪となった犯罪者は最大限4時間そこに立たされたのだが、そのやりかたは、右耳を柱に釘で打ち止めるという荒っぽいものだった。所定の時間が過ぎれば耳が切り離され、柱から解放されるのである。これは、粗野ながら、処罰の記録法でもあった。再犯の時には残った耳が同様の目に遭い、三犯で絞首刑となった。鞭打ちは、罪人の背中が血塗れになるまで続けることに定められていた。16世紀半ばのロンドンでは、浮浪者は焼き印を捺されて

---

[46] pillory ここでの説明は多少不正確で、じっさいには、柱には三つの穴があいた横板がついており、晒される者は、そこに首と両手をはめこまれた。

いた。
　商業上の違反とか器物損壊の領域だけは、近代の人間にも処罰が妥当なものに見える。布を売るときに不正なヤード尺を使った商人は、2時間、晒し台の枷にはめられた。重さの足りないパンを売ったパン屋は、パンの現物を首から下げた格好で、晒し台に立たされた。サザックの街灯を壊した二人の青年の場合、カウンター監獄からサザックまで、その壊れたランタンを体の前後にくくりつけた格好で、歩かされている。あきらかにこういった処罰は、苦痛に劣らず恥辱も与えるよう、考えられていたのである。
　ロンドンは揺籃期のピューリタン的心性の本場だった。シティー当局が厳格な性道徳を強いたのは、そのためである。サザックの娼館は、正式に免許を受けて規制を受けるようになるまでのことではあったが、いったん閉鎖された。それ以降、娼婦たちは定期的に鞭打ちを受けるようになり、加えて晒し台に立たされることもあった。彼女らがことに怖れたロンドン式の罰は、ランベスからウェストミンスターまで、小舟のロープにくくりつけられてテムズの川中を曳かれることだった。売春攻撃については、ロンドンが国中の手本となってゆく。
　初期近代のロンドンの犯罪には、重要な特徴が三つあった。第一は、犯行のほとんどは、ハーマン他の描くような職業的犯罪者によるものではなかった、ということである。首都においてさえ、犯罪問題は、第一義的には、組織犯罪の問題ではなかった。第二に、犯罪の発生について詳しく述べることはできないとはいえ、それが多かったのは明らかだということである。ことに、報道媒体や日記が記録したのは有罪になった件であって、訴追が成功しなかったり未解決だったり報告されなかった件はおおむね言及すらされないことを考慮すれば、なおさらである。第三には、犯罪発生率の高さ、ことに窃盗のそれの高さにもかかわらず、不安を訴える声があまりない、ということがあげられる。ロンドンは、犯罪者たちと共生することができたかのようである。
　イングランドの他の場所では、どうだったのだろうか？ おしなべて、ロンドンと同様の率で犯罪があったのだろうか？ 犯罪の種類は同じだっ

たのだろうか？ それはまた、住民一般の間に、またことに当局に、深刻な不安を覚えさせたのだろうか？ そもそも、どういう人間が犯罪者となったのだろうか？ 初期近代イングランドの刑事司法制度とはどんなもので、どの程度に有効だったのだろうか？

2.4 ロンドンの外での刑事司法制度

2.4.1 州

11世紀の初めから、イングランドは行政的目的のために州に分割されており、それぞれの州は、さらに郡[47]に分割されていた。初期近代においては、州が、刑事司法運営の基礎単位であり続けた。

2.4.2 知事と検死官

州の主席治安担当官は、すくなくとも理論上は、ずっと知事だった。これは1年を任期として任命される地元の地主で、州裁判所という自前の裁判所を主宰したが、1500年までには、扱うのは民事だけになっていた。しかしこの裁判所にも、重要な刑事司法的役割がひとつ残されていた。それは、上級裁判所に出頭しなかった被告を、法喪失[48]に処することである。

中世以来の役職がこの当時も機能していたという点では、検死官も同様である。彼らは、三つか四つの州ごとに、ひとりずついた。加えて、自前の検死官をもつ自治都市もあった。初期近代の検死官については、ほとんど研究が行われていないが、ともあれ、彼らの仕事にあまり変化がなかったことくらいは言える。つまり、突然の死や暴力による死を調査し、殺人の容疑者を知事に報告するのである。裁判に出頭しなかった容疑者たちに州裁判所で法喪失を宣告するのも、彼らの

---

[47]**hundred** 地域によっては'wapentake'と称する
[48]**outlawing**

正式な役目だった。

　検死官の役割を知るには、実例を三つも見れば十分だろう。1614年7月6日、藁を満載した荷車が急な坂道で馬から外れて暴走し、馬方の一人であるトマス・ウッドをひき殺した。翌日、スタッフォードの検死官が、15人からなる陪審と審理して、上記の説明を受け入れ、事故死という評決[49]を記録した。同年9月、検死官1名と陪審14名とが、9歳の子供が継母の手にかかって死んだ件について、児童虐待の容疑を審理した。再び事故死の評決が出されたが、現在まで残る記録から判断するに、調査を正当化するに十分な疑いがあったのは、明らかである。

　第三の事例は、さらに印象的に、検死官陪審の捜査機関的な役割を浮き彫りにしてくれる。1546年、トマス・ロックハートという男が殺された。14名が宣誓して検死官陪審が構成されたが、彼らは、審理に入る前に容疑者の一人の家に行き、アリバイを確認しているのである。その容疑者のアリバイは息子が証言したが、陪審と検死官の前での正式な証言の時に、違う時間を言ってしまった。すくなくともこの件の場合、陪審の結成と審理の間に調査が行われたのは、明らかだ。これら三つの実例は、刑事司法制度の中で検死官とその陪審が捜査機関の役割を果たしていたことを、示しているのである。

2.4.3　治安判事と四季裁判所

　初期近代の治安維持官でもっとも幅を利かせているのは、治安判事たちである。彼らはおおむね州の郷紳地主で、主教や貴族やそこに住居をもつ判事などは、治安判事委託書[50]に名前を連ねはしても、自ら口を

---

[49] verdict

[50] commission of the peace 用語として『英米法辞典』に載るが、説明がない（「治安判事」を見よ、とあるが、その項目に説明されていない）。David Eastwood, *Government and Community in the English Provinces, 1700-1870*, pp.95-6:「［州の］治安判事委託書に載る名前はだいたい200名以上に達するが、それが示すのは治安判事の資格だけであって、実際にその活動をするということではない。この名表に名前が載っていれば、'権限委譲書 (*dedimus potestatem*: 吉村『マーヴェル書簡集』)' によって、正式な治安判事の資格を示すことができる。だが一般的には、そういう行動を

出すことは滅多になかった。刑事司法の運営においては治安判事が決定的に重要だったが、その点については、誇張に陥らない注意も必要である。ひとつの州で同時に活動している治安判事の数は、だいたい20人が上限だったからである。（エリザベス朝のスタッフォードシャーではもっと少なくて、12人だった。）彼らは無給で兼務の判事だから、他にも義務だの気をつけておかねばならないことを抱えていた。彼らが自力だけで州の治安を維持できたはずがないのである。なにしろ数が少なかった。

　ということを確認したうえでだが、それでも治安判事の権限は相当なものだった、と言っておかねばならない。自分一個の権限内でやれることの中には、重罪犯容疑者[51]を取り調べたり留置すること、浮浪者やならず者を逮捕すること、公共の治安を乱す平穏侵害を停止させること、カトリック非国教徒[52]（自分たちはカトリックだという理由で教区教会にきちんと出席することを拒む者たち）を逮捕すること、素行不良[53]の告発を受けた者に謹慎の正式誓約[54]をさせること、が含まれる。治安判事ふたりでやれることには、救貧税[55]の決定、エールハウスの営業許可の発行、道路や橋の補修の検査監督、保釈金の徴収、私生児の父親の決定、があった。しかし、彼らが権力を最大限にふるった場は、四季裁判所（一年に四度開かれたので、そう呼ばれる）である。彼らは判事として席に着く。刑事裁判所では大陪審と審理陪審[56]の補佐を受けたが、誰かが有罪の判決を受けると、法に照らしての量刑は、判事の役目だった。

　四季裁判所は、通常、州の中心都市で開かれたが、かならずそうだっ

とったのは、治安判事委託書に名前が載っている者の三分の一以下にすぎなかった。だから、治安判事が政治的・司法的な意味で実働力になるか否かは、個人としての彼らが自分の州の行政的・司法的運営に自らを投じる意欲しだいだったのである。まさにこの意味で、治安判事たちは、政治的エリート層を自ら構築し維持していたのだ」。

[51] **suspects of felonies**
[52] **recusants** 『英米法辞典』は「国教忌避者」という訳を載せるが、誤解を生じる余地があるので用いない。
[53] **bad behaviour**
[54] **recognizance** of good behaviour
[55] **poor rate**
[56] **trial jury**

たというわけでもない。チェシャイアでは、チェスターで年に二度、ナントウィッチで一度、残る一度はノリッジかミドルウィッチで開かれていた。これは、大勢の人々が関与する大規模な公的行事だった。まずは判事たちとその下僚、さらにその下の書記がおり、知事がおり、知事補佐[57]たちがおり、検死官たちがいた。州全域のための大陪審がいた。たとえばケントなど、州によっては、各郡もまた、域内村落から選抜した自前の大陪審を送り込んでいた。これらの陪審はどれも 12 名より少ないことはありえなかった。治安判事だったランバードによると、ケントでは、「我々のところの普通のやり方では、17 名とか 19 名とか 21 名の奇数にするが、これは、意見が均等に割れてしまった場合でも、とにかくどちらかに重みがつくようにということである。12 人の同意があれば、残りの者が反対しても大陪審による告発[58]を妨げられない」。これが示唆するのは、多数決が大陪審で受け入れられていたということである。大陪審が決めたのは、答弁[59]が行われてしかるべき件が、有るのか無いのかだった。そういう件があれば、それを裁く審理陪審が召集された。ランバードによると、これらの陪審はつねに 12 人で構成されており、それ以上でも以下でもなかった。つまり、判決は全会一致でなくてはならないことが、示唆されているのである。判事たちと州の役人たちと陪審員たち以外に、郡と村の治安官[60]も全員出席を求められた。原告を代理する法律家も大勢やってきた。最後に、しかしけっして数がいちばん少ないというのでなく、被告たちと証人たちもいたのである。

　1602 年のスタッフォードシャーのトリニティー裁判期には、召喚された 65 人の州役人（判事、検死官、主席治安官、廷吏[61]、封建的付随条件収入管理官[62]、知事および書記）のうち 35 人が出席した。この同じ

---

[57] undersheriff 『英米法辞典』は「シェリフ補佐」とする。
[58] presentment
[59] answer 被告人から告発に対して行われる態度表明をいう。後に 'plea' がやはり「答弁」と訳されるが、そちらは罪状認否手続きの中での用語である。
[60] constable
[61] bailiff
[62] escheater

裁判所の陪審の名表を見ると、30人の大陪審のうち23人、小陪審[63] 46人のうち35人、特別陪審[64] 36人のうち19人が出席しているのが分かる。全体では、召喚された175人のうち112人（64%）が出席したことになる。この数字には、被告や原告や法律家や、村の治安官たちの一部も加えなくてはなるまい。おそらく、150人から200人くらいの人間が、裁判所が開かれるたびに集まったのである。大規模で、重大な出来事だったのだ。

　裁判所の主な仕事は規制に関連していた。単位労働当たりの賃金[65]やエールハウスなどの事柄、さらに1597年からは救貧法[66]についても裁定を行った。1590年頃からは、その刑事司法機関としての役割は、主として軽罪[67]（つまり、罰が死刑とならない罪）の取り扱いに限定された。しかし、重大な犯罪を巡回裁判所に回すというこの傾向は、誇張されてはならない。デヴォンの四季裁判所については、1598年から1639年までの29年間について資料が残っているが、それで見ると、毎年、平均では4人に少し足りないとはいえ、重罪による絞首刑が行われているからである。鞭打ちは同じく40人を少し下回る程度だから、比率としても相応だ。しかし、そうはいっても、重罪（死刑になる罪）は上級裁判所で裁いてもらうという傾向は、明らかだった。その上級裁判所のもっとも重要なものが、巡回裁判所である。

2.4.4　巡回裁判所

　巡回裁判所は、中世の巡察[68]の後身である。巡察は、ウェストミンスターの判事たちを州に出し、民事刑事の両方で国王への訴え[69]を裁かせた制度である。1337年までにイングランドは、6つの巡回区[70]に分

---
[63] **petty jury**
[64] special jury
[65] wage rates
[66] the **Poor Law**
[67] **misdemeanours**
[68] **eyer**
[69] Crown pleas
[70] **circuits**

割されていた。それぞれの巡回区は、隣接する多くの州から成り、ウェストミンスターの判事2名の巡察を受けた。巡回裁判所は年に2回開かれた（2月末から4月初めまでのレント閉廷期[71]と、7月から8月までのトリニティー閉廷期である[72]）。通例としては州の首都で開かれたが、これも常にそうだというわけではない。スタッフォードシャーでは、ほとんどはスタッフォードで開かれたが、リッチフィールドやウルヴァハンプトンでも開かれた。主宰するのはウェストミンスターの2名の判事か、判事1名とサージャント（おおむね現代の勅撰弁護士に相当する）1名である。通常彼らは、州の治安判事が居合わせる場で、裁きを進めた。書記1名とその部下たちが補佐した。

この裁判所は、大がかりで公的な出来事だった。開催に際しては、判事たちの正式な入場式が行われ、ついで説教があった。大陪審が宣誓を行ったが、これは13人から23人まで人数に幅があり、自由土地保有権者[73]や格下の郷紳たちから成っていた。判事たちが陪審に対して義務を読み聞かせて、ことが始まったのである。この読み聞かせでは、諸義務に注意が促され、しばしば、ウェストミンスターの政府が関心を抱いている事柄が取り上げられたものだった。

一人の判事が民事を裁き、もう一人が刑事を裁いた。彼らの権限には、反逆罪、重罪、軽罪を裁くこと、および自分たちが到着した時点で留置されている全ての容疑者を裁くことが含まれた。地元の治安官が大陪審への告発[74]を行ったが、言い換えれば、彼は地域社会になり代わって起訴[75]したのである。ついで囚人が有罪[76]か無罪[77]の答弁[78]を行うように求められる。答弁を拒んだ者は、押し潰されて死に至る「過酷な苦痛」[79]と称する措置に処された。これは、裸にされ、石の上に

---

[71] vacation
[72] つまり、本拠地であるロンドン（ウェストミンスター）の裁判所が閉廷している期間に、地方に出るのである。
[73] freeholder
[74] presentment
[75] accusation
[76] guilty
[77] not guilty
[78] plea こちらは罪状認否手続きで用いられる用語。
[79] peine forte et dure

横たえられて水をかけられたうえ、体の上に板を載せられるのである。その板の上に、石が置かれた。石の数と重さは、囚人が答弁を行うか、さもなければ死に至るまで増やされる。あきらかに絞首刑よりも辛いこういう死に方を、なぜ選ぶ人間がいたのだろうか？ それは、答弁しなければ、有罪判決もないからである。有罪判決がなければ、容疑者の土地が王室への不動産復帰[80]に処されることもない。王室が財産を没収できるのは、有罪が確定した重罪犯のみであって、たんなる容疑者の土地はそうできないからである。

　囚人が無罪の答弁[81]を行うと、大陪審は、これが答弁[82]すべき件かどうかを決定する。片づけるべき仕事が多いので、一度に数人の囚人が罪状認否[83]を問われた。

　答弁すべき件だとなれば、被告の地域の自由土地保有権者が宣誓し、審理陪審を構成した。刑事証人[84]が宣誓し、証言を行った。被告側の証人は、宣誓なしに証言を行った。また、反逆罪や重罪に問われた者たちは、法的に代理される権利がなかった。彼らにできるのは、証人たちに質問し、自分たちに向けられた告発にできるだけの答弁[85]を行うことだけだった。これが終わると、審理陪審は評決の考慮のために退席する。ついで、評決が裁判所において公開で行われた。判事は、その日の終わりに判決を宣告するのである。

　表 2.1 は、エリザベス朝エセックスにおいて巡回裁判所もしくは四季裁判所で裁かれた事件の数字を示すが、重大犯罪[86]つまり重罪[87]の主な種類をおおまかに表している。

---

[80] escheat
[81] 'plea of not guilty' 日本語では「答弁」という訳語が重なってしまい、きわめてまずいが、定着した訳語のようなのであえてそのままにし、逐一原語を示す。
[82] answer
[83] arraignment
[84] Crown witnesses 王は公共の利益を代表するので、その名のもとに訴追が行われるのである。原文 'Crown witness' は、本書が依拠する『英米法辞典』に出ないので、あきらかにまずい訳だが、用語法の一貫性を保つために、あえてこのように訳す。
[85] answer この用法から、これまでのところも明らかなはずである。
[86] serious offences
[87] felony

初期近代イングランドの犯罪と諸裁判所　　　　　　　57

表 2.1 1559-1602 のエセックスにおける重罪の種類
（10 年間分をサンプルとして抽出——資料は主として巡回裁判所から）。

犯行内容	件数	
対人犯罪		
強姦と強盗	19	(2%)
魔術	71	(7%)
殺人[88]	71	(7%)
小計	161	
財産侵害		
強盗、押し入り	170	(18%)
窃盗	637	(66%)
小計	807	
合計	968	

こういう数字から分かるのは、財産に対する犯罪が主流だということである。1559 年から 1625 年にかけてのサセックスとハートフォードシャーの巡回裁判所では、総数の各 74％ と 86％ がそれに該当する。対人犯罪では、エリザベス朝のエセックスにおいて、魔術が数でも比率でも例外的に多い。ほとんどの州ではこの重罪名目での訴追はより少なく、サセックスでは 1％、ハートフォードシャーでは 2％ を占めるにすぎない。これが殺人となると、10％ と 5％ になるのである。犯罪種別の間での比率は、1640 年代まであまり変化がない。いっぽう、同じ期間のあいだに、重罪は増加したようである。

表 2.2 1579-1602 のエセックスにおける重罪の数
（10 年間分をサンプルとして抽出——資料は主として巡回裁判所から）。

	1559-60	1570-711	1580-81	1588-9	1601-2
重罪件数	88	155	162	261	302

こうした数字から分かるのは、エセックスでは重罪がエリザベス朝期に増加するということである。この期間中には人口も増加したが、これほどの率ではない。したがって、エリザベス朝期のエセックスでは重罪が増加し、それが1620年代まで続いたことになる。チェスターにある州の王権領[89]では、通常裁判所[90]における重罪での正式起訴[91]の件数は、1580年からの10年間には350だったが、1620年からの10年間には、650に増加した。その後は急減して、1640年からの10年間には200を切ってしまう。

　重罪の記録の増加は、はたして、内戦まで重罪が増え続けたことを意味するのだろうか？ そうかも知れないが、裁判にかかる犯罪の率が向上したのかも知れない。あるいは、重罪の定義の見直しのために、より多くの件が裁判所に出ることになったのかも知れない。相応の自信をもって言えるのは、1630年には巡回裁判所は、1500年当時よりも忙しかった、ということである。

2.4.5　重罪とウェストミンスターの諸裁判所

　ここまで、刑事司法の体系・体制を、すくなくともロンドンの外では、きわめて単純なものとして述べてきた。そこには治安に携わる役人の階層構造ができており、郡の荘官・執行補佐人[92]と治安監察官[93]は知事に報告し、検死官は巡回裁判所の判事に報告した。村の治安官[94]は治安判事に報告し、治安判事は巡回裁判所の判事に報告し、巡回裁判所の判事は、究極的には枢密院[95]に対して責任を負ったのである。しか

---

[89] palatinate
[90] great sessions　ウェールズ独自の制度で、イングランドにおける巡回裁判に相当する。
[91] indictment
[92] bailiffs
[93] high constable
[94] village constable
[95] privy council　王直属の顧問団で、現在の内閣 (cabinet) に近い機能をもっていた。ただし、近代的な意味での内閣ではない。

も、それぞれの州において、諸裁判所の間にも階層構造があった。四季裁判所は年に４回開かれて主に軽い罪と規制関連の事柄を扱い、巡回裁判所はより重大な犯罪を扱った、というわけである。が、現実はもっと複雑だった。

　まず第一に、州の内部には、特別というか独立した司法区域が存在した。たとえば、チェスター王権領では、ほとんど全ての件が、チェスターにある州の王権領裁判所で裁かれていた。ダラムも同様である。ランカスター公爵領[96]の荘園に暮らしている場合には、四季裁判所で地元の治安判事に裁かれるよりは、おそらく、ランカスター公爵領大法官[97]に裁かれたのである。特別司法権限をもつのは、他には五港[98]、北部評議会[99]、ウェールズ評議会[100]などがある。

　第二に、地方の件でも、ウェストミンスターの裁判所に上げられることが、つねにありえた。刑事司法でもっとも重要な裁判所は、王座裁判所[101]と請願裁判所[102]と星室裁判所[103]である。王座裁判所は重い刑事事件を扱い、請願裁判所（貧者の裁判所）は堕落した官吏やそれに類する件の訴訟を受け付けた。星室裁判所は反乱やそれに類する件を裁いた。反逆容疑のような重大な罪は、枢密院で裁かれることもありえたのである。

　ロンドン以外で発生した件がどれほどの割合でウェストミンスターの諸裁判所で処理されたか、それは分からない。おそらく、被告がロンドンにどれだけ近いかとか、重大な件の場合なら、それを扱えるような有力な裁判所が地方にあるかないかといったこと次第で、違いが生じたの

---

　[96] Duchy of Lancaster 『英米法辞典』には **Duchy Court of Lancaster** で載る。この領地は、国王がランカスター公爵領の領主の資格で所有するもの。
　[97] **Chancellor of the Duchy** of Lancaster
　[98] **Cinque Port** フランスに面する特権的港湾都市。ドーヴァー、サニッジ、ロムニーの三つの港で始まったが、そののちヘイスティングズとハイズが加わって五港となった。じつはその後さらにウィンチルシーとライが加わったので、実際には七港となったが、五港という呼称が使われ続けた。
　[99] **Council of the North**
　[100] **Council of Wales**
　[101] **King's Bench**
　[102] **Court of Requests**
　[103] **Star Chamber**

だろう。事態をさらに複雑にしていたのは、ひとつの件がいくつもの裁判所で裁かれえたことである。1580年代初めのキャノックチェースで起きた一連の暴動[104]の件は、地元の荘園裁判所、スタッフォードの四季裁判所、王座裁判所、星室裁判所、枢密院と経巡ったあげくに、王座裁判所に戻されたのだった。

だから、初期近代のイングランドには、単一で一貫した刑事司法制度は存在しなかったのである。同じ件でも、異なった裁判所なら異なった扱いを受けることが、ありえた。それを決めたのは、当人が誰であり、どこに住んでいるかである。紳士が殺人で訴えられた件は、州の裁判所よりは、ウェストミンスターの裁判所に出ただろう。こういう次第だから、巡回裁判所や四季裁判所の資料を信用しすぎてはいけないのである。言えるのは、刑事犯罪を裁く一連の裁判所があったということ、それらのほとんどは16世紀後半になると仕事量が増えた、ということだけなのだ。

2.4.6 結論

結論は、こうなる。裁判所の記録で見ると、大衆神話は現実を反映していない。第二に、ロンドンは犯罪問題において特異だった。第三に、1620年代までは、重罪の訴追件数が上昇を続け、その増加率は人口の増加率よりも高かった。第四に、巡回裁判所と、それより程度は低いが四季裁判所が、ロンドン以外ではほとんどの重罪を扱った。ただし、特別の司法システムのほうが重きをなした地域がある。第五に、刑事司法制度は被告に有利だったが、有罪判決と処罰を受けた少数の者の扱いは過酷だった。最後に、刑罰の過酷さは、犯罪の発生率になんら検知できる影響は及ぼさなかったのである。

---

[104] riots

第3章　教会裁判所と荘園裁判所

すでに見たように、初期近代のイングランドでは、さまざまな種類の王の裁判所が、州のレベル地域のレベル、そして国家のレベルで、犯罪や犯罪者を扱っていた。しかし、犯罪の全てがこれらの裁判所で扱われたのではない。実際のところ、軽罪のほとんどは、別の所で裁かれたのだ。そこで、教会や荘園や自治都市の司法権限とその運営を、見てみなくてはならない。

3.1　教会裁判所

　12世紀、イングランドの教会は、聖職者と平信徒の両方に対する独立の司法権を確立した。それ以来、ある種の罪は俗世の裁判所ではなく、教会裁判所で裁かれたのである。中世が終わるまでに、教会の司法体系は完成していた。宗教改革でローマへの上訴はなくなったが、それを除くと、1640年代までシステムは手つかずで残ったし、それどころか仕事の量は増加した。1575年のヨーク大主教の管区視察では、裁かれるべき被告の数が1,200だったのが、1636年には5,000以上になった。つまり、司法権限としてこれは死に体などではなかったのである。

　イングランドは、ヨークとカンタベリーのふたつの管区[1]に分割されており、各1名の大主教の管轄下にあった。それぞれの大主教には大主教裁判所[2]、つまり自分の管区全域に司法権限が及ぶ裁判所があった。

---

[1] provinces
[2] provincial court

管区はまたいくつかの主教区に分割されており、それぞれに1名の主教がいて、自前の裁判所を主宰していた。これを主教裁判所[3]という。主教区は（チチェスターを除いて）さらにいくつかの大執事管区[4]に分割され、それぞれを大執事[5]1名が管轄していた。この大執事にも自らの裁判所があり、ご想像どおり大執事裁判所[6]と呼ばれていた。大執事管区といえども広大なものがあり、スタッフォードのそれなど、コヴェントリとリッチフィールドの主教管区の一部でありながら、統治単位としてのスタッフォードと同一である。またどの主教区にも、主教や大執事の直接支配が及ばない教区がいくつかあった。これらの特例的司法権限地域は、特別教区[7]と呼ばれていた。たとえば、スタッフォードシャーのキャノックとルージリは、リッチフィールド主教座聖堂[8]の主教座聖堂主任司祭[9]と主教座聖堂参事会[10]が管轄する特別教区の一部であり、そこの住民は、教会に関わる件の場合、通常の教会裁判所ではなく、主教座聖堂主任司祭と主教座聖堂参事会が管轄する裁判所に行ったのである。

　教会裁判所の司法権限には主なものが三つあった。(1)「記録」[11]は、結婚許可証の発行や遺言の検認を扱い、(2)「要求」[12]は、当事者間の争い[13]を扱い、(3)「義務」[14]は、素行関連[15]を扱う。「刑事」[16]事件のほとんどが属していたのは、この第三の範疇である。

---

[3] **consistory courts**

[4] **archdeaconries**

[5] **archdeacon**

[6] archdeaconry courts 『英米法辞典』には **archdiaconal court; archdeacon's court** で載る。

[7] **peculiars**

[8] **cathedral** 『英米法辞典』の **cathedral chapter** の項目を見よ。ただし、教会関係の用語については、たとえば *The Oxford Dictionary of the Christian Church* などで確認することが望ましい。簡潔にして要を得た記述がある。

[9] **dean**

[10] **chapter**

[11] **record**

[12] **instance**

[13] **disputes** between **parties**

[14] **office** 訳語は吉村による。『英米法辞典』他に見えない。

[15] **diciplinary matters** 訳語は吉村による。

[16] **criminal**

どういう経路で、教会裁判所に一件がもち出されたのだろう？教区民同士が互いの間の揉め事を訴えたり、個人ことに教区司祭が苦情を訴えたりということもありえたが、ほとんどは、教区委員[17]が裁判所に訴えたのである。教区委員は通常は2名で、毎年の教区総会[18]において選出された。彼らは、村ならば相当の土地もちだったし、町ならば裕福な職人や商人だったが、職務の遂行に際しては、助手[19]の補佐を受けた（助手も教区の人々である）。彼らの幾多の義務のうちには、主教や大執事の視察[20]の際に、教会に関係する違法行為[21]を何であれ報告することが含まれていた。これらの報告は、司法的調査と呼ぶのがふさわしい。主教が自分の主教区を視察するのは3年ごとだったが、大執事の視察はふつうなら年に二度あったから、告発[22]の機会はたっぷりとあった。申し立てがもっともだと判断されると、被告は適宜な裁判所に召喚され、俗人の判事たちが裁いた。彼らは、教会のお偉方になりかわって、この役を務めたのである。
　教会裁判所の役割は、基本的に、罰することではなく、人々を矯正して神および隣人たちと和解[23]させることだった。こうした目的は、教会裁判所が課しえた罰に反映されている。有罪とされた者は、警告を受けるか[24]、公開の悔悛[25]を課されえたが、場合によってはこれが何らかの慈善への金銭拠出に振りかえられることもあった。破門[26]という処分もある。破門されると、教会関連ばかりでなく、世俗的な不利益も被った。たとえば、公職に就くことも宣誓することもできず、聖別された墓地に埋葬もされないといったような、重大な権利喪失が生じたのである。もっとも、こうしたことを確認した上でだが、世俗裁

---

[17] church warden
[18] vestry
[19] sidemen, questmen
[20] visitation 『英米法辞典』に載るが、現代の「業務検査」と「訪問（権）」としてあるのみ。
[21] offences
[22] presentment
[23] compromise
[24] admonishied
[25] penance
[26] excommunication

判所と比較すると教会裁判所は、処罰の点で権限が限られており、この程度の判決でさえ、執行には困難が伴った。

どういった性質の件が、教会裁判所に訴えられたのだろうか？ 1585年にソールズベリ主教が自分の主教区を視察した際には、ウィルトシャーだけでも 685 件の告発があり、そのうち 214 件（31%）が性的違法行為だった。178 件 (26%) は教会の修繕と付属品の維持管理に関連しており、147 件 (21%) は教会に出てこなかったり聖体拝領を受けない件だった。

教会裁判所は、「娼婦裁判所」[27]と呼ばれることがあった。エリザベス朝期のエセックスでは、教会裁判所で扱った 2 万件ものうち、2 千件が性的非行[28]に関連していた。ヨーク主教区でも、性的不道徳の告発が、単一範疇中の最大部分をなした。また、すでに見たように、エリザベス朝のウィルトシャーでは、教会裁判所が扱った件のほとんど 3 分の 1 が、性的違法行為だったのである。性の規制の問題には後ほど立ち戻るが、まずは、重要とはいっても部分にすぎぬものに集中するよりは、全体像を見ておくことが肝要である。性的逸脱以外にも多彩な事件が扱われていたのだから。

以下に示すのは、16 世紀後半のエセックスの教会裁判所に持ち出された、性に無関係な事件の代表的なところを一覧にしたものである。

聖職者による非性的な違法行為

- 礼拝の言葉の唱え方が下手であったり言えなかったりする。

- 資格がないのに説教をする。

- 病人の訪問を怠る。

- 死者を埋葬せずに放置する。

- 破門されているのに秘跡を施し続けている。

---

[27]Bawdy Courts
[28]sexual **delinquency** 『英米法辞典』には、青少年に適用を限定して載る。

- 『一般祈祷書』の使用を拒否する。

- 教区簿冊をつけるのを怠っている。

- 教区文書を盗まれた。

- 高利貸しをしている。

- 人を困らせるだけが目的で訴訟を起こす。

- クリスマスの祭りに愚者の王[29]になって醜聞を起こした。

- 泥酔する。

- 冒涜的な罵言を吐いたり罰当たりな話をする。

- カトリック教徒ではないかと疑われる。

- 教会を羊小屋に使っている。

教区委員による非性的な違法行為

- 教会所有の織物を十分に維持管理していない。

- 四旬節の期間中に教会での演劇を許す。

- 裁判所の役付に賄賂を送る。

- 虚偽の告発をする。

俗人男女による非性的な違法行為

---

[29]Lord of Misrule この当時までのクリスマスは異教の冬至の祭りを色濃く引き継いでおり、12月24日夜のいわゆるクリスマス・イヴから、顕現祭（Epiphany: 1月6日）イヴの1月5日夜（いわゆる12夜：Twelfth Night）までのあいだ、もしくは12月25日から1月6日までのあいだの12日間の祭りとして行われていた。この祭りには、「愚者の王」や次に出る「モリスダンス」のような、ピューリタンたちのこだわるキリスト教とはおよそ相容れない慣習がむすびついていた。ここに詳述はできないので、Hutton, *The Rise and Fall of Merry England. The Ritual Year 1400-1700* や、Cosman, *Medieval Holidays & Festivals* などを参照されたい。

- 中傷。

- 作り話を広める。

- 降誕祭の喜捨を出さない。

- 十戒を唱えるのを拒む。

- 聖体拝領のパンを隠してしまう。

- 日曜日にダンスをする。

- 説教の最中に喧嘩をする。

- 礼拝の最中にフットボールをする。

- 模擬葬式[30]を宰領した。

- 異端[31]。

- 教会への出席を拒む。

- 日曜日に楽器を演奏する。

- 魔女の助けを求めた。

- 魔術を行った。

- 妻を打擲(ちょうちゃく)する。

- 器物損壊。

- 泥酔する。

- 教会に投石する。

---

[30] mock funeral
[31] heresy

- モリスダンスをする[32]。

これらは、今日の我々の耳には違法行為に聞こえないかも知れないが、当時は重大なことだった。（何が犯罪かについては、どの時代や社会にも独自の定義があることを、失念してはならない。）それにしても、これらの事例に一貫する主題といったものは、あるのだろうか？　当時の人々ならおそらく、自分たちは十戒に体現される神の法を課しているのだ、という正当化をするだろう。十戒が、1559年以来、日曜ごとに全ての会衆に向かって読み上げられたのは、故ないことではないのだ。そのうえ十戒は、どの教会でも、全ての人に見えるように、建物正面に掲げた板に書き出してあった。十戒こそは、全ての法をそれに照らして考えるための、理論的基準点だったのである。現在から振り返ると教会裁判所の仕事は、人間活動の全ての面を管理したいという、権威体としての教会が抱いていた欲望の表現のように見える。その点は、エリザベス朝のエセックスでの事例をいくつか見れば、了解されるだろう。

事例1（1599年）

チッピング＝オンガーの教区委員の申し立て：聖職者ウィリアム・ファリントンは我らの町に住んでいるが、教会の掟と法律に反して、教区の世話もせず無為に暮らしている。

ひとつ、我らが彼を告発する理由は、我らの教会において彼が、今年の4分の3にわたって聖体拝領を受けず、しかもこの目的のために、聖体拝領のたびに町を出るからである。

ひとつ、我らが彼を告発する理由は、彼が悪意に満ち争い好きで慈善の心を欠いた人間だからである。しかも彼は、我らの牧師ならびに、信仰を告白しているほとんどの人々を、自分がいつでもどこでも蔑んできた類の異端者で偽善

---

[32] 仮装を伴う踊りで、異教色の濃い5月祭り（5月1日）につきものだった。古い形態のクリスマスの祭の最終日である十二夜の祭にも行われた。

者で田舎者だと呼び罵るからである。
ひとつ、我らが彼を告発する理由は、我らの牧師を蔑んで安息日の祈りに参加しないからであり、また、教会の掟に反して、会衆が解散する前に、来るやいなや教会から去ってしまうからである。

ここに見えるのは、失職中で和を乱す聖職者の行動を制御しようとする、地域社会の姿である。申し立てに聖俗の事柄が混在しているのに注意して欲しい。ファリントンがこの告発を受ける羽目になったのは、おそらく、チッピング＝オンガーの善良な人々を、おおっぴらに偽善者だの異端者だのと呼ばわりしたためなのだ。

事例2 (1598年)

ミクルマス前の日曜日の午後の礼拝の際、サウスベンフリートのウィリアム・ヘインズが、旅回りの楽士たち[33]と、トマス・ハリスの家に近い草地でダンスを踊っていた。

ここには、信仰堅い者たちが、そうでない者たちに日曜日にふさわしい振舞いをさせようとしている姿が、見える。彼らが反対していたのは、礼拝中にダンスを踊ることだったのか、それともダンス一般だったのだろうか？おそらく今日でいえば、中流階級の中年がどんちゃん騒ぎのパーティーに非を鳴らすようなものだろうが。

事例3 (1600年)

ストランドリヴァーズのウィリアム・ウォリスとその妻についての報告では、彼らは教区教会の南玄関に住み着いているが、彼は［教会に来る人の喜捨を当てにする以外の］別の扶養努力を行わないうえ、妻にそこで分娩させ、しかも1ケ月以上同所に置いている。

---

[33] minstrels

ここには、妻子に十分なものを与えない男への憤慨がある。教会に来るたびに貧しい夫婦とその赤ん坊につまづいたりしたい者など、いるはずがない。

事例4 (1592年)

報告によると、サンドンのウィリアム・ヒルズは放逸このうえなく、かつ妻に対して無慈悲で、彼女をきわめて非情に扱っている。彼女と過ごすことを拒むのみか、この上なく残虐に彼女を打擲（ちょうちゃく）して、反省も同情もないのである。
　その日ヒルズが来て行った告白によると、彼の妻が、彼が家に置いて養っている彼の妹とその父親のない子供数人を打擲（ちょうちゃく）して辛く当たったので、妻を杖で8回殴ったということである。彼はそれを済まなく思っており、自今その類のことを慎むむね、約束した。

教会裁判所が女性の保護にきわめて熱心だったことは、注目に値する。それに応じて教会裁判所では、他の司法機関よりも多くの女性が、原告となったのである。この件は、一見すると単純な妻への暴力沙汰のようだが、そもそもなぜウォリスは妻を打擲（ちょうちゃく）したのだろうか？ 夫が自分の妹とその私生児たちを一緒に暮らさせることに、彼女が反対したからだろうか？ ともあれ教会裁判所が家庭生活の核心部分に関与していた様子は、この例で分かるだろう。

事例5 (1599年)

パーレイのトマス・ウォードは、報告によると、魔術師の助けを求めたとのことである。
　彼の告白によれば、家畜が何頭かいなくなったのは魔法にかけられたせいではないかと考えたので、サクステッ

　　　　ドのテイラーなる魔術師の所に、家畜たちが魔法にかけら
　　　　れたのかどうか尋ね、かつは援助をも乞おうとして出かけ
　　　　たのである。

　ここには、キリスト教徒と自然宗教というふたつの信仰の軋轢、そして後者を抑えこもうという教会の努力がある。ウォードは、失った家畜を取り戻そうとして魔術に頼ったが、教会は、彼を裁判所に召喚するという対応を見せた。魔術を看過するわけには行かなかったからである。

　　　　　　　　　　事例6（1600年）
　　　　レイリーのトマス・ペリンは、報告によれば、飲酒常習者
　　　　で罵言と悪口をこととしており、信仰堅い人々の煩いであ
　　　　るとともに、自らの魂を危機にさらしてもいる。

　この告発の引き金となったのは、彼の魂の運命だろうか、それとも、教区に酔いどれがいるための不快さだろうか。
　さて、これらの事例から推測できるのは、近代初期イングランドには、常識はずれやしきたりからの逸脱を受け入れる余地がなかった、ということである。教会裁判所ほどに、普通の人々の家庭や日常行動に深く関わった裁判所はなかった。それはあたかも、教会裁判所が審理対象にしない行いなどないかのごとくである。しかし、教会自身の意志によってそうしたのだろうか、それとも人々の意志によっていたのだろうか？これらの事例のほとんどが隣人たちの不満不平に発しているということが示すのは、権威としての教会よりも平信徒たち自身が、人々がしきたりに従うことを望んだ、ということである。もっとも、高い行動規範を求めたのが人々一般であるのか、それともいわゆる「信仰堅き人々」[34]だったのか、我々には確かなところは分からない。確かなのは、教会裁判所が、人々一般に対して、より高いキリス

---

[34] the Godly

ト教的な行動規範を強いようと試みていたことである。ただし、その成否はおのずから別問題だった。教会裁判所ほど、被告が裁判所の判決を無視する率の高い裁判所はなかったのである。教会裁判所は高い目的を掲げてはいたが、実効は上げられなかった。もっとも、それを確認しておいた上でなお、教会裁判所が人間的弱さに対して世俗裁判所よりも人間的な接し方をしていたことは、言っておかねばならない。その核心には、罪人を罰するよりも矯正しようという目的が、あったのである。

3.2　荘園裁判所

　チューダー朝イングランドの人々の大多数は、民事であれ刑事であれ法の裁きを求めたいとき、どこに赴いたのだろうか？　彼らの毎日の生活に一番関わりが深かったのは、どの裁判所だったのだろうか？　多くの村や町では、地元の荘園裁判所か自治都市裁判所だったというのが、その答えである。

　起源から言えば、荘園裁判所は、ノルマン征服以前にさかのぼる。記録に現れるのは13世紀からだが、そのときにはもう、十分発達した法体系が機能していた。普通の言葉を用いるならば、荘園裁判所は私法廷、つまり、王よりはむしろ君主誰彼の裁判所だったのである。だが、王は公的権限の一部をある種の私法廷に委譲していたから、それに該当する件では、荘園裁判所も国王の裁き[35]を行うことがありえた。こういう場合には、とくに、リート裁判所[36]と呼ばれたのである。同様のことが、自治都市でも起きた。刑事的な司法権限では、自治都市裁判所と荘園裁判所は、きわめてよく似ている。我々は刑事面に関心を寄せているが、これらの法廷では、膨大な民事や行政上の事柄も、扱われていた。その点では、これらの裁判所は、四季裁判所や巡回裁判

---

[35] royal justice
[36] **court leet**

所と同様である。そもそも当時の法においては、民事と刑事と行政の厳密な区別など、まだ存在しなかったのだ。

　14世紀には、農民が領主の過大な要求に対して反乱を起こした。そういう要求を強制していたのは、荘園裁判所である。1381年の大反乱の後、荘園領主は小百姓たちに法的にも経済的にも譲歩した（そうせざるをえなかったからである）が、荘園裁判所は存続した。領主が自分の裁判所を維持したがったのは、それが権力と金銭の源泉だという、明白な既得権による。だが農民の側からいっても、この制度は、裁きをつけてもらうのに安価で使いやすく、かつ効果的だったのだ。これらの裁判所はまた、共同利用権の規則化や共有地利用の組織化にも、必要だった。そして何よりもまず、土地の譲渡[37]のために不可欠だった。それで、荘園裁判所は必要を満たす制度として存続したわけだが、16世紀になると一種の復興さえも経験する。

　リート裁判所は年に2回開かれた。一度はミクルマスの頃、もう一度は復活祭の頃である。一般的に言って、全成人男子（というのは12歳より上の男子ということだが）が出席を要求された。荘園裁判所に出る人間は相当な数にのぼることがあり、1578年にキャノックとルージリの荘園裁判所が合同で開いたリート裁判所には265人の原告が召喚され、そのうち190人が出廷している。裁判所の役付も加わる。この裁判所の仕事はけっして半端なものではないから、毎回200名ほどという数字も、妥当だと思われる。オルストンフィールド（やはりスタッフォードシャーにある）で開かれた1691年のミクルマスの裁判所では、340人の原告が召喚され、そのうち237名が出廷した（70％の出廷率である）。ここでも、とうぜん裁判所の役付を数に加えなければならないので、すると総数は250名くらいだろうか。エリザベス朝のマンチェスターのリート裁判所では、本来の役付78名に陪審の人数が加わって、結局100人もの役付がいた。そこに原告たちが加わるのである。比較してみると、エリザベス朝のスタッフォードシャーで開かれた四季裁判所の出廷者は150名から200名くらいであり、同じ時期

---

[37] conveyance

にチェスターの王権州裁判所[38]に出廷した者は400名から500名だった。こういった人数が、各裁判所の重要性を、そのまま示しているのである。

キャノックでは、裁判所は市場の十字路で開かれたが、建物は、壁すらない簡単なものだった。ルージリでは裁判所家屋[39]と称するところで開かれていたが、どちらにせよ、200人とは収容できない狭さだった。そういうところでは、陪審や裁判所の役付は、彼らの姿が見え発言が聞こえるように建物前面を解放したうえで、裁判所家屋内とか、市の十字路でも屋根のあるところに、席を占めたのかもしれない。そこへと、原告たちが延々長蛇の列をなしたのではあるまいか。自分たちの村だの集落だのの審理の時が来ると、皆は前に詰めかけたことだろう。こういう裁判所は、原告と被告が常時去来している現代の裁判所よりも、ずっと流動性が高いものと考えておく必要がある。

荘園裁判所の判事は荘園執事[40]が務め、自治都市裁判所ではたいていは市長がその役を務めた。広大な領地にある荘園の執事はしばしば自らも紳士であり、それどころか騎士[41]でさえありえた。また、荘園の法は複雑をきわめるので、身分にかかわらず法律知識は不可欠だった。執事は書記とともに判事の席に着き、後者はラテン語で記録をつけた。判事は有給の廷吏の補佐を受けたが、この補佐の役割は陪審を召喚したり憐憫罰金や罰金[42]を徴収することである。憐憫罰金というのは、額の定まっていない罰金である。このほかの重要な役付には、監督[43]がいた。この役は、小規模な土地所有農のうちでも上位に位置する者から、毎年選出された。

陪審は、地元の小規模土地保有農で構成されていた。理論上は自由土地保有権者であるべきだったが、現実にはしばしば謄本土地保有権

---

[38] palatinate court
[39] corte house
[40] steward ここにあるとおり、地方では重要な人物だった。Hainsworth, D. R. *Stewards, Lords and People* (Cambridge Univerisity Press, 1992) にくわしい。
[41] knights
[42] fines
[43] reeve 『英米法辞典』には「奉行、代官、下級地方官」として載るが、ここには該当しないので、便宜的な訳語を用いる。

者[44]だったし、ときには小屋住みですらあった。陪審が裁判期ごとにそっくり入れ替わることは決してなかったから、つねに一定の継続性は確保される。荘園裁判所の陪審の人数はきわめて差異が大きいが、12人より少ないということはありえなかった。監督官[45]ジョン・ノーデンは、評決不成立[46]を防ぐために奇数人数で陪審を構成すべきだと論じているが、これは、評決が多数決によっていたことを示唆するものである。

　どういう手順で事件は裁判所に訴えられたのだろうか？　荘園が極端に小さくない限り、その社会を構成していたのは、十人組[47]である。これは、相互の行動に責任をもちあう隣人集団であるが、各集団は毎年、一人もしくはそれ以上を、十人組長[48]に選出した。選出された人々は、自分の十人組内のあらゆる違法行為を裁判所に訴える責任を負ったのである。多くの荘園にはまた、エール検査人[49]もいた。彼らの義務は、パンとエールに関するあらゆる違法行為を巡回裁判所に告発することだった。荘園によっては、村の治安官も告発を行った。この役も、年ごとに荘園裁判所で選出されたのである。

　というわけで、エール検査人と十人組長、場合よっては治安官も加えた人々が、裁判所に違法行為者を告発したのである。陪審は有罪か無罪かを評決して、そういった下位の役付が省略していた、違法行為の正式告発状[50]を付けた。間歇的に出される条例を常習的違法行為に適用する際の処罰基準も、陪審が定めたのである。最後に、2名かそれ以上選出されていた額決定人[51]と呼ばれる役付が処罰の程度を決定したが、ほとんどの場合、処罰は、法定罰金もしくは憐憫罰金だった。

---

[44] copyholders
[45] surveyor
[46] hung jury
[47] **tithings**
[48] **tithingsmen**
[49] ale-tasters
[50] **presentments**　『英米法辞典』はたんに大陪審の「告発」とし、意味内容もここでの用法とはすこしずれる。文脈に合わせた訳語とした。
[51] **affeerers**　『英米法辞典』は 'affeeror' であげている。

肉体刑罰は、喧嘩口論常習者[52]（ほとんどの場合女性だった）に対する以外には滅多に用いられなかった。用いる場合には、村の水責め椅子[53]に縛り付けての水責めが、命じられることがあった。

　この手順には、二つ、注意すべき点がある。第一は、多くの村人が裁判所の役付として関係者になっていることで、その意味では、例外的に民主的な裁判所だった。第二は、課された刑罰は強制執行されえた、ということである。被告が法定罰金を支払わない場合には、廷吏が罰金額に相当する動産を差押さえた[54]。この裁判所の究極的な制裁措置[55]は、農民をその土地から追い出すことだった。

　これらの裁判所で裁かれた刑事犯罪は、多様をきわめる。窃盗の告発は、キャノックとルージリでは、つねに少なかった。内容的には、家内用や農業用のちょっとした物品や家畜の窃盗があげられる。しかし、重大な窃盗の例もいくらかは記録されており、たとえば1551年には4頭の馬、1583年には4ポンドの価値のある去勢馬が盗まれている。また1554年には、ある地元の人間が、キャノックチェースに一人で暮らすの老女から10シリング以上を盗んだとして、有罪になっている。彼はよその土地に逃げ出したので、領主が彼の土地と動産を没収した。それにしても、この裁判所で扱われた窃盗の事例がほとんどないのは、キャノックとルージリの人々が基本的に正直だったからだろうか。おそらく、そうではない。というのは、窃盗の多くは、刑事司法によらず、民事として処理されたからである。盗まれた者は、刑事訴訟よりもむしろ、侵害[56]もしくは損害賠償[57]の民事訴訟を起こしたのだ。リート裁判所への告発の少なさだけを見ていると、実際の窃盗の発生頻度

---

[52] common scolds
[53] ducking stool　マーヴェルの『「リハーサル」散文版』（松柏社、1997年）p.123 に、つぎのようなくだりがある。生々しい証言である：「吾輩、一向に懲りなかったやかまし女のことを思い出すが、この女、頭から耳まで水に漬けられておりながら、親指の爪をしらみ潰しの形にして両手を差し上げ、あるいは二本の指を開きなどして、すさまじい言葉で、ろくでなしのごろつきだの寝取られ男だのと、男に喚いていたのである。」
[54] attached
[55] sanction
[56] trespass
[57] damage

について誤解しかねない。

　キャノックとルージリでの刑事告発の大多数は、平穏侵害罪による。村人たちは、墓地や教区教会にいたるまで、どこでも喧嘩した。紳士や聖職者さえときとして告発されているところを見ると、社会的身分など、喧嘩の妨げにはならなかったようだ。性別も邪魔にはならなかったらしく、女性対女性、女性対男性の闘争が、お定まりのように告発されている。当事者たちは斧だの手鈎(てかぎ)だの干草用の三つ又フォークだの金槌(かなづち)、さらには燭台にナイフに鍬に素手と、なんでも使った。裁判所を開くたびに、すくなくとも10件余の告発があり、16世紀の末にはこの数字は20を優に越えた。この種の違法行為はあまりにもありふれていたため、1560年には陪審があらたに条例を作り、憐憫罰金の基準を定めたほどである。言葉による闘争罪は1シリング、殴り合いに至った闘争罪は1シリング8ペンス、それが流血に至れば3シリング4ペンス、またこれを誰かの家の中でやった場合には、5シリングを課せられた。今日なら下級裁判官の法廷で裁かれる「土曜の夜の喧嘩沙汰」は、当時は荘園裁判所か自治都市裁判所で扱われることが多かったのである。

　この裁判所が積極的に関与していたいまひとつの領域はエールハウスで、これは明らかに、無法で犯罪に関わりが深い場所と見なされていた。1560年、キャノックの陪審は、エールハウスの主人は、浮浪者、旅の男、評判の悪い女（つまり娼婦）を一晩以上の客にしてはならないとし、違反した場合の罰金を6シリング8ペンスと定めた。1592年にはさらに条例が作られ、エールハウスの主人は、娘たちや召使いたちが夜の9時を過ぎて店にいるのを許してはならないとした。闘争罪に続いてありふれた告発は賭博で、カードも賽子(さいころ)もボーリングもあったが、なんといってもショヴヘイペニーと呼ばれるゲームが多い。これは、親指で円盤を弾いて穴に入れるのである。こういった違法行為が、つねにエールハウスと結びつけて考えられたのだった。たとえば、キャノックのトムキンスは、1580年に三度、自分のエールハウスを賭博に使わせたかどで憐憫罰金を課されているし、同年4月には、泥棒

かと疑われる他所者たちを自分のエールハウスに滞在させたかどで、6シリング8ペンスという高額の憐憫罰金を課されている。裁判所が賭博と窃盗のつながりを認めたのは明らかである。

　こういう小さな裁判所の実力のほどを示す実例を、ひとつあげよう。1586年12月20日のこと、ルージリの教区代理牧師[58]が、ルージリのエールハウスの持ち主の妻であるアリス・パーカーを、強姦しようとした。強姦はあきらかにこの裁判所が扱える範囲を越えた事件だが、代理牧師はこの件で裁かれた。まず闘争罪（強姦をこれで扱った）で1シリング8ペンスの憐憫罰金、つぎにカードをやったかどで6シリング8ペンス、さらにはショヴヘイペニーをしたかどで6シリング8ペンスの憐憫罰を課された。最後には、クリスマスに教会で天鵞絨（ビロード）の帽子をかぶっていたかどで、10ポンドという巨額の罰金（彼の年収の2倍に当たる）を課せられた。これは、メアリ女王時代の法律への違反である。いったいどうして陪審が、忘れられていたこんな法律の切れっぱしを利用できたのだろうか？　じつは、この法律の写しを作っておいた執事が、陪審に読み聞かせたのである。人々は、こんな法律上のトリックを使って、地元の重大犯罪に対処したのだった。

　1584年から1602年の間に、キャノックとルージリの合同荘園裁判所は、何百という刑事事件を扱ったが、そのほとんどは、暴行事件である。この同じ期間に、スタッフォードシャーの治安判事たちは、たった9件の暴行事件しか扱わなかった。その他は、窃盗が18件、この地域の密猟が7件である。

　しかし、これはキャノックとルージリだけ、もしくはスタッフォードシャーだけのことなのだろうか？　さらに言えば、16世紀だけのことなのだろうか？　エリザベス朝のマンチェスターのリート裁判所についてハーランドが述べているところでは、

> 荘園領主の古来の権力の相当部分が、荘園執事や自治都市役人や治安官やリート裁判所の陪審、さらには彼らの支配下

---

[58] **vicar**　『英米法辞典』には「教区主任牧師」として載るが、誤解を生じる余地があるので、採用しない。聖職禄を正式にもつ牧師が 'rector'、その代理がこの 'vicar'、さらにその代理が 'curate' である。

にある荘園の実務役職者たちによって代理されていた。専制支配は事実上、形式や制度の面でいかに不完全だろうと、一種の代理制に取って代わられていたのである。

ウィルコックスも、1590年から1640年にかけてのグロスターシャーの統治について述べている箇所で、こういう意見を披瀝している。

> リート裁判所が役目を果たしていた世界は、州の裁判所のそれよりも小さかったし、法律も自ら作ったものを適用していたのではあるが、地域社会の生活の焦点でもあれば、行政の積極的代理機関でもあった。地方の人々には、当局の権威は、荘園執事や村の治安官といった人物に具現されていたのであって、彼らがもっとも切実に影響を受ける法律といえば、この裁判所に運用される荘園慣習だった。四季裁判所や巡回裁判所の運用する王の法律よりも、そうなのである。こういう人々には、荘園の諸制度こそが、日常生活を律するものだったのだ。

ランカシャーにあるプレスコット荘園 (人口は約500人) のリート裁判所では、1615年から1660年の間に、4,800を少し切れる数の件が記録された。このうち1,250件は暴行である。同じ期間に、四季裁判所では、わずか23件しか暴行事件の告発はなかった。キングの意見では、「リート裁判所の記録を考慮に入れない限り、重罪以外の犯罪の研究は完全ではない。上級裁判所ばかりに注意を向けていると、不法行為の本質も頻度も見誤ってしまう」のである。だが、ウェイクフィールド (ヨークシャー) では、これほどに頻繁な刑事司法の発動は見いだせない。この巨大な荘園は、1583年には4つの異なった場所でそれぞれ異なった日に裁判所を開かねば用務を果たせなかったほどだが、それでも、扱った暴行事件は40件ほどだった。荘園の規模や人口を考えると、これは少ないのではなかろうか。じつはウェイクフィールドはランカスター公爵領の荘園なので、重大な事件は公爵領の主法廷に持ち出されたものと思われるのだ。初期近代では、ケントにおいても、荘園による刑事司法行動に同様の欠落がある。

というわけで、リート裁判所の刑事司法権限はどの程度の範囲に及んだのかという問題は、依然として残ったままである。それは、ほとんどの村や町で積極的に活動していたのだろうか？現在のところは分かっていないし、地方研究が完全になるまでは、分からないままだろう。まずまずの自信をもって言えるのは、荘園裁判所や自治都市裁判所は、チューダー朝と初期スチュアート朝のイングランドの多くの地域で、刑事司法運営の本質的部分を成していたということである。

3.3 初期近代イングランドにおける性と諸裁判所

教会裁判所も荘園裁判所も、性の取り締まりに積極的に関わっていた。これから、違法な性的行為について見てみよう。ほとんどの社会には性のタブーがあり、それを破った者を罰している。チューダー朝の社会も例外ではない。彼らにとって悪徳[59]は社会にも個人にも危険なものであり、それを癒すのが罰だった。デッカーの『正直な娼婦』[60]に登場する公爵が言うように、「悪徳は、膿んだ傷が切開されるように、罰によって正されるのだ」。(性的逸脱がなぜ社会の脅威となるのかは、興味深い問題である。もっとも、そういう見方が古くからのものであることは、本書が十分に示すとおりだが。) しかしながら、法に違反する性へのこうした公式的態度と平行して、偽善や自己欺瞞にふけったり他人の性的違法行為に代償的快感を覚えたりといったこともあるのだ。そこで、リア王は狂気の内にこう叫ぶことになる。

> 性悪の警吏め その汚れた手を控えぬか！
> なぜにこの娼婦を打ち据える？ むしろおのれの背を差し出すがよい

---

[59]vice
[60]Tomas Dekker, *Honest Whore.*

女を鞭打つわけとなったそのことを
　　　おのれ自らがやりとうてたまらぬうえからは。[61]

　性的行動の規制は、伝統的に教会の責任だった。だが、宗教改革の現実的な結果のひとつとして、教会の権威と権力の凋落にともない、この領域に俗権が介入してきた。いくらか立法も行われ、たとえば、「獣姦なる嫌悪すべき悪徳」を禁じる法律が、1533年、1548年、1563年に通過している。しかしながら全体として見れば、立法措置はわずかにすぎない。国家は、必要な場所や場合に応じて、布告や枢密院通達といった行政的手段で介入したのだ。市議会や荘園裁判所にも、性的なことがらについての条例を制定しているところが少なくなかった。

　とはいえ、性に関わる規制の責任は、まず第一に教会とその裁判所が保ち続けていた。すでに見たように、扱われた件の数は膨大で、エリザベス朝のエセックスだけで2千以上にも上る。1年あたり約50件ということだ。教会に持ち出された性に関わる件の多様さも、印象深いものがある。エセックスの裁判所の記録から、性に関連した犯罪を列挙してみよう：姦通、強姦、重婚、父娘近親相姦、母子近親相姦、男装女、娼館経営、婚前性交、公然密通（妻の公然たる姦通に介入しなかったのである）、未婚女性との性交（これらの中には、今日でも法律違反になるものとそうでないものがあることに、注意して欲しい）。頑迷な[62]人間、つまり裁判所の判決を無視する人間の割合は、この範疇の犯罪の場合、他の場合よりも大きい。言い換えれば、国教会は積極的にピューリタン的な性道徳を課そうとしたものの、その権威は侮られていたのだ。

　それも驚くには当たらない。なにしろ標準的な罰は、公開の悔悛[63]だったのだから。悔悛者は、日曜日の朝のお祈りのあいだ、無帽裸足に白

---

[61] *King Lear*, iv, 6. 訳は吉村による。「警吏」の原文は 'beadle' だから本当は教区委員である。こういう役目も果たしたからその限りではなんでもないが、まさか「性悪の教区委員め」とは訳せない。

[62] contumacious

[63] penance

布を纏い白棒を手にして教区教会に立ち、これを3週間続けることになっていた。牧師が罪人を非難することになっており、罪人のほうでも己れの過ちを会衆に告白することになっていた。ほとんどの者が教会に来ないでこんな公けの屈辱を避けたのは、当たり前だろう。教会がこうした罰を強制できなかったことが、教会裁判所が評判を落とした理由のひとつなのである。

　実際的な面を述べると、一番重大な性的違法行為は、私生児を作ることだった。というのは、教区がこの不幸な子供を養わねばならなくなる見込みが大きかったからである。(この子供は法律上の権利もたくさん失ったのであって、相続ができないのみならず、土地を所有することも土地以外の財産を遺贈することもできなかった。) 俗界がもっとも積極的に介入したのは、他のどこにもまして、まさにこの種の事柄だった。その主たる目的は、誰が父親かを定め、子供にともなう金銭上の責任を取らせることだった。この役割は、治安判事と地元の貧民監督官[64]が引き受けることが多くなってゆく。

　婚前性交は、それ自体は罪ではなかった。婚約すれば、事実上[65]、性交する権利が生じたからである。結婚時に妊娠している女性の比率が高かったのは、このせいなのだ。というよりも、一緒になった成果があってはじめて、結婚の必然性が生じたのである。

　この世紀の前半まで婚外性交は、ロンドンの住人ならサザックの娼館で公然と行えたが、1546年、娼館は国王の布告[66]によって恒久的に閉鎖された。それから1553年までの間、シティーの長老たちは、売春の撲滅に励んだのだった。1548年7月、かつて娼館で客を取っていたファウンシング＝ベスが、フィンズベリーコート近くの庭園で王のトランペット吹きの一人といたところを、現行犯[67]で捕まった。この不運な女(男ではなく女が罰を受けたことに注意して欲しい)は、「金盥(たらい)を前で打ち鳴らしながら」チープ監獄につれて行かれ、そこで晒

---

[64] overseer of the poor
[65] de facto
[66] royal proclamation
[67] in flagrante delicto

し台にかけられたのである。その際、髪の毛は刈られ、胸には、邪悪な生活を詳しく記した紙が下げられた。ある年代記者の言葉では、「このような罰は、この由緒ある都市の古い法律だが、いままた適用されるようになった」のだった。

ロンドンの典型的な性的違法行為をさらにあげると、姦通と強姦と近親相姦である。これらはきわめて軽く扱われたようだ。姦通をしたある肉屋は、馬に後ろ向きに乗せられてシティーを引き回されてから、晒し台に3時間半かけられた。自分の娘と若い女中の遣り手をつとめたある女は、公開の悔悛を行って追放に処された。ある既婚の牧師が姦通の現場を押えられたときは、ズボンが膝にからまった姿のまま、ブライドウェル監獄まで、はやしたてる群衆に引き立てられていった。ストーによると、「彼を捕縛して引き渡した人々はひどく非難を浴びた」のだという。自分の娘と寝た男は、その娘が妊娠中に死亡したにもかかわらず、晒し台にかけられただけだった。非性的な犯罪の場合と比べると、これらの罰は軽いように思われる。

起こらなかったように思われる犯罪の種類にも、注目しておく価値はあるだろう。出版はまだ、ポルノを出すほどには発達していない。とはいえ17世紀半ばには、性的くすぐりを狙ったいかがわしい本は、ロンドンばかりか国中に広く出回っていた。現代のストリップに相当するものもなかったらしいが、セントラルヒーティングがなくて寒すぎたためかもしれない！とにかく、礼儀無視とみなされるような露出は、行われも罰されもしなかった。堕胎はまれだったが、嬰児・幼児殺害はずっと頻度が高かった。性的犯罪者の社会経済的な地位についていうならば、彼らはようするに、ごく普通の人々だった。

　　　破れ衣は小悪も隠せぬ。
　　　ローブや毛皮のガウンなら何でもござれ。
　　　金張りの罪なら法の剛腕も無力に折れる。
　　　同じ罪でもボロ着なら、小人の藁しべにも貫かれる。[68]

---

[68] *King Lear*, iv, 6. 訳は吉村による。

シェークスピアは正しいが、それでも、権力をもつ者全てが公の罰を免れたのではない。レイディ・マーガレット・バウマーが1537年に焚刑(ふんけい)に処されたのは、チェニーなる男の妻でありながら、「妻として」サー・ジョン・バウマーに「売られる」ことを認めたからだった。ハンガーフォード卿は1540年に（クロムウェルとともに）斬首されたが、罪状は、自分の娘との近親相姦である。ちなみに、このハンガーフォードは、よく事件を起こす家柄の出である。おそらく彼らは、犯罪性向者だったのだろう。彼の父親の二度目の妻は、最初の夫を1518年に殺害したために、1524年にタイバーンで絞首刑になっている。

　教会の幹部たちさえ、醜聞に無縁ではなかった。1577年から1588年までヨーク大主教だったエドワード・サンディスは、恐喝者の要求から逃れるために、枢密院に全てを告白してその慈悲にすがることを余儀なくされた。オックスフォードの諸学寮にもまた、醜聞はあった。モードリン学寮の研究員かつ学寮長で後にはリンカーン主教からウィンチェスター主教になったある人物の場合、不運なことに、妻が自分の弟と寝ていたのである。

　性的な不道徳はなにもロンドンの専売特許ではない。売春は他の町でも広く行われていたし、驚いたことに田園地帯でも行われていた。公的には禁止されていたとはいえ、売春はある程度制度化されてもいたのだ。飲酒と賭博と性的乱脈は、ロンドンの長老たちが世紀半ばに撲滅につとめたものだが、地方でも目についていた。キャノックとルージリでは、荘園裁判所が、風紀の乱れたエールハウスを閉鎖しようと試みていたが、これは、賭博と売春がそこで野放しだったからである。1573年にルージリの陪審が、「身持ちが悪く評判の好ましくない女は全て」村を出て行くようにという命令を出した。1576年、村の治安官をむ地元の3人が、娼婦であるメアリ・パトリックを家に囲っていたかどで、慈悲罰金を課せられている。この類の性的不品行への言及が荘園裁判所で頻繁に見いだされるのは、まさにそれがありふれていたからなのだ。また、「声かけジェーン」だの「マーガレットおっ母」といった名前が被告として出てくるのを見ると、200名ほどの成人男子がい

たにすぎないルージリで多くの現役娼婦が生活できていたことに、疑いの余地はないのである。

　同じことはキールについても言える。そこでは 1570 年に荘園裁判所が、村人は誰も自宅に 3 日以上「家族でない妊娠した女を」とどめてはならないと命令を出し、違反 1 回あたり 10 シリングという巨額の慈悲罰金を課した。2 年後、同じ裁判所によって、「身持ちが悪かったり妊娠していたり、未婚でありながら既婚や独身の男の妾として囲われているとおおっぴらに疑われている女を、自宅に泊めてはならない」、という命令が出された。荘園裁判所は、ひとつには教区の負担になりそうな私生児の排除、いまひとつには、村の中のだらしない暮らし、できれば売春までも防止することを狙ったのだと思われる。あれこれの断片資料を総合すると、職業としての性奉仕は、町ばかりか村でも利用できたのである。

　自治都市裁判所と荘園裁判所は、性的逸脱の規制については、教会裁判所と四季裁判所を補完していた。（この「逸脱」は婚外性交を意味する。）　それにしても、性的社会規範を刑事司法によって守らせようという欲求が存在したのは、なぜなのだろう？　自分たちが理解したつもりの神の掟を強制したいという欲求だったのだろうか？　あるいは、もっと深く根ざしたものが何かあったのだろうか。多くの事例からひとつ確実に言えるのは、それはうまく行かなかったということである。そもそも、うまく行ったりするものだろうか？

3.4　結　論

　教会裁判所と荘園裁判所は、王政復古まで、刑事司法制度の切り離せない一部だった。多くの、というよりほとんどの些細な事件は、人間活動のあらゆるレベルで介入してくるこれらの裁判所で、裁かれたのである。どちらにも特有の限界があったが、四季裁判所や巡回裁判所と比べると、より人間的で、しかも場合によってはより効果的な裁きを行った。治安判事は、なるほど枢要の人物ではあったが、地域社

会の審判者としてはまだ、荘園執事や司教座聖堂大執事に取って代わるところまでは、行っていなかったのである。

第4章 法執行の手段

ここまでで、初期近代の犯罪と、当時機能していた各種の裁判所を、あるていど見てきた。だが、この両極をつなぐ部分は、どうなっていたのだろう？ つまり、犯罪が起きたとして、犯人を裁判所に引き出すための有効な仕組みは、存在したのだろうか？ また、裁判所が何らかの判決を下したとして、それを強制する仕組みは、あったのだろうか？ 本章では、洗練された重層的な法執行の仕組みがすでに16世紀末までにできあがっていたこと、および、その仕組みは時とともに複雑さと有効さを増していったことを、示唆したい。

4.1 巨視的に見て

　法執行の機構の一部は、地域[1]という大きな範囲で機能していた。たとえば、ヨークに本拠をおく北部評議会は、ダラム、ヨークシャー、ノーサンバランド、カンバーランド、ウェストモーランドを司法上の管轄区域にしていた。ラドローに本拠をおくウェールズ評議会の管轄域も広大で、ウェールズ王子領[2]、およびそれと他地域との境界区域において、同様の機能を果たしていた。しかし、法執行の大きな単位として決定的重要性をもっていたのは、地域よりも、州である。

　州レベルでの治安判事の重要性には、十分な論拠がある。彼らは四季裁判所のみならず治安判事小法廷[3]でも判事をつとめ、自宅において

---

[1] region
[2] principality
[3] petty sessions 2名ないし7名の治安判事で構成され、略式裁判などを行った。

単独で裁くこともあった。法執行についての権限は、相当のものだったのである。もっとも関与の仕方には何段階かあり、ある場合には監督的立場に立って、他の者たちがいい加減な仕事をしないようにした。たとえば、救貧法の実施の監督についていえば、教区の貧民監督官の任命も、救貧法に関わる収支の監査も、教区の救貧税の認可も、紛争の裁決も、監督官決定への不服受付けも、彼らが行ったのである。怠惰な役付きは、彼らの厳しい叱責を食らうことが多かった。たとえば1622年のこと、ノースアラートンの貧民監督官たちは、リッチモンドの四季裁判所に集まっていた治安判事たちから、「ジェーン・ドーソンまたの名アゼルビーを受け入れて、扶養せよ」という最終命令を受けた。しかもこの命令には、「拒否する監督官ごとに」5ポンドという、たいへんな罰金が脅しについていたのである。1651年のヨークシャーの別の例では、治安判事たちは、「命令に逆らい、払うべき金を払わなかった」かどで、20ポンドという巨額の罰金を相当数の貧民監督官に課した。

　治安判事たちは、監督的な役割にとどまらず、規制に関わる役割も果たした。たとえば、労賃を定めたりエールハウスの営業許可を出したが、後者はことに重要視される件だった。というのもエールハウスは、およそありとあらゆる理由のために、不安の目で見られていたからである。権威筋の多くは、それを貧窮の主因とさえ見ていた。労働者のせっかくの稼ぎが、そこで飲酒と賭博に消える、というわけである。エールハウスは政治的に危険だと考える者もいた。1610年にロバート・ハリスが断言したところでは、「あらゆる種類の騒擾(そうじょう)と不節制と無頼の温床となっている場合が多すぎる」のだという。泥棒などの犯罪者を泊めているのでは、と疑われる亭主も多かった。おそらくは多少の真実が、そこにあったのだろう。じじつ、贓物収受[4]のかどで裁判所に現れた店主は、驚くほど多い。なによりもしかし、人々は風儀の悪い店に道徳的な嫌悪を抱いた。エールハウスでは飲酒も喧嘩も日常茶飯事だったし、性的放縦も疑われていた。ロンドンでは多くの店が娼館を

---

　[4]receiving stolen goods 日本語としては「故買」のほうがこなれていると思うが、『英米法辞典』に従う。

かねているのが知られていたし、地方でも、一部の店の評判は、汚点がないどころではなかった。ウースターシャーのエールハウスに寝泊まりしていたエリザベス・ホッジズは、「店主のベッドを使い、その妻がエプロンで窓に目隠しをしてやって」店の客たちと性交していた。これは店主自らが認めたことである。この夫婦は、彼女の稼ぎの上前をはねていたのだった。

　規制や監督よりも、しかし、治安判事が法執行に直接に関与していたことが、重要である。なかでも、人々の申し立てによる行動が重要だった。悪事が行われたという訴えを受けると、治安判事は義務として、被害者の証言を聞き、証人たちの言うところも聞かねばならない。次いでは、犯人とされた者の言い分も聴取する。些細な軽罪なら、即決処分もできた。しかし、一件が多少とも重大な場合には、治安判事は通常、適切な裁判所（おおむね、四季裁判所か巡回裁判所）でその件を扱うのに必要な手続一切を行う。具体的には、被告を保釈するか収監留置し、被告と原告と告訴証人たちが審問に確実に出頭するよう、手配するのである。これとともに、もちろん、裁判所の役付きたちに、各種書類や証言録取書[5]を整えて渡しておく。こうした文書が、裁判所の審問の基礎となるのである。

　という次第だから、法執行に治安判事が決定的役割を果たしていたのは、明らかである。巡回裁判所や四季裁判所に出る件は、ほとんどが一般市民の訴えによるものだった。市民本人が裁判所に直接訴えることも可能だが、通常の手続きでは、治安判事に苦情を持ち込むのである。というのも、裁判所は間欠的にしか開かれないし、遠く離れた町で開かれることが多かったからなのだ。それに比べれば、治安判事は、ずっと身近な存在だった。大小に関わらず、村というほどの村には、たいてい治安判事が住んでいたのである。しかも、時とともに、治安判事の直接的な役割は重くなっていった。17世紀の終わりまでには、違反行為が些細でない限り、治安判事は、証拠を収集し終わればばだちに適宜の裁判所に一件を回すのが、通念になっていた。立件がひどく

---

[5] depositions

難しい場合でも、あるいはたんなる悪意による告訴でも、治安判事には選別する権限がなかった。不完全な件だろうと十分な裏付けがある件であろうと、すべてについて、裁判の準備をせねばならなかったのである。もっとも、18世紀が進むにつれて、治安判事の権限も大きくなってゆくのだが。

その変化は、ふたつの面で起きる。第一に、治安判事が即決で[6]処理できる件の範囲が、広がった。たとえば木材の密伐、雇用人による材料着服、狩猟関連、浮浪者関連——こういった事柄は、治安判事一名が自宅で処理することが多くなってゆく。この変化は、アン女王の時代以降、各地の矯正院[7]に収容される「定職がなく生活が乱脈で些細な窃盗をこととする者たち」の数の増加に見てとれる。判事1名の命令でそこに送り込めたからである。しかし、もっと印象的なのは、第二の展開である。18世紀半ばまでに、ますます多くの判事が、予備的証拠収集の段階で、立件根拠の薄弱な件を自分の判断で棄却するようになるのだ。重罪の件すらそのように扱われることがあった。たとえば、18世紀半ばの治安判事だったリチャード・ワイアットの場合、納屋に寝泊まりしながら州北部で仕事をしていた煙突掃除人2名が、エガムの郷士の家に押し入った嫌疑をかけられた件を、棄却している。2名を詳しく取り調べた後、彼らを裁判にかけることを正当化するには「証拠が足りない」、という結論に達したからだった。ヘンリー・フィールディングも1752年に、重大な違反行為のかどでボウストリートの自分の役所に連行されてきた多くの人々を、同様の理由で釈放した。ある場合など、殺人に関わった人物を、その被告が「自分の無実を十分に立証した」と感じたからというので、釈放すらしている。

治安判事たちは、だから、初期近代における法執行において、重要な役割を果たしていたのである。監督や規制の権限を行使したし、なによりもまず、人々を裁判にかけることに深くかつ直接に関わっていた。とはいえ、治安判事たちだけが州レベルで法執行に携わっていた

---

[6]summarily 『英米法辞典』には 'summary jurisdiction' で載る。要点は、陪審抜きということである。

[7]house of correction

のでは、けっしてない。州レベルで言えば、知事もまた、決定的に重要だったのである。

　中世の大部分を通じて、知事はイングランドのほとんどの地域で、王のもっとも有力な家臣だった。ところが16世紀の間に、知事の権限の相当部分が取り上げられてしまう。たとえば、知事の主宰するふたつの裁判所（知事巡回裁判所[8]と州裁判所）の仕事の多くが四季裁判所に奪われてしまったし、州長官[9]が、知事職の軍事的重要性のほとんどを奪ってしまった。だが、こういう矮小化にもかかわらず、法執行に関わる役人という面では、知事は重要な役割を保っていたのである。

　法執行に携わる役人としての知事の役目のひとつは、四季裁判所と巡回裁判所の開廷期日を公示することだった。令状類[10]の送達も彼の役目だったが、これは、四季裁判所や巡回裁判所の出した令状ばかりでなく、ウェストミンスターの諸裁判所の出した令状も含んでいた。陪審など、巡回裁判所と四季裁判所に出廷を求められた者たちをじっさいに出廷させるのも、彼の責務だった。1613年にヨーク州のある知事が40シリングの罰金を課されたのは、ニュー・モルトンでの9月の四季裁判所を控えているのに、「配下たる廷吏が陛下のご用のために十分な数の陪審を揃えられなかった」ためである。そして、諸裁判所が仕事を終えてしまうと、知事には、有罪になった者の処罰と課された罰金の取り立てという仕事が残った。

　だが、司法面での知事のもっとも重要な役割は、州監獄の管理者という職務にあった。というのも、刑罰を扱う章において見るように、18世紀のあいだに、収監が非常に重要な処罰方法のひとつになったからである。結果的に、四季裁判所で判決を下す治安判事の多くは、州監獄が知事の司法権のもとにあって自分たちの直接的権限の外にあることに、いらだちを募らせることになる。1770年代になると、州監獄の

---

　[8]tourn court 知事が年に二度自分の治める州を巡回して開いていた裁判所のことであるが、『英米法辞典』に載らない。訳語は吉村による。
　[9]lords lieutenant この役職にもまた、いくたの変遷があった。Victor L. Stater, *Noble Governmet: Te Stuart Lord Lieutenancy and Transformation of English Politics* (Gerogia University Press, 1994) に詳しい。
　[10]writs

有給専任の典獄[11]とその部下の看守長[12]は四季裁判所の治安判事たちが決めるべきだというジョン・ハワードの所論が、彼らの耳にはほとんど甘美な音楽のように響いていた。しかしそれ以前、まだ監獄が主として裁判を待つ者たちの留置施設として使われていた頃から、治安判事たちはつねに、知事たちがまともに任務を果たすよう、介入していたのだ。たとえば1619年、ヨークシャー知事サー・ロバート・スウィフトは、囚人たちが州監獄から脱走したことで不注意を問われ、指の付け根の打擲（ちょうちゃく）という処分を受けている。38年後、今度は彼の後継者が、自分の拘禁下から逃亡した2名をただちに再逮捕するように、命令されている。彼への脅しとして、「20日のうちにその者が逮捕され、治安判事のもとに連行されなければ」、20ポンドという威圧的な額の罰金を払うべきことが、申し渡された。

　知事と治安判事が、州レベルで法執行を行う主たる役人だったことに、疑いの余地はない。しかし、だからといって彼らだけで州の役人の全義務を果たしたのではない。たとえば知事には多くの部下がいて、知事補佐たち[13]や廷吏たちは、どちらも、令状の送達や逮捕を行っていた。そのほか、検死官のような独立した役人たちもいる。検死官の主たる役目は、疑わしい死についての調査であり、証言録取書を作成したり、殺人容疑者を投獄したりできた。また、証人と容疑者の両方に、巡回裁判所か四季裁判所に出頭するよう求める権限も、もっていた。全体として見れば、だから、法律の強制執行の仕組みは、巨視的な視点を取った場合には、素朴だの洗練を欠いているだのという状態からは、ほど遠かったのである。

---

[11] the gaolor
[12] wardens
[13] undersheriffs

4.2　微視的に見て

　反対の極には、地域や州と対照をなすかたちで、小規模な法執行の仕組みがあった。このレベルでは荘園が、17世紀に入ってからもしばらく、ひとつの単位である（荘園裁判所とその役割については、第三章で述べた）。とはいえ16世紀も末になると、荘園は、地方レベルでの法執行の単位としては、教区に地位を脅かされるようになる。村の多くは辺地にあって規模も小さかったが、1603年にチューダー家がついに王位を去るときまでにはその全てが、かなりの数の教区役員を抱えるようになっていた。これらの人々はすべて、何らかの形で法執行に携わっていたが、たとえば、街道検査官[14]は、道路維持と円滑な交通に支障を来すさまざまな不法行為や行いを扱った。貧民監督官もいた。1601年の救貧法[15]は全ての教区が2名から4名の貧民監督官を置くように定めている。これらの監督官は、この法律に関連した多様な件が裁判にかかる際、一役買うことになった。とくに、1660年代になって人口圧力が減少する以前には、浮浪者や常習的素行不良者たちの取り締まりに、深く関わってゆく。しかし、法執行の観点からすると、最も重要な教区役員は、教区に2人ずついた教会役員[16]と、誰よりもまず、小警察吏たち[17]だった。

　教会役員の本来の義務は、法律ともその強制とも関わりがなく、名称が示すとおり、教区教会の運営管理である。とくに、教会の織物と墓地と器具・設備[18]の維持管理に責任を負っていた。器具・設備には、聖餐台[19]と「見苦しくなく真正な」説教壇のみならず、教区簿冊や種々の教義・信仰関係の書物までが含まれた。たとえば、1759年のこと、ヨークシャー東ライディングにあるストックトン教区の教会役員ラル

---

[14] surveyors of the highway
[15] The Poor Law Act of 1601
[16] church wardens 『英米法辞典』に載らない。
[17] **petty constables** 'parish constable' ともいうが、村単位で考えると教区と一致しない場合もあるので、この訳語を採用する。
[18] furniture
[19] communion table

フ・ライトが、教会には『聖体拝領の書』[20]が一冊はなければならないのにそうでなかったというので、破門されている。教会役員たちはまた、教会の基金から、教会什器を補充し、聖職者のローブ、聖務補佐員[21]の白法衣[22]や教区吏員[23]の衣服を賄った。1622年のこと、ホートン＝ル＝スプリング教区の教会役員たちは、「復活祭の用意として」17ガロン1パイントの聖餐式用の葡萄酒を、1ポンド17シリング6ペンスで買い込んでいる。さらに、1シリング4ペンスを、その運搬費として費やした。ホートンの復活祭に集う会衆は、常識では考えにくいほどに数が多かったか、それとも、こありがたい液体を常識はずれなほど大量に飲む習慣があったか、どちらかということになる。

　教会役員の主たる関心は法律の埒外にあったとはいっても、彼らは法執行の仕組みの重要な要素だった。たとえば、多くの地域では、教会役員が郡裁判所の陪審になることが、慣習として受け入れられていた。これらの陪審は、四季裁判所に集まってくる治安判事たちの注意を、州の各地で起きた犯罪や軽罪に向けたのである。1661年にチェルムズフォードに集まったエセックスの治安判事たちは、この州の各郡の陪審の質の悪さに衝撃を受けたので、「自今、各郡の廷吏は、全ての教区や村や部落の警察吏と教会役員を、審理陪審[24]に入れるように」という命令を、実際に出している。それによって、「全ての軽罪や生活妨害[25]や治安破壊」を罰しうる見込みが多少はあると感じられたのだ。というのも、教会役員や警察吏は、「この州の、悩みや苦しみや侵害行為[26]や治安の乱れを、もっともよく知っている」からである。

　教会役員の役目としては、郡の陪審員としてのそれよりも、今日我々が曖昧に家族法と呼ぶものとの関わりのほうが、重要である。教会役員は、教区で気づいた道徳上の犯罪をすべて裁判所に持ち込む義務が

---

[20] *The Communion Boke*
[21] clerk
[22] surplice
[23] beadle
[24] **petty jury**
[25] **nuisance**
[26] **disturbances**

ある、と認められていた。この裁判所というのは、たいていは多くの教会裁判所のどれかだが、場合によっては——安息日違反がからんでいたりエールハウスに関わる法律に抵触していたりする場合——四季裁判所になることも、ありえた。道徳上の侵害行為はきわめて多岐にわたっており、泥酔や不品行や淫らな歌の高唱から、同性愛や強姦や近親相姦まで含んでいる。といってもほとんどは姦通か婚前性行為かに絡んでいるのだが、それは、こういった行いが、17世紀までに許容されなくなってくるからである。典型的な例としては、1608年、オックスフォードシャーのテイムの教会役員が、大執事裁判所[27]に対して、「ジョン・トムリンソンとジョージ・エリスの妻が、その夫の言うには、きわめてあやしげな様子で一部屋に鍵をかけて閉じこもった」旨、申し立てている。1660年のオックスフォードシャーの別の件では、ジョン・アップルガースとキャサリン・ベイカーの両名が、ベンソンの教会において懺悔（ざんげ）すべしという判決を受けたが、これは、彼らが「3晩にわたってベッドをともにした」、と教会役員が訴えたからである。アップルガースはよほどベーカー家の女たちに惚れ込んでいたらしく、5年後にも、ジョーン・ベーカーと「結婚した証拠もなく同棲していた」かどで、地元の教会役員たちに裁判所に引き出された。このときには、私生児を生ませたのだった。

　教会役員は、教区民の道徳的非行があった場合に行動に移るよう期待されたばかりでなく、教区牧師の品行にも特に目を光らせるよう、求められていた。ときには、聖職者の不品行が会衆の不品行を映し出すこともあった。たとえば、1625年のこと、ヘンリー＝オン＝テムズから十数マイル北に離れたある村の助祭が、3年前に「不法に出産された」村の子供の父親であることが遅ればせながら明らかになり、助祭は教会裁判所で恥辱にさらされた。どうやら彼は、ふと血迷って、自分の教区のかわいい娘と「夜分、その母親の家の炉端で、母親が就寝した後に」寝てしまったようだ。彼はそれからずっと、この暗い秘密

---

[27] archdeacon's court

を抱て生きていたのである。しかしたいていの場合、代理牧師[28]の罪といえば、道徳的堕落よりは怠慢や無関心だった。1587年、滅多となく激しい争論の中で、ダラムのバーナードキャッスルの教会役員たちは、地元の牧師トマス・クラークを、義務を十分に果たしていないと厳しく批判した。子供たちの額に十字架の印をしないこと、祈願節[29]に教区を巡回しないこと、またある病人に対して聖体拝領を拒んだことが、責められた。最後の件では、病人とともに聖体拝領を受ける人数が必要なだけ集まっているのに断った、というのである。また、死者2名を埋葬せねばならないときに不在だったとか、ある子供に週日に洗礼を施すのを、その子供がいまにも死ぬと父親が誓うまで拒んだが、「裕福な人々の子供には洗礼を施したのである」、という責めも受けている。この事例は、階級間の敵意といったものが示唆されている点で、ことに興味をひく（教会役員の一人は農夫、もう一人は労働者で、どちらも文盲だった）。

　教会役員も貧民監督官も街道監督官も、それぞれの立場で法執行に役割を演じていた。だが、教区レベルでもっとも主導的に法執行に関与したのは、これはますます明らかになってゆくのだが、小警察吏だったのである。

　法の維持者としての警察吏の重要性を理解する手がかりのひとつは、より高次の権威に報告しなければならなかった頻度の高さである。年に四度、四季裁判所に出なければならなかったし、同じく年に四度、（治安）監察官[30]の出る治安判事小法廷に出廷しなければならなかった。加えて年に二度、治安判事たちのもとに出頭して、受け持ち区域にいるならず者や放浪者について、報告しなければならなかった。これほど規則的に公的な場に姿を見せ、これほど頻繁に公務に働き、またこれほど執拗に監督を受けた地方役人は、ほとんどないのである。

　第二の手がかりは、警察吏たちの社会的地位である。シェークスピアは、『空騒ぎ』中の一場面で、怠惰で無能で文盲という、村の警察

---

[28] vicar
[29] Rogation Days
[30] **high constable** （　）は、『英米法辞典』が訳語につけているものである。

吏ドッグベリーの忘れがたい像を描いて見せた。しかし、ジョーン・ケントは最近の研究の中で、こういう像が現実とどれほど違っているかを、教えてくれた。シェークスピアに材料を提供した愚かな田舎者もいたには違いなかろうが、それが一般的だったかといえば、まったく違うのである。ほとんどの警察吏は、地元社会では裕福で権威を認められた人々だった。典型的には、かれらはしっかりした郷士であって、郷紳たちのすぐ下に位置したのである。たとえばスタッフォードシャーのパティンガムでは、1583年から1642年の間にこの役職を務めた81名のうち63名までが、大規模から中規模の農家だった。残りのうち9名は職人か商人で、つましく暮らす人々のうちでは裕福で生活の安定した層に属する。彼らは、田舎の愚者どころではなくその対極であり、村の指導者たちだったのである。彼らの多くは教会役員も務めて教区会議の重要な決定に名を連ね、リート裁判所の陪審を、何年にもわたって務めた。彼らこそは、村の地の塩だったのだ。

　警察吏の重要性を一番よく示すのは、じつは、業務内容である。16世紀の末になると、地方レベルでの法執行で彼に無関係なことなど、ほとんど無くなってしまう。浮浪者を取り締まる各種法律の運用に手を貸したし、自分の受持ち区域内のすべてのエールハウスの監督もした。重罪を犯した者があれば、誰であれ逮捕するのが、彼の義務だった。それにまた、ちょっとした違反や治安を乱す行為が行われようとしているのに気づけば、当人を逮捕したうえで枷(かせ)につないだり適当な場所に拘置して、裁きを待たせることもできた。そのうえ、警察吏は上級役人から送付されてきたすべての令状を執行せねばならず、治安判事と知事の命令にも従わねばならなかった。とにかく村のレベルでは、警察吏が法律のいわば刃先だったと言って過言ではあるまい。ワンマン警察として、今日なら役人の大群とパトロールカーの群が対処するような問題までも、一人で処理したのである。75年も前のことながら、エレノア・トロッターは、次のように書いている。「貧民監督官も街道監督官も、いや教会役員さえいなくても教区はありえたかもしれないが、警察吏なしというわけには参らなかった。というのは、乱れて不

安定な時代における秩序と安定の維持は、その双肩にかかっていたからである」。これ以上見事には、いまも言えない。

4.3　中間レベル

　法執行の機構を、州と教区のレベルで検討してきた。しかし、両者の間には、権限的に教区の機構より上だが州の機構には届かないといった、一連の中間的な機構がある。

　この中間区分のひとつが「郡」[31]である。これは州の下位区分の単位であって、一般には6つの教区を含み、治安監察官の管轄下にあった。治安監察官は確固たる社会的地位をもっており、その威厳たるや、治安判事と比べてもそう劣るものではなかった。イングランドの田園部に関する限り、彼の役割は大小区域の接続である。治安判事の裁判所によって任命され、四季裁判所の指示を個々の教区に下ろしたり、地域の警察吏すべての義務履行ぶりに目を光らせたりした。加えて、自分が管轄する郡内では、教区内で小警察吏が行っていたのに相当する治安維持活動も行った。実質上、初期近代社会のスコットランドヤードだったと言ってもいいだろう。

　いまひとつ決定的に重要な中間区分は、「自治都市」[32]である。当時の数え方では、初期近代のイングランドとウェールズには、600もしくはそれ以上の市や町があった。1680年に出た『村落一覧』[33]を書いたジョン・アダムズは、ロンドンとウェストミンスターを除外して788という数字を出している。10年ばかり後、グレゴリー・キングはその数字を上方修正して、794とした。もちろんこれらの居住地の多くは

---

[31] hundred
[32] borough　この訳語が一般的なので従うが、日本語の感覚では村程度の規模の場合もあるので、注意を要する。有力市民が自治体法人を構成し (incorporated)、王の特許状 (charter) によって一定の自治権を認められた町。下院議員を出す単位となる。一般的に言って、1835年の **Municipal Corporation** Act（市法人法）までは、実質上の都会が法的には教区を単位とする村レベルの行政システムで動いていたり、逆の場合があったりする。1972年以降、ロンドン以外では 'borough' は消滅。
[33] *Index Villaris*

きわめて小規模で、今日の人間が見れば村と選ぶところがない。しかし、複数の教区を抱えた相当規模の例も少なくない。たとえば、16世紀のシュルーズベリには教区が5つあり、エクゼターにはなんと19もあった。ヨークとかノリッジといった大都市ともなれば、教区教会の尖塔が林立していたのである。

　こういった大きな町には、きわめて複雑な統治と法執行の機構ができあがっていたが、その重責を担うのは、教区の役人たち[34]だった。町には通常は統治を行う参事会[35]があって、これはたいてい、有力参事たちの合議体と、それより広範な構成の一般参事会から成り立っていた。たとえばリンカーンの市法人[36]は、13人の参事[37]と26人の一般参事から成っていた。レスターでは、この数は24人と48人になる。参事会に加えて、各種町役人と多くの裁判所もあった。具体的に言えば、市長（町長）裁判所[38]もしくは正式記録裁判所[39]と呼ばれる民事裁判所がよく見かけられたし（イプスウィッチには三つもあった）、軽罪該当の刑事事件を扱うリート裁判所、さらには、市日に発生した取引上の紛争を扱う市場監督裁判所[40]とか、地元河川関連の慣習の遵守（じゅんしゅ）を強制する維持裁判所[41]といった下級裁判所が一つ二つ、というところである。最重要の都市になると、自前の四季裁判所があり、自前の治安判事がいた。警備隊[42]は、村にもいないかったわけではないが、町と縁が深い役人の一団であって、法律と秩序の強制に携わっていた。

---

[34] parish officers
[35] governing **council**
[36] corporation 『英米法辞典』には **municipal corporation** で載る。有力市民の組織に国王が法人格を認め、統治・行政上や司法上のさまざまな自治権を特権として与えるので、この「市法人」が、市を統治する組織である。特権を与える特許状 (**charter**) には法人の構成も明記されており、自治体ごとに内容はさまざまある。
[37] **aldermen**
[38] **mayor's court**
[39] **court of record**
[40] court of the clerk of the market 『英米法辞典』に出ない。訳語は吉村によるが、原文では、王の任命する役人と自治体の任命する役人の両方を意味しうる。この場合はもちろん後者だろう。出店料を徴収したり全般的監督を行ったりした。
[41] court of conservancy この語も『英米法辞典』に出ない。訳語は吉村によるが、'conservancy' は特にこの法廷を指す法律用語である。
[42] **watch** 『英米法辞典』をはじめ、「夜警」など、夜間業務を示す訳語が多いが、この役職はそれのみではないので、このように訳しておく。

警備隊員と呼ばれる相当数の警吏で構成されていて、夜間、不審者をチェックしながら通りを巡邏(じゅんら)したり、一般的な意味での治安維持に努めていた。警備隊が町とか区[43]の警備責任者[44]の指揮下に入っていることもよくあった。有給専従の場合もあったが、たとえばヘリフォードのように、無給の有志だけで構成されていた場合もある。

4.3.1 権威の階梯

　初期近代の法執行機構が実質的たりえた理由のひとつは、さまざまな部分がお互いに切り離されていなかったという事実にある。切り離されているどころか、機構の各レベルも各組織も、相互につながりあう階層秩序、すなわち「権威の階梯」[45]によって、ひとつにまとまっていたのである。機構の頂点から情報と命令が中間地位の役人に降りてゆき、そこから各地区へと伝達された。この機構の中では、どの層も自分の下の層を監督し目を光らせている。ひとつの層の中にさえ、かなりの相互監視があったのである。すでに見たように、囚人の逃亡を許したといって下級役人が治安判事を責めたり、教会役員たちが代理牧師を教会裁判所に引き出すといったことさえ、あったのだ。相互監視が違ったふうに作用すれば、牧師が自分の教会役員たちを密告したり、知事が治安判事を非難したりといったことも、起こりがちだった。ともあれ、王や政府が特定の法律の厳格な適用を望んだときには、その期待はほんものの重みを発揮したのである。

　こういう期待が実現した古典的な例を、1630年代初期にチャールズ一世が出した有名な『示達の書』[46]に見ることが出来る。背景には、大規模な経済的危機があった。1629年から30年にかけて不作が続き、穀物価格が急騰した。同時に織物産業も深刻な状況にあり、東アングリ

---

　[43]ward
　[44]sergeant 『英米法辞典』に載らない。意を汲んでこのように訳しておく。
　[45]ladder of authrity
　[46]Books of Orders 『英米法辞典』に載らない。常識的な訳をつけたが、これが出されたことは、政治システムの成熟という観点から、きわめて重要である。

アと西イングランドのかなりの地域では、失業率が上昇していた。かてて加えて、疫病大流行の噂まで広まったのである。1631年、騒擾の拡大をおそれた枢密院は（西部のもっとも状況が深刻な地帯では、すでに食料暴動が起きていた）、314部の『示達の書』を知事たちに急送し、治安判事と地方自治体幹部に配らせた。この書に記載されていたのは、現行法の実施を全般的に厳正化せよという一連の指示だが、ことに救貧法については、全条項の実施を迫るものだった。治安判事たちは郡ごとに月に一度会合し、治安監察官と小警察吏、それに教会役員から貧民監督官たちの仕事ぶりを、確認しなければならなくなった。そして、枢密院の直接的代理として各州に6ヶ月に一度やってくる巡回裁判所の判事たちに、報告を行う義務を負った。

　この『示達の書』の活性化効果は、顕著だったようである。放浪者の取り締まりが精力的に行われ、親方たちは、好むと好まざるにかかわらず、徒弟を引き受けさせられたし（もっとも、ヘリフォードシャーのトマス・コニングズビーという治安判事は、これに猛烈に反対したが）、資格を満たす貧窮者がかつてない規模で救済を受けた。たとえば、ウェストモーランドやウェールズの一部といった辺境でも、はじめて、強制的な救貧制度が作られた。他のところでも、事態の処理はずっと徹底的かつ包括的になったのである。たしかに、経済危機が緩和するやいなやこの動きは息切れしてしまったし、それには無理からぬ面もあるが、効果が消え失せたわけではないと思われる。エスター・モアの言葉を借りれば、「この『示達の書』が無ければ、地方の行政機構、ことに救貧法の運営のいったいどれだけが内戦の混乱を生き延びられたやら、はなはだ疑わしい。［『示達の書』のおかげで］なにしろ9年間にわたって、治安判事と貧民監督官は実地訓練を積んだし、教区民は救貧税を払わされたから、人々は一般に、救貧制度になじんでいたのである」。

　とはいえ、過大評価するわけには、もちろんゆかない。権威の階梯は、限界を抱えていた。枢密院の指示が成功するには、首都から遠くにいる役人が、推進される政策に一般的好意を抱いていることが、必

須条件だった。これは、長いエリザベス朝の間に繰り返されたカトリック教徒弾圧があまり効果をあげなかったことを見れば、はっきりと分かる。多くの治安判事や役人たちがこの古い信仰に忠実だったランカシャーのような地域では、反カトリックの法律など、さして効果がなかったのである。しかし、そういった原則的軋轢が存在しない領域なら、法執行のあれこれの側面を厳正化しようという王の動きは、驚くほどの成果をあげえた。

4.3.2 前進

初期近代の法執行の機構について、おそらく強調に値することを、最後に言っておこう。時が経つにつれ、この機構はますます効果的になっていったということである。たとえば、多くの点で、治安判事団の質が向上した。その原因のひとつは、教育程度の劣る治安判事たちを助ける簡単な法律書が出版されたことである。マローの本 (1530 年) やフィッツハーバートの本 (1538 年) などは、すでに 16 世紀半ばに出たが、続いて、ランバードの有名な手引き『治安判事ノ書』[47]が出た。最後にはリチャード・バーンの有名な四巻本『治安判事と教区役人』[48]が来るが、これは版に版を重ねたのである。バーンの本では項目がアルファベット順に配列されており、およそ考え得るあらゆる事例と場合について、注意深く用語を定義したうえで、それぞれにおいて法律の定めるところと治安判事の権限を説明し、自信のもてない治安判事の導きとなった。バーンさえ座右にあれば、いかに駆け出しで知識に欠けていようと、治安判事は心配無用だったのである。

治安判事の質を向上させたいまひとつの事情は、聖職者が判事を務める例の増加である。17 世紀にも、ときとして聖職者が判事になっていたが、18 世紀後半になると、これが顕著に増加し始める。世紀末には、多くの州で、聖職者が治安判事の 4 分の 1 から、場合によっては

---

[47] *Eirenarcha*『英米法辞典』には載らないが、意味から訳しておく。
[48] *The justice of the peace and the parish officer*

3分の1も占めることがしばしばだった。この明らかな傾向の重要性は、彼らは大学教育を受けていたうえに召命感に支えられていたので、治安判事中でももっとも活動的かつ有能だったという点にある。彼らのおかげで、治安判事という集団には、より高尚で権威的な雰囲気が加わったのだった。

　治安判事の有効性の向上は、事態改善のひとつの側面に過ぎない。さらに下のレベルでも、同様に意味深い変化があった。たとえば多くの町では、18世紀が進むにつれ、警備隊が、かつてのだらけた印象を払拭していった。この改善の原因のひとつは街灯が普及したことで、おかげで巡察中の警備隊員は、不審者の摘発をやりやすくなったのだった。オイルを使う街灯がはじめてロンドンに灯されたのは1680年代のことだが、1690年代になると、ブリストルとノリッジにも設置された。1713年には、はるか北方のハル市においてさえ、新工夫の街灯を設置しようという声があがった。その年、市当局は地元選出の下院議員たちに対して、議会出席のためにロンドンに赴いた際に適当な街灯一器を探すよう、命令している。このころから街灯設置計画の流行は熱病の様相を呈するが、同時に、多くの町は、警備隊の組織的改善にも乗り出す。たとえばウェストミンスターの各地区では、見張小屋の設置場所や適切な要員の採用や巡察区域の設定に、より大きな注意が払われるようになった。こうした動きの成果が、明るくなった街路とあいまって、都市の警察活動に、新たな誇りとプロフェッショナリズムを植え付けたのだった。

　よりよい治安判事たちとよりよい警備隊に加えて、さらに他の変化もあった。なかでも、治安判事小法廷[49]の発達は重要である。これは、四季裁判所のあいだの期間に、治安判事が集まって開くものだった。通常は郡の単位で開かれ、その区域の治安判事が顔を合わせた。じつは、16世紀が終わる頃には、多数地域の治安判事たちが、こういうやりかたで非公式に会合していたのだが、1630年代の『示達の書』が、いわば本物の離陸点となったのだった。各郡の治安判事たちは毎月の会合

---

[49] petty sessions

を求められたので、必然的に治安判事小法廷は、大なり小なり全国的な現象になったのである。会合の場所は、原則として地元の一流旅籠だったが、時が経つにつれ、所によっては専用の建物も出来始めた。たとえばグロスターシャーでは、1780年に、懲治院[50]を幾つかあらたに設計して建設したが、どの建物の設計図にも、治安判事小法廷のための部屋がある。もっとも、開催の場所がどうであれ、仕事の質が変わるわけではなかった。暴行[51]や軽窃盗[52]のみならず、浮浪者やエールハウスや労賃設定や市場関連の規制、さらには救貧法に関連するすべてが、ここで扱われた。つまり、四季裁判所の負担が軽くなったので、司法処分がより準則的にかつ思慮深く行われる基盤ができあがり、地元役人たちへの監督も行き届くようになったのである。結果的に、システムが引き締まり、法執行の有効性が向上した。

　ここまで見てきた変化のどれひとつとして、特定地域に限ったことではない。国内のあらゆるところで見られたのである。しかし、発展の中には、こういった広域的なものばかりでなく、より地域に密着したものもあった。通常、そうした地元型の進歩は、首都とその周辺に焦点が当たっている。もっとも注目に値するのは、1730年代以降における、後ほど当番制度[53]として知られるようになる制度の導入である。伝統的な治安判事制度の問題のひとつは、どれほど善意であっても、専従でなくしかも素人である以上、判事たちは、つねに任務につけるとは限らない、ということだった。つまり、苦情を抱える人間がそれを訴えにきても、治安判事はただちにそれに応じられないことが、しばしばだったのである。訴えたい当人も、他の件で多忙だったりするとわざわざ戻ってきたりはしないから、犯罪が報告されないままになってしまう。かりに判事が在宅中でも、私的な件で多忙だということもありうるし、そうすると、苦情処理が手遅れになることもある。結局のところ、容疑者には逃亡の時間的余裕が生まれるのである。

---

[50] houses of correction
[51] assault
[52] petty larceny
[53] rotation offices 『英米法辞典』には載らない。

当番制度は、こういうまずい点を無くすために考案された。専用の部屋が確保され、治安判事たちは毎日そこに特定の時間帯に順番で詰めて（だから「当番」である）、相談に乗れるようにしたのである。最初のこうした詰所は、まず間違いなく市当局によって、1737年にロンドンに作られた。市の治安判事でもある市長や参事たちが、ギルドホールに毎日順番で午前11時から午後2時まで詰め、司法処理を行った。2年後には、同様の詰所が、ウェストミンスターのボウストリートに、地元の治安判事であるトマス・ド＝ヴェイルによって設置された。1750年代と60年代には、さらに多くが開設され、1763年には、テムズ河の南にもはじめて出来ている（サザックのセントマーガレットヒル）。この動きは、1792年のミドルセックス裁判所法で頂点に達したが、これは第10章でとりあげる話題である。

　新しい当番判事詰所の興味深い特徴のひとつは、どの詰所にも少数ながら警察吏[54]が付属したらしいことである。彼らは収入のほとんどを、犯罪者を逮捕した場合の報酬に頼っていた。このため、すくなくとも一部の者は熱を上げすぎ、容疑者に不利なように証拠を操作した。しかし、こうした報酬に加えて、警察吏たちは少額ながら正式の給与も得ていたし、業務上かかった実費も支給されていたのである。これこそ、将来に向けての意義深い展開というものだ。かつては、現在の警察を19世紀の社会改良家たちの創造になるものとする歴史家もいたが、あまりに皮相な見方である。ヴィクトリア朝の警察署といえば、霧の彼方に瞬くランプを思い浮かべるが、その機構の大枠のなにほどかは、じつはすでに、18世紀の首都の当番判事詰所に　窺えるのである。

　当番判事詰所の設置は、ロンドンを基盤として近代初期に起きた法執行機構の発展の、注目すべき一例にすぎない。1770年代にウェストミンスターの治安判事だったサー・ジョン・フィールディングの業績も、重要性ではおさおさ劣りはしない。彼は、ボウストリートの自分の仕事部屋にいながらにして全国的な情報網を組織し、治安判事や町市長や宿屋の亭主から厩舎管理人などにいたるさまざまな人々に対し

---

[54]constables

て、犯罪者や未解決の事件について詳しく知らせてほしいと呼びかけた。そして、こうして得た情報を、『手配一覧』[55]（のちに『手配と警察』と改称）という文書にして公刊した。これは、広く全国に行き渡ったのである。結果として、これまでは、ある土地で司法措置を受けても他の土地では容易に網をくぐり抜けていた犯罪者が、操作の目を逃れ難くなってきた。典型的なのは、1773年にウォリングフォードで相当量の銀を盗んだリチャード・メイエットの例である。この盗難の詳細が『手配一覧』に掲載されると、2週間後に、犯行現場から130マイル離れた土地で、見事に逮捕されたのだった。

4.3.3 結論

初期近代イングランドの法執行機構を検討してきて明らかになったのは、それがいささかの複雑さを備えるのみならず、そうとうに洗練されてもいたということである。16世紀の末までには、犯罪に対処し犯人を追跡する手の込んだ重層的機構が、できあがっていた。その有効性は、機構が階層秩序的であるところに依存していたが、時の経過とともに、多くの点で改善されてゆく。初期近代の警察と法執行の制度が、サー・ロバート・ピールとその後継者たちが慈悲深くも救済されるまで、3世紀にもわたって、効率の悪さによろめく幼稚で硬直した組織だったという見方がいまだにあるが、それは言い過ぎというものだろう。たしかに、次の章で見るように、古い機構には欠陥もあった。だがけっして、しばしば描かれるような、いい加減で変化のないものではなかったのである。

---

[55] *General Hue and Cry* 法律用語の翻訳慣例に従えば、「叫喚追跡総覧」とでもいうことになるのだろうが、あまりにぎこちないので、このように訳す。後ろの括弧中の改称後の名称の原文は、*Hue and Cry and Police Gazette* である。なお、「叫喚追跡」についての『英米法辞典』の記述は次のとおり：「往時イングランドで、警察担当の役人ないし私人が felon（重罪犯人）を発見した場合、warrant（令状）なしで地方住民とともに角笛を吹き喚声を上げて追跡逮捕したコモンロー上の手続き。この方法に従って逮捕したときには、被逮捕者が真犯人でなくとも逮捕者に害意がないかぎり責任が生じない。他方この協力を怠った地域の住民に対しては、損害賠償、刑罰などの制裁が科せられた。」

第5章　法律に従わせる

前の章では、16世紀末のイングランドには、密度が高くて複雑な法執行の機構がすでに出来ていたことを、確認した。しかし、この機構は、はたして十分に機能していたのだろうか？　法律は、厳格に適用されていたのだろうか？　法律を犯した者たちは、かならず裁きを受けさせられたのだろうか？　もしそうでないとしたら、あれだけ洗練された法執行[1]の機構がありながら、なぜ犯罪者は逮捕されなかったのだろうか？　本章では、こういった問題に関心を向けよう。

5.1　法執行のパターン

　初期近代の全域について均一な法執行のパターンを想定するのは、無理である。なにしろこの時代は、16世紀初めから18世紀末まで、300年ほども続くのだ。法の適用の厳格さに変動が見られたところで、驚くにはあたらない。だが、当局の動きをとくに精力的にしたのが経済的圧力だったということは、言えそうである。都市部では、景気のサイクルが落ち込むと、つまり失業者が増加すると、犯罪が顕著に増加した。各種裁判所での訴追件数も、増加した。同様のパターンは小麦価格の上昇にも見えるが、こちらの場合、はっきりした変化が現れるのは、町よりもむしろ農村である。ともあれ、ビーティー教授の考えでは、「多くの人々の生活はかろうじて飢えない程度でしかなかった

---

[1] law enforcement　この章のタイトルの原文もじつは同じであるが、この言葉のもつニュアンスを伝えるために、あえて叙述的に訳した。権力が暴力装置を用いて力ずくで守らせる（強いる）もの、という西洋の法思想の根底にある感覚を伝える力が、一般に用いられる法執行という曖昧な日本語に、どれだけあるだろうか。

から、物価の上昇はたちまち家計に響き、人々は不足を補うために窃盗に走った」ということだ。望むらくは、教授が、犯罪の増加は社会も当局も一種のパニックに追い込んだ、と付け加えてくれていたらよかったのだが。

　犯罪発生数と訴追件数が経済困難時に顕著に上昇することにもまして注目に値するのは、戦時と平時の鮮烈な対照である。規模の大きい戦いが終わると、ほとんど例外なく、裁判所は多忙な時期を迎えた。ダグラス・ヘイが示したところによると、1748年と1763年に海外での戦闘が終了した後、そして1783年にアメリカ戦争が終結した後、スタッフォードシャーでは、「ただちに窃盗での逮捕件数が上昇し、たいていは、戦闘が再発する年までその水準が保たれた」のである。経済の場合と同じく、平時における訴追件数の増加には、犯罪自体の増加による面と、当局の過敏な対応による面とがある。平和の到来で犯罪が急増するのは、除隊された数千人もの兵士が、労働者市場に流入するからに他ならない。これについては、軍服や銃砲や軍艦補給品といった軍需の途絶もさることながら、じつは、帰国兵士の年齢構成のほうがさらに重要なのだ。というのは、戦時に軍隊に取られるのは、主として少年期から青年期の未婚の男子だが、初期近代のイングランドにおいて犯罪傾向がある集団の核をなしていたのは、まさに彼らだったからである。たとえば、1780年代半ばの平和な時代でも、ロンドン近郊の巡回裁判所で訴追された者の約半数が、年齢的には18歳から26歳までだった。和平調印と同時にこれほど多数の若者を社会に戻せば、したがって、犯罪発生率が上昇するのは当然だった。

　そこで、初期近代の法執行のパターンには一連の短期的変動があったということになるし、その原因の一部は経済変動、別の一部は戦争と平和の交代だったということにもなる。しかし、こういった短期的変動よりも重要な長期的要素を二点、はっきり示せるのである。まず第一に、ロンドンを除くと、17世紀の半ば以降、訴追と有罪判決が急減する。デヴォンの囚人引き渡し記録を見ると、1598年から1640年までは年平均で約250件が州の巡回裁判所で審理されたが、18世紀の最

初の10年間には、それが38件に落ち込んでいる。ロンドン近郊の巡回裁判区[2]とチェスター王権州[3]でも、同じ傾向が見える。1660年代のエセックスでは、財産侵害による起訴の件数は、1625年から1634年の10年間に比べて、3分の1に減った。たしかに、18世紀後半には裁判件数が再び増加に転じるが、これは主として人口自体の増加を反映しているのだから、見かけ上の錯覚という面がある。ことに殺人については、間違いなくそうである。王政復古時代のサレーでは、たとえば、毎年千人当たり6人が殺人容疑で起訴されていたが、18世紀初頭になると、千人当たり毎年4人に低下する。18世紀末にはさらに減って、1人を割り込んでしまう。しかも、場所によっては、起訴数の減少と有罪判決率の低下が同時並行的に起きている。ノーフォークとサフォークでは、1734年から37年にかけて、重罪該当事件の40%もが、棄却か無罪放免とされてしまうのである。

　すなわち、法執行の苛烈さがあきらかに失われてゆくのであり、そのことが、初期近代イングランドの司法制度の、長期的特徴のひとつなのだ。長期的特徴の二番目、つまり法執行の不斉一ぶりも、同様に注意を引く。この問題は、判事も陪審も治安判事も意識が高くて勤勉だったように思える最初の頃にすら、すでに明らかだった。こういった事情をもっともよく表しているのが、「表面化しない犯罪」[4]だ。「表面化しない犯罪」というのは裁判にかからない犯罪のことだが、記録されないのだから、その全域にわたる正確な資料など、もちろん利用すべくもない。しかし、初期近代の3世紀を通じて、この表面化しない犯罪が量的に相当なものだったのは、明らかである。1790年代にパトリック・コークホーンが書いたところでは、ロンドンの犯罪の90%は通報されないままだという。しかし、法執行がずっと苛烈で広範囲にわたっていた1590年代でさえサマセットの治安判事エドワード・ヘクストが、自分の地域の犯罪者は、運の悪いのが5人に1人ばかり裁判所に引き出されるに過ぎない、という見解を述べているのだ。

[2]これをホームサーキット (home **circuit**) という。
[3]palatinate of Chester 『英米法辞典』には **palatine court** で載る。
[4]dark figure このように意訳しておく。

しかし、なぜそういうことになるのだろうか？広範で重層的な法執行の機構があるというのに、どうして犯罪の扱いが、そんなにいい加減だったのだろうか？また、内戦以降に訴追や有罪判決の数が減少してゆくのは、どのように説明がつくのだろうか？まずは、この期間全体にわたって、法執行の不斉一ぶりを見てみることにする。

5.2 機構自体の限界

1500年以降についてだが、法の適用が不斉一だった原因の一つは、法執行機構が抱えていた一連の欠陥である。機構自体は多くの点で洗練されていたにせよ、事実としてすきまや弱点もあったし、そういったまずい点の一部は、法執行というドラマの主役たる治安判事たち自身に、かかわっていた。そもそも彼らの数からして、法を有効に運営するには、少なすぎる場合が多かった。しかも、州ごとに彼らの数が違う。1580年の一覧を見ると、イングランド全体では1,783人がいたことになっているが、最低のラトランドには、13人しかいない。いっぽう、最高密度を誇るケントには、83人もいた。13人でも、州が小さいので理不尽ではないかもしれないが、多くの他の州ではあきらかに数が足りなかった。たとえば、エリザベス女王時代の大部分を通じて、スタッフォードシャーのような広い州にさえ、20人しかいなかったのである。これでは、広さに比して不足なのは明白だ。ウェールズ13州の場合、1536年の合邦法[5]で、州あたりの治安判事の上限は8名とされていた。この数字がつねに厳格に守られたわけではないとはいえ、ウェールズに治安判事が多すぎなかったのは、確かである。

だがおそらく、治安判事の数の不足よりも、彼らの器量のほうが重要である。期間全体を通じて、どの州にも献身的で才能にも恵まれた治安判事がいたことは、疑いをいれない。典型を一人あげるなら、エリザベス朝期にペンブルックシャーのヘンリスにいた郷士ジョージ・

---

[5] **Act of Union** 普通この名前で呼ばれるのは、スコットランドとイングランドの合体を規定した法律だが、ここで指しているのは、正式には'Laws in Wales Act'と呼ばれる法律である。

オーウェンなど、さだめし好例である。四季裁判所には欠かさず出廷し、職務上の多彩な問題を解決しようと、尽きせぬ創意工夫を発揮した。そのひとつは、地元民兵隊の武器を収納する武器庫の建設で、これは、いい加減な管理のために生じる武器の流出や損傷を防ぐためである。彼の柔軟な頭脳は、羊と牛の耳にしるしをつけることまで考え出した。家畜の盗難は、ウェールズおよびスコットランドとイングランドの境界地帯の多くでは、大問題だった。オーウェンの方法は、その防止に向けた実際的で重要な一歩となったのである。

　18世紀のヨークシャーで治安判事を務めたサミュエル・リスターも、オーウェンに匹敵する。彼がどれほどの時間と努力を仕事に費やしたかは、一人の重罪犯人を彼が1756年に追いつめた方法が物語る。この男は（ウィリアム・ウィルキンズと名のっていたが）、何軒かの旅籠の勘定を踏み倒した件で、ブラッドフォードに拘留されていた。そのポケットには複数の為替手形と一枚の支払い約束書があり、総計は1,200ポンドに達していた。なにやら胡散臭いと睨んだリスターは、この男の審理一切を中断し、彼が自分の出身地だと申し立てたイングランド西部地域に広く書簡を書いて、情報を求めたのである。『イヴニングポスト』紙に助力と情報を求める広告を出しさえした。情報がどっと寄せられ、結局、このウィルキンズはエドワード・ウィルソンという男であること、グロスターシャーで大規模な詐欺事件を起こしていたことが、判明した。それで留置人は南に向けて送り出され、結局はグロスターの巡回裁判所で、死刑の判決を受けたのである。リスターは、この骨の折れる調査を、3ヶ月もかけて行ったのだった。

　しかし、リスターやオーウェンのような人物が一人いれば、ろくでもないのが1ダースやそこらはいるものだ。犯罪者とおつかつといった治安判事たちすら、いた。エリザベス朝期のことだが、カーマーゼンシャーのサー・トマス・ジョーンズは、州の民兵隊の装備購入用に徴収された基金を悪用して、有名になった。彼は、自分から鎧を買うように各教区に命令を出した上で原価より高く売りつけたが、それのみならず、古い鎧を引き渡して、新品だと言い張った。計算すると、この

やり方で2千ポンド儲けたことになる。別のウェールズの治安判事リチャード・プライスは、カーディガンシャーの有力なゴガーダン一族の人間だが、1590年のある日曜日、トレガロンの教会の礼拝に出るように、地元民全員に命令した。会衆が集まってみると、トレガロンにはプライスの子分が大勢おり、教会敷地から出る木戸には木製の大皿が置いてあった。それを囲んで、プライス自身とその他3人の治安判事がいる。プライスは会衆に短い演説を行い、自主献金を募ることにしたから諸君が気前良からんことを望む、と言い、同時に、自分と同僚の治安判事たちは、適当と考える人間をアイルランドでの兵役に徴発する権限を与えられている、と告げた。最後の貧しい村人が教会敷地から出て行く頃には、彼と仲間は数百ポンドを手中にした、というわけである。

　しかしながら、感心しない治安判事のほとんどは、悪漢でも暴君でもなく、たんに職務に不熱心なだけだった。治安判事という肩書きには相当の威信があるので、ひとかどの人物なら、治安判事委託書から外れたくはない。それで、どの時点のどの州にも、職がもたらす特権的地位が欲しいにすぎない治安判事が、多くいたのである。この連中は、退屈な会合に出たり寸暇を惜しんで働くことなどに、まったく関心がなかった。一見したところ十分な数の治安判事がいる州でさえ、精力的に仕事をする判事は、絶望的に少なかったのである。1754年のことだが、ハードウィック卿は、状況を次のように端的に表現した。「紳士たちは治安判事委託書に名前が載ることにきわめて熱心だが、任命されると活動にはきわめて不熱心である。この苦情はどの州においても一般的であり、名表に載る数こそ多いが、精力的に働く治安判事の数は、州の通常業務を処理するのにも足りない」。ハードウィックは、巡回裁判に出かける判事たちに、この「非常な悪弊[6]」を無くし、働こうとしない連中に御輿をあげさせるべく、全力を尽くして「勧告督励せよ」ときつく指示した。しかしながら、彼の言葉は、いわば馬耳東風に終わったのである。じっさい、もしなにか変化があったというのな

---

[6] great abuse

ら、時が経つにつれ、状況はむしろ悪化したのだった。ノーマン・ランドーによると、ケントでは、1714年にアン女王が逝去した時点ではまだしも治安判事資格者の約3分の2が四季裁判所と巡回裁判所に出廷し、自分の教区の司法や行政に携わっていた。1760年になると、これがわずか40％ほどになってしまう。

とはいえ、治安判事たちの有効性を殺いでいたのは、たんに彼らの不活発さや人格上の問題ばかりではない。治安判事に求められた仕事そのものが、あまりに広範だったのだ。法執行ばかりが彼らの職務だったのではない。四季裁判所と治安判事小法廷で判事を務め、単独での職務を自宅で遂行さえしていた。しかも、州レベルでは主たる行政官だったから、道路修復、貧民救済、カトリック教徒規制、エールハウス認可、徒弟奉公契約、労賃規制といった多彩な事柄の監督を行った。19世紀になると、各種専門委員会と有給の職員を抱えた州役所がこれらの職務を肩代わりしてゆくが、それらの事実上すべてを、19世紀とそれ以前には、無給で兼務で素人の治安判事が行っていたのである。どれほど精力的で献身的な治安判事だろうと、法執行においてつねに成功を収めるとは限らなかったのは、驚くに足りない。

法執行の面で改善が望まれた役人は、なにも治安判事たちばかりではない。町の警備隊にも欠陥があった。17世紀後半から改善が見られたのはすでに触れたとおりだが、18世紀になってもなお、熟練と廉直の鑑といえるような警備隊員など、ほとんどいなかった。高名なるウェストミンスターの治安判事サー・ヘンリー・フィールディングが、ロンドンの警備隊員の雑多ぶりを責める言葉は、まことに辛辣である。警備隊員たちは、彼が断言するところによると、「肉体的に無力で生活の糧を労働で稼げないような、貧しい老いぼれ連中から選抜される」というのだ。この連中は、街路を巡邏（じゅんら）しているよりも、おしゃべりで暇つぶしをしたり、頼まれて使い走りをしているほうが多かった。それどころか、噂では、袖の下をたっぷりはずめば、見て見ぬ振りをする警備隊員もいたのである。18世紀のロンドンで市長を務めたマシュー・ウッドも、そういう意見だった。彼が書いているところでは、「長年に

わたって詰所や交番にいるので、一部の者が、家屋のみならず路上でも強盗を働く連中から賄賂を受け取っているのは、疑う余地もない」。証拠としてウッドは、「隊員がよく知っているに違いない悪漢どもが、毎夜フリートストリートなどに何のとがめもなく出没し、つねに娼婦たちと言葉を交わしている」という事実をあげている。

　問題は、治安判事と警備隊のみにとどまらない。小警察吏たちがシェークスピアの描いたような頓馬(とんま)でなかったのは、すでに見たところだが、その彼らにさえ、問題があった。ひとつは、任期の短さである。わずかに 1 年務めただけで、次の者に入れ替わる。だから、それぞれの者は、ようやく複雑な職務に慣れかけたころには、引き継ぎを迎えるのだった。もうひとつの問題は、支援の不足である。警察吏には助手がいないうえ、公的な保護はいっさいなかった。だから、あまり執拗だったり高飛車だったりすると、一般民衆が脅迫などで恫喝(どうかつ)を加えることも、珍しくなかった。その典型的な例を、シュルーズベリの桶屋だったジョン・モーガンに見ることができる。彼は、「ストンウォード＝ウィズインの警察吏ジョージ・クラークに、公務執行中に暴行を働いた」かどで、1707 年に、20 シリングの罰金を課され、その支払いを済ませるまでは「法務官事務所に拘留されるべし」という判決を受けた。モーガンが自主的に出頭して「判決に従う」姿勢を示したにもかかわらず、罰金額が大きいのは、おそらく、こういう暴力行為を抑制することの難しさを示しているのである。

　しかし、警察吏についての主たる問題は、彼らの地位の二重性だった。キース・ライトソンとジョーン・ケントのどちらも指摘していることだが、警察吏たちは、王の役人であると同程度に、地方自治体の役人でもあった。多くの地域において、この時代のすくなくとも前半、警察吏たちは、治安判事たちのように中央政府によって任命されたのではなかったし、かといって、治安監察官[7]のように行政職階上の上司に任命されたのでもなかった。むしろ地元の人々によって、たいていはリート裁判所において、任命されたのである。じっさい、1612 年に王

---

[7] high constable

座裁判所で審理された件において、治安判事の権限はきわめて明確に制限された。これは、ロンドンの治安判事の一団が、自分たちの権限でステプニーの警察吏を免職し、自分たちが選んだ人物をその地位につけたという件だったが、それが不法行為と判決されたのである。しかも、地方自治体が警察吏を任命したばかりか、警察吏もまた、自分を選んでくれた人々にいろんな形で奉仕することを義務の一部と心得ていた。そういう意味では、レスタシャーにあるブランストンとウォルサム＝アポン＝ウォード両村の警察吏の件は、まことに示唆に富む。この警察吏は、地域のさまざまな儀礼に参加し、村の門や垣根を補修し、協同で飼っている牡牛を世話し、うろついている動物を収穫物に近づけないように見張り、ネズミの駆除を行い、それどころか羊飼いの家の屋根葺きまでしたのである。ケント教授も、警察吏の地位を植民地アフリカの村の酋長になぞらえて、その本質を突いた。彼らは、支配者に多少の責任を負う一方で、自分の村の代弁者でもあったのだ。利害衝突が起きた場合、任務上は政府を支持すべきだとはいいながら、彼らはおそらく、村人の側に立つのである。なんといっても、警察吏であるのはたった一年に過ぎないが、友人や隣人たちとは一生ともに暮らしてゆかねばならないのだ。

　治安判事も警備隊員も小警察吏も、ときおり機構そのものを台無しにしかねなかった。だがもっとも深刻な阻害要因は、法執行が究極的には個人のやる気にかかっていた、という事実である。訴追の負担を引き受けねばならないのは、ほとんど例外なく、被害者個人だった。当局に被害を届け出るのも被害者なら、訓練された警察部隊も国家による訴追支援も存在しない以上、事件を満足の行く結末にもちこむのも、被害者の責任だった。これが現実に意味したのは、容疑者を示し、適切な証拠を収集し、証人を集め、法廷での事実開陳を差配するのは、たいてい被害者だということである。教養のない一般人には、こういう見通しに怯えるなというほうが無理だろう。しかも、一財産を費やす可能性すらあった。あとからあとから各種役人に手数料を払わねばならず、旅行をしなければならず、そのうえ証人たちにも金がかかっ

た。巡回裁判所や四季裁判所が開かれる町に宿泊するのも、物いりなはなしだった。ビーティー教授の計算によると、18世紀には、各種手数料だけでも10シリングから1ポンドに達したという。労働者にとっては、2週間分の賃金を越える額である。なぜヘンリー・フィールディングが、犯罪の平均的被害者は「すでに強盗の略奪を受けているので」「そのうえさらに、重罪該当犯罪を隠すよりも訴追を選ぶとすれば、奇蹟ともいうべき公共精神だ」と感じたのか、その理由が見えて来るではないか。

5.3 裁判所に代わるもの

　こうしたわけで、初期近代の法執行の機構の効率を低下させていた弱点は多かった。当時の法執行の不斉一さの理由の相当部分は、これによるのである。加えて、当局の力を殺いだと思われる多岐にわたる理由も指摘できる。そもそも、裁判に訴えること自体、犯罪者に対して取りうる多くの非法律的手段が尽きたあげくのことだったのだ。

　訴追に代わるそういった手段のひとつは、地方名士による叱責である。ちょとした違反を犯した多くの者が、村の郷士や聖職者に呼びつけられて、大目玉を食った。行いを改めなければもっと手荒く扱うぞ、という脅しもよく行われた。たとえば、18世紀初頭にヘクサムの助祭ジョージ・リッチェルが酒癖の悪いある教区民を叱責したときには、相手がそもそも教会裁判所で裁かれるべき人物だったので、行いを改めなければ裁判に引き出すのみならず、抱えている借金を理由に投獄判決を出すぞ、と警告したのだった。

　もうひとつの可能性は、調停である。この場合、紛争当事者たちの間の調整を地元名士に依頼するのが普通だった。治安判事が仲介者となることもあった。たとえばジョージ3世時代の初めのこと、ある寡婦が、サレーの治安判事だったリチャード・ワイアットに、地元のパブで鍛冶屋に殴られたと訴え出た。このときワイアットはただちに両者を引き合わせて、和解させることができた。彼は、まず金を両方か

ら供託させ、そのうえで、「暴行の事実が証明された」ので鍛冶屋は寡婦に8シリング支払え、と裁定したのである。裁判外のこうした解決は、調停者すら入れずに成立することも、珍しくなかった。非のある側からの補償申し出を被害者が受け入れたり、窃盗の場合なら、盗まれたものを取り戻して陳謝を容れる、ということになる。

　裁判所によらない解決やお偉がたのお説教と同じくらいに重要だったのは、地域社会による制裁である。この種の制裁でもっとも有名なのは、おそらく、フランスで「シャリヴァリ」と呼ばれているもので、イングランドでは、よく「お仕置き騒ぎ（ラフ・ミュージック）」と呼ばれた。掟を破った者を、地元の衆が家や他の場所で取り囲み、湯沸かしや鍋を叩いて責めるのである。仲間というべき村人や町の人からこういう仕打ちを受けるのは、ずいぶん恥と不名誉のしるしで、おおいに恐れられた罰だった。トマス・ハーディの小説『カスターブリッジの町長』[8]にはこの制裁が印象深く描かれているが、マイケル・ヘンチフォードのような目に会わされることは、実生活でも多々あったのだ。バートン＝オン＝トレントで17世紀初頭にあった例をひとつあげると、町の衆が40人ほども群れをなして、罪深くも同棲していた未婚の男女の住まいに乱入した。不運な二人は家から引きずり出され、通りから通りへと回されたが、その間、「売女とゴロツキ」という叫び声、そして「カウベルや金盥（たらい）や燭台やフライパンを打ち鳴らす音、それに太鼓の音」が、つきまとったのだった。

　お仕置き騒ぎは、たいてい、地域社会の道徳的規範をなんらかのかたちで侵した者たちに、行われた。異なった類の侵犯に対しては、直接的制裁もまた異なった姿をとった。ほとんど反射運動のような制裁の例が、『紳士雑誌』[9]の1784年の記事にある。印刷工房をのぞき込んでいる男の財布を盗んだ掏摸（すり）が、通りがかりの人々に捕まって、なんとか逃げ出すまでに、「犬小屋に押し込まれて転がされる」などの制裁を受けたという。また、周到に計画された制裁もあった。スチュアー

---

[8] Hardy, *the Mayor of Casterbridge*
[9] *Gentleman's Magazine*

ト朝時代の末期にシュロップシャーのミッドルの村で起きた事件をリチャード・ガフが書き記しているが、これなど、仕組まれた制裁の見事な例である。村の小悪党にリース・ウェンロックというのがいて、隣人たちの垣根から木を失敬するので評判が悪かった。あるとき、この男が新しいオーヴンを作って試しの火入れをするということを村人たちは知ったが、長らく迷惑を被ってきたある人物の召使いがこれを聞いて、なんとかしてやろうと決心した。ガフの言葉によると、彼はウェンロックの家にほど近い垣根のところを歩いてみて、「よく乾いた大きな棒があるのに気付いた」。召使いはこれを家に持ち帰って端に穴を開け、「相当量の火薬を入れて」木で栓をしてから、注注意深く垣根に戻したのである。案の定ウェンロックはその木を、垣根の他の木と一緒に盗んでいった。結果は見事なもので、爆発でオーヴンの天井は吹っとび、家は燃え上がったのである。

5.4　長期的変化

　こういう次第で、法執行の機構に欠陥があったことと、裁判所に代わる一連の選択肢があったということが、初期近代の法律の適用の不斉一ぶりの理由としてあげられる。しかし、この期間に当局の厳しさがやわらいだのは、なぜなのだろうか？裁判にかかる件の減少と有罪判決率の低下は、どう説明すればいいのだろうか？

　ひとつの説明は、人口動態的なパターンの変化だろう。16世紀を通じて人口は容赦なく上昇し、その結果1600年になると、100年前と比べて、食わせるべき人間の数がおそらく2倍にも膨れあがっていた。225万人が450万人になっていたのである。この上昇の波は、17世紀に入ってもかなりのあいだ続き、1660年になると、人口はおそらく、550万人に達していた。貧困と失業が焦眉の急の問題となり、浮浪者の集団が徘徊するようになっていた。事態を悪化させたのは、1590年代の不作と、イングランドの主たる輸出産業たる織物業が1620年代に陥った不況だった。こういった困難に直面して、当局は必然的に過敏にな

り、裁判所は多忙を極めた。当局が感じていた不安の兆候は、チューダー朝が救貧法を整備したことに見てとれる。この動きは、1601年の大救貧法で頂点に達したが、この法律は、働けない人々には生活保護、健康な人々には職、悪人には罰を与えようとするものだった。

　1660年以降は、しかし、全てが変化した。人口の圧力は弱まった。あえて言うなら、1690年代のイングランドとウェールズの人口は、30年前と比較して、むしろ減少したのである。同時に、物価は下がり始め、賃金は上昇し始めた。18世紀の初めには、豊作さえ続いて、事態をさらに好転させた。ごく一般の人々までが、砂糖やお茶やココアといった贅沢を楽しむようになった。シュルーズベリの巡回裁判所の記録でパンについて調べると、小農夫たちのために雑多な穀で焼かれていた粗製パン[10]を、1760年になるとパン屋が売らなくなっていることが分かる。買う者がいなくなったのだ。町のいちばん貧しい住人でさえ、小麦のパンを食べていた。このために、危機感や恐慌感は失せ、どの裁判所も余裕ができたので、侵犯行為を寛容な目でみることもできた、というわけである。

　生活水準の改善にともなって、ピューリタニズムの衰退という、思想的な変化もあった。これもまた、法執行の過酷さが薄れたことの、ひとつの理由である。だが、何がこの変化をもたらしたのかは、判然としない。政治が関係しているのは、あきらかである。クロムウェル政権の崩壊とチャールズの凱旋帰国は、必然的に、時代の雰囲気をやわらげた。しかし、上で述べたような人口動態的な圧力の減少も、おそらく寄与しただろう。エリザベス朝このかたのピューリタニズムが伸張したのは、反動的で硬直した政治のせいもあるだろうが、社会が直面していた経済的困難のせいでもあったのだ。ピューリタンたちはつねに、人口動態や社会的な圧力が最悪の状態にある都市部で、もっとも勢力が強かった。だから、17世紀の後半になってさまざまな社会問題や経済問題が厳しさを失ったとき、当然のように、ピューリタンたちのきびしく厳格な考え方も、魅力と輝きを失っていったのである。と

---

[10] maslin

もあれ、ピューリタニズム衰退の原因が何だったにしても、その結果に議論の余地はない。社会は、非難がましさや説教がましさを失っていったのである。非行者や誘惑への屈服に対しても、より同情的な見方が、ゆっくりとではあるが、広まってゆく。

　かくして、1660年以降に生じた人口動態的圧力の緩和と、それと同時並行的に生じたピューリタン的価値観の衰退の両方が、初期近代の後半における訴追や有罪判決の減少に貢献しているのである。だが、さらに重要なのは、同じ時代に法制面で生じた、ある種の変化である。1688年以降、判事たちは、より公平になった。この点で決定的だったのは、1701年の王位継承法[11]である。これは、判事たる者は、王の恣意[12]ではなく、非行のない限りにおいて[13]地位に留まるべし、と定めたのだった。また、証拠認定に関する原則が厳正化された。たとえば、1696年の反逆罪裁判法案[14]は、王の側（検察）が有罪判決を得るためには、以前のように1名ではなく2名の証人が必要だと定めた。この法案はまた、被告が自分の側の証人に宣誓させることと、すくなくとも自分の裁判の1週間前には告発について知らされることを、はじめて認めた。1708年に法律化されたある法案では、やがては重罪事犯の場合にも弁護側証人が宣誓の上で証言できるようになるだろう、とまで明記している。1730年代に弁護士[15]が導入されたことも、法手続きの規範化と固定化に貢献した。とくに、裁判所は噂を証拠とすることをますます忌避するようになった。こうした変化を煎じ詰めた結果が、一方では、些細だったり根拠薄弱だったりする訴追を起こし難くし、他方では、有罪判決を獲得しにくくもしたのである。じっさい、この変化の余波中に姿を没してしまった犯罪範疇すら、存在するのだ。たとえば、17世紀が進むにつれて魔女の訴追が減った理由を、近頃はますます、人々の信心の変化のみならず司法の改善に求めるようになっている。

[11] **Act of Settlement**
[12] during king's pleasure
[13] during good behivour
[14] The **Treason** Trial Bill
[15] **counsel**

5.5　結論

　初期近代という時代における法執行は、話題として興味深いものである。16世紀にはたしかに存在していた複雑な法執行機構を一見すると、法律は過酷かつ厳正に課されたに違いないと思わせる。だが、現実はずいぶんと違った。法律の制裁を逃れた悪者はつねに多かったうえ、その数は年とともに増加したのである。

　しかし、問題をもっと詳しく検討してみると、そうした不審の多くは解消する。16世紀ばかりか、当局が精力的に目的意識をもって行動した17世紀でさえ、法執行は不斉一だった。ふたつの要素を想起すれば、それがほとんど避け難かったのが、納得されよう。第一は、司法機構には、見かけ上の洗練にもかかわらず欠陥があったということである。第二は、正式な裁判によらずに侵犯者を扱う方法がいくらもあった、ということである。訴追や有罪判決の減少も、注意深く見てみれば、説明はつく。経済衰退の圧力がそこに働いているし、思想的変化も重要である。だがもっとも重要なのは、おそらく法律的な変化であって、ことに重要なのは、証拠認定の原則の厳正化である。有罪判決数は1500年よりも1800年のほうが少なかったかも知れないが、判決内容はより確かとなり、正義はよりよく守られるようになっていたのだ。

第6章　刑　罰

　産業社会以前に一般的だった刑罰体系は、ほとんど排他的なまでに死刑に依存していたという点で、一見したところ、単調に見えるかもしれない。じっさい、一般史を書く歴史家は長い間、18世紀の刑罰体系を、とくに「血まみれの掟」[1]と習慣的に表現してきたのだった。しかし、それは、単純化のしすぎというものである。のちほど見るとおり、たしかに初期近代を通じて、死刑は刑罰についての考え方やその執行の核をなしていたが、近代以前の刑罰のもっとも顕著な特徴は、その複雑さなのである。単調さではなく多様さこそが、基調だったのだ。鞭打ちや枷(かせ)といった、とっくの昔にすたれてしまった刑罰もあるが、この時代を特徴的づける刑罰の一部は現在の刑罰にも受け継がれており、収監刑や罰金刑はその例である。本章の目的は、1800年以前に行われていたさまざまな刑罰を示し、それらの変遷の次第と理由を描き出すところにある。

6.1　死　刑

　死刑は、初期近代イングランドの裁判所が課した多彩な刑罰のひとつに過ぎないが、そうはいっても、刑罰体系の中心だったのは確かである。反逆罪や殺人罪が死刑になったばかりではなく、他のさまざまな犯罪も死刑になった。しかも、死刑をもって罰しうる犯罪の種類が、この時代を通じて容赦なく増加した。増加は、ことに18世紀に著しい。1603年にジェームズ一世が即位したときには、50ばかりの罪が死刑該

---

[1] the bloody code

当だったが、ナポレオンが破れた1815年には、200以上に膨れ上がっていた。1シリング以上の財産を盗むこと、藁塚に放火すること、池の水門を壊して魚を逃がしてしまうこと、ウェストミンスター橋を汚すこと、ホップ農場でホップの支え綱を切ること——どれも、すくなくとも理論上は、絞首刑に該当したのである。デヴォン州だけでも、1598年1年間に死刑判決を受けた者は、74人に達した。毎年、何百人というイングランド人が、絞首台で一生を終えたのだった。

こんなふうに、近代以前の刑罰において、死刑は中心的位置を占めていた。だが、誇張に陥ってはいけない。死刑は、理論上そうあるべきほどに広く行われたわけでは、けっしてないからである。たとえばエリザベス朝のイングランドでは、巡回裁判所で重罪容疑で裁かれた者の4分の1ほどしか、最終的には絞首刑にならなかった。なぜなのか？理論と実際のズレをどう説明すればいいのだろうか？

前章で法執行の不斉一さを説明する際に指摘した要素のいくつかが、死刑判決の予想外の少なさを説明するのにも役立つ。だがあきらかに、もっと具体的な事情も働いていた。なかでも重要なひとつは、聖職者特別宥免措置[2]である。この慣行は、中世に、国王と教会の争いから、副産物として生じてきた。教会は、聖職者については俗界の裁判所ではなく自らの裁判所に独占的司法権があると主張したが、教会裁判所には死刑を課す権限がなかった。そして、聖職者[3]という言葉は、司教や教区牧師のみでなく、[「学識ある者」というその語源により]実質的には教会に関係するすべての下級役付きをも指したから、膨大な人々がこの対象となりえたのである。現実には、教育のあるほとんどの男子は、何らかの方法で、この言葉の意味範囲に入ることが出来た。じっさい、中世の末期には、文字を読める成人男子ならこの措置を要求できることが、習慣的に認められるようになっていた。告発を受けた者は、ただ聖書の一節を読めることを証明しさえすればよかったが、これとて、詩編51の冒頭節と相場が決まっていた。それが出来れば[つま

---

[2] **benefit of clergy** 『英米法辞典』には「聖職者の特権」として出るが、これでは使えないので、『マーヴェル書簡集』で用いた訳語をここでも採用する。

[3] clergy

り暗唱できれば]、聖職者特別宥免(ゆうめん)措置を受けれられるのである。これが実際に意味したのは、被告は死刑宣告の代わりに親指にM(「殺人(murder)」の頭文字)もしくはT(「泥棒(thief)」の頭文字)の文字を焼き付けれられて釈放されてしまう、ということである。処刑は、この者が重罪[4]もしくは重窃盗[5]で再び裁判を受けた場合にしか行われない。こんなことを可能にしていた虚構は、初犯の時には教会裁判所が聖職剥奪[6]を行ったのであり、したがって再犯以降なら俗界裁判所が通常の司法手続きで扱える、というものだった。

1500年以降、聖職者特別宥免(ゆうめん)措置には多くの修正が加えられる。そのさい厳しくなった面もあり、たとえば16世紀には多くの犯罪が、「聖職者特別宥免(ゆうめん)措置非該当」[7]とされた。強盗[8]、押込み[9]、強姦、謀殺[10]、魔術[11]、教会の馬の窃盗、教会からの窃盗などがそうである。18世紀になると、羊泥棒、航行可能な河川や埠頭での船舶からの窃盗、30シリング以上に該当する物品の窃盗、書簡の窃盗、その他が加わった。だが、以前より適用がゆるくなった面もあって、たとえば、エリザベスの治世までには、この措置を再犯者に適用することの禁止は、厳密には守られなくなっていた。1623年と1692年のふたつの法律で、適用対象に女性も含まれることになったし、1706年のある法律によって、識字審査すら廃止されてしまった。どういう手直しがされたにせよ、1500年から1800年の間に、重罪で告発された何千人もが、この措置によって絞首台を免れたという事実は、はっきりしている。

聖職者特別宥免(ゆうめん)措置は、たしかに、死刑執行の少なさのひとつの理由ではある。しかし、さまざまな他の要因も、過酷さを和らげるように働いていた。棄却されてしまう件もあったし、判事が軽い判決を下

---

[4] felony
[5] grand larceny
[6] defrocking
[7] unclergyable 『英米法辞典』には clergyable で載る。
[8] robbery
[9] burglary
[10] murder
[11] witchcraft

す場合もあった。恩赦[12]や執行停止[13]も珍しくなかった。執行停止は、ブラクストンの言葉を借りれば、「一定期間、刑の執行を差し控えること」だが、そのまま全面的な恩赦になることがよくあった。ハリソン博士が見つけだした、16世紀スタッフォードシャーのある件は、じっさいに事がどう展開したかを、めったにないほど明らかに教えてくれる。1576年のこと、ミッチェルとスネイプという地元民が、バートンの市で偽金を使おうとして逮捕された。彼らの家が捜索されて偽金作りの道具が見つかり、スネイプは自白した。二人とも次の巡回裁判で罪状認否を問われ、審理され、有罪と決定された。そしてどちらも死刑の判決を受けたが、スネイプの悔悛の深さに動かされた判事は、彼を執行停止処分とした。地元貴族の一人がスネイプの恩赦を女王に個人的に願い出、女王は、判事が同意するならという条件で許可したのである。判事は同意した。

　こういったことに加えて、陪審団の態度もある。彼らは、被告の罪を告発罪状よりも軽くしてしまうことがよくあった。ビーティー教授の計算では、サレーの陪審団は、1660年から1800年にかけて、聖職者特別宥免(ゆうめん)措置非該当の件の約4分の1について、罪状を軽減したという。古典的な手口のひとつは、重窃盗（1シリング以上に当たる財貨の窃盗）の軽窃盗（1シリングに達しない値の財貨の窃盗）への切り替えだが、それというのは、前者が死刑を求めるのに対して、後者はより軽い刑で済むからだった。手加減を加えるために、被告の犯した盗みの一部だけを取り上げることもあった。盗品の評価を故意に下げる方法も取られた。たとえば、エリナー・ヒューズは、2シリング6ペンス相当のベッドカバーとキャンヴァス地を盗んだかどで、1579年にシュルーズベリの四季裁判所で有罪となったが、有罪を決定した陪審団は、盗品の評価額を11.5ペンスに切り下げた。陪審団によるこうした評価切り下げは、明白露骨にすぎることもあった。たとえば、1751年のことだが、ロンドン近郊区のある陪審団は、27シリング6ペンス

---

[12]pardon
[13]reprieves

の盗みを、10ペンスと評価したのである！

　死刑を避けるためのもっとも興味深い手口のひとつは、いわゆる妊婦特別宥免措置[14]である。女性なら、罪のない子供を出産してしまうまで、死刑執行の延期を求めることが出来た。理論上は出産してしまえば死刑になるはずだが、資料が見いだせる限りでは、この延期はどうやら実質上恩赦に相当したらしく、ほとんどの場合、刑は執行されなかったようである。しかも、妊娠の申し立ては産婆が確認することになっていたものの、あきらかにこれも、ほとんど形だけだった。たとえばJ. S. コックバーンによれば、ロンドン近郊巡回裁判区で死刑判決を受けた女性の38％が、妊娠を申し立てている。この率は、人口統計学的にいえば、絶対にあり得ないとまでは言わないが、いくら人口拡大の時代でもありそうにないものである。

　だから、初期近代を通じて、絞首台を避けるためにじつに多彩な手口や口実が用いられたのだ。しかも、当局の後押しや協働のもとにこれが行われていた。背後にどういう究極的な事情があったのか、考えてみよう。聖職者特別宥免措置や妊婦特別宥免措置が、なぜあれほどまでに頻繁に行われたのか、そして陪審や判事はなぜ、死刑執行の回避手段を求めねばならなかったのか。

　その答えは、すべての件に常時死刑が厳格に適用されるべきだなどとは誰も考えていなかった、ということらしい。だから、殺人で有罪となった者の大半は絞首刑を執行されているが、財貨の窃盗が絡んでいる場合には、はなしが違ってくる。J. M. ビーティーは、18世紀のサザックとその近辺の犯罪を研究した結果、巡回裁判所の判事が殺人犯を執行停止にすることは滅多にないが、羊泥棒や馬泥棒なら4分の3近くについて恩赦を勧告しているのを明らかにした。こうした違いを生み出したのは、ほとんどの犯罪について死刑は抑止効果のために存在しているのだから、執行は教訓を大衆に徹底させるだけの数でよい、という考え方だった。抑止効果と死刑執行の関連がもっとも明瞭にうかがえ

---

[14] benefit of belly 『英米法辞典』に載らない。'benefit of clergy' に準じて訳しておく。

るのは、何らかの理由で犯罪が増加したときである。このとき、増加を防止するために、裁判所が認める処刑の割合も大きくなるのだった。たとえば、1748年の和平調印で除隊となった兵士が大量に労働者市場に流入し、失業率と財産侵犯件数が急上昇したとき、当局は、訴追と死刑を増やして対抗した。対照的に、1757年に国がふたたび戦争を始めたときには、失業率は低下し財産侵犯の件数も減少したので、処刑数も低下した。サレーの例は、全国にあてはまる。サレーでは、1749年から1756年にかけての平和な8年間には年平均で6.25人の処刑だったが、それに続いた戦争の7年間には、これが1.4人に減るのである。同じ時期、有罪とされた重罪犯人の処刑実施率は、約半分から4分の1以下に下がった。

　では、判事や陪審団が見せしめの処刑に選んだのは、どういう連中だったか? たんなる偶然まかせだったのだろうか? それとも、なにか特定の犯罪が標的になったのだろうか? 答えは、いちばん悔悛の情の薄い犯罪者が極刑に処せられやすかったらしい、ということである。たとえば犯罪組織の一員とか、自分のために証言してくれるような、地位も評判もある証人が見つからない、といった場合である。対照的に、人柄の評判が良い被告や情状酌量の余地があることを示せる被告は、恩赦か、より軽い刑を受けられた。この違いを生み出した考え方は、ロンドンに住んでいたアン・フリンの件に、窺(うかが)うことが出来る。彼女は1743年に羊の肩肉をホワイトチャペルの肉屋から盗み、肉屋から告訴された。裁判では、この盗みのとき、彼女の夫が病気で子供が飢えて、いたことが判明した。陪審団は、有罪決定を口ごもって伝えたがこれは、彼らが被告を、有罪ではあるが同情に値すると考えたことを示すのである。判事は、「紳士諸君、吾輩はちゃんと聞き届けた」と述べ、フリンに対して、1シリングという申し訳ばかりの罰金を言い渡した。しかも陪審団はただちに、この1シリングを肩代わりして支払う旨、申し出たのだった。

　当時の死刑については、もう一点、強調しておかねばならないことがある。それは、時代とともに趨勢が変化するということである。死

刑はつねに執行されたのではないばかりか、それ自体が衰退してゆく。16世紀の最後の10年間における重罪犯の死刑執行率は、エセックスで26％、ミドルセックスで19％、チェシャイアでは22％だった。18世紀の最初の10年になると、数字がまったく違う。ノーフォークとサフォークでは12パーセント、チェシャイアでは10％、デヴォンではわずか8％である。おおざっぱに言えば、処刑執行率は、4分の1から10分の1に落ちたことになる。

　こうした劇的な変化が起きた原因は、かならずしも明らかではないが、影響があったと思われる要素のひとつは、「啓蒙」[15]という言葉で表現するのが便利な、社会の意見動向の変化である。啓蒙主義は、他の何にもまして、より人間的な態度の普及、より非暴力的で開明的な振舞いの普及に、貢献した。自治体病院の設立や慈善学校の創設、未婚の母たちへのより理解ある対処、熊いじめや闘鶏といった暴力的娯楽への嫌悪、奴隷貿易への反感——こういったすべてが、新しい考え方の証拠なのだ。人間を絞首台に送り込むことへの嫌悪がますます強くなったのも、人道主義的態度が強まったことの反映である。けれども、死刑のこの減少傾向を促進した最大の変化は、疑いもなく、死刑以外の刑罰が利用できるようになったことである。次には、これについて見てみなければならない。

6.2　恥辱刑

　近代以前の時代には、裁判所は広範囲な恥辱刑[16]を利用できたものである。もっとも典型的なひとつは晒し台[17]だった。晒し台は、罰される者の頭と両手を木の板に挟み込み、立たせておく装置である。直接地面に設けられることもあったが、大きな町ではとくに、集まってきた群衆によく見えるように、一段高い台に設けられることが多かった。この刑は、たいてい真昼間、しかも市の開催日に行われた。その

---

[15] enlightment
[16] shaming punishments
[17] pillory

日なら、多くの者が犯罪者の恥辱を目にすると期待されたからである。一般的には、晒し台は、カード賭博のいかさまとか、不良品の販売とか、煽動的な言辞を弄したとかいった、ごく些細な罪に用いられたようだ。しかし、いっぽうでは、同性愛とか子供に性的行為を行ったかどで有罪とされた者に用いる慣わしもあったらしい。たとえば、1663年のことだが、「八歳の女児に対して汚らわしい行為に及ぼうとした、悪辣で重大な逸脱」について有罪となったある男が、サザックで晒し台にかけられている。こういう件の場合、結果は惨事になりかねなかった。激怒した群衆が、犯人への暴行に及ぶことがしばしばだったからである。晒し台にかけられた同性愛者や強姦犯人が投石で殺された例も、ないわけではない。

恥辱を与えるという意味では、1500年以降、裁判所が刑罰に用いたのは、晒し台だけではない。口さがないとされた女は、しばしば、「水責椅子」[18]にくくりつけられて、知人や友人が見ている前で、地元の川や池に浸けられた。足枷(かせ)[19]を申し渡される者もいた。この場合、人目にさらされる形で、足首を二枚の板の間に挟まれて長椅子に座らされたりもした。恥辱刑には荷馬車刑[20]というのもあり、とくに姦通[21]や娼館経営といった性的な犯罪の場合に用いられた。たとえば1759年、クラーケンウェルのシンジョン通のジョン・ベルマンは荷馬車に乗せられて地元の通りを引き回されたが、これは「いかがわしい連中[22]を自宅に寝泊まりさせた上」、そこで「いかがわしい女に子供を出産させた」からだった。ときには、ただ罪状を書いた紙を添えて、公共の場所に特定の時間帯に立つようにという命令が出されることもあった。1751年、サザックのセント・セイバー教区の仕事場から布を盗んだ女性の場合は、毎週一度1時間、1ヤードの布を持って、ひと月の間、この仕事場の空き地に立たされた。蕪を盗んだ別の女性は、ワンズワースの人目につく場所で一時間椅子の上に立っているように命令されて

---

[18]**ducking stool**
[19]stocks 『英米法辞典』に載らない。
[20]carting 『英米法辞典』に載らない。
[21]**adultery**
[22]lewd persons

刑罰　　　　　　　　　　　　　　131

Engraved for The Malefactor's Register

The Punishment formerly inflicted on those who **REFUSED PLEADING** *to an Indictment*

『悪人の報い』からの図[23]

いる。

---

[23] 有名な、「過酷な死 (peine forte et dure)」の図。この位置にあるのは奇妙だが、原典に従う。実際に言及されているのは、本書では 54 頁。

こうした刑はすべて、世俗の裁判所によって科されたのである。しかし、恥辱刑ならば、教会裁判所が専門だった。これらの裁判所は、本書で扱う時代の大部分にわたって、多くの分野で活発に活動していたが、神学関連の事柄ばかりでなく、飲酒癖や姦通といった道徳や家族の掟に関わる件にも、関与した。教会裁判所が課しうる最高の制裁は破門[24]だったが、これは、教会という同胞組織からの個人の追放である。

しかし、教会員に公開の懺悔（ざんげ）を求めることも、よくあった。この場合、罪を犯した者は、日曜日の礼拝の間、白衣に身を包み頭を垂れて会衆の面前に立たなければならない。罪状を書いたプラカードを持たされることもあった。また、聴衆に向かって慚愧（ざんき）の情を語らせられることもあった。どちらにせよ、恥辱の体験であったには違いない。

我々には、恥辱刑は奇妙に見えかねない。近代初期にそれがきわめて効果的だったのは、社会そのものの性格が違ったからなのだ。地域社会はもっと小さくて固定的だった。誰もが同じ価値観を抱いていた。こういうふうに人間関係が緊密だと、通りを引き回されたり教会で近所の衆の目に曝される辛さは、並大抵ではなかったのだ。なにしろ、その人々と毎日肩触れ合って生きているのだし、自分の生まれてからのことまで、知られているのである。

6.3 肉体的刑罰

チューダー朝からフランス革命まで、裁判所が科する刑罰の中では、鞭打ち[25]が重要な位置を占めていた。浮浪者に対してよく用いられたが、被害の評価額が1シリングに達しない小窃盗の場合にも、いろんな形態をとる余地はあったものの、標準的な罰だった。典型例を、シュルーズベリのセアラ・ブレインリーに見ることが出来る。1721年のことだが、彼女はウィリアム・ニコラスから鵞鳥を盗んだかどで有罪となった。裁判所は、彼女は「市の開催日である次の土曜日の12時から

---

[24]excommunication
[25]whipping

一時までの間、腰まで衣服を脱がされたうえで鞭打ち柱[26]につながれ、背中が血塗れになるまで鞭で打たれるべし」と命令を出したのである。

　実際の鞭打ちのやり方の詳細な記録は、きわめてまれである。たとえば、鞭打ちの回数がはっきりしていることは滅多にないし、どういう鞭を用いたかについても、事情は同様である。とはいえ、より人道的な風潮が育つ18世紀半ばまで鞭打ちが公開で行われたことは、分かっている。恥辱が苦痛に加えられたのである。そして公開の鞭打ちは、一カ所もしくは二カ所で行われるのが通例だった。執行は、「荷馬車尻で」、つまり受刑者の両手を荷馬車尻にくくりつけて、通りを引き回しながら鞭打ちを行う場合と、たいていは大通りか市場の真ん中に作ってあった地元の鞭打ち柱で行われる場合とがあった。また、裁判所は日時を厳密に指定するのが普通だった。通例としては、市の開催日のもっとも賑わっている時間帯ということになる。最後に、裁判所は原則として、男女にかかわらず受刑者の上半身を裸に剥いて鞭打ちを行うことと、背中に血が流れるべきことを、きつく申し渡した。

　17世紀後半以降、鞭打ちは一種の復活を見せる。これは、裁判所が重窃盗についてもますます頻繁に用いだしたからである。J. M. ビーティー教授は、サレーの巡回裁判所で1600年から1715年までに重窃盗で正式起訴された[27]男女から抽出した470人のうち、40％が鞭打ちに処せられていることを明らかにした。こうした変化は、陪審がますます審決を重窃盗から軽窃盗に切り下げる傾向から、生じたのである。18世紀の最後の3分の1にはさらに劇的な変化が起きた。突然かつ不可解にも、裁判所自らが、判決において重窃盗に鞭打ち刑を科し始めたのである。あきらかに、重窃盗を軽窃盗と見なすごとき虚構は、もはや必要なかったのだ。このように鞭打ちが死刑の代替刑のひとつとなったことが、死刑判決の減少に寄与するのである。しかしながら、より重要なのは、流刑[28]と収監刑[29]という異なる形態の刑罰の普及である。

---

[26] whipping post
[27] indicted
[28] transportation
[29] imprisonment 『英米法辞典』にいくつかこれ以外の訳語があげられているが、本書での用法の全てに該当する汎用性を確保するため、このように訳す。

6.4　流　刑

　有罪判決を受けた重罪犯人を西インド諸島と北アメリカの植民地に追放することは、17世紀にも、ことに1660年の王政復古以降行われることがあったが、さまざまな理由から、1670年代に衰退してしまう。ひとつには、これを仕事にする商人たちが、ますますえり好みするようになったためである。彼らは、強健で高く売れる者だけを運びたがり、気にくわない者を運ぶのをいやがるようになった。またヴァージニアなどの植民地は、イングランド社会の屑が自分たちの土地に溢れかえるのを心配したので、これも頭痛の種になり始めた。しかも、17世紀も末期のイングランドには、人口が不足しているのに身体強健な者を国外に出す余裕はない、という感情が広まっていた。それで、犯罪者の流刑にあらたに拍車がかかり、正規かつ通常の刑になったのは、流刑法が1718年に成立してからのことだったのである。

　1718年のその法律によって、裁判所は死刑非該当の重罪犯人（つまり、聖職者特別宥免措置を要求できる者）に7年の流刑を言い渡せることになった。また、死刑該当の重罪犯人（つまり、聖職者特別宥免措置を要求できない者）が王の恩赦を得た場合には、流刑14年を命じるようにもなった。かくてこの法律は、刑罰体系に根本的変化をもたらしたのである。問題を真剣に考える人々は、すでに久しく、聖職者特別宥免措置は寛容にすぎると非難していた。じっさい、大窃盗を犯しても聖職者特別宥免措置を受ければ指に焼き印を捺されるだけだから、小窃盗を犯して市日に近隣の衆の面前で鞭打ちに処せられるよりも罰が軽い、と指摘する声が多かった。そんなこんなで、1718年以降裁判所は、死刑非該当の重罪犯人を植民地送りに出来るという条項に、飛びついたのである。1719年にオールドベイリーで聖職者特別宥免措置該当の重罪で有罪となった27名の場合、そのうち25名が流刑となった。宥免措置を適用されたのは、2名に過ぎない。ところが、1663年から1715年までの52年の間に、サレーで財産侵害の死刑非該当重罪で有罪となった者の57.8%が、この宥免措置を受けている。1722年から

49 年までの 27 年間では、この割合は 8.7% に落ちる。流刑が古くからの聖職者特別宥免措置に終止符を打ったとまではいわないが、1718 年以降その適用が減ったのは、事実である。通例というよりも、例外になってしまったのだ。

　1718 年の法律が聖職者特別宥免措置を変質させたとすれば、それはまた、死刑そのものに対する態度も変化させたのである。恩赦を受けた重罪犯人が、無罪放免よりも通例として 14 年の流刑に処されるという事実によって、恩赦の数はひじょうに増加した。ここでも、サレーの資料は示唆に富む。1720 年代には、州において重罪犯で有罪とされた者の 78.9% が、実際に絞首刑になっていた。10 年後になると、この割合は 38.1% に落ちる。言い換えれば、恩赦の率が、21.1% から 61.9% に高まったのだ。こういう次第で、流刑の伸張は、死刑判決の減少を招いた決定的要因のひとつなのである。

6.5　収監刑

　伝統から言えば、負債という特殊な場合をのぞいて、収監[30]が刑罰の一形態として用いられることは、まれだった。牢屋は、裁判を待つ者を留置する場であり、有罪となった者が刑期を務める場ではなかったのだ。しかし、17 世紀半ば以降になると、微罪を犯した者たちがますます頻繁に、国中の種々の矯正院[31]での重労働に、一定期間つかされるようになっていった。矯正院が最初に出来たのはエリザベス朝のことで、身体強健なのに働こうとしない貧者を懲治するのを、目的としていた。しかし 1690 年代からは、密猟[32]、逃亡徒弟、小窃盗、詐欺や流言飛語[33]といった雑多な微罪の犯人たちが、治安判事に矯正院収容を言い渡され、浮浪者や怠惰な貧民たちとともに押し合いへし合いするよ

---

[30]imprisonment 『英米法辞典』は「拘禁」とするが、本書では曖昧になるきらいがあるので、この訳語に統一する。
[31]correction house 『英米法辞典』には **correctional institution** で載る。
[32]**poaching**
[33]seditious words 『英米法辞典』には **sedition** で載る。

うになる。さらに 1706 年以降になると、もっと重大な犯罪者までが、収監刑を言い渡されるようになった。この事態は、聖職者特別宥免措置の識字審査を廃止したその年の法律の、ある条項から生じた。その条項は、聖職者特別宥免措置を適用された犯罪者に矯正院で一定期間重労働させる権限を、巡回裁判所の判事に与えたのである。すくなくとも一部地域では、判事たちはこの新しい権限を広く行使した。ジョアナ・イニスの概算によると、たとえばデヴォンでは、巡回裁判所において 1707 年から 1710 年の間に重罪で告発された者のほとんど 4 分の 1 が、矯正院での重労働を言い渡されている。

18 世紀の残りの期間にも、軽微な罪人たちは、矯正院か州監獄での収監刑を科され続けた。1718 年に流刑法が成立して、この刑罰がますます一般的になると、重罪人の収監刑は稀になるようだが、1770 年代にはアメリカ植民地との悶着で流刑が困難になり、収監刑が永続的復活を遂げた。1786 年に、ニューサウスウェールズのボタニー湾に流刑人入植地が設立されたが、大勢にさしたる変化はなかった。結局 1800 年にいたって、格別に悪質な犯罪行為が伴わない限り、財産侵害では収監刑が基準的刑罰となったのである。このように収監刑[34]は、流刑と同様、死刑の代替措置として生まれたのだ。

6.6　罰金刑

罰金刑もまた、初期近代を通じて、主要な刑罰だった。自治都市裁判所、四季裁判所、治安判事小法廷、巡回裁判所、そしてどこよりも荘園裁判所において、お定まりとして罰金が課せられていた。おおむねは、小詐欺[35]、役人侮辱[36]、規制違反[37]、なかんずく暴行といった微罪に対する罰である。金額が定められていたものもあった。ジェームズ

---

[34] incarceration
[35] petty fraud とくにこういった罪状があったわけではないらしく、『英米法事典』にも載らない。
[36] contempting officials 同上。
[37] flauting regulations 同上。

一世の時に成立した法律では、たとえば、泥酔は5シリングの罰金である。場合次第という罰金もあるが、定額にせよ可変額にせよ、ほとんどの場合金額はきわめて少なく、数ペンスから数シリングだった。J. A. シャープは、エセックスの巡回裁判所と四季裁判所で1620年から1680年までに裁かれた暴行事件を分析して、罰金の額の判明している123件のうち81件は、1シリングから10シリングまでなのを示した。17世紀後半にサレーで開かれた93回の四季裁判所では、暴行罪に課されたもっとも多額の罰金は、2シリング6ペンスである。3分の1以上が、6ペンスと1シリングの間にあった。

　罰金額がこんなに低かった理由のひとつは、それが、賃金も財産も最低線にある庶民に課されたということである。地位が高ければ、男女を問わず罰金も高くなった。1687年、デヴォンシャー公爵ウィリアム・キャヴェンディッシュは、王の艀(はしけ)の上である男を殴りつけたために、3万ポンドという巨額の罰金を課された。しかし、もうひとつの理由は、罰金がかならずしも見かけ通りのものではなかったらしい、ということである。第二の例の罰金は、被告と訴追人の和解が成立した後に、その証しおよび象徴として、支払われたらしい。ロンドン市の法律顧問[38]は、低額の罰金と当事者間の事前の和解との関係を、1702年の「不法な身体的接触」[39]の件を論じながら、次のように述べている。彼が言うには、「こういう事例では、裁判所が罰金の額を定める以前に、被告が訴追人に対して、負傷とそれゆえの物いりに満足のゆく償いをしているのが普通である。この罰金の額は、もしも被告が裁判所の指示するとおりに訴追者に補償をしていないと、高額になるのが通例である」。ビーティー教授は、サレーの四季裁判所で17世紀後半に課された6ペンスとか1シリングといった罰金のほとんどは、この種の象徴的なものだったと信じている。

---

　[38]Recorder 『英米法辞典』に載るが、現代についての説明とそれに合わせた訳語しかない。現実には、市法人(corporation)にはつきものの、古くからある役職である。
　[39]assault and battery

6.7 刑罰の論理

　1500 年から 1800 年にかけての刑罰のパターンは、見てきたとおり、複雑である。しかしおそらく、一貫した主題といったものは存在する。初期近代の刑罰は、個々にはどれほど違っていても、おそらく、共通する目的があったのである。

　近代以前の刑罰の根本原理は、基本的に四重だったように思われる。初期近代の刑罰体系の中心的目的のひとつは、疑いもなく、抑止効果である。そのいちばん厳しいかたちが死刑なのだ。絞首刑は、ひそかにではなく、群衆の前で、いわば大舞台で上演された。罪人は、おののきの表情で道の両側を埋めつくす群衆の間を、荷馬車に乗せられて、儀式のごとくゆっくりと刑場へのパレードを行う。絞首台が立てられている台は群衆より抜きんでて高いので、死にゆく者の最後の演壇としてふさわしい。罪人は、牧師に付き添われて絞首台の前に跪き、縄の輪を首にかけられる。それから、はしごが蹴り外されるのである。落下の技術は 19 世紀になるまで用いられなかったから、首が折れない事態がしばしば起きた。すると受刑者は緩慢で苦しい窒息死を遂げることになるので、友人や親類縁者が飛び出して、彼あるいは彼女の脚にぶら下がったり胸を殴りつけることがよくあった。苦悶を早く終わらせようとするのである。こういった全体が見物に与える印象は、それが狙いでもあったのだが、強烈なものだった。ジョン・ウェズレーは、まだ幼い頃に母親に連れられて、罪の報いの見せしめとしてこうした処刑を見に行ったことを、回想している。その光景は、一生彼につきまとった。

　初期近代の刑罰の目的のひとつが抑止効果だったとすれば、報復[40]もまたそうである。当時の感じ方では、犯罪は罰せられるべきものであり、ひどい罪にはそれ相応の刑が行われて然るべきだった。こういった、報復主義と等価応報主義[41]がよく窺(うかが)われるのは、1500 年以降、さまざまな種類の死刑が行われていたという事実である。強姦や殺人と

---

[40] retribution
[41] proportionality

いった重大ではあるが単純な罪は、絞首刑で償われうると信じられていた。ところが、もし妻が夫を殺害すると、単純な殺害よりも重大だと見なされてしまう。初期近代には、妻は夫に従属するものと考えられていたから、夫に刃向かう妻は自然の秩序に逆っており、ひいては神が定めたもうた宇宙のありかたへの挑戦なのだ。結局のところ小反逆罪[42]に該当するので、夫殺しの女には絞首刑は十分な罰ではなく、生きたままの焚刑(ふんけい)となる。さらに重大な罪は、もちろん、完全な反逆罪である。この罪を負うことになった者は、吊されてから内蔵を抜き取られ、さらに体を四部に解体される定めだった。しかもその前には、一種の橇に乗せられて、通りを引き回される。彼は——というのもたいていは男だからだが——それから絞首台に吊され、息のあるうちに縄を切り落とされて、内蔵を抜かれ、切り刻まれるのである。

　初期近代の刑罰の目的の第三は、儀式的浄化である。社会の法と掟を犯すと、そのことで自らを共同体一般から切り離したものと見なされた。したがって、悪事を行った者が再び社会に受け入れられるためには、非道な行いを浄める必要があったのである。刑罰のこういった機能は、多くの恥辱刑に明らかに見て取れる。日曜日の朝に教会の会衆の前で、白衣をまとい悔悛の情もあらわに許しを乞いながらへりくだって立ちつくす姿が、その例である。有罪となった重罪犯や殺人犯は、処刑の前に悔悛の情を表すのが慣わしだが、これもまた、同様に再受容の機能を果たすのだ。シャープ博士は、1590年に若い重罪犯が引き起こした驚愕に注意を促しているが、彼は、処刑台に立ちながら、あらためて神の民に加えられることを拒んだのである。処刑に立ち会っていた高名なピューリタンのウィリアム・パーキンスは、この男を梯子から呼び下ろした。二人は並んで跪き、パーキンスの説得でこの若者が神に罪を赦されたと信じるにいたるまで、祈り続けたのだった。若者は、それから梯子を登りなおしたが、喜びの涙を流していたという。「あたかも彼は、それまで恐れていた地獄からほんとうに開放され、魂が天国に受け入れられようとしているかのようだった」。

---

[42] petty treason

抑止、報復、そして儀式的浄化。どれも、近代初期の刑罰体系に組み込まれていた要素である。だが、この時代の終わりまでには、第四の要素を、初期近代の刑罰の考え方にたしかに見ることができる。悪事を行った人間を更正させようという努力が、それである。18世紀に収監が刑罰の一形態として発達したのは、ひとつには、犯行者は監獄で自らの過ちを悟るだろうという信念のためだった。ヘンリー・フィールディングが、ミドルセックスに州の矯正院を設立して、微罪者は追放よりもそこに収監しようと1753年に提案したとき、彼の心には、更生と社会復帰という考えが、確固としてあった。そこで思い描かれていたのは、収監中に罪人たちが厳格な訓練を受けることである。彼の持論によれば、そういった訓練に不可欠なのは、一定の孤独な時間と、きちんと計画された仕事と、注意深くかつ要点を得た宗教的指導だった。彼の考えでは、好運に恵まれれば犯罪者は、心身ともに更生するのである。彼以前にも、1730年代にソロモン・エムリンが、重労働を伴う収監刑は、「抑止」[43]効果のみならず「更生」[44]効果ももつ、と主張していた。同様に、結局は廃案となったものの、1776年5月にウィリアム・エデンが矯正院の拡充を求めて下院に出した法案においては、そこでの辛い労働が、たんに抑止効果のみでなく、「多くの犯罪者を更生させる手段、また社会の有用な一員に変える手段でもある」とされていた。評価の高い1779年の監獄法[45]は、監獄をロンドン周辺に整備しようというものだが、囚人は各自の部屋に収容され、労働しつつ宗教的教育を受けることになっていた。更生しての社会復帰が目指されていたのである。屋内拘禁はたんに罰であるばかりでなく、それによって「個々人が再生し、労働の習慣を身につける」ことが望まれていた。肉体が罰を受けると同時に、魂も変わらねばならないのだった。

---

[43] deter
[44] reclaim
[45] Penitentiary Act

6.8　結論

　初期近代イングランドの刑罰体系は死刑を特徴としていたという見方は、すでに確認した通り、多くの点で誤解を生みやすい。3世紀あまりにわたって、多彩さこそが刑罰の支配的特徴だったのだ。じっさい、18世紀といえば「血の掟」[46]のことが語られるのと裏腹に、時がたつにつれ死刑は重要性を失ってゆく。その第一の理由は、死刑該当の件でもよほど重大残酷な罪でない限り、流刑や収監刑がますますその現実的な代替措置と見られるようになった、ということである。すべてひっくるめれば、1800年のイングランドは、1500年当時よりも近代的な国家だったと言えるだろう。もっとも、そうした見方にはたしかに真実が含まれているが、近代という概念の適用には、慎重でなくてはならない。ジョン・ハワードのような改革運動家から見れば、18世紀イングランドの刑罰の改善など、驚くほどのことではないのだから。また、流刑のような刑罰には、強力な伝統的要素もからんでいる。犯罪者を植民地に送り込むのは、新しい出発でもあるが、同時に、「追放」[47]という中世的概念の復活でもあるのだ。1800年のイングランドは、たしかに1500年当時のイングランドとは違う。しかし、現代のイングランドとも違っているのである。

---

[46] bloody code
[47] banishiment

第7章　社会＝政治的な犯罪

　前章では、チューダー朝およびスチュアート朝のイングランドで起きた犯罪の大部分が、喧嘩や小窃盗や酩酊といった些細なものだったのを見た。この傾向は、初期近代を通じて変わることがない。1763年にウィルトシャーの裁判所に持ち出された件を見れば、それが具体的に分かる。なにしろ盗品は、チーズやバターやパンなのだ。雌豚、「古毛布」、ナイフ、「5ペンス相当のシャツ」といった紛失物もある。最後の品を盗んだ女は、公開鞭打ちの後、重労働3ヶ月に処せられた。ウィルトシャーで1763年に扱われた平穏侵害罪の数々も、劣らずめざましい。典型的なのはジョン・ワトキンスなる煉瓦積み職人で、この男は、ある日地元のエールハウスで酩酊したあげく、隣人で仲間の建築職人トマス・ホプキンスを「ならず者、売女の息子」呼ばわりし、あまつさえ「該ホプキンスの鼻をつまんで引っぱった」という。じっさい、この当時の裁判所にもちだされた件の多くは、些細であるばかりか、被害者さえいない。溝の清掃を怠った農夫や、無許可でエールを売った主婦や、鵞鳥をつながずに［権利がないのに］入合い地に入れてしまった小屋住みが譴責(けんせき)を受ける[1]、という具合だ。1590年から1699年の間にエセックスのターリング教区で巡回裁判所と四季裁判所にもち出された件の、なんと3分の2が、こうした制度・規則関連の逸脱であって、対人犯罪ではないのである。
　かくして、初期近代においては些細な犯罪が中心を占めるのだが、時代が進むにつれ、はっきりと違った種類の犯罪が目立つようになる。すなわち社会の一部のみが犯罪と見なす行為であるが、たいていの場

---

[1] reprimanded

合この一部とは、宮廷で主流を占め議会も支配していた地主たちのことなのだ。社会の他の部分、ことに貧しい小屋住みや職人たちは、そんな法律違反など、まったく犯罪とは考えなかった。このようにふたつの社会集団が衝突しているので、歴史家たちはふつうこの種の犯罪を社会犯罪[2]と呼ぶ。だが本書では、社会＝政治的犯罪[3]と呼ぶことにしよう。というのは、この種の法律違反は、社会的利害対立を含むのみならず、政治的色彩も備えているからである。いわば法律への侮蔑を露わにしているのであって、その点で、政治的発言行為でもあるのだ。それは、特定の法律もしくは法律群を不合理・不正だと攻撃しているか、あるいは、支配者層の政策や行いを批判しているのである。

7.1　つねに犯罪とされてきた行為

　社会＝政治的犯罪の本質とは何だろうか？きわめて明瞭な範疇を三つ、あげることができる。まず第一に、この期間を通じてずっと非合法とされた行い。第二には、初期近代になってから犯罪とされるようになった行い。第三には、エリートたちの行為のうち、一般人が不道徳で自然の正義に反すると断罪するようになったもの。ここでとくに取り上げるのは第一の種類、つまり長きにわたって犯罪と見なされ続けたものだ。

　第一の範疇でもっともめざましいのは、密輸である。18世紀までには、密輸の占める割合はさまざまな分野で非常に高くなっていた。1745年に、自らも非合法輸入に手を染めていた茶商エイブラム・ウォルターが、この問題のために議会に設けられた調査委員会で語ったところでは、密輸を仕事にしている者が2万人ばかりもいた。この委員会で証言した他の者たちの見積りでも、茶だけで毎年100万ポンド相当以上が、非合法に輸入されていたのである。蒸留酒その他の品物についても、密輸は同様に広範に行われていた。

---

[2]social crime　森田清美他（編）『新社会学辞典』（有斐閣、1993年）に載らない。
[3]sociopolitical crime

非合法貿易というこの巨大な事業に従事していた者の多くは、あきらかに、たんなる犯罪者だった。密輸事業をうまく運営するには、相当の資本投下が必要となる。船を艤装し、倉庫を建て、5、60人から場合によっては100人ほどもの男たちを、荷の揚げ下ろしに雇わなくてはならないのである。この種の金を動かせる人間が、たんに政治的効果を狙っていたなどとは、考えにくいではないか。彼らは、自由の戦士というよりも、現今の麻薬王たちに近い存在だったのだ。とはいえ、密輸をしている隣人たちについての証言を拒んだり、みずからそれに関わったりした沿岸地域の町や村の一般人の多くには、政治的な動機づけがあったように思われる。ほんらいこういった一般人は、舶来品によろこんで高額の金を出すし、輸入の費用も負担するものだ。しかし彼らは、正当な[4]価格に政府が税金を上乗せしようとし、しかもその税が、よくあるように買うなといわんばかりの高率だったりすると、それは正しくないと感じたのである。だから、彼らの考えでは、密輸は犯罪などではなく、完全に正当な行為なのだった。

　こういう政治的色彩が察せられるのは、歳入官および当局への情報提供者に向けられた眼差しの厳しさからである。この敵意たるや、常識の程度をはるかに越えていた。南サセックスのギャングが1748年に起こした惨事は、密輸業者たちの憎悪の激しさを見せつけるものだ。彼らはウィリアム・ギャリーという歳入官と、彼らのことを当局に通報するところだと思われたダニエル・チャーターという男をとらえ、残虐に殺した。二人はまず鞭打たれたあと、馬の下腹にくくりつけられて引き回された。ギャングたちはギャリーを、おそらくは息のあるままに埋めたが、その前に、「鼻と性器を切り取り、一本残らず骨を折った」のだった。チャーターにもナイフで同様の切除を施したうえ、井戸に投げ込んで、石で殺した。

　もちろん、ある意味ではギャリー＝チャーター事件は異例である。ここまで極端な残虐さは、めったにあるものではない。しかし、事件を生んだいわば化膿性の憎しみ自体は、広範に抱かれていたものだ。同じ

---

[4] legitimate

年、リチャード・パトリックという税関の下級役人が、ケントで同様の事例を目撃している。ヘイスティングズで行われている数々の密輸について密告したハリスンという男が、ほとんど町全体の憤激を買ったのである。パトリックの報告では、「このとき住民たちは、およそ考えうる限りの激怒に陥りました」。そして続けて言うには、「心から思うのですが、あの町の者の10人中 8、9 は、ちょうど渇き飢えているときに飲み食いするごとく、ためらいもなくハリスンを殺したでありましょう」。

　とはいえ、歳入官や密告者への強烈な憎しみだけが、密輸に存在した政治的側面を示すのではない。当時の人々の発言にも、同様のことが聞きとれるのだ。たとえば、沿岸地域での密輸との戦いに生涯の相当部分を費やしたリッチモンド公は、密輸者の多くに社会＝政治的動機があることを、疑ってすらいなかった。彼が 1749 年にサー・セシル・ビショップに書き送ったところでは、「貴殿がよく言われていたことだし、私もまたそれは本当だと思うが、わが国の一般人には、密輸が罪だという意識自体がない」。また、ニューゲイト監獄付きの牧師ジョン・テイラーも、獄室で多くの密輸犯と話した経験から、同様の見解を抱くにいたった。彼は、こう断言する。「イングランドの大衆は一般に、密輸には罪になる点などないと合点している」。また、彼が信じるところでは、貧民は、自分たちには「物品にかかる税の支払を回避する権利がある」のだと感じているという。テイラーやリッチモンドのこうした見方は、西部地域の住人ジャーク・ラッテンベリの振舞いと見事に辻褄が合う。密輸したかどでエクゼターに収監されていたラッテンベリは、「ありとある犯罪者どもとじつに不愉快にもたち混じらねばならないことについて、不満を訴えた」のであり、そういう「犯罪者ども」の一部が看守を殴り倒して逃亡を試みたとき、収容されていた他の密輸犯と力を合わせ、脱獄を防いだのだった。ラッテンベリにとっては、密輸は立派な市民が従事する正当な事業だったのである。「犯罪」は、そうではなかった。

　初期近代を通じて、密輸は、社会＝政治的犯罪の重要な例である。し

かし、この意味では、密猟がさらに重要だ。密輸の場合、品物は内陸部にも流れるが、行為は主として沿岸域に限定されている。密猟は海に縛られないので、密猟者もその銃も、全国いたるところで見られた。また、かならずしも社会の貧しい層に限られてはいなかったので、重要性はひときわ大きい。自分の土地で野兎一羽とらえても、土地からの結構なあがりとなった。18世紀についてダグラス・ヘイが書いているところでは、「猟の獲物の基礎的価値は、自由土地保有権[5]の土地なら年間100ポンドに達したが、1750年の時点で見ると、これは賃金労働者の稼ぎの5倍から10倍に相当する。州の下院議員選挙での投票資格と比較すれば、15倍である」。ところが法律は、裕福な農夫にも小屋住みにも賃金労働者にも猟の獲物を追うことを禁じたので、その結果、これらの人々までも、密猟者の仲間入りをすることになったのだった。じっさい、密猟ときては、聖職者さえ潔白とは限らなかった。1754年のことだが、スタッフォードシャーのある助祭は、猟場管理人の家宅捜索を受けて、ポインター犬と銃と網を所持しているのを見つけられた。どれも違法なのである。

　密輸の場合と同様、密猟についても、まごうかたなき犯罪という事例があるのは明らかだ。流行の先端を行くロンドンの鳥肉店など、厳密に言えば販売自体が違法だが、猟鳥の市場になっていた。しゃれた宿屋も、野兎や雉や雷鳥を食卓に出したがった。鹿肉となると、言うまでもない。こんなわけで金になるので、職業的犯罪者が群がったのである。ストラッフォードシャーの賃金労働者ジョン・ライトウッドは、1764年だけでも80羽ちかい野兎を殺し、1羽あたり3ペンスでリッチフィールドで売りさばいた。こうした取引で、彼はおそらく、年間の労賃以上の額を稼いでいたのである。だが彼は、犯罪者集団とは無関係に単独で行動する、けちな犯罪者に過ぎない。

　ここでも、密輸の場合と同じく、密猟に関わった者のほとんどは、犯罪者とは違う種類の人間だったようだ。彼らにとっては、野生の生き物は神の恵みであり、自由に追ってよいものだった。狩猟関連の諸法

---

[5] freehold

律[6]は、したがって、自然の正義を侵害しあからさまに否定するものだと思われたのである。こういう観点からすると、ほとんどの密猟者が、密輸をする者たち同様に官憲を憎んでいたのは、興味深い。ことに私有地にいる猟場管理人[7]は、平均的な村人から深く嫌われ蔑まれていた。彼らは村八分にされ、ことあるごとに隣人たちの意地悪の的となった。避けがたい場合以外、誰も彼に話しかけようとしなかった。税関役人と同様の肉体的虐待に遭うことも、珍しくはなかったのである。1780年のことだが、たとえば、スタッフォードシャーの農夫が、猟場管理人に取り上げられた野兎をひったくり返し、それのみか、馬の鞭で打ち据えた。この農夫は、非道[8]と思われることを堪え忍ぶよりも、あえて重い罰金を課せられる危険を冒したのである。12年後、ルージリの農夫二人がパジット卿の猟場管理人の土地に入り、彼の馬を、頭部を撃って殺した。そのうえで彼らは、寝室の窓に銃口を向けて待ち受けたが、さいわいにも、おそらく猟場管理人は目を覚まさず、窓から覗いたりはしなかった。同様の出来事は何百でも羅列できるが、ようするにそれらは、密猟に携わっていた人間のほとんどにとって、それが犯罪などではなく、はるかな昔から伝わる奪われえない権利の行使だったことを、示しているのである。

　密輸と密猟は、第一の範疇の社会＝政治的犯罪の、ふたつの例である。だが、それだけではない。ジョン・スタイルズは、ヨークシャーの偽金作りが、同様の受け止められかたをしていたことを、示している。偽金が、卑金属ではなく本物のコインの縁を削り取って材料にしている限り、人々は、金作りを悪いことだとは考えなかった。結局のところ、値打ちは金の量にあるのであって、誰がそれを作ったかには関わらない。同様に、ほとんどの沿岸地域では難破物取得[9]、つまり浸水した船の荷の盗み取り[10]を、多くの者が正当な行為だと考えていた。たとえば、18世紀の初めのことだが、アングルシーの税関役人が、これ

---

[6] game laws
[7] gamekeeper
[8] tyranny
[9] wrecking
[10] purloining

をやっていた一団の人間を止めようとしたところ、彼は、自分たちにもあんた同様ここにいる権利がある、とにべもなく告げられた。コーンウォールの人々も、この時代を通じて、何であれ海から打ち上げられた物への権利を主張し続けた。アン女王の時代に東アングリアを訪れたダニエル・デフォーは、この行為が広く行われていることに、一驚している。グレートヤーマスからクローマーへと海岸沿いに旅をしていて、彼が言うには、「驚いたことに、ウィンタトンからずっと、農家であれ普通の田舎家であれ、納屋も小屋も厠も、それどころか畑や庭の柵から豚小屋や便所にいたるまで、船の古い舷側板や梁や腰外板や部材などでできていないものは、ない。これらは、船からの難破物取得、つまり船乗りや商人の財産のなれの果てなのである」。あきらかに、東海岸の村々全体が、というのは老若男女ということだが、何の疚しいところもないと信じて、この行為に従事していた。おそらく、これ以上言う必要はないだろう。近代初期を通じてある種の社会=政治的犯罪が存在したことは、十分に示したはずだ。

7.2 犯罪とされた慣習

　社会=政治的犯罪は、種類によっては、すでに1500年に例が見つかる。法律が厳しくなったり拡大されたりして、そこに繰り込まれる行為が増えてゆくのである。木材窃盗は、そうして新たに罪となった行為のひとつだった。近代初期の相当期間、王の森やその他の森から「折れ枝」[11]を集めるのは、慣習として広く行われていた。ハンプシャーのしきたりをチャールズ・ヴァンクーヴァーが語るところでは、「折れ枝」は、たんに落ちている枝ばかりではなく、「手で折れる枝、長い棒の先につけた鉤（かぎ）で折り取れる枝」も指すのだとか。そうして得た木は、主として燃料にされたらしいが、垣根作りや家屋の補修にも用いられたようである。この権利が文書化されて荘園に保管されている場合も多くあった。木の拾得は、でたらめではなく制度化された行為であり、多

---

[11] snappings

くの田舎の住人にとって、経済の必須部分を成していたのである。

　ところが、18世紀の初めからこの慣習への攻撃が激しくなり、規制する法律も増えてゆく。最終的には、1766年、R. W. ブッシャウェイの言葉を借りれば、「木の拾集にいかなる口実も与えないようにすることと、それを明確に犯罪とすることを狙った」法律が作られる。この法律によって、「意図的に、切り倒したり・切り取ったり・皮を剥いだり・燃やしたり・大枝を落としたり・頂部を刈り込んだり・小枝を刈ったり・あるいはその他の行為によって、森の木を醜くしたり傷つけたり伐採したり搬出したりしてはならない」ことになった。同じ内容の条項が、森の下生えの採取を禁じるために挿入された。この法律を後ろ盾にして、地主たちは木々の拾集の禁圧に乗り出し、ハンプシャーのアリス・ホルトの森やエリング荘園では、激しい争いが起きた。いつでも地主たちが勝ったというわけではない。ソールズベリの西にあるグロヴリーの森では、グレート・ウィシュフォードとバーフォー・セント・マーティンの村人たちが、自分たちの権利の正当性を明記した文書を盾にとって、木の拾集を止めさせようというペンブルック伯の動きを制するのに成功した。しかし、他のところでは田舎の人々はそれほど好運ではなく、法律の厳しい規制にますます従わされてゆく。これは、木材がことさらに貴重になった対フランス戦争の間じゅう、とくに顕著だった。18世末に人口が増加し、森を裸にするのに荷担する人間が増えたことも、地主たちをその方向に駆り立てた一因である。どの村でも、神を恐れ法律を遵守する男女が、はるかな昔から祖先たちがしてきたことをしたというだけで、略式裁判で有罪とされていった。結局、1800年時点では、木材窃盗は田舎でいちばんありふれた犯罪になっていたのである。

　森をめぐる権利は、貧しい農家と農村の賃金労働者には、ことに切実な関心事だった。しかし製造業で働く人々も、享受してきたある種の慣習への攻撃にさらされており、しかも攻撃は年ごとに激しさを加えていった。攻撃されたのは、仕事の後に残された廃棄物や余剰資材

を取得する慣習である。たとえば船大工は、木片[12]、つまり船を作るときにどうしても出てしまう半端材を、持ちかえっていた。仕立て屋は、客が注文した衣服を裁断し終えた布地の残りを、自分の物にした。多くの地域で、機織り職人は端糸[13]、つまり規定の長さの布を織りあげたあと織機に残された糸を、取得した。靴下編み職人[14]は編糸屑をまとめたし、木挽きは大鋸屑を袋に詰めて持ちかえった、という具合である。ほとんどの職人は、こうした役得を特別のものとは見ておらず、報酬の不可欠の一部だと考えていた。現物給与として、金銭による労賃を補っていたのである。1747年に、トマス・キャンベルが、とくに仕立屋の場合について述べている。

しかし、初期近代が進むにつれ、ますます多くの雇用主や製造業者が、この慣行の制限や廃止に乗り出した。たとえばエセックスでは、1757年と1758年に、機織り職人の端糸をめぐる長く激しい争いがあった。争いは1757年冬にコルチェスターで始まったが、たちまちブレインツリーやボッキング他の織物産地に波及したのである。結局職人たちは、長期にわたるストライキの果てに負けてしまい、端糸の権利を放棄せざるを得なくなった。といっても、親方たちは、いわば飴をしゃぶらせるために、失った分の補いとしていささかの金を提供したのだが。

時の経過とともに仕事上の役得が問題になっていった理由をめぐっては、議論がある。ジョン・ルールらの主張では、自立職人の減少と、それにともなう問屋制[15]の普及が関係しているのではないかという。いっぽうジョン・スタイルズは、初期近代に事業を定期的に襲った落ち込みが、より重要だとする。はっきりしているのは、多くの製造業者は、一部の雇い人や職人がこの慣習的権利を拡大解釈するのに危機感を抱いた、ということである。1762年のこと、ハンズロー・ヒースの火薬工場のある労働者が家宅捜索を受けると、釘が2ブッシェル、ランプ

---

[12] chips
[13] thrum
[14] frame-knitters
[15] putting-out system

用の油の瓶が70本、硝石が100袋以上、ほとんど荷車に一杯の付け木が見つかった。しかも、現金100ポンドに加えて、大量の蝋燭と厚板も隠されていたのである。火薬工場では、労働者が収入の補いに販売用の付け木を作ることは、権利とされていた。厚板の木っ端を細かく裂いて、本来は火薬製造用の硫黄の融解液に浸すのである。このハンズロー・ヒースをめぐる下院の審議は、一部の雇われ人が慣習を拡大解釈しがちだったことを示唆している。

雇用主の態度が硬化した理由がほんとうは何であったにせよ、産業労働者が端材に対してもっていた伝統的権利が危うくなっていったという事実は残る。木の拾集の場合と同様、現物給与の権利は、法律的攻撃にさらされたのである。すなわち、慣習が犯罪化されたのだ。

7.3 抗議

ここまで考察してきたのは、一般人が権利と考えても裁判所や議会は不法で認めがたいとした、もしくはそう見なすようになった、慣習だった。くわえてもうひとつ、別の種類の社会＝政治的犯罪がある。法律違反が一般の肯定や支持を得るのは、その犯行自体の性質によるのではなく、それが抗議と解される状況で起きるときなのだ。たとえば、一般人のほとんどは、暴行・暴力的脅し・家畜殺害・放火・垣根や柵の破壊・侵入といったことを、通常の状況下では、容認できる行為とは考えない。ところが、そういった行為に共感が集まる状況が、いくらかはある。

囲い込み[16]が、しばしばそういう状況を作り出した。「囲い込み」が意味したのは、イングランドの村落の周りの広大な入り会い地や未開地が、個人的に耕作され管理される多くの小さい囲い込み地に変わるということである。これは初期近代を通じて進行する動きであり、多くの教区では、とくに反対も悪感情もなしに完成されている。しかし、ときには紛争が起きた。たとえば、小屋住みたちが、入り会い地で薪

---

[16] enclosure

社会＝政治的な犯罪

を拾ったり家畜に餌を食べさせる権利を正当な補償もなく奪われたと感じると、強硬に反対することがあった。また、15世紀と16世紀初めに多い事例だが、囲い込みは、畑作地から放牧地への転換を伴うことがあった。家畜の飼育は作物栽培よりも労働集約性が低いので、労働者市場の縮小が起こりかねず、村人が私的制裁に走ることがあった。もうひとつ、緊張の主因となりかねなかったのは、囲い込みで土地が生産の場から狩猟の場に変わることである。こういう場合は、普段は法律を守っている人々までが、しばしば、熱に浮かされたように暴力と破壊に加わったのである。たとえば1607年、ミッドランド各地で大規模な騒乱が起き、新しい囲いや垣根を破壊した。破壊行為は1630年にも再燃し、このときはカンタベリー大主教が、囲い込み行った地主の一人ブラドネル卿を非難した。理由は、入り会い地を羊の放牧地に変えれば「羊と犬で人間を食いつくす」から、というのである。

　囲い込み暴動にきわめて近いのが、農業改良をめぐる対立である。所有者が土地改良を決意すると、地元民にはありがたくない経済的影響が懸念されることもありえた。こういう場合、生活を脅かされる農民や小屋住みが抗議に立ちあがることが、しばしばあった。たとえば、1620年代からベッドフォード公爵らの大物たちが、イングランド東部沼沢地帯[17]の広大な地域を干拓して、地域の農業生産を増大させようとしたが、これはリンカーンシャー各地に広範な不満を引き起こした。沼沢という環境の動植物に依存していた村人たち——魚や野鳥を捕獲し、夏期には葦を飼料とする——の、憤激を買ったのである。日頃はきわめて従順で理性的な彼らが、徒党を組んで排水施設を破壊し、家屋や水車小屋や納屋を打ち壊した。同様の場面は、アクスブリッジ伯爵がキャノックチェースの兎の飼育場を拡大しようとしたときにも、繰り返された。自分たちの羊に必要な草が兎に食べ尽くされると恐れた200人の男たちが、鍬や棍棒を手にして近隣の教区から集まり、飼育場の破壊を決意して行進した。作業する人々の日々の食糧として、農夫の一人チャールズ・マーシャルは自分の雄牛1頭を殺し、他の農夫たちも、

---

[17] the Fens

パンとチーズ持参だった。彼らが満足してひきあげたのは、2週間ほどの作業で飼育場が元の大きさに戻されてからのことだったのである。

　抗議や混乱の引き金になり得たもうひとつの状況は、物価高騰だった。収穫が思わしくないなどの理由で食糧価格が上昇すると、人々はしばしば、直接行動で事態をただそうと決心し、群れて路上に繰り出した。この運動の目的のひとつに、地元からの穀物搬出の防止が含まれるのは、珍しいことではなかった。たとえば1762年のこと、ニューキャッスル＝アンダー＝ライムの住人たちが、食糧が北のチェスターとリヴァプールに搬送されるという噂を聞きつけて、町から出る道路を封鎖した。テュークスベリでは1795年に、女たちの群れがバーミンガム行きの複数の艀（はしけ）の荷を勝手に降ろし、バーフォードでは、同じ方向に向かう複数の荷車に積んであった食糧の袋が、降ろされてしまった。その5年後、今度はウォルヴァハンプトン近くで、運河を塞いで小麦の搬出を止めるために、石炭を積んだ船が沈められた。穀物の海外移送となると、地域間の移送よりもいっそう反対が激しい。プリマス、サザンプトン、リヴァプールといった港は、食糧暴動の群衆に狙われることがしばしばだった。1740年には、女たちの一団が「荒れ狂って決起し、食糧の袋を破って、農夫たちが船積みのために港に運んであった穀物を持ち去った」のである。

　しかし、こうした類の阻止行動は、食糧価格高騰への反応のひとつにすぎない。粉屋とか商人といった中間搾取者たちが、物資退蔵や不正な稼ぎの嫌疑をかけられることもあった。1766年に起きた典型的な例では、激昂したノリッジの群衆が水車小屋を壊し、そこにあった小麦粉を川に投げ入れて、帳簿まで持ち去った。しかし、こうした個人や財産の攻撃よりも頻繁だったのは、じつは、価格設定をめぐる暴動である。群衆は、高騰した価格ではなく自分たちが正当と考える価格で販売されるように、介入を試みたのだ。この試みの一形態として、農夫や商人に価格を下げるよう求め、拒まれればそれを差し押さえて、自分たちが正当と考える価格で小売りする、といったやりかたもあった。1742年のこと、コーンウォールの錫（すず）職人たちが、押収物を入れ

る袋まで持参して田舎へと繰り出した。彼らは、納屋や地下室やモルト小屋などを狙って穀物を略奪し、町へ帰ると、1袋あたり1シリングで販売した。これは、時価をはるかに下回る価格である。こういう場合、売上は厳格に管理され、最終的には穀物の所有者に戻されるのが普通だった。

　囲い込みも農業改良も穀物の不足も、地域的な抗議や非合法行為の原因となることがあった。しかしながら、それらのみが初期近代の重要な争点だったのではない。不人気な税も、ペテンや強引な手段による兵士の徴募も、同様の反応を引き起こすことがあった。また、17世紀の末からは、有料道路[18]暴動がありふれたものになる。これはたいてい、道路を封鎖して料金を取る柵を引き倒すかたちをとった。人々は、有料道路が地元に入る食糧の価格を上げるのではないかと恐れたのである。また、舗装状態の良い道は食糧など必須物資の地元からの流出を誘うのでは、という不安も広く抱かれた。しかし、抗議の理由が何であれ、地方の人々の反応は、いつもきわめて似かよっている。彼らは、自分たちが信じていることを守るのに必要だと思えば、違法行為であっても、すすんで行ったのである。そういう状況のもとでは、他の場合なら犯罪行為とされる行いでも、まったくそうは考えられなかった。

7.4　抗議の心理

　すでに見たように、初期近代のイングランドには、きわめて多様な社会＝政治的犯罪があり、どの違法行為も、支配エリート層の行いや政策への、暗黙の批判を含んでいたのである。だが興味深いことに、反抗に立ち上がった人々――「政治参加できない国民層」[19]と呼べるだろうが――には、それ以上の大それたことをやる心づもりなどなかった。必要があれば、いつ何時でも特定の問題をめぐって支配層を批判したも

---

[18]turnpike
[19]sub-political nation

のの、それが限界だった。政治体制そのものが変わるべきだとか、一般の男—ましてや女—にも選挙権を与えて、統治機構に正式に意見を反映させるべきだといった提案は、まず聞かれない。それどころか、社会=政治的犯罪を犯した人々は、国制への忠誠心を強く表現する手段として、違法行為に訴えたのである。

　騒動の張本人たちが革命指向と見られたがらなかったことは、社会=政治的犯罪の多くが備えていた特別な儀式的要素が、端的に示している。1753年の冬にキャノックチェースの一般人がアクスブリッジの兎飼育場を襲ったとき、彼らは自らを竜騎兵と呼び、厳格な隊列を組んで行進した。喇叭手がホルンを吹き鳴らし、帽子をひとつ、軍旗として棒の先に掲げていたし、箒（ほうき）と燈芯草の記章[20]までつけていたのである。1607年にミッドランドで起きた囲い込み暴動の指導者も、みずから密猟隊長[21]と名乗り、参加者は鳥の羽などを部隊章として飾っていた。1755年、ボストン近くの西部沼沢地に200人もの人々が「太鼓を叩き軍旗をなびかせて」集まり、近くの排水設備を破壊しようとした。これらの抗議者たちは、軍隊のように振る舞うことで、自分たちが法もわきまえぬ烏合の衆ではなく規律正しく忠誠な市民であること、ただ悪を正すのが目的であることを、示そうとしたのである。階層や秩序の転覆を企図したわけではないのだ。

　だから一般大衆の反抗行為は、穏健で抑制のきいたものだった。原因のひとつは、疑いもなく、初期近代のイングランドで主流だった思想である。ほとんどの人々は、神は階層秩序に則って世界を創ったと信じていたが、そういう見方だと、各人は人生でそれぞれの目的を果たすべく神に選ばれた、ということになる。木挽きや水汲みになる定めの者もいれば、支配者になるべく定められた者もいる。アイザック・ウォッツ師は、1728年に出版した『慈善学校推進のための随筆集』の中で、そういう考え方を簡潔に示している。

---

[20] broom and rush 「悪を掃き出す」と「突撃」にかけたのだと思われる。
[21] captain Pouch

偉大なる神は賢明にも、時代を超越した神慮において、人間には富める者と貧しき者があるように定めおかれた。この同じ神慮はまた、貧しき者には卑しき仕事、富める者には品高く名誉ある仕事を、与えたのである。現在の自然界と人間界のありようからして、物事のこうした仕組みを変えるのは不可能であるし、我々もまた、そのように道理を外れた試みを意図するものではない。

こうした階層秩序的な見方は、学校で教えられ、説教壇から説かれ、毎日の生活の中でも表現された。かくも強力で浸食力のある思想にことあるごとにさらされていては、男であれ女であれ、普通選挙権だの国民議会といったような観点から物事を考えるのは、きわめて困難だったに違いないのである。

一般の人々の政治的視野がきわめて狭かった第二の理由は、初期近代の権力分布に関係している。町や田舎の一般住民は、いささかであれ対等に支配層に挑戦しようにも、それに必要な心理装置をもちあわせなかった。なにしろ1750年代にいたってさえ、キールの村の教会で結婚する花婿の半ばが、自分の名前さえ書けないほどの文盲だったのである。花嫁にいたっては、7人に1人も、これができない。しかも、郷紳他の社会的指導者たちの権力は、同時代人にはほとんど無際限と見えたに違いないのだ。彼らは、判事や議員として巨大な政治的権威を行使していたし、雇用主や地主として、経済も支配していた。その現実的意味あいは、1754年にキャノックチェースの兎飼育場を破壊されたアクスブリッジ伯爵の、その後の行動を見れば分かる。彼は、犯人たちを裁判で容赦なく追いつめたばかりでなく、できるだけ多くの者を小屋から追い出す手段を講じた。一斉追い立ては、収穫の終わらない7月に始められたが、これは、村人たちへの懲罰を、領地管理人の言葉を借りれば、「犯した罪にふさわしいものにするため」だったのである。災難にあった人々の中には郷士のウォルター・エリオッツもいたが、これは彼の母親が、人々のために法廷で証言したからなのだ。かくも恐ろしい力に直面しては、一般の人々が限られた政治的目標しか

抱きえなかったのは、無理もないのである。

　階層秩序的世界観と、社会における権力分布の不均衡。これらだけでも、初期近代の一般大衆の政治的野心がつつましいものだったことは、かなり納得がゆく。しかも、第三の事情があるのだ。それは、社会＝政治的犯罪に走る者たちの不安や関心事を、支配層は無視していなかった、ということである。それどころか、あらゆる証拠から判断すると、アクスブリッジ伯爵のような例もあるとはいえ、エリートたちは、怨磋（えんさ）の叫びに注意深く耳を傾けたようだ。その証拠のひとつに、他の種類の犯罪者と比較した場合の罰の軽さがあげられる。といっても密猟犯と密輸犯は原則としてほとんど容赦されないが、それ以外は、話が違う。違反者の多くは拘束されず、裁判所に引き出された者も、厳しい扱いは受けなかった。スタッフォードシャーの四季裁判所で1733年から1743年の間に食糧暴動で告発された12人のうち、2人は放免され、5人は罰金刑となり、一人が鞭打ちで済まされ、収監刑を科されたのは4人だけだった。しかもこの4人はすべて、食料暴動のみならず窃盗の容疑もかけられていた。この期間に告発された女性10人のうち、拘束された者はひとりもいない。つまり、男女を問わず、死刑判決はなかったのである。

　刑罰の軽さよりさらに多くを物語るのは、事態改善のための当局の努力である。1607年にミッドランドで起きた反囲い込み暴動に政府がとった対応策は、暴徒の主張を検討する委員会を派遣することだった。委員会は彼らの主張の正しさを広範に認め、結果として、リンカーン伯を含む強力な地主たちが、譴責（けんせき）を受け罰金を科された。1620年代からの沼沢地帯の騒擾（そうじょう）は、多くの干拓計画の放棄という結果を生み、17世紀末には、朽ち果てた水門や錆びた機器がそこいらじゅうに見られた。1741年、スタッフォードで大規模な食糧暴動が起きた後、チードル地域の紳士の一団が貧民のための募金を始め、月曜日ごとに貧窮者に安価に食料を供給することで合意した。対象になった人々は、オートミール1ペックあたり6ペンス（オート麦のパンはこの地方の主食だった）を請求されたが、これは市場価格よりまるまる6ペンス低かった

のである。15年後にふたたび食料価格高騰があったとき、リヴァプールの市法人[22]は2千ポンドを借り入れ、穀物を購入して、貧しい人々に原価で割り当て販売した。不況だった1795年、ノリッジの長老たちは地元の全ての粉屋に呼びかけて、小麦や小麦粉を国外に出さないことに同意させた。

　繰り返しになるが、だからエリートたちは、社会＝政治的逸脱を犯した者たちに、共感と理解をもって耳を傾けていたのだ。そのため一般大衆には、政治体制の急激な変化を望む理由など、存在しなかった。彼らの要求は、とにもかくにも、届いたのだ。声は聞かれたのである。

7.5　結　論

　小規模で日常的な違法行為は、産業革命前の時代を通じて、裁判所に溢れ続けた。しかしながら、より目立つようになったのは、社会＝政治的犯罪という、別の種類の違法行為だった。この社会＝政治的犯罪の多様性は相当のものだが、おおまかに三つの範疇に分けることが出来る。ひとつは、最初から当局に犯罪と見なされていた行為。ふたつ目は、時代の進行とともに犯罪と見なされて行く行為。最後に、権力者の行いのうち、一般大衆男女がそれは人の道に反していて受け入れがたい、と感じたものがくる。結果がどうなろうとこれに反対し抗議しようという彼らの決意には、強固なものがあった。

　人々は、見てきたようなさまざまなやり方で抗議に立ち上がる心構えはあったが、一般的な幻滅という点では、きわめて限られた範囲にとどまっていた。初期近代の男女は、革命家を作る素材としてはいわば組成不適なのだ。抑圧的なイデオロギーと権力分布の不均衡を知れば、彼らの沈黙も理解しやすくなるが、それと同様に重要なのは、社会＝政治的犯罪が他の犯罪とは異なる扱いを受けていたという事実である。当局は、そこにある批判に耳を傾けたし、驚くべき分別をもって対応することも珍しくなかった。歴史家のあいだではいまだに、一

---

[22] corporation

般大衆がはじめて自らの声をあげるのは産業革命勃興期であり、19世紀および20世紀まで民主主義は根付かないというのが、通説である。だが、初期近代の社会＝政治的犯罪の実態は、そうした見方にいささか変更を迫るものだ。一般大衆は、すでに1500年から政治的発言を行っており、イングランドの政治にはその当時から、民主主義的要素が存在したのである。

第II部

産業革命後のイングランドにおける犯罪と警察と刑罰 1800年〜1875年

第8章　社会の秩序づけ

8.1　公的でない規制

　A. J. テイラーは、第一次世界大戦が市民社会を巻き込んだ衝撃の結果、「国家の歴史とイングランドの人々の歴史が、はじめてひとつに混じり合った」という。言い換えればそのときまで、国家の歴史とブリテン島の人々の歴史は、世界を異にしていたのだ。本章では19世紀初めの社会秩序を取り上げるが、その説明をどう行うにせよ、法制とそれを管掌する役人たちの業務行為だけを研究して事足れりとするわけには、もはや参らない。我々はその枠を乗り越えて、全能国家出現以前の社会において人々の振舞いを規制していた、考え方や習慣や野心などの定義しにくい力を理解するという複雑微妙な課題に、取り組まねばならないのである。W. L. バーンは、当時の社会を、次のように表現している。

> ［まだ国家が全能ではなかった頃のイングランド社会では、］社会の規律と進歩を遠く広く説き歩く宣教師の役割をはたしていたのは、第一に、男女の個人たちだった。彼らを動機づけていたのは、この世では自分の境遇を改善したい、来世では自分が栄冠を獲得したいという欲望である。その次に、強力かつ自発的な組織である各種宗教団体・博愛組織・学校・大学・病院といった無数の団体があった。これらが人々に、何かを為せだのそれ以外のことはするなだのと、説いていた。国家は第三番目である。もっとも、普通はこの順番でも、変化は可能だったし、時と場合によって

は、国家が第一になりもした。

かくして、通常であれば社会は、仲間や神に顔向けできないことはしたくないという個人的な動機と、家族や工場や教会会衆や荘園社会といった集団が発揮する［公権力によらない］規制力のおかげで、基本的には秩序が保たれていたのだ。といってもおおむねは教区内の世界のことだが、そうした閉鎖社会にあっては、私的なレベルの規制——人に知られているとか、まっとうな人間だという評判とか、依存関係とか、宗教とか、仕事や遊びとか——が、ほとんどの場合、まずは有効に機能していた。王国中の労働者の家庭が、唯一の公的貧民救済制度である労役所[1]を嫌悪と不安の目で見ていたので、なおさらである。だから、公的規制がなくても、社会は危険なほどの無秩序に陥りはしなかった。法的規制がほとんどなくても、［公権力によらない］社会的規制はしっかりと根付いていて、尊重もされていたのである。地主らしい振舞い、雇用者と被雇用者の関係、小屋住みを拘束する契約、さまざまな形態の庇護・後見関係などはすべて、日々の生活を織りなす素材だった。

> 週あたり15シリング稼ぐ労働者がいて、彼の妻は、ご大家の針仕事を家計の足しにしつつ、娘たちもそこに奉公させようと画策しているとしよう。このご大家の家風に、彼が異議を唱えたがるだろうか。その家が、国教会・性的節操・真面目さ・清潔さ・勤勉さを大事にしているなら、困ったときに助けてもらいたい彼としては、性的節操を守り真面目で清潔で勤勉な国教徒でいること、あるいはその外見を繕うことは、自分のためになるのである。(W. L. バーン)

しかも、産業が成長してくるにつれ、大規模製造業者は、労働者への影響力を用いて大荘園的な全体主義を目指しがちだった。従業員長屋や郊外産業地を建設したのは、そのあらわれである。同様に、徒弟奉公の契約にも、被雇用者の仕事時間ばかりか余暇活動や家庭生活さえ支配しようという、親方の意志が窺（うかが）われるようになってくる。ジョ

---

[1] workhouse

サイア・ウェッジウッドが弟にさせた徒弟契約には、次のような箇条がある。「カードや賽子の賭博など、違法なる遊びは一切せざること。飲食店やエールハウスに入り浸らざること。姦淫せざること、婚姻の約束をなさざること」。この類の規制はずっと続いた。19世紀の専門職集団は、公社会への一定水準の奉仕を保証するものだったが、同時に、構成員の生活も規制した。新設の工場や郵便局や大規模な鉄道会社といった新しい組織は、時間厳守や規則性や注意義務などを要求したから、そこへの就職は、すでに存在する時代の傾向に加えて、さらなる規制圧力を甘受することにほかならなかった。

8.2　社会内規制

　もしも博愛団体の愛他主義を信じず、人道主義者たちの人道主義を疑い、牧師や社会福祉活動家や教育家を「裸足の警察官」（ドナイグロツキの言葉）にすぎないと見なすならば、社会内規制[2]の概念の中身は、たんなる露骨な対象操作にすぎなくなる。だが、制度や個人が社会内規制を行う場合があると示唆したからといって、そこに別種の関係が存在する余地まで否定するわけではないから、そうした見方には無理がある。ドナイグロツキもそのあたりをついて、「親は子供を規制するし、その逆も言える。けれども、それが家庭生活の真実かつ唯一の意味などと主張する者は、よほど人生に幻滅したのにちがいない」と言うのである。もっとも、この規制はじつのところ、たいへん強力ではあった。W. E. ホートンの言葉を借りるなら（無理からぬ誇張はあるが）、「ヴィクトリア朝の青少年は皆、『愛おしくも善良なる汝の母を思え。恥じねばならんことなど、行うな・考えるな・想像もするな』という父親の声が良心に響きわたるのを、聞いていた」のである。子供が親に抱く畏敬の念が、とくに中産階級内部では「道徳的検閲と

---

　[2] social control 意味されているのは、国家など公権力の介入によらず社会秩序の維持に貢献している力、およびその働きのことである。この場に限っては、ほんとうは「社会による自己規制」とでも叙述的に訳しておくのが分かりやすいだろうが、一貫して同じ訳語を使うために、「社会内規制」とした。

規制」の役割を果たしていた。この「社会内規制」という言葉を、階級を越えて道徳的規制が行われる場合専用としたい F. M. L. トンプスンは、ひとつの階級内ならば「社会内規制」よりも「社会化」[3]のほうが表現として適切ではないかと言うのだが、現実にはこのふたつの表現は、入れ替え可能なようである。

　当然といえば当然ながら、警察官的な役割をもっとも効果的に果たせるのは、宗教である。なにしろ宗教は、行為ばかりか動機までも裁くし、この世で罰を逃れても、追求は死後の世界まで続く。しかも制裁は一時的でなく永劫だ。だが、こうした効果も、教会が人心を得ている限りで発揮されるにすぎない。だからこそ、中部と北部の新産業地帯で教会出席率が低いことが1851年の宗教世論調査で明らかになると、国教会のみならず一般社会までが、不安を覚えたのである。1818年、議会はそれらの地域に新しく教会を建てるために50万ポンドを支出するが、その理由は、大衆のこのような国教会離れだった。6年後、さらに50万ポンドが支出される。公式にはナポレオンの脅威から解放されたことへの感謝のためだったが、革命の破壊的影響が侵入しないようにという保険料でもあることは、当時から認識されていた。

　上品さ・礼儀正しさ・体面・遵法性——これらすべてが、上昇指向の強い中産階級の振舞いを決定した。19世紀半ばにあっては、「誰もが、意地悪で恐ろしい検閲の目に見張られているかのように生きている」とはミルの言葉だが、これに関連してホートンは、「適切な振舞いとは、立派な社会に入ろうとする者が『したいと望んでいる』ことや、現にそこに属する者が習慣で『している』ことだけを指すのではない。それはまた、社会的汚名を着たくなければ『せざるをえない』ことでもあるのだ」と論じている。この遍在する検閲の視線は、たとえばディケンズの『荒涼館』[4]におけるように、一人ひとりを詮索していた。ひどい偽善が生まれるのは避けがたいが、世間体の維持[5]にも、すべての階級の人間にあまねく有用な面がないではない。たとえば、飲酒が蔓

---

[3] socialization
[4] *Bleak House*
[5] respectability

社会の秩序づけ 167

延した社会では、妻は呑んだくれの亭主が素面でいてくれることを切望するだろうが、彼が［世間体を気にして］素面でいることは、彼の雇い主の利益にもなるし、地域社会の平和にも望ましいのである。

　というわけだから歴史家は、中産階級が社会内規制を一方的に作り労働者階級はそれを一方的に受け取った、と安易に決め込んではならないのだ。それでは、「あたかも下位階級はブルジョワという悪賢い親方の手の内のパテのよう」（F. L. M. トンプスン）になる。一部の歴史家は、社会内規制の理論に入れあげるあまり、労働者階級が新しい資本主義社会に対応して作りあげた価値観や慣習を、十分に評価していない。たとえば自助努力[6]は、中産階級の大いなる美徳として聖化されるはるか以前から、労働階級がみずからの安全を確保し向上する手段だった。これは、ずいぶん古くから言われていたことだ。また、教育の基盤は国教会であるべきだとする国民協会[7]と、信仰による仕分け審査を廃止した英国内外学校協会[8]というふたつの巨大民間団体が提供した「上からの教育」が、推進者たちがもくろんだほどに社会内規制の力になったかどうかも、疑問視されている。労働者階級は、自分たちの利益にかなう限りでそれを利用して字を学んだりしたが、中産階級の教育者たちがそこにこめていた道徳的意図など、さして気にかけなかったのだ。大衆娯楽としてのフットボールにしても、一部の社会改革家はそれを社会内規制の道具のひとつと見たが、労働者は自分たちが参加できるスポーツとして外形だけ受け入れた、という説もある。彼らはその外形を、精力的で多彩で自由な自前の内容で満たし、競技者よりも観客に力点を置き換えて、そもそもの意図とは非常に違うものに変えた、というのである。

---

[6] self-help
[7] National Society
[8] British and Foreign School Society

8.3　社会変化

　1800年時点のイングランドはおおむね農業社会であるが、町や都会について、そこは犯罪者が司直の目を避けて無名性のうちに隠れ潜む場だという定評が、すでに出来あがっていた。この時代にも、囲い込みや食糧不足やインフレや兵士の強制徴募に触発された暴動はあったが、非公式な秩序維持の仕組みが、まずはうまく機能していた。それでも社会は変化し続けていたし、小規模で規制力が強い孤立した村落社会は、巨大な産業世界が提供する都会的で力動的な新体験に駆逐されてゆく。人口は急増し、増加したそのますます多くが、都市住民だった。犯罪の発生という観点からは、若年層の割合の増大が重要である。なぜなら、犯罪者全体のなかで、10歳代と20歳代の男性が非常に高い割合を占めるからである。こういう状況の中で、安直な悲観論をいわば売り歩く者の中には、社会がいまにも無法状態に陥って崩壊すると論じる者もあった。もっとも、社会はそれほど脆弱なものではないことが判明するのだが。

　とはいっても、こうした変化は、治安維持の古い仕組みに無理を強いることになった。そればかりでなく、新しい産業の要求は、農業とはまったく異なるものだった。古い世界では、基本的には野獣的強靭さと忍耐力が求められたのであり、娯楽・休息の期間とエネルギー爆発の期間の交代反復は、おり込みずみのことだった。だが資本主義の産業は、時間厳守や安定雇用、予測可能で信頼性が高いエネルギー利用、さらには作業の精密さといったことを、要求した。畑で働いていた人々には、そういう公式・非公式の新しい規律を一から教え込む必要があった。R. J. ホワイトが、「畑と小作小屋で生きてきた人間を工場と路地裏で生きてゆく人間に変えるには、日曜学校をはじめとして多くの学校が、勤勉さや倹約といった産業世界の美徳、なかでも『規則的であること』を、教え込む必要があった」と言うのは、そのことなのだ。この変化を起こすには、新しい規律と新しい制度、新しい行動規範が必要だった。こうした変化は、非公式な部分もあるとはいえ、長期的に見た場合、国家介入の増大につながる。教会の信徒座席には

ますます空席が目立つようになったが、そんなとき、日常生活のまっただ中に乗り出してゆき、自助努力という世俗化した福音を説いたのが、サミュエル・スマイルズである。彼の説教は、仕事が内容と無関係に評価される世界でも人は仕事に打ち込むべし、と労働者階級を駆り立てるものだった。いわば、馬の鼻先の人参である。そういう哲学を、聖書で裏付けたのだ。しかし、スマイルズ流の福音を人々が信じたからといって、労役所が体現する救貧法の抑止効果がそれで不要になったわけでは、けっしてない。労役所は、実入りの多い仕事を人々が追い続けるようにしておくための、いわばつっかい棒として、必要だったのだ。ヴィクトリア朝の産業労働力は、その状況においてこそ、供給が保証されていたからである。犯罪者の反国家的・反社会的な振舞いに対して国家と社会がとった行動は、こうした社会的懲罰[9]の枠組みの中で、考えられなくてはならない。

8.4 政治的変化

18世紀後半から19世紀初めにかけての変化は、社会的であるばかりでなく、政治的なものでもあった。そのようにふたつの革命を見る点では、「フランス革命は支配階級の考えかたを変え、産業革命は労働者階級の世界に激動を引き起こした」、としたハモンズ夫妻は正しかったのである。また、この時期に起きた騒動のなかには古くからの社会的対立を反映したものがあるが、古い対立も、フランス革命の影響で、新しい意味をもつように見えた。たとえば、ユニテリアン派の牧師リチャード・プライス博士は、ある説教の中で、非国教徒に対する政治参加制限の撤廃と選挙区改正の両方を訴えたが、するとエドマンド・バークは、それへの反論として、1790年に『フランス革命の考察』[10]を書いた。「現国制維持」[11]勢力が「国王と教会」[12]暴動に集結して非国教

---

[9] social discipline
[10] *Reflections on the French revolution*
[11] constitutional
[12] King and Church

徒の財産を襲撃したのは、こうした背景のもとでのことなのだ。いちばん有名なのは1791年にバーミンガムで起きた暴動だが、このときには、ユニテリアン派の聖職者で革新的な月協会[13]の会員でもある化学者ジョージフ・プリーストリーが狙われた。3日間にわたる暴動で、建物20棟が損害を受けるか破壊され、その中には、ユニテリアン派の集会所三つと、バプティスト派の集会所一つが含まれていた。この被害に、法律は暴徒のうち2人を処刑し、2万4千ポンドをわずかに切れる額を補償している。同様の反動的暴動は、ノッティンガムでもマンチェスターでもエクゼターでもコヴェントリでも起きたが、多くの場合、治安判事が暴徒と共謀していた疑いが濃厚だった。彼らは、決定的な場面になると都合よく姿を消したり、手遅れになるまで行動に移らなかったりしたのだ。暴徒も郷紳も治安判事も古い秩序を骨肉とする人々であり、その秩序を脅かすと感じられたすべてに、暴力で応じたのである。彼らにとって、非国教徒や産業家や改革家は、そういう存在だった。

　フランスの出来事は必然的に英国の政治状況の問い直しを強いたので、小ピットはまったく新しい方向で一歩一歩提案を重ねながら、選挙の不公平さと取り組むことになった。1815年の穀物法のような立法措置を見れば、当時の議会の実情が分かる。議席配分は変化を嫌う地主たちに偏っていて、起業家たちのうちでも資本と労働力を基盤にするダイナミックな新興産業家たちは、じゅうぶんに代表されていない。穀物法は、対仏戦争とナポレオンによる貿易封鎖の産物だが、国内市場を保護して英国農業のために確保するものだった。こういうふうだから、産業家と労働者は、改革を求める動機を共有していたのである。機械の打ち壊しや暴動は政府の介入を正当化するにすぎないから、戦後問題への対応としては改革のほうが建設的だったが、そうはいっても、経済的不満を政治的高揚に転化するには、よほど忍耐強い教育と、それに劣らぬ忍耐強さで行動戦略を練ることが、必要だった。

---

[13] Lunar Society

8.5　大衆の騒擾

　この不安定な世界で、内務相シドマス子爵は、「非常事態宣言」[14]として知られる抑圧策を実行に移した。W. J. リチャーズ、別名「スパイのオリヴァー」が悪名高い例だが、子爵の子飼いたちが、不満分子を誘い出すために「けしかけ役[15]」を演じて、地方で暴発を誘ったのである。このやりかたにはまずい点が多かったが、なかでも問題とされたのは、政府の秘密工作員たちが成果に応じて報酬を受けるようになっていたことである。これでは、私利のために陰謀疑惑を捏造せよと奨めるようなものではないか。非常事態宣言が出されると政府はふつう、人身保護法[16]の効力を停止した。この令状は、市民権を守るために 1679 年にはじめて制定されたもので、不法な逮捕や監禁に対抗する効力をもつ[17]。その効力停止措置に加えて、1817 年には、50 人以上の集会は前もって治安判事の許可が必要だとする、煽動集会を禁止する法も作られた。狙いを直感した大衆は、たちまちこれを「さるぐつわ法」[18]と呼んだが、この法律の狙いは、穏健な改革家までも違法行動に追い込むことにあった。裁判所では、国家全体が非常事態にあるので治安上好ましくないという理由で、けっして証拠全体は提示されなかった。やがてリチャーズの行動が明るみに出ると、彼は南アフリカに移住させられた。いたるところに政府のスパイがいるように思われ、地方の郵便局長たちは、ちょうど現代の電話の盗聴のように、書簡を開封して煽動の兆候を探すように求められた。工場の監督たちも、通常の業務に加えて、産業地帯の政治的雰囲気を報告するように求められた。もちろんこうしたやり方が発達したのは、有効な地方警察組織が存在しない状況下だった。スパイや密告者たちは、もっと正式な治安維持組織がやるべき仕事を、部分的に肩代わりしていたのである。

---

[14] alarm
[15] agent provocateurs
[16] **Habeas Corpus Act**
[17] 'habeas corpus' 自体の起源はもっと古い。「はじめて」というのは、制定法とされた時点のことである。
[18] gagging act

1815年から1845年までの30年間は、おそらく、近代英国史上でももっとも不安に満ちた時代だっただろう。20年間もの戦争の後で平和が訪れると、すでに飽和状態の労働者市場に、除隊された兵士がなだれこんだ。ところが労働者市場は、武器弾薬の需要が減ったために、すでに縮んでいるのである。平和時の通商慣行にしても、あらためて築きなおす必要があった。こうした当面の問題に加えて、都市と産業の変貌という長期的な問題もあった。戦争継続中、政府は、戦争とフランスからの侵略の脅威を口実にして、これらの問題にいっさい注意を払っていなかった。ボナパルトのおかげで国民が一体化したという論さえ行われたが、じつは平和の到来の数年も前から、とくに東ミッドランドの靴下生産地域で、ネッド・ラッド将軍にちなんでラディズムと呼ばれる、産業変化への敵意を剥き出しにしたあの機械打ち壊し運動が、荒れ狂っていたのである。E. P. トンプスンは、ラディズムは、技術進歩へのたんに盲目的で無思慮な敵意の発露などではない、と論じた。ホブズボームに言わせれば、それは「暴動による団体交渉」だったのである。
　となると、戦争中に組織された多くの自警団の性格の曖昧さが、気になってくる。どれも言葉の上では、英国の自由を守るという大義名分を掲げているのだが、じつはきわめて地方的だった。そのことは、自分たちの利益擁護のために出動する範囲がひどく狭かったのを見れば分かる。綱領からして、フランスからの侵略の警戒もさることながら、国内の不平労働者による後方撹乱から社会を守ることを明らかにしている場合が多い。スタッフォードシャー騎兵連隊のF. P. エリオットなる大尉から隊長ガワー卿に宛てた書簡が、「州内の守り」を不安に思う人々の要求署名によって、公開されたことがある。書簡の日付は1794年10月で、そこに述べられてあるのは、海外の敵の動静のほか、国内の「不平臣民が醸成した」広範な陰謀の発覚によって発動された、非常事態宣言のことである。陰謀家たちは、「国内の非合法組織ばかりか、わが国の敵そのものとさえ通じておりました」。その目的は、「裕福な商人たち」と「地主たち」のみならず「自立している立派な郷士たち」

を混乱させることにあったのだという。「この郷士たちは、父祖から受け継いだ土地を耕作し改良しつつ、国の平和の裡に、人生を好ましいものにしてくれる全てのことを行ってきた人々であります」。

　当局の直接的対応は、海外の脅威だろうが国内の不満だろうが同じであって、一般大衆が不満を表現するのを圧殺しようとした。具体的には、労働者が共通目的を掲げて団体を作るのを禁止する1799年の共同謀議法(1799)[19]などによってそれを行ったが、抑圧策は裏目に出て、大衆の要望を前面に掲げる急進派の運動が、まさにそこから生じた。もっとも、急進的な動きが表面化すると、今度はそれがさらなる禁圧策を呼ぶのではあったが。

　ロンドンでは、知的急進主義の陣営に、政治的発言を行える指導者が現れた。サー・フランシス・バーデットが、一般投票で急進派下院議員として選出されたのである。議会改革を推進しようと決意していた彼は、「英国のバスティーユ」に収容されている者すべてのために、運動を始めた。そして1810年、急進派としての活動のために、自らもタワーに拘禁されるにいたった。だが、彼は大衆に支持されていたから、拘禁は容易なことではなかった。2万人もの軍隊が首都に配備され、タワーの堀には水が満たされ、大砲は発砲準備が整えられたのである。政府をさらに困らせたことには、市当局までがバーデットを支持した。このことが示すのは、地方自治体当局は中央政府の政策の実行部隊にもなるが、一般大衆の味方にもなりえたということである。早朝の襲撃でバーデットをタワーに収容したものの、タワーはたちまち群衆に包囲され、兵士は彼らの憎悪にさらされた。煽動で暴動が起き、2人が殺されて12人が負傷した。しかも政府は、バーデットの拘束が短い期限つきのものだったため、彼を収容したとたんに、今度は彼の釈放という大問題に直面する羽目になった。釈放もまた、扱いにくい大衆行動の機会になる恐れがあったのである。ただし、バーデット自身の神経が保たず、ウィンブルドンの自領にそっと退去してくれたために、それは免れた。

---

[19] Combination Act 『英米法辞典』に載らない。訳語は吉村による。

北西部では、1817年3月、バーデットのような人間の後見も得られないままに、「マンチェスター毛布連」[20]が、木綿業労働者の窮状を摂政に訴えようと、10人づつの隊伍を組み、各自背中に毛布を被って、小雨の中をマンチェスターから出発した。こういう抗議行動はいわば飢えの政治行動だが、彼らには自分たちの苦境を解消する政治的方策についてはっきりした考えがあったわけではなく、その意味では、政治行動などと呼べたものではない。指導者たちはマンチェスターすら出られないうちに逮捕されてしまい、スタッフォードシャーを出られた者はほとんどなく、ロンドンに辿りついたのはたった一人というありさまだった。サミュエル・ベンフォードの言葉を借りるなら、「我らの、最初の愚劣きわまる行為」だったが、合法性の範囲内で抗議を行う巧妙な企画だったと評価する者たちもいる。

　1817年6月のいわゆる「ペントリック革命」[21]では、「大勢が、ピストルと矛と熊手と棍棒を手にして、暴力をふるいつつ多くの村落と街道を練り歩いたり行進したりした」が、これは、ダービーシャー南西部の貧しい農場労働者や石切場人夫や鋳物業者たちだった。彼らは、政治参加に新たな見通しを切り開いてきた何年もの知的革命からは、はるかに遠いところにいた。彼らの行動は、イングランド北部における広範な蜂起の一部として計画されたのだが、惨めに孤立してしまった。この集団に、投票資格や男性成人普通選挙権や議会の毎年開催といった言葉を求めても、無駄である。「現実的な精神をもつある女性」が、指導者の一人ジェレマイア・ブランドレスに、この自治都市を私物化している連中の代わりにどんな行政機構を作るのか、とあけすけに尋ねたところ、彼は「暫定行政機構だ」[22]と答えたが、「彼も彼に従う者たちも、『暫定行政機構』は何やら食料と関係があると考えていること

---

[20]Manchester Blanketters 誤解を招きそうな書き方なので注記しておくと、毛布はもちろん羊毛製品であって、ここでは、野宿で旅する人々の保温と雨よけの装備として出ているのである。

[21]Pentrich Revolution

[22]provisional government 'provisions' には食料という意味がある。この男たちは、'provision' に「但し書き・条件」といった意味があって 'provisional' はその意味での形容詞形であることを、知らなかったのである。まるで落語のオチだが、胸が痛む話だと思う。

は、明らかだった」という。これでは、政治的変化を求める行動計画どころか、持たざる者たちの抗議行動にすぎない。だが、それで判決が軽くなったわけではないのだ。ブランドレスの他に3人が死刑となり、23人が流刑もしくは収監刑を科せられた。判決を言い渡す前に裁判官が言ったのは、「経済的苦境を政治行動で解決しようとしてはならぬ」、だった。

　こういう個々の事例の背後に、急進的改革家たちが共通して抱えていた問題が、見えてくる。大衆の意見をどう育成するか。圧力はどうかけるべきか。大衆を示威行動に動員して、しかも、自分の指導下の群衆が倫理的な力の行使から物理的な力の行使に逸脱しないためには、どうすればよいのか。なにしろ、いったんその逸脱が起きると、良識と体面を尊ぶ層の共感はたちまち失われ、当局に弾圧の完璧な理由を与えてしまうことになる。ずっと先のことながら、チャーティズム運動が1848年に分裂するのも、ひとつにはこの方法論的困難のせいなのだ。ともあれ、小数ながら名の売れた暴力的で短気な者たちは、制度内改革家たちとは対照的に大小の陰謀にのめりこみ、イングランド銀行やタワー他の監獄を襲撃するだの、フランス人がパリでやったことをロンドンでやるだのと、現実離れしたことを吹聴するようになった。こうした集団がじっさいにどの程度危険だったかは、その脅威を誇張するほうが政府には都合がよかったから、判断が難しい。しかも、政府のスパイ活動や調査によって、陰謀は相当部分が事前に知れていた。だから、そういった事件が起きても、おおむねは、政府が承知している枠組の内のことだったのだ。政治的安定への暴力的脅威というならば、1816年12月2日に起きた、タワーへ向けての、組織も十分でない「スペンスの行進」のほうが、まだしも大きかっただろう。これに続いて、アーサー・シスルウッドとケイトー・ストリートという陰謀家が、2年半も費やして、1820年2月22日にグロズヴナー・スクウェアのハロビー卿邸で閣僚たちが食事しているときに全員を暗殺するという計画を、練り上げた。だが、シスルウッドと仲間4人は処刑されてしまい、共犯者5人も流刑となる。この失敗は、イングラン

ドの人々にはまったく何の成果ももたらさず、禁圧策を正当化する根拠を政府に与えただけに終わった。政府は、こんな陰謀で現実的な脅威にさらされるどころか、むしろそれを利用して立場を強化したのである。だが、すくなくともこういった事件は、排除されている階級が英国の政治体制に不満を募らせていたことを、物語るのだ。

8.6　「ピータールー」と、大衆抗議行動の新しい方向

　一般大衆の姿勢を変えるうえでさらに重要だったのは、1819年8月16日の出来事である。この日、女と子供を含むすくなくとも6万人が、武器など持たず平穏に、マンチェスターのセント・ピーター広場に集まった。情勢判断を誤って恐慌に陥った地元当局は、「郷土団」[23]の投入を下命する。この言葉は、マンチェスターでは「騎馬の肉屋・パン屋・蝋燭作りたち」を意味した。次いで、ウォータールーの参加章をつけた軽騎兵たちにも、この混乱に突入して郷土団に力を貸し、必要なら武力を用いてでも群衆を解散させよ、という命令が出された。野蛮な鎮圧行動が始まり、11人が殺されて、400人が負傷した。大群衆が一斉に逃れようとしたために、転倒したり窒息したりした人々は、さらに多い。急進派の出版物はこの事件を、英国兵士が4年前にフランス人相手に博した大勝利をもじって、「ピータールー」と呼んだ。この事件は、「統治する者と統治される者の間で戦後ながらく続いてきた対立が頂点に達したものであり、英国の政治は、反動と革命の間であぶなっかしく揺れるようになったという点で、大陸諸国とほとんどえらぶところがなくなった」（R. J. ホワイト）のである。ホイッグ党は、軍による支配の悪夢におびえて改革路線を選択し、何らかの改革は避けがたい、と豊かな中産階級を説得して、自分たちの支持基盤を拡大した。

---

[23] yeomanry

社会の秩序づけ

しかし、国民の政治化という点で［ホイッグ党の動き］より重要だったのは、上記の虐殺事件そのものである。ピータールーは、「英国の地方において、『大事なことから取り組む』という原則への転換が完了したことを、決定的に示す事件」だったと言われている。ピータールーで、改革運動はいわば成人に達した。長年積み重ねられてきた集会や道徳心の涵養が、ついに、政治的変化を求める強力で一貫した主張を生んだのである。いまや、根本的な政治改革の要求こそが、英国の人々の状況を改善するための必須の前提と見なされた。伝統的に国民を支配してきた者たちは、「人民への大逆罪を犯した」と告発され、ながきにわたって国民からすすんで託されてきた信頼を、一瞬にして失った。大衆の抗議行動が収まる気配はなかったが、軍隊はいまだに暴力装置として、すくなくとも初期段階では、治安出動を続けた。

政府は、1819年の「六箇法」[24]によって、いま一度、禁圧策に出る。令状無しでの家宅捜索が可能とされ、私的な軍事訓練は禁止され、自分の教区で政治集会を開くことも制限された。ピータールーのような大規模な示威行動が未然に抑止されることが、期待されたのである。六箇法はまた、政治的違法行為の犯人を、陪審や次の巡回裁判所開催を待たずにすみやかに裁くよう、治安判事に求めていた。さらに、パンフレットや定期刊行物に印紙税をかけることで、それらの流通も制限しようとした。もはや、たんなる法律整備といったものではなく、「英国史上もっとも執拗な司法的迫害」（E. P. トンプスン）と呼ばれる動きの、前触れだったのである。かくして1820年の夏には、多くの急進派指導者が投獄されることになった。

8.7　改革への苦闘

1820年代は、停滞の時期どころではなかった。1824年、チャリングクロスの急進派の仕立屋フランシス・プレイスと、急進派下院議員のジョージフ・ヒュームが、1799年に出来た共同謀議法共同謀議法

---

[24]Six Acts 『英米法辞典』に載らない。訳語は吉村による。

(1799)[25]の廃止と、すでに出来ていた職能別組合の合法化を勝ち取った。おりから木綿織物業の労働者は動力織機の普及に脅威を覚えていたので、この新しい法的権利に依拠したストライキなどの示威行動が、大波のごとく発生した。擾乱のあまりの激しさに、古い法律がまたぞろ復活する危険があったが、ようやくのことでヒュームは、修正法の成立に漕ぎ着けた。この法律は、組合の合法性を確保しながらも、器物損壊や個人攻撃を禁止するものである。それでも暴力的な抗議行動はなくならなかったが、組合組織の改善が進むにつれて、規律ある平和的な示威行動のほうが、羽目を外した暴力の顕示よりも説得力があると知る指導者たちが、現れてきた。

　すでに連合王国の一部となっていたアイルランドでは、1828年のクレア選挙区の補欠選挙以降、事実上の内戦状態が続いていた。選挙民はダニエル・オコンネルを選んだが、カトリック[26]協会の設立者である彼は、審査法[27]のために、ウェストミンスターで議席に着く権利がなかったのである。このままでは次回の選挙に多くの選挙区で同じパターンが繰り返されて、アイルランドが統治不能に陥るのは避けられない、と考えられた。唯一の解決策はカトリック自由化であると思われたので、1829年、正式にこれが認められた。じつはこの措置は、1800年の統合法[28]で、すでに意図されていたのである。案から外されてしまったのは、国王が、カトリックの自由化を承認するのは自分の戴冠宣誓に違反する、と信じていたためだった。

　審査法と自治体法[29]が廃止されてプロテスタント非国教徒が完全な市民権を得たのは、1828年だった。併せて翌年にはカトリックの自由化が行われたから、英国の国制が不変ではないことが、明らかになったのである。この2件の国制修正は、選挙権資格のさらなる拡大を求める人々に希望を抱かせたが、1830年になると、イングランドの村落部で、前代未聞の規模の暴動が起きる。これは、産業労働者たちが「暴

---

[25] Combination Act
[26] the Catholic Association
[27] **Test Act**
[28] Union Act 『英米法辞典』に載らない。
[29] **Corporation Act**

動による団体交渉」の有効性を疑い始めていたときだけに、重要である。これらのいわゆる「スウィング隊長」暴動（さきだって出回った多くの警告状の署名からそう呼ばれている）の発生範囲は、はるか北のカーライルからはるか西のヘリフォードまできわめて広かったが、主としては、農業以外にほとんど職が無く生活水準が長年にわたって低下してきた州で、起きたのである。たしかに救貧法には、それに頼れば頼るほど地元の貧民監督官は適用に際して吝嗇になる、という法則がある。しかし、興味深いのは、裁判所に引き出された人々のきわめて多くが、そういった極貧層よりもむしろ、そこそこの体面を保つ労働者階級に属していたことである。彼らを駆り立てた不満は、政治的なものであることは滅多になく、ほぼ完全に、地元の経済的問題に集中していた。たとえば、囲い込みや十分の一税や雇用と賃金といったことである。また、彼らの態度はほとんどつねに懐旧的かつ保守的であり、昔の良かったことや安定していたことを想起し、失われた権利と伝統的な賃金水準の保証を求めるのだった。暴動が田舎でのことなら、機械の打ち壊し・藁塚への放火・家畜の傷害・放火・囲い込み地への侵入といった形態をとった。この時期には、密猟や家畜盗みなど田舎特有の犯罪が増加したが、これもまた、英国の田舎社会にあった諸関係が崩壊した結果ではないか、とも言われている。暴動参加者たちは、ほとんどの場合見事に規律を守り、武装も軽く、人身に危害が及ばないように細心の注意を払っていた。田舎にはまともな警察組織などなかったが、それでも当局は、不法行為を働いた者を容易に逮捕できた。逮捕された人々のうち、252人が死刑判決を受けている。もっとも、刑を執行されたのは19名にすぎない。500人近くが流刑となり、600人以上が国内で収監刑に服した。

　19世紀初めの英国の選挙では、しばしば騒動が起きた。お定まりのように暴動法[30]が読み上げられ、軍隊が出動したのである。1830年のウェリントン政権失墜に続く選挙は、ことに暴力的だった。だが、これに続いて、上院が選挙権改正を目指すグレイの第二法案を1831年

---

[30]Riot Act 『英米法辞典』に載らない。

10月に拒否したために起きた暴動は、さらに激烈だった。ノッティンガムとブリストルでも大規模な騒擾状態が起き、被害は推計30万ポンドに達したうえ、死者12人、負傷者94人、逮捕者102人を出した。逮捕者のうち31人は（実際に執行されたのは4名だけだが）、死刑判決を受けている。これは、ジョン・ラッセル卿が信じていたような、選挙制度改革法案[31]の通過に非常に貢献した議会外運動、といったものではない。むしろ、一般世論の生成と、その世論がどこまで平和的に表現されうるかに関わる問題なのだ。ジョン・スティーヴンソンは、「［この事件は］どれだけの犠牲があっても改革はかならず通るという証しなどではない。大衆がどれほどあからさまな阻止行動に出ても、政府は易々と反動策をとるにすぎまいというのが、この件の教訓ではあるまいか」という。この指摘は、政治的変化を求める手段としての暴動という問題の、核心を衝くものだ。つまり、高度に訓練され整然と行動する政府の暴力装置に対抗できるほど、一般大衆が結集できるのかという問題なのである。

　暴力の面で最悪なのは、1831年だった。比較すれば1832年は平穏で、せいぜいヨーク大主教の人形がヨーク市で焼かれたり、ウェリントン公爵の人形がウースターで同様の目にあったにすぎない。大規模な示威行動が大都市で起きたが、いずれも整然と行われ、暴動に転じることはなかった。ホイッグ党は穏健な改革策を通すことに成功し、新興の商工業の利益を実現したが、大衆には実質的に何も譲歩しないですませた。じつはそこに、チャーティスト運動の胚が兆すのである。

8.8　チャーティズム、そして暴力についての論議

　もっとも、ホイッグ党の改革が部分的なものにとどまったことへの失望は、チャーティズムが生まれた原因の、じつはひとつでしかない。この時期、経済的激動のために、村落部でもニュータウンでも、労働者階級の不景気状態は恒久化していた。生産への機械力導入が雇用を

---

[31] Reform Bill

脅かすように思われたうえ、生産が拡大されてみると、需要は不安定だった。過剰生産のために、市場飽和による不況が容易に起きたが、この時期こそ、チャーティズム運動の最盛期なのである。北西部の手織職人やブラックカントリーの釘作り職人、さらには東ミッドランドの枠編み靴下職人たちのような集団は、もはや工場制生産に対抗出来ず、ますます絶望的な状況に置かれていた。この人々は工場労働者よりも一貫してチャーティズムを支持したが、彼らの不安の一端は、「反がらくた運動」[32]にも見ることができる。これは、雇用主が、安価に買い入れておいたほとんど無価値な品物を、労働者に現物給与として支給することに反対する運動である。1830年10月、きわめて大規模なこの集会がスタッフォードシャーのポッタリーズ・レースで開かれたが、「製造業労働者、職人、小商人、賃金労働者」を含む1万5千人が集まり、この「労働者階級から直接に強奪する」仕打ちに非を鳴らした。

こういう背景事情を知れば、新救貧法[33]の導入に広範な反発があったのは、不思議ではない。ベンサムの「快楽・苦痛」原則の概念に影響を受けて、新救貧法は「労役所入所審査」[34]と「劣悪処遇」[35]のふたつの原則を採用した。前者は、理論上、戸外での救済をいっさい廃止し、救済は労役所内でだけ受けれられるものとした。後者は、労役所内の境遇は、最低の自活労働者の境遇よりもさらに魅力に欠けていなければならない、とした。工業主体の北部と農業主体の南部が、この法律への反対では団結したが、北部での抵抗運動のほうが執拗であり、暴力的傾向も強かった。なにしろ、新「貧者のバスティーユ」[36]という醜悪なイメージが、中央政府の強化につながるとしてこの制度に反対していた地方新聞の論説などによって、強調されていたのだ。警

---

[32] Anti-Truck
[33] New **Poor Law**
[34] Workhouse Test
[35] Less Eligibility
[36] 労役所のことである。旧救貧法は、失業対策的な側面があって、一定の役割をはたしていた。これは労役所外への労働者派出というかたちで実現されていたが、新法はそれを不可能にしたのである。また、働こうにも仕事が存在しないという現実がまったく顧慮されていないうえ、家族離散を意味する男女の分離収容（貧窮の原因とされていた人口過剰への対策）なども規定していた。

察部隊の創設も、それ自体は新しい管理型国家による市民生活への介入だったから、チャーティズムの火に油を注ぐ結果になった。ジョン・スティーヴンソンが書いていることだが、「警察のこうした規制的で介入的な性格が、おそらくは、他の何にもまして反感をかき立てたのだろう。なにしろ当時は、権威当局自身、日常生活のますます広い範囲に規制を及ぼすことを、警察の機能の一部と見なしていたのだ」。新しい国家が規制にかける意気込みは、抵抗なく受け入れられる類のものではなかったのである。

最初の「人民憲章」[37]を公表したのは、職人を主体とする「ロンドン労働者協会」[38]で、1838年5月のことだった。その背景にあった動機は、一部は経済的なもの、一部は政治的なものだったが、目的にもそれに応じた分裂があった。指導部は、議会の構成が完全に変わらない限り労働者の長期的利益は図れないとする点で一致していたが、草の根的支持者たちはむしろ、投票資格と基本的な経済的関心を同一視するJ. レイナー・スティーヴンズ師（ウェズレー派の牧師だったが、より自由な立場で国教会を攻撃するために離脱した[39]）の意見に、傾いた。

> チャーティズムは政治運動などではない。その中心課題は、選挙権の獲得なのである。普遍選挙権の問題は、つまるところナイフとフォークの問題、パンとチーズの問題であって、あらゆる反論が浴びせられはしたが、やはりそれが真実なのだ。誰かが、普遍選挙権とは何かと尋ねるなら、私はこう答えよう。この国のすべての労働者が外套を着用でき、自分と家族のために快適な住まいを確保でき、食卓にはしっかりした食事を出せ、健康を壊すほどに働かなくてよく、まっとうな人間が望みうる人生の喜びを欠けるところなく享受できる収入を得ることだ、と。

---

[37] People's Chart
[38] London Working Men's Association
[39] 実際には、除名されたかたちになっている。

チャーティズムの分裂でもっとも目だつのは、運動を道徳の範囲にとどめるか、物理的実力行使に踏み込むか[40]、である。しかし、チャーティズムの話全体の中でこの分裂がどう位置づけられるのか、完全に明らかなわけではない。なにしろほとんどのチャーティストが言葉の上では暴力に言及しているし、譲歩がなければ大規模な平和的示威行動が暴動に変わりかねないという威嚇戦術も、初期には一般に支持されていたからである。たとえば、1839年末に計画されていた蜂起は本当はどのていど全国的な規模だったのか、議論はさまざまに分かれている。また、状況を暴力的なものにしたのはチャーティストではなく、自由に生まれついた英国人の権利に対して、新奇な警察法と救貧法という暴力を振るった当局のほうだ、という議論もある。

1842年の夏には、23州もの暴動に「英国のみならず全資本主義国のうちでも最初の」ゼネスト的要素が加わって、騒擾（そうじょう）状態が生起した。郵政長官マーベリー中佐は、職務上国内の雰囲気を広く知る立場にあったが、「50年間ではじめて見る擾乱状態」と表現した。その始まりは、北スタッフォードシャーの一部の炭坑夫が、減給に対抗してストライキに入ったことである。坑夫たちは、ボイラーの栓［プラグ］を抜いて蒸気機関の再始動を不可能にしたが、これは、仕事の再開を確実に阻止する企み［プロット］だった。それで「プラグ＝プロット」暴動と名づけられたが、地元陶器産業はこの石炭に依存していたから、炭坑ばかりか陶器生産までが止まった。数週間内に、州北部の製鉄地帯でも暴動が発生した。この年のスタッフォードシャーの四季裁判所が、州警察機構の創設に好意的な決定を下したのも当然である。だが、以降の治安維持問題に、これが決定的な影響を及ぼすのだ。

炭坑夫たちは、ラナークシャーでもランカシャーでも、チェシァイアでも、同様の行動を起こした。これらの騒動は、はじめの意図は政

---

[40] 原文は 'moral force' と 'physical force'「理性派」と「実力行使派」と訳されたりするようだが、ここでは、正確な意味を汲んで訳した。

1848年のチャーティズム騒動時、ボナーズフィールドの警官隊
『絵入りロンドン新聞』

治的なものではなかったが、徐々にチャーティズムと結びつき始める。8月半ばまでには、暴徒側も軍も暴力をふるっていた。前者が財産と人間に暴力をふるえば後者はそれに反撃し、結果的に何名かが命を落として、相当数が負傷したのである。続く数ヶ月間に千人以上が逮捕され、その4分の3が収監刑か流刑の判決を受けた。というわけで、チャーティズムが英国社会の安定にとってもっとも脅威だったのは、1648年よりも、むしろこの1642年である。逮捕統計も、数字はいささか信頼性に欠けるが、1842年が特別な年だったことを示している。その年だけ、暴動での逮捕者という項目が全逮捕者の5%以上を占めており、暴

動の中心地スタッフォードシャーにおいては、なんと 19.46% という異例の高さである。1842 年までの 7 年間の比率は 1.8% と 3.2% の範囲にあるし、続く 20 年の間に、これは 2.24% から 0.34% にまで落ちてしまう（1860 年代末には 1.63% に戻るが）。もっとも重要なのは、全体から見ての治安紊乱（びんらん）犯罪の比率の低さである。同時に起きていた普通の暴行事件の一部も含まれているだろうに、この程度にすぎないのだ。

8.9　秩序ある社会に向けて

　1842 年ほどの脅威は、20 世紀にサンディカリスト[41]の連合が出現するまで、二度となかった。19 世紀の第三四半期には、世紀前半のような不穏な状況は繰り返されないのである。これは、新しい警察組織の有効性の、十分な証しと言っていいだろう。警察は、その新奇さが薄れて、地域性の強い社会にも受け入れられつつあった。19 世紀中葉に暴動がなかったというのではなく、それで社会秩序が大きく脅かされることはなくなった、ということである。暴動のきっかけにしても、かならずしも改革の大問題に限ったわけではない。たとえば、1855 年 6 月のハイドパーク暴動は、日曜日の取引を禁止するゴードン卿の法案がきっかけだった。この暴動は、ハイドパーク以外にベルグラーヴィアとハムステッドとトッテナムコート通でも起きたが、二度目の日曜暴動では、警察がハイドパークで上手を取ったように思われる。なにしろ、群衆の相当部分をサーペンタイン池に追いこみ、手回しよく待機していた警察のボートが、ずぶ濡れになった運の悪い連中を拾い上げたのである。警察の乱暴さに苦情を言う者もいたが、右派は、警察はきわめて控えめに行動したのであり、グロズヴナーが法案を撤回したのは、むしろ「大衆の吠え声」への危険な譲歩だと主張したものだった。
　ハイドパーク暴動といえば、第二次改革法案審議中の 1866 年 7 月に

---

　[41] 一般的には、ゼネストを辞さず国家をも否定する労働組合至上主義者。言葉の意味するところが歴史的背景とともにじゅうぶん知られていると思うので、固有名詞として扱う。

起きたものは、もっと有名である。改革同盟[42]が改革支持の集会を呼びかけたのに対して、時の首都警察総監サー・リチャード・メインは、集会の許可を出さなかった。この拒否には法的根拠がないと信じる同盟は示威行動に踏み切ったが、ハイドパークに入ることを拒まれて、トラファルガー広場で集会を開かざるをえなくなった。グラッドストンとブライトへの感謝決議はそこで平穏裡に採択されたが、デモを見物していた群衆の中のいくつかの集団がハイドパークの柵を外し、警察官隊を人数で圧倒して、公園を占拠してしまった。1867年5月にもふたたびハイドパークでの示威行動が計画され、内相スペンサー・ウォルポールが禁止したにもかかわらず、このときにも行動は平穏裡に完遂された。ロイデン・ハリスンは、財産と権力を握る人々が選挙権拡大の件で譲歩する気になったのはこれらの暴動のためだと言うが、ブレイクは、大臣たちがそんな影響を受けた証拠はないと主張している。

　また労働者階級の指導者の側でも、すくなくともその一部には、当局との暴力的対決の小路を辿るのは割が合いそうにない、むしろ認知されまっとうな活動と評価されて大道を往くほうが得るところが多いのではないか、という認識が育っていた。じっさい、たとえば職能別組合[43]が法的地位を獲得したのも、それらの組合による傘下組織の統制が認められたのも、この路線によるのだ。新しい型の組合指導の穏健さは、一連のシェフィールド大騒動[44]後に職能別組合の活動調査を目的に作られた王立委員会から好意的に見られた。この騒動のひとつでは、犯人の言葉によると「負傷させるつもりで撃ったが、やり損なって」一人が死に、非組合員の家一軒が爆破されている。こうした残忍な行為はマンチェスターでもあったが、いずれも、食卓刃物業界の非主流的集団に属する暴力的な男たちの仕業だった。こういう背景のもとで、新しい組合の指導者たちは、上記調査委員会に職能別組合の合法化を提案してもらうことに、どうにか成功する。それが実現したの

---

[42] The Reform League
[43] trade union 『英米法辞典』はたんに「労働組合」とするが、誤解の余地があるので、このように訳す。
[44] outrages 『英米法辞典』は説明的表現のみを訳語として載せるので、このように訳しておく。

が、1871年の職能別組合法[45]である。これで産業の世界から暴力沙汰が消え去ったわけではないが、少なさ自体が注目に値するほどに、減ってしまった。

とはいえ、秩序ある静穏な社会が、すぐに実現したはずもない。いまだに総選挙では、暴力沙汰がしばしば起きた。1872年には秘密投票法[46]、1883年には涜職法[47]が導入されるが、文字通りの流血沙汰がそれで終わったわけではなかった。当時の地方新聞には、その類の記事が溢れている。たとえば、ストーク＝オン＝トレントの1880年の選挙では、2人の自由党候補が大差をつけて当選したにもかかわらず、選挙区内のロングトン地区の若者たちが、「赤ども」［トーリー党支持者］を襲撃し始めた。「赤ども」がひとりも見えなくなると、警察官たちへの投石が始まった。報道では、最終的に警察官隊は、治安判事たちの許可で抜刀するしかなくなったという。振り返れば、本当に彼らがそうしたのかどうか疑問なしとしないが、たしかなのは、あとから告発集会が呼びかけられたほど暴力的に群衆が解散させられた、ということである。選挙での暴力ということになると、1910年にいたっても、というのは「ジョス」・ウェッジウッド大佐がニューキャッスル＝アンダー＝リンからはじめて下院議員に当選したときのことだが、彼の回想によると、赤と青という対立陣営の色を塗った小学生たちが、戦ったという。彼の対立候補は人種差別に凝り固まったトーリー右派の人物だったが、両候補とも、選挙区巡りには護衛隊が欠かせなかった。「ある集会では、私のフットボールチームが相手方の40人を、血まみれの長い戦いのあげくに、会場から放り出してしまった。それからは、鉄拳の雨を浴びせる以上のことは、両陣営とも許されなくなったが。いまでも老人たちは、当時の野放図な無礼講ぶりを、驚きを込めて語っている。さしずめ、アジャンクールの戦い[48]だったのだ」。

公的な秩序を脅かしたという点では、アイルランド移民たちと、彼

---

[45] The Trade Union Act
[46] **Secret Ballot**
[47] **Corrupt Practices Act**
[48] 百年戦争中に、ヘンリー5世のイングランド軍がフランス軍に大勝した戦い。

らが多くの地でかき立てた反カトリック感情も、ひけはとらない。しかし、たとえば1人が死んだ1852年のストックポートの暴動や、1858年と1867年のウルヴァハンプトンの暴動といったその種の暴動が、国の安定にとって脅威になることはなかった。といっても、カトリック信仰を捨ててプロテスタントの講演家になったウィリアム・マーフィーは、講演旅行の先々でかならず騒動を引き起こしたが、そのマーフィーは、1871年にカンバーランドのホワイトヘイヴンでアイルランド人坑夫たちに襲撃され、受けた傷がもとで、1年後に死んでしまう。反儀式派の諸暴動を煽っていたのはプロテスタント真実協会[49]のジョン・ケンジットのような人々で、どれも大衆的プロテスタントを共有していたが、民族的敵意に駆られていたわけではなかった。いっぽう、反カトリック暴動となると、それがかならずつきまとったのである。

　異なった種類の宗教的騒動を、1880年代の救世軍暴動に見ることが出来る。これは、敵対的な骸骨軍[50]が結成されて始まったが、後者の背後には酒造業界の資金があった。ヴィクター・ベイリーに言わせれば、「1880年代、酒造業者は下層階級の『ならず者たち』を動員して、自らの利益と特権の邪魔になる宗教を黙らせようとした」のである。こういう集団は、ブース将軍[51]とその攻撃的かつ軍隊流の福音伝道団に戦いをしかけたが、伝道団のほうも、飲酒や多くの伝統的大衆娯楽の退廃的影響に、注意を向けていた。つまり彼らは、伝統的な労働者階級の行動様式を崩そうとしていたのであるが、まさにそのために地方当局は、彼らの救出を渋ることがしばしばだった。介入しないほうが地域社会の制裁機能の維持につながる、と信じていたのである。治安維持の問題は、単純に立法措置や警察行動の話に限定出来ないという、恰好の教訓がここにある。

---

[49]Protestant Truth Socity
[50]Skelton Army
[51]救世軍創始者である。

8.10　結論

　この章の目的は、公的秩序と犯罪行為を、より一般的に広く歴史の諸問題の文脈に置きなおしてみることだった。とくに、産業と都市の発展を、新しい現金経済の価値観が地域社会の古い価値観を駆逐する中でそれが生じたことを視野に入れつつ、それへの反発・反動という枠組みの中に位置づけてみることだった。人間ひとりなど容易に群衆の中に見失われてしまうような町や都市の発達は、犯罪者が容易に隠れ潜める巨大な場の誕生でもある。教区内世界の親密さや微妙な縄張りのありかたに代わって、流動性と無名性の世界が出現したために、社会内規制のありかたにも、歴然たる変化が生じた。事態のこうした進展は、あきらかに、昔ながらの非公式な社会内制裁の効果を不確実なものにしたので、法律で定義される明確かつ公的な制度が必要になったが、地方差容認という方向性のため、さまざまな地方警察の形が生じた。ともあれ、政府は未熟な「放任」時代から脱して、ますます介入の意志と能力を強めてゆき、実際に介入もするようになったのである。だが、警察の有効性はまだ、地域社会の支持と好意次第だった。それがなければ、たとえ最高度に訓練された警察官であっても、職務に支障をきたした。その証拠は、イングランドで市民たちの規律が北アイルランドなみに乱れた、第一次世界大戦前夜の10年間である。第一次世界大戦が強力な触媒となって、国家権力はさらに増大し、国内規律が強化された。ちょうど19世紀の初めにそうだったように、中央権力の強化は、またもや外国の脅威を利用して成就されたのだ。英国民が中央政府への譲歩を甘んじて受け入れるのは、外国の脅威が持ち出されたときだけなのである。

第9章　19世紀における犯罪の質的変化

9.1　分 類

　犯罪を分類する方法は、さまざまなものが提唱されてきた。たとえばリュードは、自分が研究した事例から、三つの範疇を抽出している。基本としての取得犯罪[1]、つまり、他人の財貨を自分のものにする貪欲に駆られての犯罪に加えて、生きるための絶望的必要に駆られた生存犯罪[2]と、隠密裡にではなく公然と挑戦的に法律を破る抗議犯罪[3]とをあげているのである。もっと日常的なことを言うならば、法律家は用語で軽罪[4]と重罪[5]を分け、違反行為に軽重をつけている。また、効果的な警察組織が出来れば、司法公務員の存在自体が、犯罪の多様性を増殖させてゆくことになる。「警察官の職務遂行を妨害すること」は、犯罪だろうか？「挙動不審」などというものが違法行為と見なされる場合、その概念は誰が定めるのだろうか？1869年という遅い時期になってさえ、常習犯法[6]によって「不審者」に最大限1年の収監刑を科することが可能だった。
　国家の仕事が増えれば、当然のように、司法当局の規制意欲も高まる。たとえば、教育への国家の関与が増大すると、子供を学校に通わせない親と、それを承知で子供を雇っている事業家は、どちらも確実

---

[1] acquisitive crime
[2] survival crime
[3] protest crime
[4] misdemeanors
[5] felonies
[6] Habitual Criminals Act

に犯罪者とされる。しかし、彼らはほんとうに犯罪者なのだろうか？この問題にはすくなくとも議論の余地があるが、確かなのは、こうした処理の結果、19世紀最後の数十年間の犯罪統計の数値は、あきらかに上昇したということである。対人犯罪と対物犯罪のように、有効な区別もあった。前者は、単純な暴行から各種殺人までのすべての行為を包含する。対物犯罪を、暴力を伴う場合とそうでない場合に大きく区別したのも、賢明だった。強盗[7]と押込み[8]は暴力を伴うものであって、その下位区分に、放火や機械打ち壊しやラディズムのような悪意ある器物損壊[9]が含まれる。暴力の伴わない財貨侵犯は一般に軽く見られたが、通貨偽造ばかりは別であり、国家の経済的秩序への重大な挑戦とみなされた。

　この時期の初めには、死刑該当罪である大窃盗[10]は、被害が評価額1シリング以上の場合に適用されており、小窃盗[11]は被害額がそれに達しない場合に適用された。問題なのは些細な盗み[12]で、発生件数においても、犯罪多発の印象を社会に与える点においても、これが一貫して他の全てを圧倒していた。金銭や財貨の被害が重大なことはほとんどないし、暴力が伴うことも滅多にないが、犯罪行動と社会が受け入れうる行動との境界線が引かれたのは、まさにこの領域だった。人間の意志が助力無しでも誘惑に抵抗するとは信じきることができない領域だからこそ、ほかのどこにもまして、この領域では警察活動が必要だった。英国社会が、産業革命の生んだ新奇で伝統不在で予測不能な都市社会を統制する戦いの場として選んだのも、この領域である。公的秩序に対する犯罪には、孤立した治安紊乱（びんらん）行為から暴動や煽動行為といった集団行為、さらには大逆罪までが含まれる。これと対照的に、飲酒や日曜日の謹慎違反や不法で残酷な娯楽といった類の行為は、基本的には、主流的社会規範や、秩序の保たれた地域社会で規律ある

---

[7] robbery
[8] burglary
[9] malicious offences against property
[10] grand larceny
[11] petty larceny
[12] petty theft

労働力を維持してゆこうという社会的願望への、反抗と解されるべきである。

9.2　「社会的犯罪」という概念は分析の具として有効か？

　社会的犯罪[13]という概念がはたして効果的な洞察に役立つのかどうか、しばしば疑問が投げかけられている。地域社会に拒絶される類と多少は許容される類の区別、といったことは、おそらく有効だろう。たとえば、都会の貧民窟で、道路脇の水道栓や井戸ポンプから水を失敬するのは、許容されうる行為かどうか？この場合、設備を整えたのはたしかに水道会社だが、水自体は人間にとっての基本的生存資源であり、全能の神によって雨や川というかたちで無料で提供されている。だから誰でも無料で利用できて当然だという考え方が、一般に存在する。社会の選良が作った狩猟法に対抗して密猟を弁護する論が拠って立つのも、同様の理屈である。田舎ではつねに、この法律は全英国人の生得権を侵すものだと考えられていた。英国の村人が、野生動物が誰か個人に所有されているという考えになじめないのも、根拠がなくはない。1819 年、エドワード・クリスチャン判事は、容疑者が申し立てる正当化の理屈について、「治安判事なら誰でも知っていることだが、一般に密猟者は、誰にも対等の権利がある動物を獲物にして罰されるのはおかしい、と自己弁護する」と語っている。また、あるバークシャーの治安判事も、「一般の意見では、狩猟対象の生き物は個人の所有物ではないのである。彼らが言うには、それらは神が無料の地から創造したのであって、無料のままにおかれているのだ」と 1826 年に述べている。しかし、野兎を 1 羽 2 羽と捕まえる村人の密猟ばかりでなく、紳士による密猟も行われていたし、1831 年の立法措置までは、密猟を生業にする武装集団も活動していた。猟の獲物の販売を許可証制にして

---

　[13]この部分は論理が明瞭でないが、「社会的犯罪」(social crime) は、国家が犯罪としても地域社会は犯罪としないような行為を指すようである。

密猟を規制しようとする法律ができたのは、そのためである。そのほか、非合法の蒸留酒製造の問題もあったが、これなど、地元全体が誇りにしている場合さえあった。つまり、法律を破る側と維持する側で捉え方がまったく違う行為が存在したのである。また、土地をもたない労働者と資本家的な農業者とでは、入会地の囲い込みの評価がまったく違っていたし、新たな囲い込み地での作物栽培についても、同じことである。だから、そこへの強行立ち入りや不法侵入の記録にしても、何かを明らかにしているばかりでなく、かえって何かを見えなくしている可能性もあるのだ。

　難破物取得[14]や密輸のような行為には、さらに疑義がつきまとう。この場合、一方には、沿岸地帯の地域社会は、海岸に打ち上げられた物品の収拾を古来の権利と解していた、という事実がある。1842年、サイラス・レディングは、コーンウォールの人々は何世代にもわたって、「海が自分たちの手の届くところに置いてくれた物は、自分たちの戦利品とする権利がある」とかたく信じている、と主張した。このメソジスト派牧師と俗人説教師がためらいもなくその行為に及んだということは、物品取得が偶然か神の計らいの結果である場合、まったく道徳的牽制は働かなかったことを示唆するのである。そういう論理を、計画的な難破の誘発や密輸にまで拡大適用するのは難しいが、そうはいっても、密輸の場合、地元社会の構成員の多くが黙認していなければ、成功はおぼつかない。そういう不法行為を取り締まろうとする武装歳入吏は、無用の暴力をその場に持ち込むよそ者と見なされた。田舎の小規模な犯罪だとはいっても、規制が強力に行われている時代には、けっこうな商売になりうる。そこで政府は、密輸対策としては警察の強化よりも、放任原則の適用で市場を開放し、儲けを無くしたほうがよいと考えた。

　社会的犯罪という概念は、司法権力の限界と司法官吏の裁量権に、目を向けさせてくれる。法律が議会を通るだけでは、十分ではないのだ。その法律の執行・施行こそ肝心だが、地域社会の同意を得られな

---

[14] wrecking

ければ、それは確実ではない。つまり、ある型の行為・行動は、たとえ法律的に問題があっても、地域社会の人々にとっては不当ではない、ということがしばしばあるのである。しかし、E.P. トンプスンは、あまりに多くの無法者をロビン・フッド扱いするのは慎重にした方がいい、という立場をとっている。社会的犯罪は「よく」て、反社会的犯罪は「悪い」、といったものではないのだ。

9.3　犯罪の集中

　犯罪行為は社会全体に均一に分布していたのではない。地理的にいえば、ロンドンなど大都市とその郊外に集中していたようである。そういうところは、犯罪の機会も、犯罪に好都合な無名性も、最大になる。もっとも最近では、田舎における犯罪の多さ、ことに土地の利用形態が急変しつつある地域での多さを指摘する論者も多い。田舎では、囲い込みも有料道路の料金も10分の1税も不人気で、そこにパンの値段が高くなれば、つねに治安が悪化した。時の流れに沿って言えば、犯罪は18世紀半ばから増え続けるが、増加の率は、改革法案が通過する前の10年間がピークであり、それから低下してゆく。1840年以降は、犯罪件数そのものが20世紀に入るまで減り続け、20世紀になると、新たな増加が始まる。こういうパターンは、正式起訴該当の犯行のすべてが記録されている裁判所の統計から分かるのだが、この統計資料の扱いはきわめて慎重でなくてはならない。ことに19世紀前半については、いかなる意味でもこの統計を、現実の犯罪の指標とするわけにはゆかない。なにしろ、行われた犯罪、報告された犯罪、裁判を受けた人間たち、くだされた判決といったすべてが、あきらかにそれぞれ別個の統計になっているため、信用できるデータは、世紀の最後の20年分にすぎないのである。

　こうした統計も、同じ犯罪行為が地域ごとにどのように違う評価を受けていたかを見るには、役に立つ。とはいっても、統計の数字にはどうしても、被害者の訴追意志もしくはその能力が反映されており、被

害者が自衛団[15]に加入していて、その助力を得ている場合もある。すでに1845年、刑法委員会[16]の委員たちが、多くの訴追が「いい加減で不十分なやり方で」行われていることに苦情を述べているが、個々の人間は訴追を渋る、あるいは訴追の成功をかならずしも望まない傾向があったために、新しい警察は、ますますみずから訴追を行うようになってゆく。もっとも、法的に厳密にいえば、私人として行ったのであるが。法律改革運動家たちはしばしば公的訴追官の職[17]の創設を求めており、1879年に公訴局長官[18]の地位が設けられたが、当初、この地位にある者の役目は、完全に助言者的なものだった。名称には注意する必要がある。というのは、この地位に任命された者は、本質的には公訴の実行者ではなく、1908年の修正法によって今日の機能に比較できるようなかたちで地位の業務が定義された後でさえ、そういう仕事はしなかったからである。

犯罪統計は、まず第一に人口増加との関係、第二には新しい警察の有効性の向上との関係において、論じられねばならない。新しい警察は、犯罪者を裁判所に引き出す率を高めていたと考えてよいだろう。ロイルが言うには、「掏摸(すり)は、以前には、村の井戸に引きずられて行って、そこで群衆から半ば溺死の目に会わされたものだったが、現在では逮捕されて犯罪統計の数字になる」。もうひとつの背景として、社会が豊かになりつつあったということがある。この変化は人々の欲望を高め、盗むべき物が多い世界を作りだしたが、いっぽう、どうしても犯罪に走らねばならないほどの貧窮者は少なくなった、という議論もある。とはいえ、取得犯罪を、社会が物欲と金の世界になってゆくのに連動する現象とするのは、筋の通った議論だろう。この変化は、現れ始めた中産階級の犯罪の、特有の性格によっても証拠だてられる。

犯罪行為の集中についての要点の第三は、年代と性別である。犯罪者の4分の3は10代もしくは20代の男性に集中していたから、サブ

---

[15] felons association or prosecution society 次の章でくわしく説明される。
[16] criminal law commissioners
[17] the office of **public prosecutor**
[18] **director of public prosecution**

カルチャーとして秘密の犯罪者階級があるという議論よりは、犯罪傾向の強い世代があるという議論のほうが、まともである。もっとも、犯罪者である親がフェーギン流に子供を訓練するといった場合も、なくはなかったが。また、戦争中は犯罪行為が抑制されるというパターンもあったようだが、これは、犯罪にもっとも走りやすい者たちが戦場にエネルギーを放出したことを示唆している。戦場では、無謀な行動が、非難されるよりも賞賛されるのである。じっさい、逮捕された者が、服罪のかわりに兵役を提案されることさえあった。戦争がこんなふうに犯罪者や犯罪者予備軍を取り込んでいたとすると、平和はその連中がふたたび市民社会に放出されることを意味する。しかも、すでに飽和状態の労働者市場になだれこむのが普通だから、結果は火を見るよりも明らかだ。しかしここでも、誇張に陥らないようにしなくてはならない。そういう時代の大衆読み物は、戦争の話がなくなった埋め合わせに、犯罪に群がる傾向があるからである。

　もうひとつ、粗野な還元主義にはうんざりしている者でも認めるのが、経済不況と政治的不安定の、犯罪者数との相関関係である。不況になると、たんに犯行が増加するだけでなく、その影響で時代の不安にさらされている被害者が告訴に踏み切る率も、高くなるのである。また、暴力犯罪と好景気の相関関係を言う者もある。それによると、好景気は給料を押し上げ、失業者を減らし、飲酒量を増やすので、結果的に暴力犯罪の増加につながる、というのである。労働者階級がこの種の犯罪の犠牲者に選ぶのは、社会的に上の階級よりも、同じ階級の者が多い。

9.4　階級と犯罪

　ダグラス・ヘイの論によると、「ときには小屋住みたちが裁判で勝利したり、まれには爵位をもつ悪漢が縛り首になる光景もあったが」、18世紀の刑法は、有産階級を守る思想的武装の重要な一翼として、発達したのである。ここでいう財産は、昔ながらの不動産のみならず、商

工業の生みだす新しい富も含むのであって、運びやすく盗まれやすい財産を守る法律が作られるところに、時代の状況が反映されているのである。そうした法律は、恫喝のために死刑を規定していることが珍しくなかった。ヘイの所論では、「刑法は、服従と敬意の絆の維持・現状の法的正当化・権威という構築物のたえざる更新を行うために、決定的に重要だった。権威は財産から生まれ、財産を保護する役をはたすのである」。

　こういう見方に疑問を呈している人々がいるが、これは、紳士による告訴がまれであるという事実や[19]、訴追件数と有罪判決数との間のズレ、下された判決と実際に執行された刑との間のズレに着目した人々である。たとえばエムズリーは、「法律を作り管理し運営している支配階級と、それを押しつけられている側というあまりに単純な分け方をしたのでは、法執行機関と原告の間にあるしばしばきわめて明らかな立場の違いが、ぼやけてしまう」、と言う。しかし、些細な盗みに法執行が集中しており、しかもその犯人たちはほとんど社会の最貧層の出ということになれば、裁判が階級的色彩を帯びるのは、避けるべくもない。たとえば、犯罪のそうした社会的集中現象を解釈するにしても、貧困や窮乏に目が向けられることはまずなく、もっぱら、貪欲や親の養育の欠陥や飲酒に注意が集まったのである。とくに19世紀半ばには、つねに飲酒が際だって強調されていた。そこには、もっと節度ある人間たちの社会に生い立っていればもっと遵法的だったに違いない、という思いこみがある。そのような考え方に立てば、罪を犯すのは、道徳的に生きたいと思いながらも危機の中で誘惑に負けてゆく者たちであるというよりも、むしろ、犯罪で暮らす犯罪者階級だという説を、容易に信じてしまうことになる。かくして、「村落部警察検討のための王立委員会」[20](1836-9)は、犯罪の原因として、極度の貧窮を退け、むしろ「怠惰もしくは安易な快楽の追求」と「良い稼ぎになるまっとうな労働があっても、強奪で利益を得る誘惑に負けてしまう」

---

[19] 刑法が階級的に上から下への攻撃的性格をもつならば、紳士階級が労働者階級を告訴する事例が多くなるはずだ、というのだろう。

[20] the Royal Commission on the Rural Constabulary

ことに注意を向けるのである。
　犯罪者階級が労働者階級の内にあるという見解は、労働者階級全体に犯罪傾向があるという見方にとって追い風となるので、都市スラムでの犯罪の多発が、たちまち教育改革家たちの特別な注目を浴びた。彼らは、そういう生活環境下にある人間の「道徳」的向上を目指したのである。「道徳」は、もしそれが欠ければ、労働者階級を教育しても教育ある犯罪者を生むだけだから、決定的に重要だった。そのため、彼らが目指す人生変革のためには、日曜学校や貧民学校[21]や相互向上協会[22]が、重要になってくる。これはまた、都市をその罪から救済する事業でもあった。というのも、道徳の言葉には神学の言葉も加味されねばならなかったからである。じっさい、スラム化した都心部の問題と戦う改革家の多くは、キリスト教伝道の熱意を動機としており、彼らにしてみれば、犯罪の原因はあきらかに神学的な問題、すなわち人間の罪深さだったのである。そんなふうに信じていたため、この問題について彼らが何を書いても、状況改善のためにどんな方策を考えても、それが反映されてしまうのだった。
　労働そのものは、人間に廉直さを回復させる治癒力、あるいは、すくなくとも悪事に陥らせない抗力をもつと考えられた。そういうわけで、サミュエル・スマイルズは、「無用なことばかり考える頭は悪魔の仕事場であり、怠惰な男は悪魔の手下である」と嘆き、じつに彼らしいことに、次のように論じるのである。「労働辛苦の不可避性こそは、個人や国家における文明の進歩と我々が呼ぶもの全ての、根元であり源泉ではあるまいか。つまらぬことに費やした一時間、怠惰に過ごした一時間が、もし自己改善に向けられていたならば、無知な男も賢者に変わるのだ」。だが、働きたい者すべてに職があるわけではないし、景気後退の時期には、ことにそうである。ところがヴィクトリア朝の道徳家たちは、そんなことくらいでは、経済システムの不具合よりも個人の道徳的弱点を犯罪の原因とすることを、諦めなかった。それにまた、中産階級の文筆家ばかりが、犯罪と労働者階級を結びつけたの

---

[21] ragged schools
[22] mutual improvemnt societies

でもない。「犯罪の発生は、労働者階級の人口の増大につれて、増加してきた。そして、英国の犯罪は、世界中のどの国よりも多いのである」と論じたのは、なにしろエンゲルスである。彼の指摘した事実自体は、英国が世界ではじめて都市産業社会を生み出しつつあったことを思えば、おそらく、驚くべきことではない。その社会では、田舎暮らしの小さく緊密な経済圏で機能していた規制の力は働きづらく、事実上それが崩壊しつつあったのである。

男女犯罪者のタイプ。「生得の汚点としての犯罪傾向は、
親が悪人である場合には、ことに顕在化しやすい」

―― A. グリフィス著『警察と犯罪の秘密』第一巻（1902 年）2-3 頁。
新スコットランドヤードの博物館所蔵の写真から。

9.5　多様な犯罪

　メイヒューは、膨大な資料を集積した『ロンドンの労働者と貧民』（1851 年出版）の副題で、人間の三つの類型に注意を促した。すなわち、「働こうとする者、働けない者、働こうとしない者」である。この

うち第三の類型の十分な描出は、11年後の第四巻まで待たねばならなかったが、そこでもっぱら描かれたのは、無法者たちの生き方だった。無法者とは、「社会の落ちこぼれ・敵であり、自分より豊かな隣人たちの悪心や騙されやすさにつけ込んで生きている者たち」である。ただし厳密に言えば、描かれている全員が、法に背く生活をしていたのではない。というのは、相当部分が娼婦たちの生活の描出に費やされているのだが、売春それ自体は違法ではなかったからである。だが、売春を取りまいて、客引き・娼婦の抱え置き・娼館の経営・大陸との女性売買（ことに年少者の）など、多くの違法行為が行われていた。無垢の時代という像を否定するように、「何千人という子供たちが、誰にも構ってもらえないままに首都の貧困地区を徘徊し、通りをうろついては、物乞いや盗みで日々の糧を手に入れている」のだった。メイヒューの考えでは、子供たちがこうした略奪生活を送るのは、仲間が悪かったり親がいなかったりするせいでもあるが、もっと悪いのは、盗みをするように子供を訓練する無節操な親たちであって、その結果子供たちは、悪質な犯罪者に育ってしまうのである。

　メイヒューの範疇で［売春についで］二番目に大きいのは泥棒とペテン師で、「何千人という犯罪者が、子供の頃から犯罪の世界で鍛えられている」という。この範疇はさらに、普通の泥棒・掏摸(すり)・強盗という三つの部類に区分されるが、脅しによる街道強盗も、一緒に述べられている。最後にあげた連中が、自分たちと同じ貧しい人々から巻き上げる卑劣さぶりは、そのかみのディック・タービンの剛胆で無鉄砲な冒険譚とは、注意深く区別されている。1834年、スタッフォードシャーの窯業地帯の町ロングトンの外科医ドウズ博士は、帰宅中に3人の男に襲われ、「人殺し！」と叫んだ。男たちの一人が彼の口に指をつっこむと、この外科医は、渾身の力で顎を閉じた。おかげで男は指の先を失って退散したが、翌日になって治療を求めたため、たちまち逮捕されてしまった。噛みきられた指は裁判所に証拠として提出され、説得力を発揮したという。

　メイヒューは、犯罪者の各範疇を詳しく分析している。それぞれに

特有の技能が、それを構成する技術とその用い方の面から明らかにされているのだが、格別の注意が向けられているのは、どぶ浚（さら）いの浮浪児から河賊までを含む河川犯罪者である。盗品を買い取って流通させる役割の重要性も、彼は明確に指摘している。

9.6　職場の犯罪

　職場は、労働者によるくすね取りから悪徳セールスマンの不正取引まで、ごまかしやペテンの多くが行われる場である。販売物に混ぜ物をしたり重量をごまかすのがいちばん一般的だったようであるが、重量や計測法についての国家規準が制定され、新しい警察が生まれたおかげで、この領域には非常な改善が見られた。

　職場の犯罪では、どこからが犯罪かという区別が難しい。たとえば落ち穂拾いは貧民の伝統的な権利だったが、やりすぎれば窃盗として罰を受けた。落ちている枝葉を収拾する権利も長きにわたって受け入れられていたが、健常な木を斬るのは許されないのである。この境界線の移動については、次のようなことが、言われてきた。重大な変化が進んで社会がますます現金志向になり、かつて役得だった行為が犯罪にされてゆくのは、労働者が地域社会の価値ある構成員というよりもたんなる賃金労働者にすぎなくなったのを、裏書きするものだ、と。と同時に、職場での不埒な行為は本質的にきわめて広範に存在するため、犯罪者は正常な社会の外から秩序を脅かすものだという考え方が、あやしくなる。この領域での犯行者は、正常な社会体験のまっただ中に存在しているのだが、日々の生活で出くわす儲けの機会に抵抗できない人物なのだ。

　製造業においても同様で、労働者は二級品や使い残しを自分のものにする伝統的権利をもっていたが、それも程度によりけりだった。親方の材料を盗んだり、他人の材料を質の悪い物にすり替えたりすれば、犯罪者として告発されるしかない。印刷職人は、自分が作る印刷物のゲラ刷りをもらえたが、それも一部だけだった。19世紀には、地域に

よっては職場での盗みの罰がきわめて重くされたが、不公平なことには、雇われ人よりも親方が露骨に有利になるような仕組みが、職場のありかた自体に組み込まれていた。たとえば、雇われ人は契約法によって、状況の変化や他の仕事口の有無にかかわらず、まるまる一年間を単位として、親方に拘束されていた。それでいて、多くの親方は、安く買い入れておいたがらくたをひどく高い評価額で現物給与に使うことを、常態化していた。それを違法とする法律ができた後でさえ、である。

炭坑夫たちは石炭を自由に使ってよいことになっていたが、それで小売り商いができるほどには持ち帰らないものとされていた。ところが、所によっては炭坑夫の子供たちが、親の指示で、防備が困難かあるいは不可能な所から石炭をくすね取って売るので、治安判事たちの児童対策はきわめて困難なものとなっていた（『スタッフズ・アドヴァタイザー』誌の1855年2月3日の記事から）。どんな職業にも違法行為の機会は存在したようであるが、とくに金銭や品物の実際のやりとりは、担当者の欲をかきたてたらしい。雇主は、そういう行為に気づかないこともあったが、いろんなやりかたで黙認することもあった。ロンドン乗合バス会社が、車掌の給与を一日17時間労働に対して4シリングと定めていたのは、彼らが売り上げの何％かを取ることを心得ていたからである。同様に酪農業者も、従業員の給与を固定する一方で、彼らがミルクを水で薄めるのを計算に入れていた。ただし、商売人が、自分の商品に系統的に劣等品を混入したり重量を誤魔化すと、些細な窃盗よりもずっと重大な犯罪と見なされた。エムズリーは、ジェームズ・グリーンウッド判事が1869年にそういう人物に下した判決を、例にあげている。

> この者は、飢えたあまりに肉屋の店先の鈎から羊の脚をひったくって逃げる者や、服屋の軒先で誘うがごとく揺れている衣類を奪う者よりも、はるかに悪辣である。前者においては、犯行は、おのが魂と嘆かわしく痩せ衰えた肉体を苦しみから救おうとしてのことであるが、この者の行為

の赦し難さは、それが、肥え太り宝石を身につけたいという極悪人の貪欲に媚びるものだというところにある。かくてついに、その見苦しく肥大した死体をば、マーゲイトにおいて一年間風雨に曝す羽目となるのである。

　混ぜ物をしていないかどうかの食品検査は、管理国家にとっては人々の健康を守るうえで欠かせないが、困難な仕事だった。十分な試料の確保が難しかったし、信頼しうる分析ができる化学者も足りなかった。パンにはしばしば、品質の劣る小麦粉が混ぜ込まれたし、もっと重大なことには、白くするために、明礬(みょうばん)などの有毒物質が使われさえした。自浄努力に期待すべしという派と、国民の健康はそれを待ってはいられないので、国家の独断による規制が必要だとする派との間で、激論が巻き起こった。最初の食品劣化法[23]が通過したのは1860年だが、その結果、国の歴史上はじめて、分析家たちが公式に任命されることになった。彼らは地方の権威当局によって任命されたが、予防的に行動したのではなく、「苦情を受けて」から仕事にかかったにすぎない。しかもこの法律で科せられた罰金はわずかであり、賠償責任は小売業者ではなく製造業者にあるとされたが、それを突き止めるのは容易なことではなかった。1872年と1875年の法律が通るまでは、地方当局が分析家を任命するのも遅れがちだった。もっとも、それ以降でも罰金の額は低かったから、その意味では労働者は、食事において守られていなかったことになる。

　死体泥棒[24]は、最初期にそれに携わったのが解剖用死体の絶望的不足に迫られた医学生たちだったという点からすると、職場犯罪とはいっても種類が異なるとすべきかも知れない。当時唯一合法的に入手できた死体は、恥辱を加えるために死体を解剖学者に引き渡すべしという付加条項付きの判決を受けた死刑囚[25]だけだったが、そんな機会は滅

---

[23] Adulteration of Food Act
[24] body-snatching
[25] この例を、ホガースの *Industry and Idleness*(1747) に見ることが出来る。怠惰な徒弟アイドルネスは際限なく身を持ち崩してゆき、最後はこの判決を受け、死体となって解剖台で切り刻まれる。

多にない。19 世紀半ばまでには、この仕事はおおむね復活屋[26]がやるようになったが、これは、営利目的で棺桶から死体を盗み出す労働者階級の者たちである。こんなおぞましい仕事の最中に逮捕されても、罰はきわめて軽かったようで、せいぜい数ヶ月も牢屋に入っていれば済んだらしい。密猟者が逮捕されれば流刑になりかねなかったのに、である。だから、復活屋たちが恐れねばならなかったのは法律よりもむしろ群衆だったが、それも、1832 年に解剖法[27]が成立するまでのことだった。この法律は、解剖後にキリスト教のしきたりに従って埋葬するという条件で、病院や監獄から引き取り手のない死体を解剖用に取得することを、可能にしたからである。この法律ではじめて設置された、公費で給与を支払われる監督官[28]が、しかるべく処理が行われるように監視した。

9.7　現金と犯罪

　1838 年以降、債務は故意の詐欺とは区別されるようになり、債務者が逃亡を図っているという正当な疑いがない限り、拘禁すべき罪ではなくなった。なにしろ 1830 年から 34 年の間に、1 万 2 千人から 5 千人もの債務者者が収監判決を受けているのだから、これは重要な改善である。もっとも、債務が完全に犯罪でなくなったのは、1869 年のことなのだが。これと対照して言えば、文字通りに金を作ってしまった連中については、長い伝統があった。労働者階級には、卑金属から偽コインを作る、コイン屋[29]という特殊化した連中がいて、メイヒューが彼らを描いている。メイヒューはまた、鋳型の作り方から、その鋳型に融けた金属を流し込む方法、さらには効果的な電気メッキの方法にいたるまで、製造法ひと通りを読者に示してくれる。こういう違法な仕事をする職人たちを逮捕するのは、ことに危険だった。なにしろ、火

---

[26]resurrection men
[27]Anatomy Act
[28]**inspector**
[29]coiners

にしろ融けた金属にしろ酸にしろ、逮捕しようとする司法役人の顔に投げつけられるからである。メイヒューは、さまざまな偽造者のやり方、賭博のいかさまのあれこれ、ペテン師や信用詐欺師の多彩な手口についても、易々と実例で説明してくれる。

着服の誘惑は、共済会[30]の出納係や外交員や秘書たちといった中産階級の人々の倫理感にとっても試練だったが、若い事務員や店員がしばしばこれを犯した。メイヒューによれば、彼らが「雇い主から得る給与はきわめてわずかで、食事をして恥ずかしからぬ服装をするにも足りないくらいである。なのに彼らの多くは、派手な服を買って若い女性と交際し、音楽酒場に通うといった浪費を、愚かにもしてしまう」。メイヒューは、ここで状況自体の改善を言いかけてはいるのだが、節度のない浪費という道徳的過ちと犯罪を同一視するところから、まだ抜け出せないでいる。彼が延々と繰り広げるロンドンの犯罪カタログで主流を占めるのは、対人犯罪ではなく財貨絡みの犯罪であって、対人犯罪の場合でも、そもそもは財貨に発するものである。着服や欺瞞[31]の分析になると、犯行者のほとんどが労働者階級であるような領域からは、なかば外れてしまう。むしろそれらの犯罪が証しているのは、仕事内容の複雑化や影響関係の拡大にともなって、誘惑もまた多くなったということである。投資の世界は、英国が「世界の工場」として発展する上で不可欠だったが、他方では経済の犠牲者も生みだし、欺瞞と詐欺の新領域を開くことにもなった。1843年末のこと、『絵入りロンドン新聞』は、うんざりした調子で、次のように嘆いてみせた。「もし、もう半世代もこの調子でゆけば、商業上の不正は常態となり、誠実さなどは例外になるだろう。どこを向いても、あるのは常に、欺瞞・欺瞞・欺瞞ばかりだ」。

鉄道会社、銀行（首都でも地方でも）、保険会社、大貿易会社、共済会などは、すべて背信行為に弱かった。ベアリングズ銀行やマシスン・アンド・ジャーディン銀行のような特権的銀行における欺瞞の事例は、地方の町でも繰り返された。たとえばロングトンの地方新聞は、「多く

---

[30] Friendly Society
[31] fraud

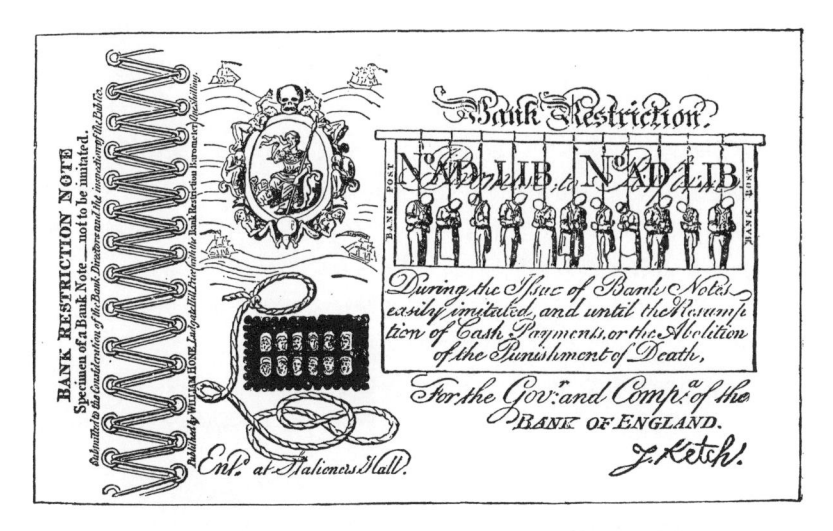

19世紀における犯罪の質的変化　　　　　　207

ジョージ・クルックシャンクがエッチングで作った偽札。
贋造犯を死刑にすることが、諷刺されている。

A. グリフィス著『警察と犯罪の秘密』(1929 年出版)、第一巻 231 頁より。

の人間が地方銀行の金券よりもイングランド銀行の金券を好んだため
に」、1866年は、「ハーヴェイ銀行がたち行かなくなり、この自治都市
の何百という家族にとっては、悲しい苦境の年となった」という意見を
掲載した。その数ヶ月前には、地元の製鉄業者でやはりハーヴェイ一
族である J. C. ハーヴェイが、3万2千ポンドの負債を抱えて倒産し
ており、この倒産が、銀行経営の健全さに不安があるという噂を生ん
だ。ただちに地元紙が反論したが、たちまち事実がその言葉を裏切り、
多くの不正行為が明るみに出た。帳簿の記載が不正確だったうえ、あ
まりに多額の貸付が担保不十分なまま行われており、しかも、銀行が
不幸にも倒産する以前に、内部情報によって一族の基金が引き上げら
れていたのである。6月29日に、そのときまでは立派な市民であり、
この自治都市をフリーメーソンとして訪れた皇太子をもてなしたばか

りだったW. K. ハーヴェイが、ロンドンの代理店であるアライアンス銀行と相談すると称して、あたふたとロングトンを離れた。だが、現金400ポンドを身につけていた彼は、二度と戻らなかったのである。4万4千351ポンドを危機に曝したまま、彼は7月2日にサザンプトンからアメリカへと船出した。地元は恐慌状態となり、翌日には取り付け騒ぎが起きて、必然的に銀行は閉鎖されてしまう。結果的に14の企業が破産し、ガス会社も警備会社も市自体も、相当額の損害を被った。厳密に言えばどういう違法行為があったのか明らかにするのは難しいが、たんなる資金繰りの問題にとどまらないのは確かである。地域社会がこの種の出来事で被る被害は、多発する些細な盗みの被害よりも大きかったのだが、警察はいまだに後者のほうに主たる注意を向けていた。後の章で見るが、議会もまた、姿を現しつつある商業世界での振舞いに許容範囲を設ける上で、後手に回っていたのである。

9.8　汚れた儲け

9年後、ロングトンではまたもや同種の事件が起きた。地元紙が1875年4月10日に伝えるところでは、「不動産仲介業者イノック・パーマー氏の失踪によって、ロングトンは苦痛に騒然となった」のである。事態をさらに苦いものにしたのは、「パーマー氏ほど人々から尊敬され信用されていた人はいない」からだった。当初は、パーマーが数ヶ月間ロンドンから戻れないのは体調のせいだとされていたが、やがて財政的被害が明らかになってきた。「彼が姿を消した理由は重大な横領のためと言われており、その額は噂の中で驚くほどに膨らんだ」が、やがて、1万7千ポンドを越えることが判明する。不正が行われたのは明らかで、たとえば、不正な会計検査、帳簿の紛失、公私基金の混同などがあった。パーマー自身は被告ではなく証人として出廷し、逮捕されたのは、パーマーの共犯者でロングトンの出納係兼ロングトン・アンド・フェントン住宅金融組合[32]の会計係だったジョン・ビーチである。容疑

---

[32] building society

は、組合規則どおりに銀行に預け入れられていなかった金の横領、および12年以上にわたって架空の抵当を設定して組合の基金を詐取(さしゅ)したことである。パーマーが全てを知悉(ちしつ)する共犯者であることはきわめて明らかであり、上記の犯行手口や証拠隠滅については、むしろ彼が主犯であることもほぼ間違いなかったが、二人が巡回裁判所に送致される前に告発内容を審理した[33]治安判事たちは、全員がかつてはパーマーの親しい仲間であり、自分たちも、地元の住宅金融組合や共済組合の運営に関わっていたのだった。

巡回裁判所では、パーマーは被告席には立たなかったが、資料から推測すると、ビーチと並んで立って判決を受けたようである。この件を担当したポロック卿は、「1852年から1872年に至る毎年、公判中の被告人［ビーチ］も、またあきらかに該経営者［パーマー］も、組合の口座を改竄(かいざん)することが可能であり、その結果、欠損と着服を会計監査人たちから隠しおおせた」ことに、驚きを表明した。後にも彼は、わざわざ証人の一人を遮って、貧しい人々がこのような身勝手と悪行の被害者となったことについて意見を述べているが、ビーチの法律顧問は、「パーマーという名前のもとにわが国に生きた人間の中でも、もっとも完全な悪党の一人」という表現を用いた。パーマーはスタッフォードシャーの有名な人殺しの名前でもあったから、これはまことにきつい言葉である。被告席に立つべきは、イノック・パーマーだった。数百ポンドを横領したビーチが高齢にもかかわらず7年間の労役を申し渡されたのに比して、パーマーの不正流用額は数千ポンドにのぼっていたのである。時代の詮索好きも、こういう決定的に重要な事柄には発揮されないようだった。パーマーは、自分が告訴されないことを条件に1万1千ポンド賠償したことも、真っ昼間から仕事場で酩酊していたことも、「街の女」[34]に40ポンド騙し取られたことも、熱心なメソジスト派信徒として、認めようとはしなかった。しかし、「自分が不

---

[33] いわゆる大陪審 (grand jury) である。この段階で、裁判にかけるべきかどうかを決める。重大な件であるために、四季裁判所ではなく巡回裁判所の扱いになるのだが、そうすると地元の有力者たちが自己保存のために大陪審で介入する機会が生じる。

[34] a lady of the town

正流用した金の全ては、他の事業体[35]との関連で使った」という、のっぴきならないことを認めている。ご立派なパーマー氏はどうやら、最初はさまざまな他の事業体との関係で一時的な資金繰りに手を着けたことから、不法取引きにのめり込んで、ロングトンの一般の人々に大損害を与えることになったらしい。

　これは、同様な事業体が国じゅうで直面していた困難の、初期の一例にすぎない。たとえば、クウェイカー教徒のジョージ・ハワースは、ロックデールで木綿の紡績と不動産仲介を営んで非常な信用を得ており、ロックデール貯蓄銀行の役員でもあった。ところが1849年に彼が死ぬと、銀行に7万ポンド以上もの負債があるのが発見された。これほどの巨額に達したのは、ハワースが帳簿を誤魔化して、つつましい預金者たちからの詐取を隠蔽していたためである。地方の貯蓄銀行では、他にも同様の問題に直面したところがあり、明るみに出た限りでも、被害額23万ポンド弱に達した。住宅金融組合はことに被害を受けやすく、なかでも、スター＝ボウケット方式の組合はきわめて投機性が強かったにもかかわらず、1894年に法律で禁じられるまで、この方式は現実に合法だったのである。スター＝ボウケットは、地方の組合に奨められた方式だが、これには賭博の要素があった。10年で返済すればよい無利子資金が、加入者の出資金と償還金から拠出されるのだが、その入手者を決めるには、定期的に行われるくじ引きによったからである。

9.9　対人犯罪その1：妻に対する暴力

　法執行の役人たちが最大の力を注いだのは、治安維持と財産保護だった。事件としては些細なものが多いが、犯罪統計に現れているほとんどがこれである。19世紀には、対人犯罪は、起訴可能な件の一割を占めるに過ぎなかった。一般の人々がもっとも恐れていたのは、暴力的で情緒不安定な強盗や気違いに出くわすことだが、暴力犯罪の半ば以

---

[35]societies

上においては、被害者は加害者の顔見知りで、しかもほとんどが身内なのだ。裁判所が加重暴行[36]（「特別に残忍で重大な結果をともなう」暴行）とした件の多くの被害者は女性で、加害者は夫たちである。頻繁に群衆の面前で暴行沙汰が起き、当事者以外に多くの者が目撃した。じっさい、労働者階級の住環境では暴行沙汰はきわめて多かったから、労働者は誰もその種の犯罪と無関係ではいられなかった、と言われている。犯罪が計画的なものであることはめったになく、職業的犯罪者によることも、まずなかった。犯罪性はもっぱら過激さにあったのだが、これにしても、労働者階級一般が人間関係の中で容認している暴力の、延長線上にあったに過ぎない。地方紙はそういう暴力沙汰の記事であふれかえっている。夫が情婦の所から出てくるのを見つけた妻への暴行、泥酔した夫をパブから引きずって帰ろうとする妻への逆襲、妻へのさまざまな形態の暴行などだが、ほとんどは6ヶ月の収監で済んだようである。それさえ、警察が事件を最後まで処理する気になればのはなしだったし、資料で見る限り、そういうことはめったになかったようだ。（たとえば、1853年の5月14日号と9月17日号、1871年の8月5日号の『スタッフズ・アドヴァタイザー』誌を見よ。）

　妻への暴行は、じつに頻繁だった。一般にこの問題の根底には、家庭内における夫の地位への、妻の側の敬意の欠如があったように思われる。そのため、面白からぬ夫たちは、妻が自分の望みに従わなかったり、頼んだことを果たさなかったり、父親として子どもをしつけるつもりの制裁を邪魔されると、激発してしまったのだ。こういう事件の前にはお定まりの激烈なののしり合いがあり、ついで殴りあいということになる。ただし、夫の暴力は法的に保護されているのに、妻の暴力は不服従の上塗りとみなされた。金と飲酒は深く絡み合っていたが、これは目新しいことではなく、社会的逸脱と愚行の源としてパブを非難することには、ヴィクトリア朝以前にも長い歴史がある。そして、いまだにパブは、性的放埒や下品で堕落した振舞いや暴力を誘う娯楽や無謀な賭博が集中する場、犯罪と破滅の温床と見なされているのだっ

---

[36]aggravated assaults

た。労働者階級の家族は、ほとんどつねに現金に事欠いていたにもかかわらず、夫たちは飲み代の確保を家族の必要より優先させようとする。そのために家財が頻繁に質屋に入ることになるが、妻たちにしても、お気に入りの品物を買ったり流行を追うために家財を質入れしたから、罪がないわけではない。質入れするしか、生まれた子どもを飢えから救う方法がない、と訴える女たちもいた。暴力犯罪は、しばしば酔っ払いが起こした。飲むと人が変わってしまうという証言は多い。

多くの女性が、耐えがたい暴力にさらされていた。だが公判破棄となった事例の一割は、妻たちが出廷しなかったために破棄になったのである。妻が出廷しても、明らかな被害者でありながら、夫を有罪にする証言を撤回することもあった。多くの事件が法廷外で決着をつけられたが、これは、夫が収監されると家族も苦しみ、まず間違いなく救貧法のお世話になるからである。もっとも、女性のすべてがそんなに静かに耐えたのではない。激怒の発作に駆られて、火掻き棒やナイフなどで逆襲する女性もいた。こういう揉め事に他人が介入するのは、夫と妻の両方が向かってくることが十分ありえたから、適当でなかった。妻が痛めつけられると、たいてい近所の女たちが、匿ったり世話したりした。近所の誰かが警察を呼ぶのは、人殺しが起きそうだとか、妻が老齢だったり虚弱だとか、凶器が使われて大量の出血があるとかいう場合である。しかし、労働者階級の地域社会は、家庭外で常習的に女性に暴力をふるうことには、ことにそれがちゃんと暮らしている女性である場合には、寛容ではなかった。そういう女性であれば、家庭外のどんな暴力についても、地域の強固な支援をあてにできたのである。

ナンシー・トームズは、判決を下す治安判事たちの態度がじつにさまざまだったことを、指摘している。一方の極にはエドワード・コックスがおり、その『刑罰の原則』には、ほとんどの妻は打擲（ちょうちゃく）に値する、と書いてある。「愛すべき妻にして従順なる奴隷が残虐に打ちのめされている、というのは事実からほど遠い。妻が、夫の家庭をこの世の地獄にしているのだ。夫の稼ぎを飲んでしまい、夫の家具を質に入れ、

自分の子どもを飢えるにまかせ、夫の食事は作らず、素面のときには夫を罵り、酔えば酔ったで殴りかかるのである」。しかし、妻の側に立つ治安判事もいて、夫の暴力は男らしくなく卑怯であり、どれほど挑発されたにせよ女性への暴力は正当化できない、と論じた。世紀後半には、警察の見解はますます後者に傾いてゆくが、そのことは、妻に暴行を働いた者への判決を厳しくする立法措置に、見て取れる。最終的には、1882 年の妻女虐待法[37]が成立して、警察裁判所治安判事[38]は、違反者を鞭打ちに処したうえで晒し台に立たせられるようになった。妻に対する暴行事件は、次の時代に入ると減少してゆくが、これは部分的には刑罰の厳格化のせいでもあるだろうし、生活水準が向上して中流階級の家庭の価値観が浸透してきたせいでもあるだろう。

9.10　対人犯罪その2：殺人

　もしも暴力犯罪の焦点を殺人のみに絞れば、数は多くない。人口 10 万人当たりの発生率が 2 に達するのは 1865 年のみで、平均すれば 1.5 であり、1880 年代の終わりには 1 に減る。今世紀になると、さらに減少し続ける。概数で言えば、1857 年から 1890 年までの殺人件数は、年当たり 400 を越えず、世紀末には、人口拡大にもかかわらず 350 を下回ることもあった。この数の内にはおそらく、驚くほど多くの私生児や障害児の嬰児殺害が含まれており、ある調査によると、殺人と認定できる件のうち、半分にすこし欠けるくらいは家庭内殺人だという。19 世紀もずいぶん過ぎるまで、殺人の内訳では嬰児殺害がいちばん多いが、18 世紀の後半についても、現実は表面化した数字を相当上回ると信じられている。被害者の範疇別に見ると、当局の要員も割合が大きい。ただし、女性に対する暴力の場合とは対照的に、これらの事例の 85％ については、執拗な捜査が行われている。新聞記事から推測すると、これらの暴力事件のきわめて多くが、被害者が妻であれ警察官

---
[37] Wife Beaters Act 訳語は吉村による。
[38] **police magistrate** もっぱら微罪を審理する。民事にも管轄権がある 'justice of the peace' としての治安判事 (magistrate) ではない。

であれ、犯人の酩酊に起因しているようであり、時には女性が犯人ということもあった。(1876年3月18日の『スタッフズ・アドヴァタイザー』誌を参照。)

9.11　新しい法律が生み出した犯罪

　19世紀に国家の力が増大したことで、社会の特定集団がどの程度利益を享受したかについては、議論の余地がある。社会の貧窮層の権利は、どれほど増したのだろうか？新しい中産階級の犯罪がどれだけ生まれ、それを効果的に取り締まる方法はどれだけ生まれたのだろうか？国家はどの程度、大小の資本家の利益の擁護者だったのだろうか？
　世紀初めには、国家の権威を拡大しようという努力はすべて、主流的な思想である放任主義に逆行し、個人の自由に抵触するものと見られた。そのさまはあたかも、最高に自由な社会とは、成員に最小限の法的拘束しか課さない社会であるというかのようだった。変化への抵抗がいちばん強かったのは、家主と借家人の関係で、必然的にそこには財産問題がからんでいた。最初の改革は、公衆の健康を掲げて進められ、たまたまコレラの流行があったために、前進をみた。というのは、この病はなにも労働者階級だけを襲ったのではないからである。どこでも、改革に手をつけるのは地方自治体であり、あとから国が、その成果を立法措置によって「全国」化した。つまり、特定の政策が、法律によって国内全域に奨励されたのである。それも、最初は寛容な立法措置であるものが、後には命令的要求の形態をもつ法律となってゆく。ロンドンの先駆的な保健役人が、「歯の生えた衛生立法」と評したのは、基準に達しない場合の制裁措置が付随したからである。そういうわけで、たとえば、家主の神聖な財産権にはじめて風穴を開けた1863年の「職人および労働者の住居に関するトーレンス法[39]」は、「賃貸住宅を適切に修理の行き届いた状態に保つこと」を、家主に義務づけた

---

[39]Torrens' Artisans and Labourers Dwelling Act

のだった。これは、そうとうの前進だった。というのも、その五年前には、ある治安判事が、自分の判断として、「いまにも倒壊しそうな家屋であっても、賃貸を禁じる法律はない」と述べているからである。[ただし、住むに適しないという判断が下った場合、]借家人が救済措置を求めるといっても、契約を守ってもらうように努力するしかなく、たいていは、引っ越しすることになるのだった。

　初期の工場関係の立法措置は、ほとんど成果をあげなかった。これは、法律を守らせる仕組みを組み込むことに失敗したからである。その意味で、子供や年少者の労働時間を制限する1833年の法律群は、画期的だった。というのは、このときはじめて、法律の遵守を確認する監督官が任命されたからである。これらの法律は、女性の労働時間の規制とともに1844年にさらに洗練を受け、同時に、危険な機械には囲いをつけるべしという要求も加えられた。趣旨の実現のためには、監督官は、たとえば年少者の年齢や、公的な時計台で時刻確認ができるかなどについて、官僚の一定の支援を必要とした。実務においては、景気が堅調なときには厳しく監督し、不況になると製造業者に対して甘くなりがちだったことが、資料的に確かめられる。不況時には、業者は、「計算ずくの」違法行為を行ったらしい。つまり、法の要求に従うのと、それを破って罰金を払うのと、どちらが安上がりかを考量したのである。しかしながら、忘れてはならないのは、この法律が当初は木綿と羊毛関連の製造業だけに適用されたということである。他の産業分野へは、なかなか広がってゆかなかった。法律の趣旨の実現を妨げた要因の一つは、下請け契約の蔓延である。そのために工場経営者自身は、子供や年少者の雇用に直接の責任を負わないのだった。

　大製綿業者のH. R. グレッグ[40]は、こうした法律の背景にある哲学に反対を表明した：

　　　監督官の規制権限は、工場主が暴君で欺瞞者であり、し
　　たがって労働者は工場主ではなく監督官に正義と保護をも

---

[40] *DNB* に載る。親の事業を継いだ。大学出の教養人で、著作もあり、下院議員にもなった。

とめねばならない、という原則の上に立ったものである。こういう精神で作られた規制は、必然的に工場主を不当な地位に置き、労働者の手に権力を委ねることになる。だが、そんな権力は、思うだに過ぎたることであって、労働者は用いようとはしないだろう。

こういった本音を聞いてみると、古い家父長主義から新しい管理国家への変化が、はっきり見て取れる。

鉄道もまた、法律によって、同様の問題を突きつけられる。1842年以降は、商務省[41]が安全運行に責任をもつことになった。具体的には、線路の維持管理、信号の検査、制動装置の試験、といったことである。じつは、国民生活を担う諸機関の国家管理をすすめるに当たって、鉄道ほどに触媒として有効だったものはない。事故について、それが刑事過失[42]と名づけられた行為の結果だと言えるようになったのは、犯罪行為の新しい領域ができつつあったということなのだ。

9.12　結　論

この章では、19世紀における犯罪の非常な多様性を、いささか見ようとしてきた。法を守らせようとしていた人々の主たる関心事は、生命や肉体の保護ではなく、しばしばきわめて僅かでしかない財産の保護だった。受容できる行為と犯罪行為の間の線引きをする領域として司法関係者が選んだのは、些細な盗みの領域であり、その境界線を越えた者たちや、ことに不幸にしてこの時代の前半に逮捕されてしまった者たちを、過酷に罰したのだった。資本主義的産業社会の発達という文脈の中で、伝統的な行為の一部が問い直され、合法的行為の枠組みが定義し直される。その結果、ますます現金指向になって行く社会の中で、習慣の一部までが犯罪とされてゆくことになる。たとえば、特定の職種で合法的とされてきた役得が、犯罪とされてしまうのであ

---

[41] Board of Trade
[42] criminal negligence

る。当時も、そして現在も、歴史家の間で大問題となっている事柄の一つに、自己永続化の仕組みをもつ犯罪社会があるのかないのか、という問題がある。しかし、10 代 20 代の中に犯罪傾向の強い者たちが存在するというほうが、むしろ議論としてはまともだろう。世紀が進み、政府の介入する領域が拡大するにつれて、新しい管理型国家の要求に違反する行為を、犯罪として裁く事例が増えてゆく。この新しい犯罪も、通商と産業の複雑化を自分の私的利益に利用しようという誘惑から、生じるのである。どちらにおいても中産階級の犯罪者の増加という結果を生むが、彼らは、裁判所から罰を科されるばかりではなく、一定の社会的制裁をも受けることになる。

　対人犯罪は、公訴可能な件の一割を占めたに過ぎない。この範疇の内では、主たる被害者集団は女性で、暴力を振るう夫の犠牲者たちである。権威の執行部隊もまた、取り締まりの当の相手から、危害を受けた。私生児や障害児は、扶養してくれるはずの親から危害を受けた。派手な犯罪は、新聞の編集者たちには都合の良い見出しとなるが、全体から見れば微々たるものである。全般的には、犯罪の発生数は、ナポレオン戦争から 1842 年までは着実に増加し、1848 年にも、それほどではないが、一つのピークがある。それからは、窃盗も暴行も、世紀の残余の間、減少し続けるのである。

第10章　社会を警察で管理する

10.1　マス社会の成長の圧力

　昔の英国のこじんまりとまとまっていた社会は、ある意味では、警察活動を自前で賄っていた。だから、後の世代はシェークスピアが描いたドッグベリーやヴァージズ[1]やエルボーやダル[2]を笑いものにするけれども、社会の安全が彼らによって脅かされるようなことは、なかったのである。1820年代の改革家たちが、安易にも彼らを古い時代の秩序の象徴にしてしまったのだ。この改革家たちは、誕生しつつあった「都市と機械の社会・先行きの見えない社会」に、規律も訓練もより高度に身につけた隊員たちを、確保したいと望んでいた。じっさい、田舎の地域社会の静的で小さくまとまった世界ではうまく機能していた非公式な制裁も、新しい町になると、規模の大きさと住人の根なし草性のために、違ったものが要求されるようになっていた。そこでは、対応も、より公式のものでなければならなかったのである。1852年に貧窮年少犯罪者についての特別委員会[3]で証言したある牧師は、大都市圏で単一階級地区が拡大することの悪影響について、そのような悪影響は、優越する階級の者が近傍に揮う「暗黙ながらきわめて有効な、周知のとおりの統制力」がなくなるために生じる、と述べている。「小さな町では誰もが衆目の監視下にありまして、一種の自然的警察活動がかならず行なわれておりますが、大きな都市に住んでいると、望みさ

---

[1] この両者はいずれもシェークスピアの *Much Ado about Nothing* に登場する。
[2] 前者はシェークスピアの *Measure for Measure*、後者は同じく *Love's Labour's Lost* に登場する。
[3] Select Committee on Criminal and Destitute Juveniles

えすれば、完全な無名性が手に入りますから」と。

　以前の時代ならば、これとは対照的に、人々は「効率」という言葉を耳にすると、ヨーロッパ大陸の官僚たちの中央集権的な権威主義の匂いを、嗅ぎ取ったものだった。それは彼らが深く誇りとする自分の地域・自分の教区・英国流自由の長い伝統とは、対極にあるものなのだ。じっさい、制服を着た警官が治安維持と防犯を目的に街路を巡邏するなど、18世紀末の市民的良心には、嫌悪の的だったのである。多くの人々にとって、専業職ならぬ治安判事の権威のもとに、やはり専業ではない役人がパートタイムで法を執行しているほうが、むしろずっと好ましい点が多かった。

　しかし、ことに古い仕組みの不十分さが露呈された都市域では、すでに変化が始まっており、18世紀の終わりまでには、一部の教区は、比較的有効な警備隊の制度を導入していた。第一部で論じたように、小説家ヘンリーと彼の半兄弟で首都の首席治安判事だったサー・ジョンの二人のフィールディングがロンドンで獲得した名声には、それだけの内実がある。彼らは18世紀半ばから、統一性と組織性を改善した警察隊が必要だと訴えていた。彼らの企画がすべて実現したわけではないが、スタートは切られたのである。実現した企画の中には、地方の治安判事が自分の地区の事件の詳細と犯罪者の氏名をロンドンに知らせると、政府資金で出ていた情報誌『叫喚追跡[4]』にそれが掲載される、というのがあった。これは、犯罪が国家的な問題であることが、ロンドンと地方の間の緊張と競争にもかかわらず受け入れられてきたことを、小さな証拠ではあるが、示しているのである。

10.2　ロンドンと地方：公私の組織

　これは重要な区別だ。エムズリーの言葉を借りるなら、「ロンドンにしかありえない犯罪の抑止であっても、ロンドンの中央からは普遍的な価値があるように見える。だがそんなことは、外から見ればほとん

---

[4] *Hue and Cry*

ど無価値なのだ」。ロンドンは国内最大の都市であり、必然的に、警察改革でも先頭を切っていた。1792年の「ミドルセックス警察法[5]」は、ロンドンに七つの警察管区を設置したが、うちの一つは、テムズ河のケント・サレー側に設けられていた。警察管区のそれぞれには、有給の治安判事［いわゆる警察治安判事］3名と、警官6名がいる。この態勢は、1798年にウォッピングにできたテムズ河警察署によって、補強された。ここにも3名の有給治安判事が配置されたが、最終的にはこの3人は、河での警察活動に携わる警官100人を指揮するようになる。したがってロンドンは、ピールの1829年の法律以前にも、相当規模の警察隊をもっていたのである。エムズリーは1812年の数字を示しているが、それによると、巡邏も夜警もその監督たちも入れてにせよ、300人を大きく下回らないだけの人数が、治安維持活動を行なっていた。

またさまざまな私的組織も、この領域で活動していた。たとえば、18世紀には社会的に認知された職業として盗賊捕手[6]があり、懸賞金で生活していた。村落部には、森番がたくさんいた。さらに、地方には、自衛団[7]とか 訴追協会[8]として知られる組織ができており、財産の保護を目的としていた。この組織は、18世紀の後半に、おそらくは何千という非常な数で出現しはじめたのである。

この組織の目的は、たとえばハンレー自衛団が端的に表現しているとおり、「我々の身柄や財産に対して重罪行為を行なったり企んだりする者を、捜査し訴追すること」である。死刑該当の罪から些細な違法行為まで、訴追成功の報酬には段階が設けられていた。こういう団体の存在が示しているのは、どんな問題であれ国の容喙をゆるさずに地元で片をつけるのを当然とする考え方である。政府は余所者として信用されておらず、その能力も高くは評価されていなかった。もっと重要なのは、国家の法律に拠らないこういう初期の組織は例外なく、有産者集団としての自らを無産者から守る組織だったということである。

---

[5] The Middlesex Justice Act
[6] thief-taker
[7] felons asssociations
[8] prosecution societies

典型的な自衛団を構成していたのは、商店主・製造業者・家主・親方といった人々で、その警戒の目は、自分たちの財政的安定を脅かす存在のすべて、具体的には被雇用者・浮浪者・召使などに向けられていた。
　議会の私法律によって設立され、地元利益の名目で専用の税金の徴収を認められた様々な浄化団[9]も、目的は同様だった。ニューキャッスル゠アンダー゠ライムの浄化団の場合、それを設立した法律によって、「監視員詰め所と監視所を適宜に設置し、警備員と夜警を雇い入れる権限を与えられ、またそのようにすることを求められ」たのである。この警備員や夜警たちは、火災・殺人・強盗・押し入り・治安紊乱（びんらん）を防止し、夜間徘徊者・重罪犯人・浮浪者・治安紊乱（びんらん）者を逮捕して都市区の牢に収容することを任務としており、この目的のために、棍棒と手提灯と鳴子を携帯していた。自衛団の場合とおなじく、これも、無産者に対して有産者が自己防衛に力を注いだ例である。だから、町域中でも、団員の利害の絡むところだけが、守られ浄化されたのだ。当時の人々の対応は、特定の事件や不安に即してのことである場合が少なくない。たとえば、ニューキャッスル゠アンダー゠ライムが自前の警察隊を1834年に創設したのは、高い犯罪発生率が続き、地元の団員たちがその原因を、郊外で急成長している窯業地帯から出撃してくる未知の本格的「悪党」集団によるものと解釈したためだった。基金の一部は浄化団の会費から、別の一部は街道税[10]から、さらに一部は救貧税から出された。後二者は本来は使途限定のものであり、前者は道路清掃役の貧民に対して、また後者は市場警備を担当する警察吏に支払われるべきものだった。最初の頃の有罪判決の例を見ると、労役所からの逃亡や労役所の衣類の窃盗、重労働の拒否といった事例が含まれている。その他、初期の訴追の例には、「闘鶏を計画した」だの「蒸溜器を不法に設置した家屋にいた」だのという微罪もある。
　些細な利への拘泥が警察活動を妨げることが、よくあった。エトルリアに有名な窯業工場をもつジョサイア・ウェッジウッド二世ほどの大

---

　[9]原文は'improvement commissioners'. 文字どおりに「改良団体」と訳されたりするようだが、実態の表現としてはこのほうが適切だと考える。

　[10]highway rate

物が、隣接するハンレーに警察隊を創設することに反対した最大の理由は、利己主義だった。自分のように町の外に工場をもつ者が、危険の大きいハンレー中心部に住居と仕事場をもつ者と同額の費用を負担するのは納得できない、というのである。こういう主張の背景にあったのは、犯罪の被害や犯罪者との戦いの費用はそれぞれの地元が負担すべしという、例のお馴染みの論法だった。

10.3　法律的変化

つぎつぎと行なわれた立法措置にだけ注目していると、警察の歴史はウェストミンスターから外へ向かっての拡大の歴史だったと考えてしまう危険性がある。とはいえ、警察による司法活動が拡大していった各段階は、やはり押さえておかねばならない。1829年にピールの首都警察法が成立したが、これは、ピール自身が内相就任直後に創設したボウストリート昼間警邏隊の、7年間の経験を踏まえた法律である。その目的は、前年度に調査委員会が出した、ロンドンには中央で一元的に統制される警察隊が必要だという勧告の、実施だった。このようにして首都全体に、警察網がかけられたのである。3千人の制服警官が防犯のために街路を巡邏し、犯罪者を追うことになった。法的責任を負い、有給で、任務の遂行にあたっては完全に中立公平な警察隊という理想は、ここに確立されたのである。しかし、キャロライン・スティードマンが強く主張しているとおり、このようなロンドン方式だけが存在したのではない。

地方では、地元の権威当局が治安判事に責任を負う、まったく違った方式の警察隊ができあがった。例の「プラグ＝プロット暴動」の年である1842年までには、全国で1万人ほどの警察吏がいたが、その年の社会不安と治安状態の悪化で、より効果的な警察隊の必要性が当局に印象づけられた。だが、その効果のほどはおおむね、十分な数の確保にかかっていた。初期産業地帯の地域社会では、住人は静的というより流動的であり、そのことが、犯罪者にとっては隠れ蓑となる広範

な無名性を作り出していた。こういった地域社会は伝統的な方法ではうまく統御できないので、なんらかの変化は不可避だった。だが、かならずしもロンドンを範にとらずともよかったのである。

そうはいっても、使命遂行をつうじて首都警察は貴重な経験を積んだので、新しい専従組織のありかたを模索する地方警察隊は、その経験を参考にした。ことに、訓練の行き届いた要員を確保する手立てが参考になったが、アイルランドの王立警察とイングランドの民兵隊も、その意味では情報源になった。じっさい、首都警察から地方の新設警察隊への影響は、訓練の行き届いた要員を確保する方法といった程度にとどまっており、訓練の行き届いた予防的警察隊が模範として地方に移植された、というのとはかなり違う。地方での関心はもっぱら、地元組織が地元の治安判事の指揮下に財産を守る、というところにとどまっていたのである。こういう方向が、紳士や起業家や貴族のみならず、より下位の有産者たち、たとえば一家を構える職人や小商人や、僅かばかりの土地をもつ人々によっても、支持されていたのだった。

1835年の都市自治体法[11]は、自治組織をもつ全ての都市区[12]に対して、地元の警察隊の監督のために警備委員会を設置するよう求めた。ただし、警察活動という言葉の意味は最大限に拡大解釈されており、都市区街頭の障害物の除去から、救貧法上の責任の一部遂行、さらには目方や度量衡の監督までが、含まれていた。理論上は、この法律で、イングランドとウェールズの全ての都市区における警察活動が確保されたはずだが、新しく出現しつつあった都市型地域社会の多くは、都市区という法的地位の獲得をかならずしも急がなかったし、そうでなくても地元警察隊の編成を引き延ばすところもあった。1838年になっても、178の都市区のうち78がまだ、警察隊を編成していない。まさにその同じ年、W.C. テイラーは自信たっぷりに、「犯罪が警察隊の編成に比例して減少しているのは、否定しがたい。いまどき誰が、枕の下にピストルを隠しておいたり、手の届くところに鉄砲を置いて寝たり

---

[11] the Municipal Corporation Act. この訳語は村岡健次・川北稔編著『イギリス近代史』（ミネルヴァ書房、1986年）による。同書 p. 158 など。
[12] borough

しているだろう？」と保証してみせたが、世紀半ばにいたってもまだ、六つの都市区が、法律が要求する警察隊を編成していなかったのである。また、警察隊はあっても整備水準が嘆かわしい都市区も多かった。これらの警察隊はどれも地元当局に責任を負っていたが、いっぽう首都警察が責任を負うのは、王の大臣の一人に対してだった。じつは、そういう部隊を導入して軍の治安出動を完全になくすことが望まれていたのだが、それは、1850年代から1860年代にならないと実現されないし、1870年代のフェニアン団問題[13]では、ふたたび治安維持面での軍隊への依存度が高まった。都市自治体法の実施が進まなかった理由の一つとして、1847年の都市警察条項法[14]がある。これが、地元独自の警察活動の導入を、代替案として認めていたのだ。この法律が与える権限を行使すれば、救貧法実施委員で構成する委員会[15]であれ教区会であれ、法人格を有する団体でありさえすれば、警察活動の監督者と適当な数の警察吏を任命できたのである。

都市自治体法の4年後、1839年の「村落部警察法[16]」によって、村落部における警察隊の創設に、ゆるい法的枠組みが設けられた。これはその3年前の、「村落部警察についての王立委員会[17]」から生まれたものである。これらの努力目標からは、英国には警察組織がなかったどころではないということと同時に、現実の警察組織には、ピールの首都警察法が提案する以外の型があったことが分かる。きわめて濃厚な地方性がそのまま存続したことには、ことに注意しなくてはならない。なにしろ、警察隊の司法権限は、隊を生み出した教区会の教区内に限られているのが普通であり、隊員の給与にしても、教区会が転用を認めた救貧税から出ていた。さらに、こうした地方警察の隊員の一部は、1833年の「街灯および警備法[18]」に基づいて任命されていた。

---

[13] 英国とアメリカで起きたアイルランド共和国建設運動への言及。フェニアンは、西暦2、3世紀に活動していたというアイルランドの伝説的武士団の名前。
[14] Town Police Clause Act
[15] a board of guardians
[16] Rural Constabulary Act. 'rural' を「農村部」としている例が多いようだが、納得しかねるので、あえてこの訳語を使う。
[17] Royal Commission on the Rural Constabulary
[18] Lighting and Watching Act

この法律は、地方の多くの浄化団が設立条項に入れていた内容を、一般化したものである。そもそも街灯は、地域社会の利便のためというよりも、犯罪者たちの活動の機会を減らす自明の手段と見なされていた。この法律は、地元で任命され給与を支払われる警備員の監督権を教区会に与えるものだが、一種の警察活動を安価に賄う手段を、提供するものだった。この方法で任命された警備員の権限は限られていて、財産の保護も令状の執行もできなかったが、とにもかくにも、1839年の法律の実施よりは安上がりだったのだ。教区の警察組織の細部は、1842年と1850年の立法措置によって、さらに洗練を加えた。後者は、州税[19]から給与を支払われる監督官の任命を規定しており、各監督官は州の治安判事小法廷の担当区域[20]をそれぞれ管轄したが、各教区の警察吏の給与支払いに直接介入する権限はなかった。こういう立法措置やその利用のされ方を見ると、まだ多くの人々の思考や行動の枠組みが、教区や荘園や村や小さな町の境界線の彼方には及ばなかったことが分かる。広い国家的関心ではなく、そういった世界こそが、人々の生活の直接の背景だったのだ。彼らが中央集権化の力を感じるのは、ロンドンというはるか遠隔の地ではなくて、州だった。州の四季裁判所こそ、地元に根付いた治安判事小法廷や地元治安判事たちの効果的な働きを、脅かしているように見えたのである。警察活動の実施を規定した様々な立法措置には、歴代政府が地域制度の整備を地方当局に促す際に多元主義的な方針を採用したことが、反映されている。

　1839年までの英国の村落部の警察組織の規模は、キャロライン・スティードマンの「19世紀の警察の基本型は村落的であって都市的ではない」という主張を裏付けるものとして、きわめて重要である。村落型と都市型というこれら二つの基本型は、きわめて異質な行政思想の表現なのだ。首都警察はじつに露骨に中央政府の関心のありかたを反映しており、その役割に注目すれば、19世紀的な行政府の考え方がおのずから見えるほどである。そこでは、中央政府による介入と官僚組織の発達が執拗に追求されており、地方によっては事情になじまない

---

[19] county rate
[20] petty sessional division of a county

ことなど、ほとんど顧慮されない。いっぽう村落部の警察はといえば、錯綜する地元地域社会の権利関係の枠内でしか考えられておらず、そのことが、地元治安判事の権限と産業社会以前の地方行政の型を、産業化された世界にまで存続せしめた一大要因だった。しかしながら、こういった事情にもかかわらず警察は、都市におけると同様村落においても、重要な存在になりつつあった。ロバート・ストークは、こんなふうに論じている。「南部の村落社会が19世紀初めに直面した危機のため、ますます多くの紳士たちが、道徳家や哲学者の、地元ではなく都会でできた思想に鞍替えし、村落部で許容される振る舞いの'最低限の枠組み'や秩序を見直して再設定することに乗り出した。その課程で彼らは、父親や祖父なら夢想だにしなかったであろうこと、すなわち警察のある社会を都会から村落にも広げることを、考えるようになったのである」。

首都警察総監[21]チャールズ・ローワンは、村落部の警察活動について、次のような考えを述べている。「村落部の警察は、村内で自らの存在を顕示することによってよりも、犯人を割り出してみせることによって、犯罪を防止するのである」（1850年10月15日の『タイムズ』）。つまり村落部の警察は、未知の要素がなくて規制も行き届いた地元の地域社会の内側で、財産の守り手という地位を確保するのだ。こういう評価基準は、警察に託された次のような役目を見れば、さらに浮き彫りになる。不法妨害調査官[22]、目方および度量衡検査官[23]、救貧法実施官[24]、市場監督官[25]。キャロライン・スティードマンの言葉を借りるなら、「地域に働く諸々の力のまさに地域的な財政構造の内側で、すべてが警察を、財産のより完全な下僕にしていた」のである。

適切な警察隊の望ましさを治安判事たちに納得させるには、暴動や騒擾に陥りやすい地域から軍隊を引き上げると脅せばよかった。たとえば内務省が1842年にスタッフォードシャーの治安判事たちに、もは

---

[21] Metropolitan Police Commissioner
[22] inspector of nuisance
[23] inspectors of weights and measures
[24] Poor Law relieving officers
[25] market inspectors

や軍隊に「警察の役割を肩代わりさせておくことはできない」と通告すると、まさにそういう効果が生じた。治安判事たちはただちに「村落部警察法」を「窯業地帯[26]」に適用し、翌年には州全体に同措置を拡大した。その際、論理が部分的というよりもほぼ完全に財政的なものだったことが、ヨークシャーの西ライディングの治安判事たちと軍との往復書簡に、はっきりと見て取れる。ブラザートン将軍が書き送ったのは、織物業者が多い治安判事たちには、駐屯軍が彼らの財産を守るのは安上がりだろうが、公的安全に寄与するものではないから軍の誤用だ、ということである。都市区においてもそうだったが、村落部においても、警察隊の相当部分が個人の支出で賄われており、その部分はまさに個人の財産保全のために存在した。1840年の警察法[27]は、「規定の員数を超過した警察吏」の任命を認めていたのである。彼らは金銭的に個人もしくは個人の集団に依存していたとはいえ、他の警察吏と同じ服装をし、同じ一般服務規程に従った。しかしながら彼らの任務は、特定の財産の保全だったのである。もっともそれには、市場とか港湾といった公共施設から私有の工場や個人の領地までが含まれたが。スティードマンがあげている例では、グラフトン公爵が、ノーザンプトンシャーに自分が所有する窯業地帯の領地を、資金を出して警察に守らせた。1855年にその地域で犯罪が急増したための措置だったが、彼女はさらに、1860年代と1870年代には、北部では都市区と州の警察隊の最大限4分の1が、私的資金で維持されるこうした員数外警察吏だったことを、指摘している。こういう任命の方法は、第一次世界大戦が始まるまで続いたのである。

　「村落部警察についての報告」の草稿をを書いたエドウィン・チャドウィックは、すでに法令集に入っていた新救貧法との、緊密な連携を望んだ。彼は1829年には中央集権化を支持していたが、1853年になると、警察についての特別委員会[28]で、地方の警察隊はその地方に監督させることを支持したのである。この例を見ると、警察の歴史には、

---

[26] the Potteries
[27] Police Act
[28] Select Committee

警察活動の責任が地方から中央へと、「ゆっくりとではあるが着実に」移ってゆく過程などなかったことが分かる。中央政府から地方警察に対しての、出先機関になれという圧力が強烈になってくるのは、1880年以降でしかない。その時でさえ、抵抗は強かった。1839年の時点では、新しくできる警察隊への25パーセントの国庫補助も、その訓練への首都警察の関与も、法律化を阻まれている。地方当局は、必要な活動についてさえ、費用の問題にはきわめて敏感だったうえ、上級権威から指図されるのを嫌った。都市自治体法の実施の場合と同様、村落部警察法の実施は、遅々として進まなかった。19世紀半ばになっても、州単位で見れば、半分にしか警察隊がなかったのである。備えている州でも、全域に展開されていない例があった。

　制度全体を規格化したのは、1856年のサー・ジョージ・グレイの「村落部および都市区における警察法[29]」である。この法律は、適切な人数の警察吏を任命することを、全ての地方当局に義務づけた。ほとんどの大きな町の警察隊は、すでに有効な活動ができる程度の規模になっていたが、中規模の町や、ましてや極小規模の都市区では、警察隊の問題は重大な憂慮の種だった。この法律は、パーマストンが1853年に作った警察についての特別委員会の報告に法律的に対応したものだが、この報告には、希望や野心が満載されていた。たとえば、全国的統一とか、いわば中期ヴィクトリア朝の国土防衛軍[30]のようなものを補助的防衛兵力として整備する、といったことである。また、クリミア戦争からの帰還兵で英国社会に暴力的事態の初期段階が生じるのでは、という問題意識も見られる。地方で反乱が起きるのではないかという一般的な不安と、それに対処する仕組みを私的公的を問わず作る必要性があるという認識も、ある。さらに、「もしも我が国が将来」、流刑を廃止して「犯罪者とともに生きることを学ばねばならないのであれば、犯罪者に対する防御の費用は国家が負担せねばならない」という判断まで、付け加えられている。しかし、上記の諸不安の解消策と

---

[29] County and Borough Police Act
[30] 原文は 'home guard'。1940年にナチスドイツの侵攻に備えて、無給で編成された市民軍である。

して報告が示したこれらの提案には中央集権の傾向が顕著であり、強固な根をもつ地方主義の勢力と、正面から衝突してしまった。さすがのパーマストンもこの勢力を押し切ることはできず、破棄よりはましだとして、勧告を実現するはずの法案を撤回した。「ロシアが恐れさせられず、オーストリアが騙せなかった精神が、マンチェスターとバーミンガムとチェスターの役人たち［都市区選出の下院議員たち］と州の英知の代弁者たち［州選出の下院議員たち］の前に、弱音を吐いたのである」（ラジノウィッツ）。そこで結局はグレイが、内容を穏便に切り下げた法案を出す役回りになったのだ。

したがって1856年の法律は、報告が望んだこと全てを放棄したわけではないし、かといって、サー・ジョージ・グレイが当初望んでいた全てを実現したのでもない。ともあれ、小さな警察隊を統合する計画は、実現するどころではなかった。統制権の地方による掌握は存続し、むしろ強化された面さえあったが、小さな変更が二点ある。第一は、警察隊の全国監督官の地位[31]が設けられたことである。これは、警察に関する内務省の標準方針を都市区にも拡大してゆく手がかりになった。全国監督官は地方行政の経験者だったことが研究で分かっているが、したがって彼らは、地方における警察活動の問題について助言するには、好適な立場にあった。町長や市長といった自治体の幹部から、暴力勃発の初期段階にどう対処すべきかについて助言を求める書簡が届けば、事情通として明快な助言を与えたが、たいていは、地元警察隊の拡充を勧めたのだった。ただし、その具体的手段は、資格に問題がない限りできるだけ多くの隊員を臨時に宣誓入隊させること、そして近隣州の警察隊の援助を要請することだった。軍隊への出動要請は、最後の手段とされたのである。

第二には、大蔵省が、「有効」と見なされた警察隊の給与と制服費用の25パーセントを負担することに、同意した。「有効」性の判定は、主として、当該地域の人口に対する警察隊の人数によったのである。地方当局に対して中央政府がこの補助金を出すようになったのは、国内

---

[31] 原文は 'national inspectorate' である。'inspector' は通常は「警部」を指すが、ここではもちろん該当しない。

行政における大革新の一つだった。少なくとも部分的には、これで、犯罪が地方的問題であると同時に全国的な問題であることが、認められたからである。すでにその4年前、『エディンバラ・レヴュー』が、「犯罪は、個人や教区や州ばかりでなく、全国に普遍的にかかわるものである」という意見を発表し、その事態把握に基づいて、「犯罪根絶に向けた努力もまた、全国的でなければならぬ」と求めていた。当初、補助金は「効果的な」警察隊にだけ出されていたが、小規模な都市区の警察隊がほぼ消滅した1890年までには、ロンドン市をのぞく全警察隊が、財務府から補助金を受けてるようになった。じつは1874年以降、25パーセントという上限も撤廃されている。法律で導入されたこの二つの革新、つまり全国監督官の創設と大蔵省からの条件付き補助金の支給は、この法律は「相当な間接的圧力と最小の直接的強制を」巧妙に「混ぜ合わせたものだ」というラジノウィッツの見方の正しさを、示すものである。

　1865年の法律のインパクトを要約して、キャロライン・スティードマンは、次のように論じている。

　　　　これは現実的な専門家の態度を濃縮したものであって、そのことは、地方の警察隊の状態と効率を年度単位で監査する政府要員の任命にばかりでなく、警察隊の作戦行動に必要な警察署や取調室や監房といった物理的条件を記述する条項を設けたことにも、現れている。この新しい法律によって、特別な職業集団としての輪郭が明確になり、老齢年金の基金も設けられたのだった。

　英国の警察の伝統を擁護する人々は、警察の［軍隊とは区別される］市民組織としての性格を称揚するあまり、警察の発達史中ことに19世紀には、軍隊的理想が強く影を落としていたことを、無視する場合がある。1856年の法律が示すのは、エムズリーによる指摘のとおり、警察を国内兵力の一形態と位置づける方向がますます明確化していたということである。じっさい、イングランドの23人の警察署長[32]のうち

----
[32] chief constables

軍歴のある者は、1856年以前には7人に過ぎなかったのに、1856年から1880年の期間には、24人中22人に達した。「多くの治安判事が、自分の州の警察隊は国内の敵に対する防衛の第一線であることを、自覚していた。大衆が騒動を起こすと、彼らは、警察隊を軍隊のように動員展開したのである」。

10.4　新しい警察の仕事ぶり

　1840年代と1850年代の新しい警察には、すでに言われているように、じつはほとんど新しいところなどない。これは、創設に際して多くの前例に依拠したためでもあるし、警察活動の伝統的方針が1856年以降もながく維持されたためでもある。要員自体、多くの地で新旧が連続していた。19世紀の警察活動の歴史を研究するについては、従来、二つの見方が行われてきた。第一の見方は、ときおりホイッグ的と呼ばれたりするが、19世紀初めの改革者たちを称揚する。混沌に秩序をもたらしたのも彼らなら、当時の警察隊の理想を実現する戦略を実行したのも彼らだというわけだ。対照的に左翼史家は、新しい警察の創設を、基本的には支配階級エリートの欲望を反映した歴史エピソードにすぎないという。その欲望とは、労働者階級の文化を破壊して貧民に他律的規制を押しつけることであり、目指すのは、英国産業資本主義の大冒険に寄与すべく整形された、従順なプロレタリアートの生成である。この同じ資本主義はまた、かなり富裕な中産階級をもつ消費社会を生み出すのだが、左翼史家に言わせれば、これもただ、多くのブルジョア家庭が窃盗や強盗の被害に遭いやすい財貨を、さらに多くもつようになっただけのことである。こんな調子だから、デーヴィッド・ジョーンズの言うように、「歴史モデルが二つあって、その一方においては同意が、他方においては争いが軸となっている」のである。ホイッグ史家たちが、初期の改革家たち自身の言葉に影響されて、警察活動の継続性よりも変化を強調したにせよ（そうしたのは事実である）、マルクス主義史家たちもまた、新しい警察に労働者階級が抱いた

恐れに影響されたのであり、結果的には、その組織に悪役としての役割を、正当な以上に負わせてしまったのである。

　新しい警察は、公的秩序の維持と最も広い意味での社会規制を任務としていたため、労働者階級の生活のほとんど全ての側面を、不断に監視し始めた。煎じ詰めれば、とくに犯罪捜査と、能力の許す限りの犯罪予防活動ということになる。北部イングランドの都市型地域社会に、この「官製道徳を担う官僚機構」を導入することは、ロバート・ストークの言葉を借りれば、「国家の道徳的・政治的権威の世界では辺境にすぎなかった領域への、重大なる進出」だったのだ。そしてギャトレルは、「ヴィクトリア朝社会がその力と意図をはじめて顕示したのは、家父長制的様相においてではなく、むしろ警官の姿においてだった」という自分の主張を補強するために、女権論者のジョセフィン・バトラーを持ち出す。彼女はすでに 1879 年、不満もあらわに、「警察行政は、極端な中央集権主義の悪弊と、国の隅々にまで入りこむ膨大かつ多数の捜査官の活動との合体である」と述べていた。新しい警察は、労働者階級の余暇活動を熱心に規制したが、理由は、それが中産階級の感情を逆撫でするからというよりも、むしろ、規制しないとそうした活動は治安を乱しかねないから、というのだった。だからストークの見るところ、「新しい警察は、近代産業都市の中心部において、その環境には異質な価値観と、さらに異質の度を加えてゆく法の、体現者とならざるをえなかった」ということになる。労働者階級の見方は、きわめて明白に敵対的だった。というのも新しい警察は、彼らにとっては、スパイであると同時に、一種の軍隊でもあったからである。『貧民の守り手』[33]の 1830 年 10 月 11 日号には、警官たちの表現として「政府の手先、給金で飼われる下僕」という言葉がある。この背景には、19 世紀全体にわたって、警察には中産階級の違法行為を追求したがらない傾向が組み込まれていた、という事実がある。そのような追求をしようにも、平均的警官の訓練水準はあまりに低く、上司からの効果的な支援も期待できなかったのだ。警官は政府と自らの上司たちが属する

---

[33] *Poor Man's Guardian*

階級の手先だという見方は、きわめて遅々としか薄れなかったし、党派性がないという評判もまた、忍耐強く作り上げてゆくしかなかった。

驚くべきことでもないが、こういう「青蝗の災厄[34]」を導入することへの一般大衆の敵意は、そうとうのものだった。なにしろ労働者階級には、不安が多かった。この青色の服を着た連中は、かくも長く反対されてきた常設正規軍の、新手の仮装ではあるまいか？かけた金に見合う有効性があるのだろうか？新しい警察とは、一切の政治的疑問を圧殺するための権力の下僕ではないのだろうか？新救貧法を強制執行したりストライキ破りをして、全般に資本家のために働くように創設された実力部隊ではあるまいか？ストークの答えは明快である：「警察は、都会の地域生活を形成する諸関係のまさに核心部分に、望まれざる監視人として登場したのである」。そういう不安と猜疑がある以上、反警察暴動が広範に発生したのも、驚くに足りない。暴動の目的はさまざまだった。新しい警察隊の廃止を求めることもあったが、これは非現実的にもほどがある。より現実的に、大衆の娯楽や慣習を守れとかストライキに不介入するなと訴えたり、公務執行妨害行為への過剰対応にタイミング良く抗議したりすることもあった。暴動のなかには、警察という組織の導入それ自体への反感に発したと思える例もあるが、そうでない場合には、地元でのなんらかのきっかけが触媒となり、閉塞感からの開放を求めて起きたように思われる。

警察による暴力沙汰、そして警察に対しての暴力沙汰も、最悪の例は、チャーティスト運動が社会の安全を脅かすように見えて政治的不安が高まったときに起きた。そもそも、ストークが説得力十分に示しているように、社会が比較的静穏な時期に警察隊を導入してさえ敵意に満ちた反応が起きることがあり、1857年のヨークシャーの西ライディングでのように、ときには暴力沙汰も生じたのである。もっとも、ランカシャーで1840年代にふるわれたような公然たる暴力は、長期的な「武装停戦」の状態に移行していったし、警察の武装は、よほど例外的な事態でない限り、警棒に限られていた。1863年までは警棒さえも隠

---

[34] 原文は 'plague of blue locusts'. もちろん、聖書からの常套語句を、警官の制服の色にかけているのである。

して携帯しており、実力行使を最小限にとどめる戦略に従って、できるだけ使用を控えるように指示されていた。だが、1880年代に至ってさえ、フロラ・トンプスンのキャンドルフォード・グリーンの人々は、警察を、「潜在的な敵で、権力が彼らに対して放ったスパイ」と見ていたのである。

リクターの論によれば、公的秩序の維持には、しばしば相互に無関係な要因が関与している。「秩序の状態は、警察活動の有効性と同程度に、群衆の自制の程度にもよる」。しかしジョーンズは、警察日誌と犯罪統計を研究した結果から、警察の重要性を強く主張している。「社会的にそこそこの地位と生活を得ている人々は、例の三つの偉大なる『道徳教師』の近くにいることを、ますます安心のたねにするようになった。すなわち、監獄と労役所と警察署である」。1871年時点で、ロンドンには10,350人、地方には15,860人の警官がいた。1901年には、それぞれ、16,900人と27,360人に増加する。

10.5　制服を着ている警官、着ていない警官

新しい警察にとっては、ただ仕事をしているだけでは十分ではなかった。仕事を立派にこなしているように見える視覚的な存在感のために、制服も大事だったのだ。とはいえ防犯から捜査に活動が及べば、こんどは正体を隠して活動しなくてはならず、私服警官が重要になる。警官の姿が見えていることの意義をめぐる議論は、際限もなく行われた。警官があたりにいない場合に起きる犯罪が、あまりに多かったせいもある。1875年にハイホルボーンの倉庫が襲われたときには、『タイムズ』のような真面目な新聞までが、ぶしつけにも「警察はどこにいるのか？」と問う始末だった。犯行には数時間もかかったはずなのに、法の番人たちはまったく気づかなかったらしいのだ。

ベッドフォードシャーのある治安判事が、州の半分から警察を完全に排除し残り半分は通常配備のままとして、比較対照実験をやろうと提案したが、そこまでの覚悟は誰にもなく、この問題の本当の答え

みつからなかった。だから証拠はないが、警官の姿は小悪党に犯行を思いとどまらせ、街頭での暴力沙汰も減少させて、19世紀英国の犯罪を最小限度に押さえ込んでいたのではないか、と言われている。

新しい警察は、自分たちの存在意義を、社会一般と給与の出所である納税者に示そうとして、逮捕件数などを含む各種統計資料を作った。見ると、逮捕された中には、彼らの金主たる中・上流階級を悩ましていた違法行為が多く含まれている。たとえば、物乞いや酔っぱらい、乱暴で非合法な路上商いや押し売り、といった具合である。地域社会で営業許可を受けている商店も数えたし、管轄区域を通過する浮浪者も数えた。浮浪者は、スティードマンの言葉を借りれば、「社会の統制構造の中に存在する流動的変則要素」であって、他の多くの犯罪の源だとひろく感じられていたからである。被害を受けやすい財産は静的であるのに、犯罪は、情報通信手段の発達とともに高度に動的になってくる。そこに、問題があった。

村落部では、制服を着用するか否かは、あまり問題ではなかった。そもそも、たいした数の警官がいるはずもないからである。ロンドンでさえ、犯罪者の逮捕はほとんど私服警官によるものだったが、私服警官はどちらかといえばこっそり忍び寄る類の存在だから、英国は大陸流のスパイを自国民に対して用いるべきでないと懸念する人々も、一部には存在した。1829年から1839年にかけてのロンドンでは、各地区の治安判事のもとに、首都警察と私服刑事が肩を並べて働いていた。1842年には、首都警察も、渋々ながら自前の私服刑事を任命せざるをえなくなる。その増員は遅々として進まなかったが、理由の一つは、上のような懸念の存在である。だが、私服の要員は腐敗しやすいと思われていたためもあるのだ。

10.6　警察の専門職化

初期の警察隊が抱えていた大問題といえば、多少の現物支給で補っても足りない給与水準の低さと、訓練の欠如だった。この状態が続く

限り入隊者の質は向上せず、法を破る者と法の守り手の距離が、安全なほどには開いてくれない。世紀のもっと早い時期には、警官職はまともな経歴ではなく、失業よりましな程度だと言われていた。キャロライン・スティードマンは、労働者階級から採用した隊員がけっして「警察官[35]」になれなかったと述べているが、これも、同じ点を衝いている。というのは、警官のステレオタイプを作った後世の者たちは、社会身分的に高い評価や忍耐強さや公平さの代名詞というイメージを19世紀にも投影したがるが、労働者階級出身者がそういう存在になることは、けっしてなかったからである。彼女は見事な統計資料操作によって、世紀のほとんどの期間、専門職の名に値する警官がいかにまれだったかを、示した。警官の転職率は、世紀最後の10年間にいたるまで、きわめて高い水準を保つ。1874年にある署長が述べたところでは、「もしも隊員が2年間職にとどまっていれば、それ以上とどまる望みが出てくるが、圧倒的多数は、一年以内か数カ月以内に辞めてしまう」のである。

　1856年から1876年にかけてのほとんどの年、スタッフォードシャーでは、隊員の3分の2以上が、2年と勤務せずに退職した。昇進を期待しつつ年金がつくまで勤務を続けたのは、10分の1あまりにすぎない。対照的に、警官でも士官級になると、驚くべき定着率を示している。スタッフォードシャーでは、1852年から1863年の間に任命された者のうち80パーセントが、勤務中に死亡したか、年金を得るまで勤務したのである。初期に警官の退職率が高かったその半ばは、じつは解雇であり、原因としていちばん一般的なのは、飲酒癖と多額の負債だった。それらをとくに明示的に禁じている服務規程集すら、存在したほどである。温厚で立派な19世紀の警官という理想像は、規定集よりも規定違反の横行という現実の中に置いて眺めてこそ、値打ちがある。隊員の退職率がこれほど高い以上、警察がやれることには明らかに限りがあった。こうした背景を考えれば、左翼史家の最悪の懸念なるものは、誇大妄想ではあるまいか[36]。

[35] 原文は 'policemen' で、ほんらいは、公共に奉仕する人間という意味。
[36] 有効な政治警察活動などやれたはずがない、というのだろう

地方警察隊が出来た当初に抱かれた不安は、主として縁故贔屓と不当な地場利害による干渉だったようである。そこで、初期には、地域にとってのよそ者を警察署長[37]に任命した。しかし現実には、単純な飲酒や警察基金の私腹のほうが、喫緊の問題だったのである。すくなくとも、ニューキャッスル＝アンダー＝ライムではそうだった。初代署長のアイザック・コットリルは、ランカシャーのペンドルトンの署長職から移ってきたよそ者だったが、1842年に窯業地帯で荒れ狂った「プラグ＝プロット暴動」が町に波及するのを防ぐために、800人ほどの規定外隊員を採用して大砲2門を警察署の外に目に付くように配備し、事実上町を要塞化してみせた。そのことで有力市民たちに賞賛されたが、7年後、飲酒と職場放棄を含む二つの事件のために解雇されてしまう。それでも、解雇に際して、「1842年の窯業地帯の暴動のみぎり、当都市区の安全を保たんがために彼が行った非常なる骨折りに鑑みて」50ポンドを特別に支給されたが、12年間にわたって彼が消防基金を私腹して自分の年金の積立てに回していたことが明るみに出て、その支給さえ取り消された。
　彼の後継者となったユートクシタ出身のJ. T. ブラッドは、対照的に、警察署から引っぱり出すのが大変だった。そういう苦情に対して彼は、部下の3人の警官がどれも文盲なので自分一人で書類作りをしなければならない、と弁明した。そこで、街頭でもっと頻繁に署長の姿が見られるようにと、事務の補佐を強化することで同意が成立したが、街頭に出るときの署長は、警官の制服ではなく、燕尾服とシルクハットで盛装するのだった。当初、この都市区の警察隊は、ひとつには人口に対する警官数の比率が低すぎたため、またひとつには隣接する州の警察隊との連携ができていなかったために、グレイの法律が提供する補助金を受けていなかった。じつは連携どころか、犯罪者を自分の都市区の境界線から州の管轄する側に追い出すことしか、頭になかったのである。この都市区が、政府補助金の給付対象になる規模に

---

　[37]原文は 'superintendent' である。イギリス流の用語法では、階級としての「警視」を指すはずだが、ここはあきらかに、アメリカ式に「署長」を意味しているので、訳者が適宜に判断した。

まで警察隊を増強する資金を出したのは、やっと1873年のことである。こういう例は都市区の警察隊に珍しくないが、その多くは、規模が「効果的」に達しなかった。内務省は内務省で、「本質的に市民組織であって非武装で軍隊の援助を受けずに活動する」(ハンサード)ことの利点を繰り返し説いていた。危機が生じれば地方の警察隊は、緊急事態への即応措置として、真面目で廉直な市民を必要なだけ、臨時隊員として宣誓入隊させるのがつねだった。厳密に法的な観点から言えば、最初から免除されている階級以外なら、すべての市民を、強制的に入隊させることができたのである。

　趨勢は明らかだった。1857年には120の警察隊が効果的でないと判定されていたが、1875年までにその数は38に減り、1890年にはゼロとなる。1857年には警官の数は全国でも1万9千人に届かず、しかも3分の2以上がロンドンにいたが、1901年になると、警官の総数は4万4千人で、ロンドンには1万7千人である。こうした増加は、一つには人口増加への対応であって、適切な対人口比率を維持しようとしたのである。たとえば、1857年には、村落部では1,365人につき警官一人という割合だったが、世紀の終わりには、949人に一人になっている。同じ時点でロンドンについても確認してみると、446:1 から 396:1 になっている。数が変われば結果も違うのであって、ギャトレルは、1850年代から第一次世界大戦前夜までは、「犯罪との戦いにおいて、国家は目に見えて勝利しつつあり、当時の人々はそれを理解していた」と言うのである。成功は自尊心をはぐくみ、専門職化に寄与することになる。

　19世紀には、警察内部の階級層序は、社会のそれをくっきりと反映していた。士官たちは中産階級から出ていたが、ずっと多くが、村落部の賃金労働者でもまずまずといった層から出ていた。こうした労働者階級の男たちは、キャロライン・スティードマンの言葉を借りるなら、「地方政府によって、社会政策の道具にされた」のである。低賃金、訓練不足、低い規律水準と三拍子揃っていたため、世紀初めにも警察の評価は低いままだった。専門職としての警官という観念を作るのに

おおきく貢献した『警察雑誌[38]』の、1866年2月の創刊号には、「公僕中に、警官ほどその主人から手ひどく扱われている例は、おそらくあるまい」という嘆きが見られる。

　1870年以降は、多くの警察署長が、隊員を本来の警察活動に専念させて、隊の専門職としての評価を高めようとする。つまり、救貧法や市場監視や目方及び度量衡の検査など、それまで引き受けてきた地方行政の下請的な役割を、切り捨ててゆくのである。そういう仕事は、警察本来の業務がおろそかになる原因だと考えられた。署長たちのこの努力はある程度の成功を収め、内務省は、1870年代に何度か地方当局に回状を出して、警察活動に専念したいという彼らの要望を後押しした。こういう事態展開の中で地方の行政当局と警察との関係は疎遠になってゆくが、中央政府による地方警察の費用の負担割合が増加してゆくと、その傾向はいっそう顕著となった。同時に、1875年の「爆発物取締法[39]」と「食品劣化防止法[40]」のような新しい立法措置が、地方の警察隊に新しい責任を負わせているが、警察隊はこれらの新しい業務を、もはや地元の治安判事に頼ることなく、自らの責任で遂行したのである。警察は専門職としての水準を達成すべく業務を行っている自律的組織だという認識の普及に、力が注がれた。

　3人の警察監督官[41]が1856年の法律の一部で任命されたことで、警察の社会的地位が改善に向けて動き始めた。何年にもわたって彼らは、中央政府や、その他耳を傾けてくれるならば誰に対しても、警察が専門職集団である必要性を訴え続けたが、同時に、年次報告書においては、地方行政当局が管轄する警察活動の重要性も強調した。初代監督官の一人である有名なサー・ウィリアム・カートライト少将は、軍人ながら人間味溢れる紳士で、警察の福祉面への配慮で抜きんでていた。彼は、自分の報告書を利用して統一給与体系の必要性を説き、警官として入隊した者たちの手柄を認知してこれに報いよ、と主張したので

---

[38] *Police Service Advertiser*
[39] Explosive Act
[40] Adultration of Food Act
[41] inspectors of constabulary

ある。カートライトは、優れた警察を作り上げようとすれば、忠実な業務遂行に地位で報い、また地区全体の監督を補強するために、巡査部長[42]の地位が重要であると信じていた。適切な年金も、給与水準や昇進の期待に劣らず重要だったが、これは1890年代からは強制加入とされた。かくて世紀の終わり頃になると、徐々にではあったが、警察官になることは、労働者階級の男たちの一部にとって、経済的安定とまずまずの社会的地位を確保することを意味するようになっていた。

10.7 結 論

　本章では、全国組織としての警察の発達を辿ってきたのであるが、その際、発達には単一の型などなかったことを強調してきた。首都警察は例外であり、ほとんど地方の見本にはならなかった。政府はむしろ、法の執行機関が多元的にできあがってゆくのに満足しており、財産の保護がどこでも最重要事項の一つであることを承知の上で、地方ごとに地元の特殊性に適合すると思われる独自の警察活動の方法ができてゆくのを認めていた。歴代政府はまた、地方行政当局を軍隊依存の体質から脱却させようと努めた。軍隊の使用はよほどの緊急事態に限るよう、望んだのである。村落部では、警察活動の形態が産業社会以前の伝統的な行政方法を反映していることがまれではなかったが、これはつまり、地元の治安判事の権限を注意深く尊重するということだった。北部と中部の産業地帯では、「青蝗の災厄」は、労働者階級の地域社会への、異質かつ望まれざる実力部隊の新たなる侵入だとして、深刻な不安の源だった。警官たちは昔から自分たちが享受してきた権利を侵害しに来たのだと疑ったのである。こういったかなりの立法措置に多くの都市区当局が示した反応は、緩慢かつ渋々ながらというところで、その状況は、地元に何らかの危機が生じて、治安維持のためには、国全体に警察を普及しようとする中央政府と協同する必要があるという認識に達しない限り、変わらなかった。補助金の支給があっ

---

[42]sergeant

てさえ、小さな都市区は、例の「効果的」という基準を満たす規模の警察隊の費用負担をためらった。しかし、全ての地方に警察があるというだけでは十分ではなかった。業務を効果的に遂行できる規模と質が保証されねばならなかったのである。世紀の初め頃には、そうでない場合が多くあった。給与水準の低さのため、警察勤務はとても専門職とは見なされず、むしろ一時的な失業逃れでしかなかった。平の警官がかなりの長年月勤め続ける気になるのは、世紀も後半になってからである。そのための、年金や昇進の希望といった労働条件の改善は、全国監督官たちの支援運動によって確保された。そのときやっと、公平さ・厳密な正直さ・穏健で立派な人柄といった理想、つまり英国の警察に望まれてきたイメージが、いささかなりとも現実の反映となり始めたのだった。

第11章　刑罰のパターン

11.1　懲罰的国家

　刑罰は19世紀中に非常な変化を遂げる。世紀の初め頃には、現実的にも脅しの意味でも、死刑と流刑が中心的な位置を占めていた。1875年になると、すでに流刑は廃止されているし、死刑該当の罪の数もきわめて少ない。第二の変化は、エムズリーが指摘しているのだが、重要な決定権をほとんど裁判所側が握っている状態から、裁判所が監獄側と相談して刑罰の形を決める状態へと変わるのである。こういう変化が起きたひとつの理由は、流刑廃止が確実になって、禁固刑の役割をより積極的に評価する必要が生じたことである。監獄について、サー・ジェームズ・スティーヴンが、「主として、公許された復讐の制度である」と言ったのはこの時代の初めのことだが、いまや、刑罰と更生の関係について、積極的に考えなければならなくなった。

　ロムリーやマッキントッシュらの改革の前には、19世紀初めの「血の掟」は、200以上の罪を死刑該当としていた。過去の歴史家たちは、おそらく彼らの業績を讃えるためにこの掟の過酷さを強調したので、扱いにはいささか慎重を要する。該当する罪の数が多いのは、細かい区別にこだわりすぎるせいでもあるのだ。たとえば、ウェストミンスター橋汚損の罪を、ファラム橋汚損の罪と区別したりする。だから、罪の種類が多いからといって、そのまま実際の訴追件数や、まして有罪判決の多さにつながるわけではなかろう。些細な区別は、被告を助けることもあった。1833年のこと、ストーク＝オン＝トレントのジョン・ホートンは、オーウェン氏の馬小屋に悪意で放火したと告発されたが、

弁護側が、くだんの建物は最近は牛小屋として使われていたことを証明したため、釈放されてしまったのである。

　第二には、法律に規定された刑罰について、裁判所がその通りに執行したとは考えないことが、肝要である。多くの証言で明らかだが、犯行と罰が釣り合っていないと思われる場合には、裁判所は有罪判決を下すのを好まなかった。この点では、労働者階級と地主的な治安判事との間に、新しい中産階級の起業家たち、つまり産業機械を所有して支配権を握っている者たちへの憎悪において、奇妙に通じ合うものがまま存在したようである。なお、死刑の牽制効果については、それが牽制するのは犯罪行為ではなく、人々の訴追意欲や陪審や裁判官が有罪を決定する際の気持ちだ、という説がある。

　19世紀の初期には、じっさい、死刑判決をなんらかより軽い刑に変更しようという傾向が、強くなっていた。たとえば、流刑が簡単に行えるようになったので、多くの死刑該当の罪が適宜の長さの流刑へと切り下げられた。1821年、スタッフォードシャーでのレント開廷期の巡回裁判所において、28名に死刑判決が下されたが、実際に処刑されたのは5名だけである。1825年から1834年にかけては、死刑判決を受けた者の5パーセントしか、実際には処刑されていない。処刑されたのは、主として、殺人と性がらみの犯行で有罪となった者たちだった。1866年から、処刑はおおむね秘密に行われるようになり、公開処刑は、ニューゲイトで1868年5月26日に行われたものが最後である。公的訴追の考え方が発達する以前には、告訴は被害者かその支援者が始めなければならなかった。彼らは、そもそも告訴するかどうかばかりでなく、適用する罪の重さも決めなくてはならなかったのである。軽めの罪状で告発すれば、有罪判決を得る見込みが高まる。証人の心理的な負担が軽くなるし、有罪判決を避けたい陪審の心理についても同様だからだ。しかし、そもそも多くの件においては、裁判にもちこまずに事実上犯人を赦免してしまうのが、唯一可能な対処だったのである。

　衡平措置について重要なのは、犯罪の本質や量刑についての書物の増加に刺激されて、世論が成熟してきたことである。議会による報告

とならんで、定期刊行雑誌や社会問題小説も、大きな役割を果たした。たとえば、チャールズ・リードの『更生に期限なし』(1856年) は、ヴィクトリア朝の小説読者に政府の重要報告書などに含まれる情報を伝え、公衆教化という大事な役目を果たしたのである。リードのこの小説の場合、筋書きの設定が、流刑や地球の裏側の植民地での生活のありさま、さらには、改革以前の監獄運営のひどさといった問題を取り扱う機会を作った。1822年からヴィクトリア女王の即位にいたる間に、司法改革者たちは、どちらかといえば混沌たる状態で併存していた個別刑法の群を、巧妙に定義された犯罪範疇へと合理的に整理する。その際、もっとも暴力的な犯罪にだけ、死刑が残されたのである。1837年の時点で見ても、すでにその一覧はあまり広い範囲にわたるものではないが、1861年になると、死刑該当の範疇はわずか四つになってしまう。これは、1957年まで変わらないのである。

11.2　19世紀初期の刑罰観

　ベンサムの『道徳と立法の原則のための序論』は、1780年に完成したが、出版は1879年である。フランス人デュモンと共同執筆したほうは、フランス語で1811年に出ている。ベンサムの考え方の背後にある仮定は、罰はすべて悪だというもので、功利主義の原則からすれば、罰を用いるのは、よりひどい悪をそれで除去できる場合に限るべきなのだった。そこで、功利主義的な刑罰観は、三部構成になる。第一には、刑罰は、犯罪の実行者を、完全に罪を犯さないようにさせるか、あるいはより軽微な罪しか犯さないようにしなくてはならない。第二に、それは罪に見合ったものでなくてはならない。第三に、できるだけ安上がりでなくてはならない。守ろうとする価値以上の費用を、処罰にかけてはならないのである。こういう原則を死刑に適用してみると、次のような結論が導かれる。死刑は明らかに犯罪者を［殺すという形で］制御しており、同じ理屈で［犯罪者は死ぬので］犯罪は抑制さ

れる。なにせよ、たとえば殺人の場合なら、この罰は犯行自体と同類であり、その点で公衆に訴える。ただ、融通がきかないという非常な欠点があって、軽減措置がないし、更生も過ちの償いもする余地がなくなってしまう。そこで、当然の帰結として、死刑はもっとも重大な罪にのみ残しておくことになるのである。つまり、「加重状況が伴った殺人[1]」だが、この論理は、19世紀初めの時点ではきわめて急進的だった。たとえばトマス・ファウアル・バクストンが、文書偽造者[2]に死刑を適用する現状を、重労働と禁固、もし必要ならそのうえ独房禁固という刑に緩和せよと迫った際の論理は、次のようなものだったのである：「もしも国家が有効な二次的刑罰を考え出せないのであれば、重罪犯といえども、国家のそうした無能さゆえに過剰な罰を受けるべきではない」。

19世紀初期には、死刑以外のすべての刑罰は、二次的刑罰とされていた。この二次的刑罰は、禁固刑と非禁固刑の二つの範疇に、おおきく分けられる。非禁固刑の判決内容は、現在よりも多岐にわたっていた。身体の一部切除は19世紀始めまでには大体なくなったが、晒し台刑や足枷刑はまだ用いられた。前者のほうが後者よりも重い罪に適用されたのである。晒し台刑の問題は、犯罪者の処罰を事実上群集に任せてしまう点にあった。それがほぼ完全に連合王国から姿を消したのは、1815年のことだが、偽証罪[3]だけには1837年まで残された。足枷刑はもっと後まで、村落部ではすくなくとも世紀半ばまで、行われていた。

死刑についての良心の疼きは、すぐに、肉体的刑罰全般への反対となって現れた。1817年以降、女性はもはや公衆の面前で鞭打たれることはなくなり、1820年からは、鞭打ちそのものを受けることがなくなった。家庭内での肉体的懲罰行為が広範に合法化されていたのと比べてみては、どうだろう。懲罰は、召し使いにも子供にも行われ、教育の現場でも同様だった。1861年には、少数の重大な違法行為に対する場合

---

[1] murders accompanied with circumstances of agravation
[2] forgers
[3] perjury

を除いて、16歳以上の男子に対する肉体的懲罰は廃止されたが、例外が設けられたのは、路上でいきなり後ろから首を絞める強盗行為[4]が、頻発していたからである。あきらかに、司法関係者の多くは、鞭打ちの牽制効果を信じていたのだ。たとえば、1875年のこと、妻を虐待した夫には鞭打ちが妥当な刑だという意見を、多くの判事が開陳した例もある。19世紀の最終四半期には、ハワード・リーグが廃止を求めて強力な運動を展開したが、大人の鞭打ち刑が最終的に廃止されたのは、やっと1948年のことである。いっぽう、この期間全体を通じて、肉体的刑罰は監獄での懲罰体系に正式に組み込まれていた。とはいえ、肉体的刑罰はますます好まれなくなっていったのであり、それに平行して、非禁固刑の場合には、罰金刑に比重がかかるようになっていった。それ自体、社会全体にに現金文化が浸透してきたことの証しである。世紀の始めなら、罰金刑は困難だったのだ。なんといっても、ある程度の財産のあることが前提条件だし、裁判所もそれを取りたてる能力をもたねばならない。貧民たちが相手なら、鞭打ちのほうが、ずっと簡単なのだった。

11.3　人道主義的改革家たち

初期の監獄は、ときには管理責任者たちによって営利目的で運営されており、長期禁錮の場所というよりは、裁判を待つ者たちの拘置所である場合がほとんどだった。だから、刑罰の場としての機能は十分考えられていなかったのである。1815年の「監獄手数料廃止法[5]」が、利潤追求の場としての監獄の終焉を告げているのだが、その最近に管理運営方法に変化が生じるまでは、監獄はまさにそういう場だった。改革家たちの集団の骨折りだけでなく、彼らが頼みにできた世論の盛り上がりもあって、立法措置が可能になってゆく。

---

[4] garrotting
[5] The Gaol Fees Abolition Act

初期の監獄改革家の中でももっとも有名なジョン・ハワードは、ベッドフォード出身の紳士で、その都市区の郊外カーディントンに所領をもち、野菜を扱う業者だった。伝道主義的組合派の信徒で、ただしロンドンでは、サミュエル・ステネットのバプティスト教会に通っていた。彼には、自ら囚人になった体験がある。1756年、ポルトガルに赴く途中にフランスの私掠船に捕らえられ、フランスの監獄に入れられたのだ。この経験のために彼は、国際的な監獄改革に乗り出すことになる。のちにベッドフォードシャーの知事[6]になったことで、英国の監獄の現状を詳しく知るところとなった。下院の特別委員会に証言者として呼ばれたとき、彼はその経験を語っている。しかし、これは役に立たなかった。というのは、1774年の改革立法措置は、それを実現する手だてを欠いていたため、結局は効果をあげられなかったのである。

　ハワードは、事実上、自らを私設の監獄鑑査人に任じたようなものだった。そして、ひどい悪弊の除去に向けて、具体的で詳細な情報を詰込んだ『イングランドとウェールズの監獄の現状』(1777年)[7]で、世論に訴えた。廃船監獄の悲惨な状況について下院の委員会で証言したのは、その翌年である。1775年から1785年にかけて、彼は、監獄改革のために大陸の六つの都市を巡り、トルコからロシアにまで足を伸ばした。そしてふたたび、改革の一助として、虐待の実態を詳しく記録したのである。

　やはり福音主義的活動をした者として、少し後の世代には、クウェイカー教徒のエリザベス・フライがいる[8]。彼女がニューゲイト監獄を

---

　[6]原文は'high sheriff'で、'sheriff'の「知事」は定訳だが('high'は、'under sheriff'と区別するためにつける)、この日本語は訳語としては一貫して的外れだから、つねに注意が必要。中世には高い地位と強大な権限をもっていた。この当時はすでにほとんどの権限を失い、名誉職的色彩が濃くなっていたが、州内の法律執行にある程度責任を負っていた(それで「執行官」という訳が行われることもあるが、それではこの職の伝統的威厳が表現できない)。審査律にもかかわらず、非国教徒の彼がこういう職に選ばれたことは、社会的変化のしるしとして興味深い。

　[7]この本には、部分訳ではあるが、邦訳がある。川北稔・森本真美訳『十八世紀ヨーロッパ監獄事情』(岩波文庫、1994年)。

　[8]やはり女性で、18世紀英国の監獄などの現状を生々しく描き出しているのは、フランス人女性のフロラ・トリスタンである。これも、邦訳がある。フロラ・トリスタン著、小杉隆芳・浜本正文訳『ロンドン散策　イギリスの貴族階級とプロレタリア』(法政大学出版局、1987年)。ちなみに言えば、同時期のフランスについても、次の書の邦

刑罰のパターン

初めて訪れたのは1813年のことだが、本格的に監獄改革に取り組んだのはその4年後、ヨーロッパから英国兵が大量に復員し[9]、監獄が絶

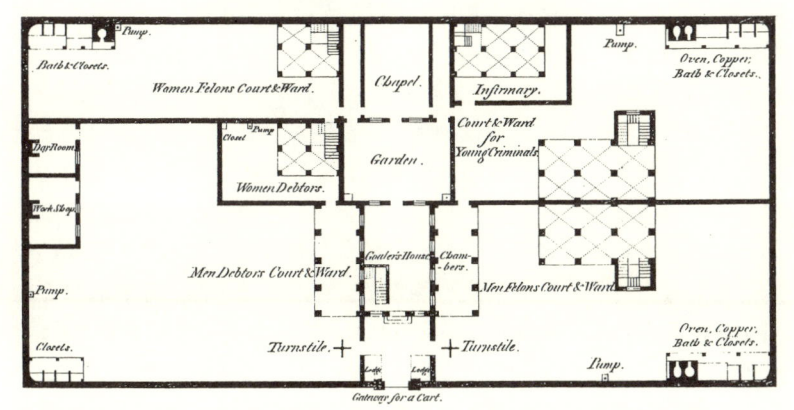

ジョン・ハワード『監獄の現状』(1777年)より

望的なまでに過密状態になったときだった。きちんと管理することへのベンサム流のこだわりとは対照的に、彼女は暖かい人間的関心そのものと、強い福音主義的信念に動機づけられていた。彼女の伝記作者の言葉によれば、「重労働による懲罰ではなく、仕事を通しての更生に、彼女は信念をもっていた」のであり、囚人たちを教育するように求めて言論活動を行った。具体的には、監獄で聖書を読ませることと、理

訳があり、やはり監獄の様子の描写がある。
[9] もちろん、ナポレオンとの戦いが終わったためである。

知的な娯楽を与える制度を作ることを、主張したのである。義理の兄弟にあたるトマス・ファウアル・バクストンとともに活動したが、バクストンのほうは、とくに再拘留者と債務囚人が置かれている状況に、関心を抱いていた。

エリザベス・フライがことに問題にしたのは、囚人たちがひとまとまりにされていること、彼らにさせる有用な仕事がないこと、全員が過密と非衛生の状態に置かれていることだった。彼女が組織したニューゲイト監獄訪問団は、ほとんど完全にクウェイカー教徒の女性たちばかりだったが、囚人たちに適切な衣服を支給し、「秩序とまじめさと勤勉さ」を教えようとし、囚人の子どものための学校も作った。エリザベスの活動の目的は、キリスト教的良心による配慮に基づく、秩序立った監獄運営だった。改革前は、多くの監獄が、監督も不十分なまま混沌たる状態にあったのである。彼女は、監獄での生活を律するための原則集を書き上げ、全員がやれる仕事を探し求め、ろくでもない暇つぶしをさせないようにと主張した。彼女が考えていたのは、監獄の現状に合わせた一種の監督制度の導入だったが、その際、宗教教育を全員が受けることが、制度的に保証されねばならなかった。女囚たちは、この新しい規律を自主的に守ることに同意し、また、クウェイカー教徒の女性たちが給与を負担する女監の監督を受けることにも、同意した。こういう方法を彼女は、自身の人柄というもっと微妙な要素も加えて、ニューゲイトをより人間らしい場所にするために、用いたのだった。彼女はまた、1818年、1831年、そして1836年の聴聞会においても、見事な証言を行った。

なかには、社会契約を破った連中に対する態度としては福音主義的な人道主義は軟弱すぎる、と言う者もあった。エドウィン・チャドウィックは、「ハワード輩やフライ輩の了見の狭い感傷と盲目的熱狂で監獄の改革がずいぶん進んだので、労働よりも慰安を好む浮浪者などが、実際に吸い寄せられてくる」、と小馬鹿にしたような意見を述べた。対照的にフライは、新しい規律には、意図的な冷酷さを感じさせる面がある、と主張した。彼女が信じるところでは、それは1830年代から大

きくなってきたのである。ことに彼女が反対したのは、食事を減らして重労働をさせる措置と、懲罰としての独房監禁だった。前者も懲罰として行われるものだが、その効果のほどは、チャールズ・リードの『更生に期限なし』に、説得力をもって詳しく描かれている。ジョージフという15歳の若者について、「一ヶ月の過重な労働と飢えのために、もはや、どんな労働よりも病院にふさわしくなった」と書かれたと思うと、その10ページ後に、彼は独房で自殺してしまうのである。

11.4　流　刑

　流刑は17世紀から行われてきたが、もっとも盛んに用いられたのは、1788年から1867年にかけてである。この期間中に、ほぼ15万人が流刑となり、主としてオーストラリアに送られた。最盛期の1630年代初めには、毎年5千人もの成人男女と少年少女が、送り込まれていたのである。流刑の判決はほとんど常に、英国のあちらこちらの河口につながれた不健康な廃軍艦で待機することを意味した。本来の意図は、それらの船を、事情が切迫した2年間に限って一時的な監獄に使おうということだったが、じっさいには80年にもわたって使用されることになってしまった。船内の状況はひどいもので、設備が湿っていた上に過密なのに、囚人たちは鉄の枷をつけられたまま、長い時間を過ごしたのである。ウェッブ夫妻の意見では、「英国史上に記録が残っているうちで、廃船監獄ほど人間を獣あつかいする場所はない。これほど気力を萎えさせる場所、これほど恐ろしい場所はない」ということになる。廃船監獄にいささかでも長い時間収容されている者は、ジョン・ハワードが廃船病と名付けた特有の病気に犯されることが多く、なんと25%いう高い率で、囚人たちはそこから出ることなく死んでしまった。状況がそういうふうだから、流刑地への早期の出発は、素行良好であることの褒美と見なされたのである。しかし、1845年の『タイムズ』が状況を暴露したことから、徐々にではあるが廃船監獄は使われ

なくなってゆき、1852年には、すでに2隻を残すだけになった。それ以降は、監獄[10]での一時的監禁が、有罪判決を受けて流刑の執行を待つ者たちの運命となったのである。

廃船から出れば出たで、英国からオーストラリアへの、4ヶ月あるいはそれ以上かかる航海が待ち受けており、その間に死ぬ囚人もいた。最悪の事件は、1842年8月に起きた。罪人を運ぶウォータールー号がケープ＝コーストで沖で難破し、乗船していた330人のうち250人が死亡したのである。当初、契約業者は乗船させる人数に応じて支い払を受けていたが、安全にオーストラリアに届けた人数で支払いを行うように変えてから、状況は改善された。オーストラリアに着いた囚人は、個人か各種政府施設に割り振られたが、その際には、本来の職業が考慮された。たとえば、大工や機械工には、個人からかなりの需要があった。有罪判決を受ける理由になった罪状よりも、割り振りではこのことが重要視された。ただし、拘置中や航海中に素行が悪かった者は「人格低劣」と分類され、公共労働用にとっておかれた。1835年以降、個人への割当ては、7年よりも長い刑期の囚人について行われる傾向が強くなる。短い刑期の者の場合には、訓練の費用で入植者の利益が減ってしまうからだった。少年の場合は、通常、何かの職種の本物の徒弟に仕立てる努力が払われた。

入植者も公共作業監督も、みずから肉体的刑罰を行うことは許されていなかったが、地元の治安判事は、頻繁にそれを認めた。1833年から1837年にかけて、ニューサウスウェールズでは、囚人のほとんど4分の1が、鞭打ちを受けている。普通、一度につき40回打たれるのである。少年用に特別に作られた施設ポイントピューアでは、1835年には56％、1870年には70％が鞭で打たれた。鞭打ちの効果については議論も多かったが、なにしろ安上がりで、実行が容易だった。本国の改革家たちの目など、届きはしないのだ。使用者から不適格だとして送り返された囚人は、あらためて割り振りを受けるまで、自動的に道路工事の組に入れられた。ただし、悪質と判断される行為があった場

---

[10] penitentiary

合には、専用の施設に監禁されたのである。1842年以降、割当て制度は保護監察制度に切り替えられたが、保護監察の措置を受けるためには、囚人はすくなくとも2年間、配属された保護監察予備班で過ごす必要があった。

　オーストラリアの入植地はどれも、事実上の開放監獄だったが、どの開放監獄でもそうであるように、規律の維持のためには、牽制手段としての懲罰だけでなく、特権という餌も用いられた。もっとも重要なものは開放切符制度で、素行良好の記録を続けていれば、「拘束」状態からの早期解放を申請できる制度だった。切符が得られれば有給の仕事を求めることもできるが、居住の場所を警察当局に届けておく必要はあった。こうした許可は、つねに素行良好の限りを条件としており、その条件が満たされないと、ただちに取り消されてしまうのだった。

　19世紀の流刑の背後にあった考え方は、肉体的に健常な者の労働力を新しい植民地で用いるほうが、母国で彼らが犯した悪に復讐めく罰を加えるよりも意味がある、というものである。だが流刑の判決は、きわめて若い者に下されることが多かっただけに、過酷に思われることもあった。レイン＝エンド（スタッフォードシャー）のトマス・ベイリーが、半ペンス窃盗の罪で7年間の流刑の判決を受けたのは、11歳のときである。もっとも、彼の名前の欄には、その若年にもかかわらず「悪名高いならず者」と、わざわざ記されてある。ハンナ・ハンブルトンは、ハンカチ1枚・編み衿ひとつ・リボン少々をハンレーの店から盗んだというので、わずか10歳で流刑7年の判決を受けた。いちばん低い年齢ならば、2シリング2ペンス盗んだジョン・インスキップが、9歳で7年間の流刑の判決を受けた例がある。しかし、窯業地帯から出た流刑者でもっとも悪名高いのは、時計一個を盗んだ罪で、10歳のときに24回目の有罪判決を受けたネイサン・ベントンだった。彼が初めて裁判所に現れたのは、なんと4歳のときだったのだ！どの質屋も時計を引き取ろうとしなかったので、腹を立てたベントンは、煉瓦でそれを壊してしまった。「しつけの面でも模範の面でも彼の教育をおろそかにした者たち」から引き離すのが慈悲だと感じられたので、「彼の

心身の」ためを配慮して、7年間の流刑になったのである。

　流刑の牽制効果も、忌避されるよりもむしろ望まれるようになってしまっては、帳消しである。じっさい、ストーンの16歳の靴の窃盗犯は、それをねらって犯行に及んだのかもしれない。というのは、彼は裁判所で、「この町にいても、働き口が無いんです。町から出してもらえたら、感謝します」と述べているのだ。13歳のジョン・ハーツホーンの父親は、息子はとても始末に負えないから流刑にして欲しいと要望し、裁判所はその願いを容れて、衣服と食料の窃盗の罪状で有罪判決を下した。食料の窃盗は、おそらくなんらか絶望的状況に駆られてのことだろうが、珍しくなかった。12歳のデヴィッド・リーダムは2ペンス分のベーコンを盗んで流刑7年間の判決を受け、ジョージフ・ブライアンは、豚肉2ポンドで同じ刑になった。17歳のジョン・アードレイと20歳のジェイムズ・ベイリーの扱いは、もっと過酷だった。パン一塊を盗んだだけなのに、二人とも死刑の判決を受けたのである。もっとも、後に流刑に減刑されてはいるが。貧困も飢えも、情状酌量の理由になると感じられていなかったのは、あきらかだ。対照的に、対人犯罪は、比較的穏やかな判決ですまされることがあった。バーズラムのアリグザンダ・ロウは大工用の錐(きり)でサミュエル・ビリングズに10もの刺し傷を負わせたうえ、リチャード・ケトルも3個所刺して大量の血を流させ、「この上なく野蛮残酷な状況で暴行を働いた」かどで有罪となったにもかかわらず、2年間の収監で済んだ。

　贓物(ぞうぶつ)収受[11]は、1827年に重罪とされてからは、一般的法則として、盗みよりも重い罪として扱われた。盗品の衣類を贓物(ぞうぶつ)収受したアイザック・ウッドとエリザベス・ウッドフォードが14年間の流刑という判決を受け、窃盗犯たち自身は同じ流刑でも7年にとどめられたのは、そのせいである。この種の犯罪でいちばん華々しかったのは、おそらく、ニューキャッスル＝アンダー＝ライムに近いストークのキャサリン・ダドリー、又の名アイリッシュ・キットだろう。この女は、通常の

---

[11] receiving 「故買」のほうが日本語としてこなれていると思うが、『英米法辞典』に従う。

業務行為として、多くの犯罪者から贓物収受を行っていたのである。贓物収受した品物は自分の所有する建物に隠したが、この建物には、猟犬の群れを飼っておいた。1833年末、彼女の共犯者の一人が裏切り、レイン＝エンドの警察官ブロードハースト・ハーディンを、彼女の自宅に案内した。ハーディンが偽の天井の裏に作ってあった保管所を発見すると、そこには大量の盗品が隠してあった。判事はダドリーを「女性の姿をした中では最悪の社会的害悪[12]の一人」と表現し、彼女を14年間の流刑にするいっぽう、ハーディンには、実費と特別報酬10ポンドを支給した。

　盗みの目的で押し入ると、たんなる窃盗よりもきびしい罰を受けた。たとえば、5ポンドを盗もうとして押し入り、現行犯で1821年に逮捕されたジョン・フォックスは、当初は死刑の判決を受けたが、後に、「この国に二度と戻ってこないように」、終身流刑に切り替えられた。続く10年の間に、押し入り事犯については取り扱いの統一がかなり進んだ。すなわち、死刑を言い渡しておいて、後に、終身流刑に変えるのである。通貨の偽造も、国家の通商の安定に害を及ぼすという観点から、重大な罪とされていた。ヒュー・シャッフルボサムは、必要な鋳型と化学薬品をもっていることが知れて1849年に自宅で逮捕され、15年の流刑に処せられた。のみならず判事は彼に対して、以前なら「絞首台で罪を償ったところだ」と警告したのである。

　当時、いくつかの家族の履歴を調べた人々は、特定の家系には犯罪傾向があるという考えに傾いていった。『スタッフズ・アドヴァタイザー』誌[13]が、初めてクレア家についての記事を掲載したのは、1819年である。この年、プルーデンス・クレアが28ヤードの木綿プリント地を盗んで有罪となったが、彼女の母親メアリも、その贓物（ぞうぶつ）収受のかどで同様に有罪となった。娘は7年の流刑、母親は14年の流刑となり、娘の方は後に本国での収監刑に減刑されたが、釈放直後の1826年、彼

---

[12] nuisance 法律用語としては行為を指すが、ここでは、あきらかに一般用語として人間を表現している。

[13] *Staffs Advertizer* 警察官のための定期刊行物として有名なものに *Police Service Advertizer* (後に改名して *Police Guardian*) や *Police Review and Parade Gossip* がある。内容から判断してこれも警察関係ではないかと思うが、未詳。

女はまたもや流刑の判決を受けた。彼女のいちばん上の兄は、殺人罪でニューキャッスル＝アポン＝タインで絞首刑になっており、次の兄ジョージフは、スタッフォードシャーの州役所から州監獄への送致の途中に脱走した後、流刑になっている。3番目の兄は、本国で長期収監中だった。姉メアリは、市の日に店から盗んだかどで三度目の有罪判決を受けた後、流刑の判決を受け、もう一人の姉も、本国で収監中だった。「この女性の家族の歴史は、たしかに、犯罪が家族の中で受け継がれてゆくという見解を、支持するものだ」、と記事は述べている。だが、いまのところ学者たちは、むしろ「犯行世代」を重く見るのが普通である。19世紀前半のスタッフォードシャーの実例に照らしても、その見方が支持される。なにしろ、流刑の判決を受けた者の圧倒的多数（72％）が、11歳から25歳の間なのだから。

メアリ・クレアは、「悪名高き人物」で「窯業地帯ギャングの一員」だと記されている。1828年の裁判所の記録には、このギャングに人々が抱いていた恐怖が、一貫して窺われる。たとえば11歳のジョージ・グレートバック（ギャング）は、その兄弟とともに15シリングと品物を盗んだ犯人であると知れたが、「彼らは、一般に『窯業地帯ギャング』として知られる非行団に所属しており、これほどに無法な集団はない」とある。彼は廃船での7年間の訓練を言い渡されたが、それが効果をあげなかったのは明らかだった。というのは、9年後には押込み強盗で再び法廷に姿を見せ、死刑判決を受けてから終身流刑に減刑されているからである。20歳のジョージ・ボウルトンと13歳のトマス・ブラウンは、バーズレムでジェームズ・リンドップの銀時計を盗んだが、同様にこの二人も窯業地帯ギャングのメンバーであることが判明し、流刑10年の判決を受けた。ふたりともすでに別件で裁判の被告となった経験があるため、主席治安判事トゥウェムロー氏は、「これらの囚人たちには更生する望みなど無く、彼らがこの国にとどまる限り、近隣の人々の財産に安全はない」と論じたのだった。彼らに下された判決は、あきらかに、ギャングたちへの牽制効果を裁判所が狙ったものだが、報道によると、判決を聞いた母親たちは、目に見えてショック

を受けたようだったという。
　娼婦たちが客から不当に金品を巻き上げるのは、周知の事実だった。肩掛け行商人のマイケル・ダウドは、バーズラムのプリシラ・ヒースの家に行ったが、「そこは、最高に道徳的な場所というわけではなさそうだった」。ヒースは肩掛けを3枚奪われたらしい。プリシラはそれをハナ・コープランドに渡し、ハナが隠したが、地元の警察官が、ハナのところで発見した。女二人が窃盗で有罪となって流刑の判決を受けたいっぽう、告訴したダウドは、盗みの機会を作った不道徳な行いについて、裁判所から譴責されたのである。人を犯罪の被害者になりやすくさせるといえば、節度をわきまえない飲酒もそうだった。1849年3月、ウィリアム・ブラッシントンは、豚を2匹売りさばいた祝いを、タンストールでジョージフ・デイヴィーズという若者とやったらしい。ところがこの若者が、彼から3ポンドあまりも奪ったのである。ブラッシントンによると、「ほろ酔いにはなりましたが、正気を失ったというほどではありません」というのだが。デイヴィーズは、街道強盗の罪で、流刑10年間の判決を受けた。
　スタッフォードシャーでいちばんまとまって流刑処分を受けたのは、1842年のプラグ＝プロット暴動の参加者だった。リュードの言葉を借りれば、「一連のチャーティスト騒動の中で、ひとつの事件の参加者としては最大人数が、逮捕され・投獄され・流刑になった」のである。この「完全な反乱」では276人が裁判を受けたが、116人が本国で投獄され、46人が流刑となった。流刑囚の内訳は、5人が終身、12人が21年、8人が15年、19人が10年で、一般的刑期だった7年とされたのは、たった2人である。流刑囚全員が、年齢的には17歳から33歳の間だった。また、暴動とか煽動とかの単一の罪状で流刑になった者は誰もおらず、有罪判決にはかならず、ひとつかそれ以上の違法行為が付け加えられていた。ジョージフ・クーパーという人物は、暴動のはるか以前の演説を罪にされたが、その判決について、「老ポーター」ことチャールズ・ショーは、「このような法律解釈を行ったのは、彼を裁いた判事というよりも、中流から上流の階級の人々である。彼らが、現

今のごとき人心動揺の時代に前面に立った者には何らかの処分がなくてはならん、何らかの報復措置がなくてはならんという感情に押し流されたところに、真実の原因が存するのである。彼ら［前面に立った者たち］の動機がどれほど神聖であろうが、この運動を真の愛国的課題に貢献するものにしようという彼らの努力がどれほど高貴であろうが、関係がないのである」、と書いている[14]。

　流刑という懲罰全体について、つねに疑念が抱かれていた。あまりに寛容だと考える者もいたのである。シドニー・スミスは、その判決の牽制効果を、こう皮肉った。

　　汝はこの罪を犯したがゆえに、当法廷は、以下の通りの判決を下す。汝にはもはや、妻と家族からなる重荷を負う義務はない。汝はただちに、極めて気象条件が悪く人口過密である国から、地上でも最良の地のひとつに移される。かの地では労働力需要は絶えず増加しているので、究極的には汝の人格は改善され、未来はよりよきものとなるであろう。

いっぽうでは、有罪判決者たちがオーストラリアでで過酷に扱われているという話が、それを問題視する動きを生んでいた。すでに1837年から8年にかけてのモールワース委員会の報告にそういう話があるが、流刑制度の廃止までには、さらに20年が経過することになった。

　囚人を本国にとどめておくべきだという意見を、オーストラリアからの苦情が補強した。オーストラリア人たちは、自分たちの入植地が一種の人間ゴミ捨て場のように扱われることに、反対したのである。ことに、無償で供給される人的労働力が十分に必要を満たす状況では、望ましくなかった。ニューサウスウェールズへの流刑は1840年に終わり、タスマニアへの流刑は1852年に終わる。最後の流刑船がオーストラリアに向けて出版したのは1867年だが、その前の15年間というも

---

　[14]このショーは、Shaw, Charles(1795-1871)だと思われる。海外の実戦で活躍した有名な軍人で、国内に定住するようになってからは、1839年から1842年にかけて、マンチェスターの警察の責任者の地位にあった。そういう背景を知ると、発言内容には重みが感じられる気がする。

の、流刑はもはや、利点の多い実用的措置といったものではなくなっていた。

11.5 本国における収監刑

1779年という早い時点で、議会はすでに、ハワードやイーデンやブラクストンといった改革家の圧力を受けて、監獄法[15]を通していた。これは、新しい施設を男女それぞれ用に一個所ずつ建設するもので、囚人の更生という目的に添うよう建てられることになっていた。ところが、この時期の法律のきわめて多くと同様、これも空文で終わってしまう。監獄は、建設されなかったのである。重大な罪で有罪判決を受けた者たちの圧倒的多数は、だから、廃船監獄に収監されるか、流刑に処されることになったのだった。ただし、一部の州立監獄は改革の方向に合うように改組され、有給労働ができる囚人たち用の施設と、反抗的な囚人用の独房とを分けるようになった。

多くの人は、更生にはきびしい扱いが欠かせないと考えていた。ベンサムは1791年に、自分が理想とする監獄パノプティコンの設計を行うが、これは、建物の構造自体が、目的に合わせられていた。各房は、頑丈な石や煉瓦の壁ではなく鉄枠で仕切られ、すべてに便所がついている。さらに重要なことには、房の配置は、囚人たちの面倒を見る看守が四六時中監視できるものだった。のみならず、看守たちを監督する役目の者もいることになっていた。初期の監獄では、腐敗看守の存在が問題の相当部分を占めていたからである。この施設は、ベンサム自身の監督のもとに運営されて利益を生むことを、目指していた。囚人たちの労働が、彼ら自身の生活費を稼ぎ出すわけである。1794年には建設地もミルバンクに確保されたが、その時点になってもなお、パノプティコン建設の財政事情は好転しなかった。ただしこの予定地には、後に最初の国立監獄が建設される。国立という意味は、運営権限が、地元行政当局ではなく内務省にあったということである。

---

[15] Penitentiary Act

ベンサムの考え方の一部は、ミルバンク監獄に取り入れられた。建設には1812年から4年間をかけ、費用もほとんど50万ポンドに達したが、新救貧法のときにもそうだったように、国民を規律に従わせるには、それなりの資本投下と、中央政府による監督の強化が欠かせないのである。監獄設計についてのベンサム流の考え方には首肯すべき点が多々あったので、たとえば1820年代のランカシャーの諸監獄など、それを採用する例が現れた。この時期に好まれたもうひとつの建てかたは放射状構造で、この場合は、中心の管理棟から放射状に伸びる長い廊下に沿って、房室と作業場が配置される。じつは、当初はベンサムの円環型設計に好意的だったランカシャーでも、1840年代の終わりには、放射状の設計が標準になってゆく。円環状建築の場合、当時の技術水準では、効率的で安全な暖房が行えないことが判明したのである。過密になればなったで、今度は望ましくない過熱状態になる。結果的に房室は、設計者が思いもよらなかった不快な場となるのだった。
　この改革の時代に内相をつとめたロバート・ピールは、監獄規律改善協会[16]の支援のもとに、1823年に監獄法を通過させた。翌年には、それを支える修正立法措置も通した。これによって、国内での一貫した監獄制度の確立という長期的目標に向かっての、第一歩が踏み出されたのである。列挙すれば、監獄内での手数料徴収制度の廃止、罪状範疇に応じた分別収容、基本的な健康管理制度の策定、重労働を強制する手段の確保、礼拝の機会を与えること・毎年監査を行って国務大臣に報告書を提出すること、地方当局による鑑査の基準の策定、といったことが、この法律によって行われたのだった。
　警察機構の運営の場合と同じことだが、地元の治安判事たちについて、彼らは中央政府の手先となったか、さもなければ中央政府による改革を妨害したかのどちらかだなどと、過小評価してはならない。彼らはむしろ、地域もしくは州の利害を代表する者として、自分たちが把握している方向での改善に挺身していたし、そのための費用の負担もできると信じていたのである。もともとは、すべての監獄の建設に

---

[16] Society for the Improvement of Prison Discipline

ついて認可を行ったのも彼らだった。1835年には5名の鑑査官[17]を擁する監獄鑑査委員会[18]が新設されて、監獄制度の国内的統一が大きく進んだ。しかし、流刑制度が長期刑の役割を果たしていた間は、本国での収監期間の平均的長さは、たとえば1836年から1842年までの英国の36の大規模州立監獄で見ると、46日間にすぎない。これでは、施設を改革しようにも、たいしたことができないのは明らかだ。収容施設に求められる事柄は変化するし、状況に変化があれば新しい制度が必要になる道理だが、多くの州や自治都市の小規模な監獄や拘置所では、まったく状況に合わないままの運営が、続けられていた。

　第二の国立監獄は、最善の更生方法を巡る監獄関係者の激論を受けて、ペントンヴィルに建設された。議論は、はたして沈黙方式がよいのか、孤立（しばしば隔離[19]）制度がよいのか、をめぐってのものである。前者は、囚人同士が言葉を交わすことを禁じ、沈黙を四六時中強いるのだが、後者の孤立制度になると、それに加えて、囚人を独房に入れて完全に孤立させてしまう。礼拝に出るときにも個別の仕切りに入れられ、監獄内の移動の際にも、誰だか分からないように仮面がかぶせられる。この制度の本当の狙いは、孤独を破るものは監獄付き牧師による信仰の世話のみという状態に囚人を18ヶ月間置き、弱ったその心に可塑性が生まれれば、牧師の暖かい言葉が以前よりも社会的な態度を育むだろう、というのである。マイケル・イグナチェフの論では、「1842年のペントンヴィルの開設は、1820年代以来続いてきた社会規制強化の、ひとつの頂点だった」ということになる。1848年までには、さらに54箇所に監獄ができた。だが、クライヴ・エムズリーの見方は違う。「大衆による監獄の受け止め方は、自分たちに品行方正を勧める施設というよりも、本物の悪者を罰する場所、というものだった。それを疑うべき理由などない」、と彼はいうのである。

　1835年の特別委員会は、沈黙方式に好意的な結論を出したが、この委員会から生まれた監獄鑑査委員会の鑑査官の多くは、考えが違った。

---

[17] inspectors
[18] prison inspectorate
[19] separation

彼らの一人ウィリアム・クロフォードは、1836年に、合衆国では両方の制度が平行して行われているのを観察した。ペンシルヴァニアでは隔離方式が行われ、ニューヨークでは沈黙方式が行われていたのである。前者の方に利点が多いと見て、彼と同僚の幾人かは、強力にそれを擁護した。そのため、ペントンヴィル監獄は、隔離制度に適合するように建設されたのだ。

この制度には、その恐ろしさの体験者がときおり暴力的反動や心理異常を起こすという、特有の難点があった。極端な場合は、これは自殺というかたちをとる。バーミンガム監獄で1854年に起きた自殺の後に書かれた報告書をはじめとして、多くの重要な報告が現れたため、1850年代の末には、そういった問題点が一般に認識されるようになった。そして、囚人の管理方法は、当初にそれぞれの所長が採用していた方向へと、大幅に修正されてゆくのである。良好な服役態度に対する褒美の制度が徐々に導入され、それが、水とパンのみの食事の取り上げや肉体的な仕置きや重労働、さらには独房監禁といった懲罰手段と組み合わされて、より均衡のとれた規律強制の仕組みが、出来上がってゆく。世紀の大部分の期間中、振り子は寛容主義と厳格主義の間でおおきく揺れ続けたが、1860年代初期の首絞め強盗[20]のパニックの後は、後者に重点がかかるようになってしまった。

激論の対象となっていたのは、他にも、足踏み車（抵抗に逆らって所定の回数を回すのである）とか砲弾の移動とかマイハダほぐし（部材の隙間に詰込むために、古いロープをバラバラにするのである）といった無意味な労働ではなく、なんらかの職業技術を身に付けさせるべきかどうか、という問題がある。しかし、そういった議論を尻目に、ダラム監獄は、布地・マット・網・敷物といった物を作る有用な仕事に囚人をつかせることに踏み切り、先鞭をつけた。製品はすべて、利益を上げるために販売されるのである。これは、現用の懲罰労働の無益さばかりでなく、無為が招く悪への対応でもあった。問題は、この新しい方針のもとでの囚人の労働条件が、多くの企業家のもとでの労働

---

[20] garroting

条件よりも良かった、ということだった。ランカスター監獄から釈放された製帽工の、「これからは、ここにいたときよりも、ずっとつらい仕事をしなくちゃならん」という言葉が、端的にそれを物語っている。監獄生活の魅力は他にもあると気づく者もいた。1870年代にダートムア監獄を訪れたある人が断言するところでは、「囚人たち、ことに農業地帯の出身者たちは、以前の生活よりも監獄でのほうが食事もベッドもいい、と何度も言うのだ」。
　囚人の教育をめぐっても、同様の議論があった。社会に害を与えた者にそんな配慮をしたのでは、労働者一般がその機会も無しに過ごしている以上、不公平な優遇になりはしないか？また、囚人を更生させ社会に積極的に貢献できるようにするために、教育は本当に必要なのか？貧弱とはいえ監獄で食事が保証されることや、医療が受けられることは、やはり監獄を、囚人たちの本来の生活環境である地域社会や労役所よりも「快適」にしてしまうのではあるまいか？監獄に入るための犯罪が意図的に行われるのではないか？ことに最後の疑念は、不況期には、避けようが無かった。
　監獄の所長たちの多くは、食事を切りつめると規律を守らせるのが難しくなり、囚人の死亡率も見過ごせないほどに上昇するのを、知っていた。また、過密状態も、囚人の統制が極度に困難になるという点で、同様の結果を生んだ。とくに煙草、そして時には阿片といった禁制品すら、やすやすと監獄に持ち込まれたようである。多くの監獄では、品物の扱いが重要なサブカルチャーとして成立し、一部の囚人が支配的位置を手に入れるいっぽうで、とくに少数者集団に属する者たちが、その利害に従うことを強いられるようになってゆく。
　仕置きは広範に行われていた。その監獄で行われている統制方法が何であれ、囚人がそれに反抗すれば、看守たちには事実上、裁判所が下した刑を越える権力があった。もちろん、沈黙方式などを強制しようとすれば、懲罰対象者は多く生じざるをえない。要員が不足している多くの監獄では、規律を守らせるという問題は、州立精神病院ができてからでも、つねに一定の割合で監獄に精神病者がいたため、さら

に困難なものとなった。これは、ひとつには行政当局に熱意が欠けていたためでもあるが、いまひとつには、陪審が逸脱行為の原因として精神病を認めたがらない場合があるためでもあった。

　監獄を効率的に運営し、その収容能力を確保しておくことが、犯罪者の検挙率が向上するにつれ、政治家たちの絶えざる悩みとなった。加えて、死刑該当の罪は減り、犯罪者を社会から簡便に隔離してくれる流刑も、廃止されてしまう。監獄の運営は、圧倒的な数の圧力の前に、まさに崩壊の危機に直面するのである。1830年代までに、ランカシャーの犯罪者はすでに年間1万人を越えていたが、1858年になると、なんと4万人を超える。世紀の後半になると、ホワイトカラーの犯罪者や、フェニアン運動に参加した政治犯までもが、監獄に入ってきた。つまり、監獄の日常業務の多くの無意味さや、監督の不在もしくは不十分さのために看守が粗暴であることを暴露・糾弾できるだけの文学的能力をもち、しかもその能力をすすんで用いたがる人間が、大量に囚人になったのだった。

11.6　非収監刑

　ある種の囚人に対しては、流刑に代えて、保護監察下の釈放[21]が本国で行われた。こうした一種の仮出獄許可が本国で導入されたのは、事情に迫られてのことである。オーストラリアへの移送待機中の有罪確定者の一部は、現地に行けばある程度の減刑措置が期待できるにもかかわらず、流刑廃止の時点でもまだ本国で収監されたままになることが、明らかになったのである。1853年の重懲役法[22]によれば、服役態度の良い囚人をそのように釈放することは本国でも可能だったが、一片の許可証のもとに多数の犯罪者が社会で自由に生活する事態に対処できるほど洗練された司法制度を、まだ国家はもちあわせなかった。彼らの監督責任は、1864年に警察に負わされたが、前科者たちに加えて

---

[21] probational release
[22] Penal Servitude Act

刑罰のパターン   265

こうした者たちまでが社会復帰したために、およそあらゆる種類の難問が生じた。そのひとつに、収監措置だけが罰ではないことがはっきりした、ということがある。とくに中産階級の出身者にそれが当てはまるのは、すでに指摘もされている。1887年のことだが、中産階級出身のある前科者は、こう述べた：「［監獄生活は］犯罪者の多くにとっては、ただ長年月監獄に閉じこめられて行動の自由を奪われ、好むと好まざるにかかわらず、また程度の差こそあれ、労働を強いられることにすぎない。だが、社会的地位に恵まれていた者にとっては、それは道徳的な意味での死であって、しかもそれには、家族や親類縁者の破滅と不名誉がついてくる」。

　犯罪者を労働の世界に立ち返らせることは、博愛主義者たちにも難問をつきつけた。たとえばマンチェスターのトマス・ライト (1789-1875) は、組合派教会の平信徒で、鋳鉄工場の現場監督として週あたり5シリングを稼いでいたが、仕事場で、前科者に出会った。この男は、ライトが素行保証金20ポンドを供託するまでは、解雇におびえていたのだった。出獄者の問題に気づいたライトは1838年から監獄訪問を始めたが、早朝5時から13時間の労働では、訪問は夕方か日曜の午後だけにしかできない。それでも彼は、多くの出獄者に、自分の保証のもとに職を見つけてやった。監獄付牧師と監獄監督[23]の報告で彼の行いが世間に知れると、年俸800ポンドで女王陛下の巡回監獄監督官[24]となるよう求められたが、自分の影響力は自発的に行っているところにあると信じていた彼は、申し出を断った。公的表彰の意味を込めた3,248ポンド（わずかながら女王からの寄贈も含まれる）は受け取ったが、これは、監獄訪問に専念するための年金原資となったからである。この訪問では、数年の間だが、全ての死刑囚への付き添いも行った。1887年の初犯者保護監察法以降、国教会禁酒協会にほとんどが維持されていた警察裁判所[25]の宣教団体が、保護監察中の者たちの監督を最初に

---

[23] prison inspectors
[24] Her Majesty's Travelling Inspector of Prisons
[25] 'police court' 英国ではロンドンなどの大都市に設置され、"magistrates' court"「治安判事裁判所」と同じ役割を果たしていた。1947年以降、これらも "magistrates' court" に統一されている。

引き受けたのも、ある意味ではこれと似ていなくもない。これらの団体は、しばしば特別な企画を実施して、保護監察処分中の者たちを雇用したのだった。

　少年たちは、やったことの責任をかつてほど厳しく問われなくなり、結果的に、収監刑は妥当性を欠くと考えられるようになった。1854年の教護院法[26]と1857年の授産学校法[27]は、ともにメアリ・カーペンタとマシュー・ダヴェンポート・ヒルのような改革家たちのあげた成果だが、一部の非行少年たちには、監獄の有効な代替施設となった。しかし、このような施設が、解答として完全だと思われていたわけではない。厳しい警告や親への罰金、そして当の少年たちの素行を強制的にでもおとなしくさせておくことが、禁固刑の補助としてのみならず、授産学校やバーナード養育院のような非懲罰施設においてまで、補助手段となった。ともあれ、なんらか異なった懲罰方法の模索がこうして始まったが、このことが人々の関心を一般監獄での扱いからそらせることになるのである。

　規制違反犯罪や商業的犯罪やホワイトカラーの犯罪が増加するにつれて、罰金刑が新たな重要性を帯びてきた。収監措置は、まず最初にくるものではなく、期限内に罰金を払わない者に対する刑となったのである。ある著者が「犯罪への対処における収監措置の脱中心化」と呼ぶ現象は、はやくも1880年代には始まり、世紀の変わり目頃にはそうとうに進んで、20世紀初頭には各種立法措置によって確実なものとなった。

11.7　結　論

　刑罰についての功利主義的な考え方によって、今世紀には、刑罰についてのじつに妥当な三つの目標が設定された。その一つは、いやし

---

[26]the Reformatory School Act
[27]the Industrial School Act

くも適切な刑罰であれば、全面的であれ部分的であれ犯罪抑止効果をもたねばならない、ということである。そのような刑罰はまた、公平正確でなくてはならず、受ける者の苦境を深刻化させるようであってはならない。さらにまた、経済的でなければならず、その費用が保護対象の価値を上回ってはならないのである。今世紀に起きた変化を解釈しようとすると、法律で規定され法廷で言い渡される刑罰と、実際に行われる刑罰とを、陪審が有罪決定をしたがらないことも織り込んで、区別する必要がある。これは、今世紀初頭の死刑該当の犯罪を見るときには、ことに重要である。というのも、当時すでに陪審は、自分たちの判断では犯行に対して刑が過酷すぎるとして有罪審決を拒み、事実上法律の内容を切り下げているからである。同時に、まだ残っていた非拘禁刑、たとえば晒し台刑や足枷刑や鞭打ち刑[28]も、非難を浴びていた。かといって、収入の少ない者の場合、罰金刑もまた、適用に限界があったのだ。ようするに、流刑は万能薬だったのである。植民地オーストラリアのイメージは、広大な開放監獄のそれであり、1852年頃の廃止までに、推定 15,000 人もの有罪確定者が、送りこまれた。ジョン・ハワードやエリザベス・フライのような監獄改良運動家が英国の監獄から最悪の慣習を放逐しようと努力している一方では、多くの地方監獄は、改革の理想とはほど遠い状態を続けていた。新しい国立刑務所でどういうシステムが採用されるべきかの大論争が巻き起こったが、これは、沈黙方式で囚人に会話を禁じるべきか、それとも孤独方式で収容者を完全に孤立状態に置くべきか、というのである。流刑という選択肢がなくなってみると、どちらにも解決すべき問題点があった。ともあれこれ以降監獄は、差し戻しや再拘束[29]や短期刑の場合には用いられなくなる。懲罰施設が外界での生活よりも「いける」ものになってくると、抑止[30]や応報[31]のみならず、矯正[32]や更生[33]にも注意

---

[28]'flogging' と 'whipping' 前者のほうが程度が甚だしい。
[29]remand prisoners
[30]detrrence
[31]retribution
[32]correction
[33]reform

を向けねばならなくなった。オーストラリア行きの仮出獄証を新しい保護監察措置に変えてゆくことも含めて、非拘禁刑の判決にも、もっと注意が払われる必要があった。少年や精神異常者といった集団を監獄から完全に排除する試みが行われたが、いっぽうではまた、規制違反犯罪の増加とともに、罰金刑が新たな重要性を帯びてきつつあったのだ。

第III部

近代の犯罪の誕生
1875-1960

第12章　犯罪のパターン

12.1　一般的傾向

　本書で扱う最後の世紀は、数字の時代である。犯罪は、1857年以降、数えられるようになった。つぎはぎ細工のような公式統計ならば19世紀の初めからあるが、1856年の「州および自治都市警察法」[1]以降は、資料のまとめ直しが行われたので、年度ごとの系統的な要約が利用できる。この要約には、正式起訴該当[2]件数も略式裁判[3]該当件数も、さらには警察が把握した犯罪件数も出ている。首絞め強盗からフットボール暴動[4]や麻薬関連にまでいたる個々の事件については、断片的で煽情的で不安を煽るたぐいの実話記事が新聞にますます氾濫していたが、それでも社会は、こうした公的報告のおかげで、犯罪とされる出来事について、よりよく理解するようになったのである。囚人は、個人性喪失の象徴として、全員が番号をつけられた。刑罰という人間処理では、個人性の剥奪が中心的意味を担ったのだ。警察官にも一人残らず番号が与えられたが、警察官の場合には、秩序維持という迂遠な目的のみならず、犯罪と告訴の統計表の作成にも仕事で貢献している、という実感があった。その統計資料は、地元だけではなく全国でも、熱心に読まれるのだ。数字を収集し分析する国家の能力は、そのまま、一部国民の破壊的で筋の通らない振舞いに対処する能力と合理性の尺度だった。だが、最近の研究から分かるのは、犯罪統計はすべからく一

---

[1] County and Borough Police Act
[2] indictable
[3] summary
[4] hooliganing すでに何度が出ているように、本来は若者の集団的暴力行動を指すが、社会的文脈を考えると、こういうことになると思われる。

種の不審挙動[5]として扱うべしということだ。唯一確実に言えるのは、こうした統計は具体的な法律違反者の行動の実際についてよりは、法律を定義する人間の主観について語るところがむしろ多い、ということだけである。しかし、それでもなお、本書をしめくくる時代について、法律を執行する側と破る側の関係がどう変わってきたかを理解しようというのなら、出発点はこれらの統計なのである。

　数字から見えてくる全般的傾向は、不斉一かつ不明瞭ながら、ゆるいＵカーヴを描く。19世紀後半は、おおむね下降線だ。人口一人あたりの正式起訴該当件数は、1860年代初めから世紀末までにいったん43％も減り、それから、きわめてゆっくりとではあるが、上昇を再開する。犯罪のほとんどは男性による対財産犯罪であるが、窃盗[6]とその関連犯罪が正式起訴該当件数の9割を占めているので、その種の事件の増減には、全体的傾向が反映されている。押込み[7]の場合、1900年以前にははっきりした減少は見えないが、数自体がはるかに少ない。ようやく1950年代半ばになって、グラフの上昇ラインが19世紀初期に似てくるが、似ているといっても、後者の信頼性ははるかに低い。「我々のほとんどが、これほどに好調だったことはない」と言ったのは、裕福な有権者たちの票を狙っていた1957年のマクミラン首相だが、利用可能な近代の統計に見る限り、この言葉は泥棒たちにも当てはまりそうだ。第二次世界大戦中に急増した犯罪は、戦後のきびしい時期に一時的に減少したものの、新たな活力でも得たかのように増加を再開していたからだ。警察が把握した正式起訴該当件数は、まだ85％が窃盗と盗品贓物収受ではあったが、1950年代の後半には1.5倍にも増えていたし、次の10年間には倍増した。

　戦後の犯罪増加に社会の不安はますます募っているが、ともあれ見通しを整理する必要がある。本書の扱う時代の最後［1960年］には、75万件をすこし切るほどの正式起訴該当犯罪が、警察に把握されていた。1994年を例にとると、範疇的にほぼそれに該当する「より重大な

---

[5] **suspicious** behevior 『英米法辞典』には **suspicious character** が載る。
[6] larceny
[7] burglaries

犯行[8]」は530万件に達しているが、それでもこれは、グラフ上で二度目の連続減少だと騒がれたのである。最高値は、1992年のほぼ560万件だった。だから、本書最終部の幕は、国家とその組織がついに犯罪との戦いに勝利しつつあるという感じの中で上がるが、幕が降りるときそこにあるのは、この問題がもはや手に負えなくなりつつあるという、史上初めての認識である。1960年以降の事態展開を見ると、記憶に新しい時代さえも、ひどく遠いことのように思えてくる。正式起訴該当件数は、大恐慌時代[9]と比べても、20倍に増えた。

　公式的な見かたでは、産業革命が根づくと、財産の安全、したがって人々の安全も、増したことになっている。対人犯罪は、19世紀半ばには、正式起訴該当犯罪の約4%を占めていたが、性関連の犯罪を例外として、女王の治世中に、対財産犯罪と歩調を合わせて急速に減少した。エドワード朝までには、普通暴行罪[10]の発生率は、近代になって最初の記録よりも、3分の2以上も減少する。また家庭内暴力は、数字の扱いかたに難しいところがあるが、ことに妻に対する夫の暴力の場合、19世紀後半には減少したようだ。大戦間には各種犯罪がいささか増加したが、1945年になってもまだ、警察が認知した対人暴力事犯は、5千件に満たない。だがこの数字は、1960年までにはほぼ1万6千になるし、1990年代初期にいたれば、20万件を超すのが通例となる。近隣での暴力、ことに家庭内の暴力は、犠牲者からの届け出かたがとくに不安定であるうえ、警察や裁判所が一貫性のない介入を行いがちである。これに対して殺人は、嬰児殺人は例外である可能性があるが、まずは確実に犯罪事実が把握されているものと思われる。この種の犯罪は、他のどの犯罪範疇よりも、減少傾向が長期かつ急激であり、しかも増加傾向は、かりにそれが現れても、緩慢かつ短期である。英国の殺人事件発生率は、10万人あたりの裁判件数で見ると、1871年には1.5だったのが、1911年には0.6に落ち、1931年にはさらにその半分になる。1951年の時点でさえ0.3にすぎず、その後10年間の増

---

[8] more serious offences
[9] the Great Depression 1929年に米国から始まった。
[10] common **assault**

加も 0.1 にとどまった。殺人の裁判と判決というメロドラマが、結果が釈放であると処刑でああるとを問わず、いちばん心配する必要のない犯罪という範疇に大衆の注意を引き付けてきたとは、皮肉なことではある。1965 年の死刑廃止は、殺人発生率が倍加したときに行われたが、それ以来の発生率推移を見ると、1970 年代には、1890 年代以来見られなかった高さになっている。

　犯罪の増加やさまざまな程度の減少についての公式見解は、いささか注意して扱う必要がある。警察や裁判所を維持する税金を払う人々が読んでいた数字から分かるのは、ヴィクトリア女王の治世の後半には払った金が有効に使われていたが、それ以降は警察や裁判所がますます有効でなくなり、危地に陥っているということだ。公表されたデータで見る限り、人間も財産も 19 世紀末のほうが、その一世紀後よりも安全だったことになるだろう。尺度や因果関係の問題も深く関係しているが、これらには、さらなる議論の余地がある。立法者とその執行者が、法律が破られる原因をどうとらえるかによって、法律の作られかたに重大な影響が及ぶからである。つぎにはそれが、特定時期の特定範疇の違法行為の記録水準に、厳密にいえば影響することになる。捜査と懲罰のどの領域でも、近代という時代の一大特徴は、分類なのだ。分類に依拠した知識や行動は、まずなによりも、問題をすべからく構成要素に分解することを要求する。人為的に作られた範疇は、広範で曖昧な一般概念よりも人間の理解力を強く拘束し、いっぽう歴史学者は、他のいくつかの道具と併せ用いてではあるが、公表された一覧表の水面下へと潜るための装備として、それらを利用する。年齢や性別や階級といったさまざまな要素に焦点を合わせて、もっと近々と犯罪者たちを眺めれば、この時期の変化の実態が、垣間見えてくるのである。

12.2　若者たち

　犯罪はまず何よりも、若者の所行である。近代という時代が始まったときにはまだ、7歳から12歳までの子供たちも、裁判にかけられ、刑を申し渡されていた。更生という処遇が導入され、後には少年裁判所が設けられて、あまりに年少の者を懲罰の対象から外すようになったが、法執行者が活動の主たる対象にしていたのも、世論一般が関心を向けていたのも、10代半ばから20歳代前半にかけての若者だった。19世紀の後半には、「より重大な罪」を犯す者の平均年齢が上昇中だった証拠がいくらかあるし、じじつ在獄者の年齢も、この時期には上昇している。もっともこの上昇は、部分的には、年少犯罪者を罰する代替手段が見つかったためでもある。いっぽう裁判所では、軽罪で正式起訴される少年たちが増えていた。1890年代半ば以降について精密な年齢別統計を作成してみて分かったことだが、人口を構成する各年齢層の間には、大きな不均衡がある。1920年代の後半には、正式起訴該当事犯で有罪となった男性の最も多い年齢帯は14歳から16歳であり、率は10万人あたり628人だった。この率は、21歳から30歳までの集団と比較すると50%も高く、30歳以上の集団と比較すれば、4倍である。この後に続いた不況時代の失業恐慌に際しても、20歳以上の男性については、有罪判決の水準はわずかに上昇するに過ぎないが、10代半ばの少年たちについては、ほとんど倍加するのである。1950年代までに、正式起訴該当事犯で有罪判決を受けた者の3分の2が30歳以下になっており、その半分が21歳以下の少年だった。

　法と秩序を支える力が、19世紀末と20世紀初めにだけ若者の問題に直面したなどと考える理由は、まったくない。だが、犯罪のこの領域では、ほかのどの領域よりも激しい変化が、把握の仕方や名づけかたや司法手続きに起きた。そのおかげで訴えも対象になる行為も激増したため、犯罪と若者の関係のもっとも重要な点が、見過ごされてしまいがちである。ヴィクトリア朝のケントでは、殺人犠牲者の43%が12歳以下であり、その半ばをすこし上回る部分が、嬰児・幼児の殺害だった。残りは、生き延びて大人になろうとしている最中に殺された

のだ。対照的に、1994年には、殺人事件の8件に1件しか16歳未満の者は関与しておらず、イングランドとウェールズを合わせても、嬰児・幼児殺害事件は2件しか起きていない。ヴィクトリア朝後期には、田舎であると過密のスラムであるとを問わず、性的虐待は無数に起きていたし、親や年長の少年や雇主たちの暴力も、昼夜を分かたずふるわれていた。年少労働が徐々に減少し、ことに1889年に児童虐待防止全国協会[11]の設立で外部から家庭への介入が増加してはじめて、20世紀初めの子供たちは、おそらく一世代前の子供たちに比べて心身にひどい傷を受けることなく、成人になるまで生き延びられるようになったのである。

こうして時とともに子どもが大人の暴力を恐れる必要はなくなったが、その逆が真実だとは感じられていなかった。メアリ・カーペンターの『少年犯罪者—どのような状況に置かれどう扱われているか』[12](1853年)は、少年非行についての不安が20年間にわたって高まってきた頂点で、現れたものだ。かつては、子どもも大人も犯罪者としては同等に見られたが、いまや子供たちは、二重の意味で大人の世界の犠牲者だということになった。彼ら「飼い主を失った犬」は、親に見捨てられたばかりか、行動についても道徳的成長についても全面的に彼ら自身に責任を負わせる伝統的刑罰制度のために、誤った理解と処遇にもさらされてきたのである。国が感化院[13]と授産学校[14]をそれぞれ1854年と1857年に認可したことで、子どもを専一に扱う司法手続きを確立する動きが始まったが、これは、一般の不安を鎮める役にはほとんど立たなかった。19世紀末には、煽情的な記事や各種報告の出版が頂点に達し、まずは若者暴力集団（フーリガン）、そして若者暴力集団を理解する助けとなる青少年期の実像が、明るみに出された。これには、昔からの問題の焼き直しという部分がある。粗暴な徒弟たちはいつの時代にも非難の的だったし、若者暴力集団にしても、19世紀じゅ

---

[11] National Society for the Prevention of Cruelty to Children　訳語は吉村による。
[12] *Juvenile Delinquents—their condition and treatment.*
[13] reformatory school
[14] industrial school

うずっと衆目を集めていたならず者や街頭浮浪児たちの、直系の子孫なのである。また、これには、子どもをしつける親の責任が奪われてゆく傾向の現れという面もある。母親や、ことに父親があまりに公衆道徳に欠けていたり、逆に、非行を犯した子どもへの仕打ちが本人のためにならないほどひどい場合には、かならず警察と裁判所が介入するようになる。しかも世紀の変わり目頃には、人道主義的関心と規律を教え込もうという関心が合体して、思春期はわがままで傷つきやすい時期であることが、あらたに強調されるようになっていた。罪と誘惑とか貧困と遊惰といった古い概念は、心理学や生物学で解釈しなおされ、その結果、年少の男子、そして程度は低いが女子についても、行為の全的な責任は問えないということになってゆく。だが同時に年少者も彼ら特有の脅威を社会に及ぼしているとされた。「子供」[15]が、犯罪というドラマからできるだけ遠ざけられることになったいっぽう、より年長である「青少年」[16]は、その舞台に上げられた。だが成熟した男性よりは年少なので、成長によって犯罪性が減少することが期待されたのである。

　こうした新しい発想の中には、食料や衣類やときには玩具などを盗んで、従来ならば窮乏やいたずらや貪欲のせいにされていた些細な盗み[17]を見直すことも、含まれていた。これで、以前はまったく法の埒外にあった行為の規制に裁判所も巻き込もうという動きに、弾みがついた。かくして、雪玉を投げただの、濡れた草の上や氷の上を滑って遊んだだのといった件で治安判事のところに連行される若者が、増えてゆく。1890年代の自転車ブームのときには、若者が交通上の問題を起こしたため、他のどこにもまして路上が、合法と違法の境界線を争う場となった。男子なら誰でも、青少年と見られただけで、そして何らか青少年の団体に所属していればなおさらのこと、ただちに疑いの目を向けられた。青少年は、学校で出席を監督されているか、職場で雇用主に監督されているべきなのだった。路上にいたのでは、教育も

---

[15] child
[16] adlescent
[17] petty theft

受けず労働もしないまま、長い目で見て自分にも社会全体にもためにもならない方法で金を稼ぐばかり、というわけだ。ボーア戦争に送り込む健康な兵士の確保が困難だったことから、英国の偉大さを将来維持してゆくべき世代が道徳的・肉体的に退化してゆくことへの不安が、高まった。国際関係がとげとげしさを増してゆく中、少年を、果断でなによりも規律を身につけた一人前の男性に仕立てることが、かつてにもまして重要になってきたのである。

　義務教育の導入は、1880年には12歳まで、1902年には13歳まで、1918年には14歳までだった。その際、労働者階級の子供たちが成人までに行き当たりばったりにやる無数の稼ぎに、目が向けられた。そのほとんどは戸外の仕事で、馬車の先駆けや配達役をしたり、入手手段を問わずあらゆる物を路上で販売したりするのである。警察と裁判所は、仕事としてまっとうなものとそうでないもの、つまり、路上でちゃんとした稼ぎをしているのか、それとも、ただぶらついたり飲酒や賭博や器物破壊をこととしていたり危険な遊びをしているだけなのかを、見分けなければならなかった。子どもの労働に関する法律は、以前は雇用構造に焦点を当てていたが、路上販売をも視野に入れるべく拡充され、1919年からは一切の路上営業が、模範条例[18]のもとに、男子では15歳以下、女子では16歳以下について禁止された。世紀の変わり目頃には、若者たちの間に顕著な犯罪の大波が起きたが、これは、財産に対する侵害というよりは、むしろ素行面での反社会性の先鋭化の結果、生まれたものだった。フットボール試合での暴力はすでに不安を呼んでいたが、公共の場での暴行の発生は、じつはむしろ減少していたのである。しかしいまや不安の焦点は、個人やその財産が具体的な被害を被ることよりも、若者たち自身が、より広い意味でしかも決定的に駄目になってしまうこと、そして結果的には、彼らが担うべき国家の未来をも害することに、当てられていた。

　皮肉なことに、犯罪統計は犯罪をどう把握するかに依存しているので、そこから変化の動態を理解するのは、ほとんど不可能に近い。ハー

---

　[18] model by-laws　各自治体の条例が統一されることを期待して、そのための模範として作られたもの。『英米法辞典』には **model law** が載る。

マン・マンハイムの古典的な『大戦間における英国の犯罪の社会的側面』[19]は、長大な2章を割いて少年非行[20]を論じているが、なぜ法を破る若者が増しているのかについては、明確な答えを出せずにいる。例に取り上げたボーストル収容者[21]について、3分の1が片親しかいないとか、ほぼ全員が最低限の教育しか受けていないとか、ほとんど誰もまともな社会経歴の期待を抱いていない、といったことを見出すのだが、どれも十分な説明にはならないことも、見出すのである。1950年以降の犯行率の上昇によって、親によるしつけの質が云々されるようになるが、これはつまり、大戦の悪影響でそれが低下したのでは、というのだ。しかし平和になってからのベビーブームに生まれた者が成長して、犯罪の責任を問われるようになっても、やはり犯罪の発生率は上昇を続けたので、この原因はなくもがなということになった。構造的には史上もっとも安定しているはずの家庭の子供たちが、あいかわらず財産を壊したり盗んだり、近隣や観光地の治安を破壊したりし続けたのである。それで今度は、青少年期後半の者が比較的に裕福でしかも完全に無責任であることに、注意が向けられるようになった。しかしこれでは、若者の消費行動がはじめて犯罪の不安に結びつけられた一世紀前に、議論が逆戻りしたに過ぎない。

　裁判所で裁きを受ける若者たちに一貫して共通する唯一の事柄は、出身家庭の貧窮である。文字どおりの貧しさであれ、貧しい中で急激に消費を拡大した結果であれ、犯行者が社会の底辺から出ているのは、疑いようがない。貧しい子供たちには法のあちら側とこちら側を隔てる境界線が脆弱であることが、1886年生まれのイーストエンドの犯罪者アーサー・ハーディンの回想によって、分かる。彼は、男に捨てられて酒飲みになってしまった母親と、バーナード孤児院に育てられたが、結局、まともな職につけそうな教育は身につかなかった。そこで彼は、自らの言葉によれば「路上の浮浪児、夜になると街角でたむろして警

---

[19] *Social aspects of crime in England between the wars*
[20] juenile delinquency 『英米法辞典』には **juenile delinquent** が「非行少年」として載る。
[21] Borstal Boys　ボーストル方式は、358頁以降に詳説される。

察に厄介をかける手合い」になったのである。徐々に彼は、法律と儀式的といっていい悶着を起こすようになり、司法妨害[22]で逮捕されては釈放されて、そのたびに浮浪児仲間のあいだでの評判を上げた。だが同時に、制服を着用した敵に目をつけられるようにもなる。新聞販売とかリヴァプール駅での荷物運びといった一時的な仕事で盗みの機会も増えたが、結局は、荷馬車から敷物を盗んだかどで有罪となった。しかし、彼以外の家族や近所の子供たちは、ちゃんとした生き方を多かれ少なかれ守って10代と20代を過ごしたのだ。対照的にハーディンは、街頭浮浪児からボーストル方式適用者の第一期になり、そこで学んで犯罪の専門家になった。この点は、次世代のイーストエンドのギャングの首領であるビリー・ヒルの場合も同様で、ヒルは、その『英国の地下世界の首領』[23](1955年)の中で、自分が受けた教育中もっとも実り多かったこの時期に対して、ふさわしい感謝を捧げている。

12.3 女 性

　女性と犯罪の関係は、若者と犯罪の関係と同じように、そもそも女性をどう定義するかに、基本的に条件づけられてしまう。青少年をめぐる恐慌の渦中では、犯罪性向は、ほとんど当然のように成人直前の世代の属性と見られていたが、同時にそれは、女性らしさのいっさいと相容れないというふうにも、思われていたのである。ヴィクトリア女王の治世には家庭の神聖視が浸透し、女性という炉端の天使は、ことには家族の、そして社会一般の道徳にも、責任があるとされた。女性の影響力は受動的ながら普遍的であり、男たちが公的世界で競いあういっぽうで、やさしく模範的な振舞いで家庭を支配したのである。しかし、在獄者に占める女性の割合は、現在の4倍に達していたのだ。路上で酩酊する女もいれば、自分の肉体を売り、その買い手の金を盗む女もおり、他人の持ち物を売り飛ばす女、金が盗めなければせめて

---

[22]obstruction 『英米補辞典』には **obstruction of justice** で載る。我が国の公務執行妨害よりも、広い範囲を指す。
[23]*Boss of Britain's underworld*

誤魔化しをする女、家族や近所の女に暴力をふるう女もいた。近代が始まった時点では、殺人罪で告発された者の40％は、女だったのである。女性の美徳を称えることを誇ったこの社会を、19世紀後半のヨーロッパの犯罪学者たちは、女性の犯罪者を最高の率で生み出す社会と見ていたのだった。

　家庭経営のお定まりの理想と刑罰体制の矛盾は、階級と性別を重ねてみると、はっきり現れる。中流階級の女性像は清純なる養育者とされていたが、貧しい女性の場合、それは目標でしかなくなる。立派な社会的評価のある女性なら、裁判所に現れるのは、被害者としてである。そういう女性なら、財布を路上で盗まれたり、召使いに所持品を盗まれたり、ときには強姦や性的攻撃の対象になる、というわけだ。いっぽう貧しい女性は、対照的に、原告としてばかりでなく、被告としても法廷に現れた。裁判所を構成するのはほとんど完全に中流階級の男性だから、貧しい女が暴力の犠牲者であることを訴えて救済を求めても、真剣に聞いてもらうのは至難だった。それどころか、彼女らの振舞いに、家庭や性についての社会通念にすこしでも違反したところがあれば、裁判では、不幸の責任はお前にもある、とたちまち決めつけられた。

　公式的には、完全な平等が存在していた。強姦は、現在では女性に対する典型的犯罪とされているが、すでに19世紀までに、財産侵害的な見方との縁は切れていた。そして、純粋に被害者の心身の苦痛という観点から見られるようになっており、告発内容が証明された場合には、きわめて重大な扱いを受けた。1840年までは、この犯罪は死刑該当であり、その後の傾向としても、長期刑が下されやすかった。だが、実際はどうか。もし貧しい女性が、ことに雇用主に対して公判を維持しようとすると、自分が失ったと主張している美徳をもっていたことを、まず証明しなくてはならなかった。ところが立派な社会的評価がある女性なら、ことに攻撃者が社会的に下の階級の男である場合には、受け身に立たされることはまずなかった。当初の訴えがそのまま通って司法手続きが開始されただろうし、単なる暴行に切り下げられたり、

それどころか門前払いを食わされたりすることは、まずなかっただろう。それでも、性的な体験をあらためて人前で語るのは、気が進まないのを押してやっても非常な屈辱だから、結局、立派な社会的評価のあるなしにかかわらず、理由こそ違え、女性が強姦被害を裁判所に持ち出すのを回避したがるのは、当然だった。だから、その種の事件がほんとうはどれだけ起きていたのか、正確には知りようがない。言えるのはただ、公表された数字が低く、しかも低いままだということだけである。たとえば、ヴィクトリア朝のマンチェスターは、当時もっとも衝撃的な事件が起きる町だったが、強姦・鶏姦・獣姦といった重大な性犯罪での逮捕は、年間15件を超えることはなかった。ヴィクトリア朝のケントでも、司法処理された強姦事件は年間5件にすぎない。大戦間には、イングランドとウェールズで警察が認知した強姦の件数は、年あたり100件程度である。1945年以降は着実に件数が増え、1950年代半ばまでには、年間350件ほどになっていたが、それでも、認知された犯罪全体から見れば、ほんの小部分である。1955年の時点で言えば、正式起訴該当の対人犯罪のうち、強姦は1.4%、全犯罪に占める率は、1万件につき8件にすぎない。いったい何倍すれば実際の件数になるのか分からないが、主として文学を材料にロイ・ポーターが行っている推測、つまり、すくなくとも開けた場所なら女性は強姦の不安をあまり覚えなかったし、そんな恐れを抱く必要もなかったという推測を、あえて疑うべき理由があるようには思えない。

　中流階級には、犯罪は女性を女でなくするという信念があったが、出版された19世紀後期の犯罪統計表で女性の犯罪を見ると、ある面では、いくらかその裏付けがある。酩酊と暴力で略式裁判の有罪判決を受けた者のうち、女性はだいたい5分の1だからである。また、治安判事裁判所[24]での被告のうち、男女の比率がほぼ等しいのは暴行であり、酩酊は女のほうが多い。正式起訴該当の単純盗犯についても同様だが、そもそも他人からの窃盗は、売春との関係が深いので、とくに女性特有の犯罪である。訴追手続きの柔軟性を考慮すると、窃盗や酩

---

[24] magistrate's court

酊や暴力といった事犯から売春を切り離すのは難しい。たとえ女性本人が酩酊していない場合でも、彼女らはしばしば、客を酔わせる役を受け持っており、その後で、さまざまな程度の手荒さで盗みが行われた。かくして警察彼女らに適用する罪状は、たとえばヨークでは彼女らが警察のお客の中で二番目に大きいグループだったのだが、さまざまとなったのである。だが、この時期の道徳的恐慌状態にもかかわらず、じつは売春容疑は、1870年に略式裁判で有罪とされた女性のうち9%を占めるにすぎないということは、言っておいていいだろう。また、これ以降、肉体的な違法行為[25]も含めて、犯行そのものが大幅な減少を続ける。大戦間には、裁判の被告になる女性の数が着実に減少したが、これはおおむね、酒と性と暴力にかかわる犯罪がさらに減少したためである。また、彼女らのうちに車を運転する者がほとんどいなかったことも、その一因である。車の運転が、喧嘩あるいは飲酒、もしくはその両方が重なった結果として傷害につながるという、新しい事態が始まっていたのだ。1930年までには、娼婦が有罪判決を受けた事例は、イングランドとウェールズを合わせても、年間わずか1,100人にすぎなくなっていた。これは、戦前の10分の1である。1939年までにこの数字は3倍になるが、それでも、女性の犯罪の全体に比すれば、小さな部分のままである。

　本書が扱う時代の最後の30年間、女性が犯罪全体に占める割合は、第二次大戦中は男性の出征でわずかに上昇したが、男性の7分の1あたりにとどまった。しかし犯行の傾向という面では、この時代が終わる頃には、19世紀末よりもはっきりしたものが見えてくる。対人・対財産を問わず暴力行為で女性が被告になる率は、男性の5分の1となった。有罪判決を受けた10人に9人は、盗罪[26]か詐欺[27]である。つまり、犯行の特徴はある意味ではより女性的となったが、同時に、より非家庭的ともなった。というのは、記録に残る2千件の暴力犯罪のほとんどが家庭内で起きているのに、女性の違法行為の多くは、商店か職場

---

[25] physical **misconduct**
[26] **theft**
[27] **fraud**

で犯されているからだ。女性が、より大規模で品揃えの豊富な商店で、それだけ魅力も大きい商品に接するようになると、万引きが、ことにスーパーマーケット方式と開架式の商品陳列が導入されて以降、問題になり始めた。ますます多くの女性が職場に進出したが、すると、詐欺をおこなう機会も多くなった。起訴される頻度は男よりも少ないとはいえ、女性が違法行為を犯す危険性は、無視できるようなものではない。1959年からは、有罪判決を受ける累積的可能性を計算できるように、統計資料が収集されはじめた。そこから推測してみると、生存期間中に犯罪を犯す蓋然性は、男性ではほぼ3人に1人だが、女性では12人に1人となる。

12.4　ホワイトカラー犯罪

　当時の犯罪のうち、同時代の人間の目にも歴史家の目にも見えていないものがあるが、そのほとんどは、若者が犯したのでも、女性を狙ったのでもない。もっとも、節約したお金で女性が貯蓄や株の購入を始めると、女性も犠牲者になるが。「ホワイトカラー犯罪」は、まともな社会的地位のある人が犯す犯罪を表すために、1940年代に作られた言葉である。犯罪学ではよくあることだが、一類をなすと長らく感じられてきた行為が、ようやく名を与えられたのだ。商犯罪には、南海泡沫事件[28]以前にさかのぼる歴史があるが、19世紀半ば頃には、社会への浸透という性格があらたに備わっていた。その原因は、鉄道ブームに後押しされて、産業革命が第二段階に入っていたことである。前例のない巨額の資金を迅速に調達するため、近代的な株取引や、それに伴う会社法や有限責任[29]の体系が生み出された。1858年から1862年にかけての立法措置で生まれた、起業家や投機家や投資家や経営者の争い合う戦場では、たとえ無能でも厚顔無恥でさえあれば、成功でき

---

[28] 会社の名前は 'the South Sea Company'。投機ブームの中で起きた有名な事件。1711年に売り出された株が投機熱に煽られていっきに高騰したが、会社の実態が知れて1720年に暴落し、多数の破産者を出した。

[29] limited liability

た。かつては通貨偽造が、経済の健全さへの最大の脅威だとされていたが、いまや、世界の最先端を行く英国経済の健全さと評判を脅かすのは、大規模な私腹行為とますます巧妙化する詐欺行為なのだった。

　この章で論じてきた悪事のほとんどは、いわば古馴染みが新しい衣装を着たにすぎない。だが、アルバート・グラントのような会社設立者たちは、この時代特有の犯罪の1ページを、犯罪史に付け加えたのである。ユタ州エンマ銀鉱山会社やリスボン輸送会社といったグラントの会社企画は、彼が1877年に没落するまで、下院議員としての彼の経歴を支えていた。彼らの成功は、いくつもの発展領域が重なったところに生まれたが、なかでもいちばん目覚しいのは、成熟した産業経済の好調ぶりである。巨利を手中にできる可能性があったため、誠実さを欠いた連中が、未来の利益で過去の損失を凌駕できると見込んで企画を進め、だまされやすい人々はそれを安易に信用して、なけなしの金をつぎ込んでしまう。商業世界の基幹的機構が洗練され複雑化してゆく過程で、その機構を所有しているわけでも運営に直接責任を負っているわけでもない人々が、ますます巨額の金を操作するようになってゆく。書類上の取り引きが複雑化する中で、金を生むために金が操作されるようになるが、その事態は投資家自身にも制御できないし、産業革命の第一段階で資金供給者だった小集団を動かしていたような単純な損得勘定は、もはや通用しない。金融や財務といった事業に膨大な人的資源が集り、しかもその人々にとっては、約束を破ることなど、道徳上よりもむしろ戦術上の選択なのだった。ホワイトカラー犯罪の標準的な定義は、「まともな社会的評価のある人」の犯罪ということだが、これでは馬車を馬の前につなぐようなものである。もちろん、1865年に発覚したカンタベリー銀行の70歳の役員のように、25年にわたってひっそりと9千300ポンドを着服した犯行例もあるが、多くの人にとって、詐欺は、判断の誤りから社会的評価を裏切ってしまったというのではなく、計算づくでやるものだった。このたぐいの輩の頂点に位置したのは、サドリアや大鉄道起業家ジョージ・ハドソンのような男たちで、彼らは、不法に得た富で政界と上流社会の経歴を積

んだのである。いっぽう最底辺には、低給与にあえぐ何千人という事務員がおり、労働者階級から脱出する梯子の一段目に必死ですがりつこうと、数ポンドを私腹していたのである。それこそは、彼らが行いうるもっとも直接的な自助努力[30]だった。

　正直者もそうでない者も銀行の破産におびえるほどに不安定な経済のもとでは、露見の危険性は冒してみる価値があるように思えた。なにしろ時代のほとんどの期間を通じて、法律はその敵に出し抜かれていたのである。困難の多くは、行われることの新しさのせいだった。横領[31]のような従来からある違法行為さえ、やり方や隠し方が新しくなったし、まったく新しい犯罪の場合には、たんなる分不相応の野望や経営破綻の泥沼の中から、それを選び出さねばならなかった。たとえば株の不正操作を罰するには、まずその定義から始めねばならない。虚偽の設立趣意書を公表したり適切な会計記録がないといった場合も同様だったが、放任政策に執着する国家は、新しい会社法が構造的な欠陥を抱えていることを、なかなか認めようとしなかった。19世紀の最後の10年間に進んだ改善は、主として、経理の専門化に後押しされて経営手法も専門化したおかげである。このため、大手銀行で行われる詐欺の件数は、19世紀の最終4半期に大幅に減ったが、効果は株式市場へはほとんど及ばなかった。その領域で最初の大きな法的改革が行われたのは、1900年である。設立趣意書の内容がより厳格に監督されるようになり、貸借対照表が確立された。会社経営者による株式発行と株式所有についても、新しい規制が導入されている。法律によって、投資家が利用できる情報の質も改善されたが、それでもなお、現実に金を預かっている者たちの処遇は、ほかのどのヨーロッパの国よりも甘かったのである。たとえば、こうした改革のどれひとつとして、大学卒の弁護士の息子で、1894年と1902年と1910年に詐欺で有罪判決を受けたウィリアム・プレストンを、制肘できなかった。この男は1930年代になってもなお、偽の株券をせっせと出し続けたのである。

---

　[30]既出のサミュエル・スマイルズが用いて流行らせた、時代を表現する標語のようなもの。したがって、皮肉。
　[31]enbezzlement

英国の規制体制が他の先進国並になったのは、ようやく1930年のことであり、そのときになってやっとスコットランドヤードは、経済犯罪に対処するため、最初の詐欺専従班[32]を発足させたのだった。

　法体系の対応が手後れで効果も薄かったのが一因で、中・上流階級は、金融・財務上の不徳義行為を、他の犯罪とは別の基準で見るようになった。というのは、彼らは犯罪というものを、都市のスラムから出撃して外の立派な社会の財産を略奪する、半ば野蛮な犯罪者階級がやることだと感じるいっぽうで、初期の鉄道事業詐欺師たちや監獄から国会まで経験した詐欺師ジャーナリストのホレイショ・ボトムリーらの行いに、非常な関心を寄せてもいたからである。ボトムリーには、何人かの先例さえある。また、英国の国際的経済力の中心だったロンドンは、たんなる無能さから徹底した欺瞞まで、あらゆる芳しからざる行為の中心地でもあると一般に見られていた。ことに、19世紀後半の成長の最盛期には、そうだったのである。しかし、そういった行為がどれほど不道徳で、国の評判にとってどれほど脅威であろうとも、刑法改革家たちの心を占めていた普通の窃盗や暴力とは、別の領域の事柄だった。キャノン・ホーズリーが『どのようにして犯罪者になるか、それをどう防ぐか』[33](1913年)の中で言っているように、両者がひとつになることは、決してなかった。「私の所有する、犯罪とその原因についてのどの本にも、商業道徳の水準の低さが財産侵犯の一大原因であることは、まったく記されていない」のである。ホワイトカラー犯罪の場合、統計数字がじゅうぶんに実態を示すとはいえないが、ひとつにはそれは、かなりの部分が刑事事件ではなく民事事件として扱われたからであり、また、被害を被った会社が信用に傷がつくのを恐れて、隠蔽してしまったからでもある。数字自体は、ヴィクトリア朝期を通じて着実に上昇を続けたが、それでも20世紀初期にいたってなお、横領を含む事件の数は年間ほぼ千件にすぎず、そのほかには、さまざまな詐欺や不正破産を含む事件が、3千件あるだけである。本当に知りたいのは悪行の数ではなく被害の大きさだが、それは一覧表には現

---

[32] Fraud Squad
[33] *How Criminals are made and prevented*

れない。押込み強盗や暴行なら犯人と被害者はほぼ一対一の関係だが、今日の貨幣価値で数千万ポンドにものぼる金が不正運用されている場では、数千人もの群小投資家の貯蓄資金を一人が無にしてしまうことも、ありえた。押込み強盗が労働者貧民の犯罪傾向を証明するというのなら、詐欺は、有産階級全体の脆弱性を浮き彫りにしたのだ。資本主義の不具合ぶりを測るのには、別の尺度が必要だったのである。

12.5　貧困

　犯罪を数字の問題だと考えている限り、まっとうな社会的評価のあった人々が犯行者中にどれだけいたかを数えてみても、得るところはほとんどない。シンダルは、ヴィクトリア朝後期には、労働者階級よりも中流階級の犯罪者の方が多かったこと、そして後者の方が前者よりも多くの金を盗んでいたことを証明しようとしているが、統計資料があまりに貧弱なうえに、そもそも作業自体が的外れである。仮説自体は正しいかもしれないが、所詮は分からないことだし、当時の社会は、そもそもそれにどういう意味があるのか、理解もしないだろう。法と秩序の担い手たちにとっては、問題は、社会的に恵まれない状態と犯罪のあいだにどういう関係があるのか、だった。被告の圧倒的多数が貧窮環境の出身である以上、問題は、彼らの反道徳性は貧困の原因であるのか結果であるのか、そして、彼らが他人の財産を侵害したのは、必要に駆られたからなのか貪欲からなのか、ということになる。これらの問題は、我々自身の時代の感じ方や定義でがんじがらめになっているから、歴史的な分析は難しい。だが、利用できる限りの資料でも、なにほどかの洞察は可能である。

　19世紀を見る限り、物価騰貴が犯罪増加を招くという説は、正しい。1850年頃まで、犯罪統計の数字は、そもそも数字自体きわめて不十分だとはいうものの、景気のサイクルとは逆の動きを示す。そして、ヴィクトリア朝の長い好況期に入ると、それに歩調を合わせて、有罪判決が減り始める。この時代の最後にいたるまで、どの年でも、天候が寒

くなると財産侵犯が増えるが、これは、盗品のほとんどが衣類・食料・燃料といった些細な品物であるということなのだ。また、飲酒がらみの暴力犯罪が頂点に達するのは、暑く長い夏の宵である。しかしながら、時代全体を通じた変動の様子を見れば、社会的に恵まれない境遇が、犯罪の原因としての重要度を失ってゆくのが分かる。つまり、19世紀後半には、犯罪の発生率と経済不況との直接の関係は、希薄化するのである。大不況時代のさ中の1930年代初めになると犯罪発生率は上昇し始めるが、失業者数の増加ぶりに比べると、その上昇率ははるかに低い。じっさい、不景気に打ちひしがれている東北部の様子を観察した当時のある人は、「戦後の不景気のもっとも顕著な特徴は、失業労働者の間に重大な犯罪が見られないことである」、と述べている。また、犯罪発生率が1950年代に急上昇した際には、事実上失業者ゼロのさ中での現象だったため、理論家たちは、貧しさでなく豊かさを、その背景要素に仕立てる論理を探さねばならなくなった。いまや、品物は不足しているどころか溢れていたが、それが財産への敬意を失わせているということになった。物質的な意味での満足感が安易に得られるので、かつては買えるようになるまで我慢するのに必要だった克己心が、失われてしまったというのである。あるいは、盗むべき品物が店にも家庭にも溢れているために、ますます個人本位になってゆくこの社会では、誰もが誘惑に圧倒されてしまうというのである。

　因果関係の見方のこの安易な転換を特徴づけるのは、統計的裏付けの貧弱さばかりではない。そもそも、最初のモデル設定の時点から、変化の傾向とその規模に混同があるのである。ナポレオン戦争後の不況からその1世紀以上後のウォールストリートの株式大暴落にいたるまで、産業社会の巨大危機中の犯罪記録について言えば、そのもっとも印象的な特徴は、発生率に変動が無いことなのだ。公共秩序へのその影響は後の章で論じるが、短期的苦境に陥った無産者たちは、財産権への敬意を完全に失ったわけではなかったのである。その理由のひとつは、犯罪を犯すのは一貫して若年層だということだろう。ヴィクトリア朝期でも大戦間時代でも、就職の見込みが失せて家庭経済への

圧力が高まると、10代の犯罪傾向がさらに高まったという証拠がある。しかし、大人の場合はたいてい、まともな行動にあまりに馴染みすぎていて、失業で困難に直面したからといって、犯罪者に変身したりはできない。これは、不況でいちばん被害を被る中年後期の人々に、ことに当てはまる。彼らは、まともな経済生活への戻りかたを見出すのにいちばん時間がかかるし、戻れないことすらある。にもかかわらず、法律を守ってきた50歳の男が、労役所に入りたくないとか失業手当を補いたいという理由で押し込み強盗をするなど、ありそうにないのである。

　犯罪発生率のこのような安定は、また、労働者階級における貧困の蔓延をも示している。この期間を通じて、入獄者の大部分は労働者階級だったが、失業と犯罪の関係を云々するのは、1920年代以前については、じつは的外れでしかない。というのは、失業保険制度が導入されるまで、就業者と失業者を厳密に区別するすべがないのである。最高の熟練職人でさえ、定期的に失業と無為の日々に見舞われるのを、避けられなかった。生活には谷間と一時回復のサイクルがあるのをラウントリーが1901年に明らかにしたが、それに影響を受けずにすむような労働者階級の家庭など、ほとんど存在しなかった。事情がそうであってみれば、世間でいう不況の意義は、相対的に小さくならざるをえない。本当に問題だったのは、だから、社会的に恵まれない状態がいっこうに改まらなかったことと、犯罪がその状態と関連していたことである。統計上で大部分を占める対財産犯罪の実態を見れば、犯行の特徴が変わらなかったことが分かる。本書で扱う期間全体についても言えるのだが、盗まれた品物のほとんどは、食料だの衣類だの売り飛ばしてもわずかにしかならない家財だの、些細なものばかりなのである。流通と消費のパターンが進化するにつれて、盗まれる品物の性質も厳密に言えばもちろん多様化するが、1955年にいたってさえ、窃盗の100件に1件は被害があまりに小さすぎ、金額としては文字どおり無である。勃興中の消費社会の真っ只中だというのに、犯行のほとんど3分の1が被害1ポンド以下、3分の2は5ポンド以下なのだ。ほ

とんどの被告の望みや技量がかくも低いということろに、彼ら一般の貧窮が反映されているのである。もしも必要が動機だったというのであれば、盗んだ者たちの置かれていた状況は、ほんとうに絶望的だったのだ。もしも貪欲が動機だというのであれば、会社や銀行から巨額の金を横領していた連中の行為を表現するには、何か別の言葉を発明する必要がある。

　若さと貧困もまた、近代の刑罰理論がその第一段階で依拠していた、はっきり区別できる犯罪者階級という概念を、ゆるがせてしまう。法と秩序への主たる挑戦者は労働者階級中の犯罪者集団であるという、広く抱かれていたその信念のために、経済と社会正義のより普遍的で恒久的な問題から、注意がそれてしまった。もしも犯罪が、貧民一般ではなく、堕落した親から悪事を教え込まれた者たちの問題にすぎないのであれば、懲罰や更生の活動といっても、警察活動や道徳再教育や、最終的には彼らの住むスラムの取り壊しといったことに限られてしまう。だが、犯罪を主として犯罪専従者の所行とする説は、そもそも、被告たちの年齢分布に矛盾する。犯行率が急上昇して頂点に達するのは13歳から14歳であり、成人になると、加速的に減少する。これが意味するのは、違法行為は年齢帯に依拠する現象であり、場合によっては通過儀礼ですらあるということである。圧倒的多数はその後落ち着いて、大人としての人生の残りを、法律を守りながら暮らしてゆく。労働者階級の地域社会は、前科は一回限りでそれ以後は犯罪に無縁な男で溢れており、女についても、男より数は少ないが、事情は同様だったのである。

　もちろん、住居条件の悪さと犯罪とは関係するから、スラムの一掃は、犯罪の発生率の低下に寄与したかもしれない。もっとも、その計画が1930年代に軌道に乗った頃までには、グラフは再び上昇に転じていたが。また、盗賊世界の慣わしや行動の掟にこだわる専門家がいたのも、事実ではある。地下世界の文化は、何世紀にもわたってまともな世間の人々の関心の的だったが、ヘンリー・メイヒューが、19世紀の中流階級の人々のためにそこを再訪してみせると、それ以降は、

ジャーナリストや出版社の役を務めたがる人々が、どの世代にも現れた。アーサー・ハーディンやビリー・ヒルなどは、人生の後半にはまともな社会に組み込まれていったものの、あきらかに犯罪を職業と心得ており、他の専門家たちと組んで働いて、腕のいい職人よろしく、天職において伝統と革新が調和していることに誇りを抱いていたのである。労働の世界におけるように、ここにも洗練された組織へ向けての発達があった。たとえば、メッシーナ兄弟は大戦間時代に、悪事から動産所有へと転針した。だが、こういったギャングの首領たちは、本物の脅威ではあったが、犯罪現象の解明という点では、あまり意味がない。1880年から累犯者[34]と呼ばれるようになった連中のほとんどは、専門家としての銀行強盗なんかではなく、常習的で病的な飲酒者と自制力を欠いた小泥棒たちだからである。この時期の最後に行われたもっとも正確な計算によれば、正式起訴該当の犯行を5回あるいはそれ以上重ねた累犯者は、イングランドとウェールズには、1万人を少し切る程度いたことになる。

　常習窃盗犯も偶発的に盗む素人も盗む物はほとんど同じであるし、彼らにせよ、誘惑への抵抗に成功したり発覚せずに済んだ者たちにせよ、背景事情に変わりはない。たとえば若い男性の場合、断続的に売春を繰り返す若い女性と同様、犯罪になる行為と犯罪にならない行為を分かつ壁が、観察者たちが信じたがる以上に脆い。そのことは、近年の歴史学者たちによる細心の研究の結果はっきりしているが、そうした発見のおかげで研究上の疑問があらたに山ほど生まれてしまったことは、本章の結論に添えて、ぜひとも言っておかねばならない。現在ではもはや、閉鎖的犯罪者階級という観念も、通りすがりの者を襲って強盗を働いたり売春することを砂糖を借りたり煙草をたかったりする程度に軽く見る労働者階級という観念も、通用しまい。なぜなら、都市貧民層の家庭内から街頭にいたるまで、どこでも世間体への配慮が規制効果を発揮している[35]のを、我々は、労働者階級の文化についての別種の研究で知っているからである。たとえば質屋通いは、貧窮に迫

---

[34] recidivists
[35] barriers of respectability

られてのこととはいえ合法的だが、言い訳やごまかしや面目喪失がつきまとう。ウォルター・グリーンの『失業手当てで恋をして』[36]は、売春と盗みを積極的な同情と理解をもって描いているが、そうした行為と家庭や近隣のしきたりとの衝突を巡って筋が展開する点は、後に舞台や映画向けに仕立てられたときにも変わっていない。犯罪とそうでない行為を分ける線が正確にはどこに引かれているのか、時代によってそれはどの程度動くのか、また犯行の性質や社会の型、貧窮の程度、犯行者の性別や年齢、また境界線を越してしまうとどういう結果になるのか——これらの全てについて、まだまだ研究が必要である。しかし、純粋に行動面での違法行為と警察行動および懲罰制度をより詳しく検討してゆけば、一般大衆の物事のとらえかたや振舞いを巡るこれらの重要問題に、いくらかでも光を当てることができる。最後の三つの章では、それをしてみよう。

---

[36] *Love on the dole*

第13章　素行不良

13.1　犠牲者なき犯罪

　近代という時代の大部分、ほとんどの警察官は、人々に法を守った暮らしをさせるために、勤務時間の大部分を費やしていた。彼らの注意はもっぱら貧しい労働者たちに向けられていたが、やがて自動車が発明され、不注意だったり速度を出しすぎたり酔っぱらった運転者が路上に増えてくると、立派な社会的評価のある階級の人々にも、注意を向けざるをえなくなった。曖昧に「犠牲者なき犯罪」[1]と呼ばれる行為が増え、この時代の特徴の一つになる。法執行機関はつねに社会秩序の維持に関心を払ってきたが、19世紀も半ばになるまでは、公共空間の全てを支配しようという野望、ことに町や都市の公共空間を完全に支配しようという野望など抱いてはいなかった。有産階級の財産や安全に直接的脅威が及ばない限り、社会秩序が乱れたからといって、彼らが組織として注意を向けることはなかったのである。ところがいまや、秩序は、それ自体が目的となってしまった。そこで、[警察のみならず]教育のある階級も、日常活動の中で道徳に反する行為に出くわせば、教育のない者たちが放埒な生活の報いを受けないようにしてやる責任を負うことになった。具体的で直接的だった犠牲者という概念は一般的で可能的な概念へと拡大され、酩酊・浮浪・売春・賭博といった行為、また後には同性愛・麻薬・無謀運転なども、それが文明一般にとって危険となりかねないゆえに、あるいは家族や通りすがりの人や本人に危害を加えかねないゆえに、悪とされた。

---

[1] victimless crime

これは、官僚的な倫理の発達史でもあるが、その結果、裁判所の仕事も被告の数も大幅に増えて、多くの事柄が、公的な扱いの場から私的な場へと押し出されてしまった。個人の行為に優越するものとしての国家権威の増大とともに、その権威の行使範囲も拡大する。さらには、その権威行使に強制力を与える専門組織も長期的発達を遂げてゆくが、こういった一般的発達の背後には、一連の複雑な妥協や調整があった。国家の介入はじっさいには不安定で不斉一でしかなく、結果もまちまちで、予測可能性が低かった。裁判所と警察にしても、いつも同じ目標に向かっていたわけではないし、入れ替わり立ち代わり現れる政論家の意見やいわば単色の社会集団が発表するさまざまな意見に、従ったわけでもない。近代という時代を通じて、警察、ことに現場で働く警察官たちは、公衆道徳には社会改革家たちほど関心がなく、むしろ伝統的課題である公共秩序の維持に、心を砕いていた。法が過去にあげてきた実績と法が未来にもつ可能性を巡っての論議は続いていたが、現場の警察官なら誰でも知っていたように、介入が効果的か否かは、国家はともかくとして、直近の地域社会がそれをもっともなことと見なすかどうかにかかっているのだ。ところが、上司たちはしばしば、そのことを失念する。また増加する介入の担い手である警察官たち自身も、法律制定の趣旨にそぐわない態度をその法律に対してとることがあり、ときにはそのあまりの甚だしさのため、法律自体を廃止せざるをえなくなることもあった。以下の各範疇は、それぞれ非常に異なる変遷をたどるので一般化は難しいが、どれもが、この時代の警察と、警察が活動対象にした人々との間にできあがりつつあった関係の重要な側面を、明らかにしてくれるのである。

13.2　飲　酒

　近代が始まった時点では、飲酒は決定的な問題と見られていた。過度の飲酒は、貧民たちの駄目さを端的に示すもの、彼らが社会にとって脅威であることを劇的に表すものだった。世代から世代へと彼らが

溺れてゆくこの道徳的に堕落した文化を打ち破るためにも、また、直接間接に飲酒が誘発しやすいと思われていた犯罪の根を断つためにも、介入が求められていた。しかし、飲酒を直ちに禁止できる可能性など、ごく小数の産業施設を例外として、ほとんどなかった。そんなことをすれば、新しい警察が労働者階級の地域社会に受け入れてもらえる見込みは、もともとわずかしかなかったのに、永遠に失われただろう。また、政治と醸造業者の結びつきはあまりに強く、消費税[2]への国家の依存度もあまりに高かった。記録では酒類消費量の最大値は19世紀の最終四半期の始まりの時点にあるが、このとき国家歳入のなんと43%が、酒類販売に由来していた。それ以降、消費者の金の使い方も国家の歳入源も多様化して依存率は低下するが、1939年にいたってもなお、税金の8ポンドに1ポンドは、これを源泉としていたのである。

　そこで国家は、酒を禁止するよりも、飲みかたに介入しようとした。1872年まではたんなる飲酒は罪ではなかったが、事前認可制法[3]によって、酩酊もしくは（両方同時にというよりも）秩序紊乱（びんらん）行動、および酒気帯び状態での火器や車両の操作・管理が、罪とされた。同時に警察に対しては、従来よりずっと厳しくその法律を適用するように督励が行われた。もはや駅には、泥酔者を家に送る一輪車は見られなくなり、かつては常習的泥酔者だけが裁判を受けたのに、警告が減り、いきなり訴追されることが多くなった。醸造の場が家庭から企業に移って総消費量の計算が複雑になったように、酩酊者の数も、本人のみならず警察を含む司法当局の態度が変われば、それに従って変化する。だが条件がどうであれ、公表された数字は、30年にわたって盛り上がってきた禁酒運動にとって、慰めとなるものではなかった。飲みすぎで略式裁判の有罪判決を受けた者の数は、1870年代半ばには、その20年前の3倍に達していた。他の違法行為が減少し始めたさ中の膨張である。1870年になると、治安判事の仕事の4分の1が、何らかの形で飲酒に関わっているというありさまだった。警察は、街頭飲酒への対処

---

　[2]**excise** 17世紀にオランダを手本として導入されたものだが、歳入源としてあまりに便利なので、結局廃止されずに存続した。そもそもが、酒税として出発している。
　[3]Licensing Act 訳語は吉村による。『リーダーズプラス』（研究社）を参考に。

とパブでの人々の振舞いの監督に、時間をとられるようになる。パブは1839年に日曜日の営業を制限され、ついで1864年には夜間営業も制限された。こうして、飲酒やその犠牲者と警察官との接触が増えると、仕事が増えるのは当然ながら、誘惑も増える。この時期に免職になった警察官のほとんどは、取締るべき行為に自分が陥ってしまったのである。ときには、社会的に立派な評価のある階級の人々が議論の余地ない破廉恥行為を執拗に行って、警察も見ぬふりを通せなくなくなったりしたが、増えた仕事の主たる相手は、やはり、酒を楽しく飲める場も酒そのものも家の外に求めるしかない人々、しかも家に連れ帰ってくれる馬も召使いもない人々だった。もっとも、街頭が静穏である限り、家庭でどれだけ飲もうがどういう結果になろうが、法の関知するところではなかったが。

人口当たりの［飲酒関連の］有罪判決率は、1875年以降、好況の年の後には増加するというパターンを繰り返しつつも、徐々に低下する。飲酒についての大衆向け啓発活動が効果を発揮したという推測もできようが、どうやら警察は、おのずから開きつつある扉を押していたようである。かつて人々は、公認の酒場にぬくもりや明かりや社交や仕事やニュースや娯楽を求めたが、いまでは、都市のもっと成熟した各種施設が、より広い範囲のしかもより細分化された便宜を、提供してくれるようになっていた。大勢で楽しむ新しい形態の娯楽やスポーツが出現していたし、仕事を見つけて稼ぐことと飲酒とのつながりが、薄れていた。そして、休日産業が、労働者階級を客にし始めた。トマス・クックが最初に企画した鉄道旅行は酒類禁止だったが、こういった新しい娯楽のほとんどは、完全に酒と無縁というわけには参らなかった。それでも、ギプスをはめられるといった事態は、娯楽の本来の部分ではなく、むしろ余興に金を使った結果として起きるのが普通だった。つまり、最寄りのパブに通う以外の旅路が生まれたのであって、乱痴気騒ぎに終わる粗暴な飲酒は、その近所にとってばかりでなく、警察にとっても、以前より目障りになったのだ。ちなみに、暴力犯罪も同時に減っていた。徐々に、都会の公共の場は、静穏になっていったとい

うわけである。

　第一次世界大戦で、この低下傾向に拍車がかかる（といってもコカインの使用量は増えたが）。本国では酒の価格が上昇し、酒精度が低下し、1915年からは日中に閉店時間帯が設けられた。飲食物の他の面にも通じることだが[4]、戦争は生命を救ったとさえいえよう。酒がからんだ子供の放置や虐待に関して、そうなのである。平和になると酒は昔ながらに飲まれ、飲酒での有罪判決は年間8万件の水準に戻ってしまったが、それでも、戦前の半分にとどまった。かつては失業と酒類消費量が逆の相関関係にあったが、1920年代には、戦後の短い危機の後、両方がそろって下落する。大不況が到来すると、酒類消費量の下落にさらに拍車がかかった。1930年代後半の経済回復期にはあらゆる犯罪範疇で有罪判決が増加したが、1939年時点で酩酊がそこに占める率は、エドワード朝の数字と比べると、わずか4分の1なのである。

　目に見える全体的な傾向の背後で、微妙な変化が進行していた。そこには、現代の酒がらみの犯罪に見える傾向が、すでにきざしている。酩酊は一般的には村落部よりも都市部に多いが、かつては飲酒で抜きんでていた北部イングランドとロンドン中心部に、豊かで郊外的なロンドン近隣諸州が迫りつつあった。家庭を離れて金を稼ぎ消費する女性が増えるにつれて、女性の飲酒も心配の種になり始めた。といっても、全体から見れば、女性が酒で有罪判決を受ける率は、20%に過ぎなかったが。また、車でパブに出かける者が増えたため、報告に飲酒運転が現れはじめる。その数は、1933年には2千件だが、1937年には3千件に増えた。1950年代半ばまでに、酩酊して略式裁判で有罪とされた者は、第二次世界大戦以前にくらべて50%も多くなっており、なお増加中だった。ところが、車がらみの違法行為が爆発的に増えたために、治安判事裁判所での相対的重要性は、着実に低下し続ける。酔っ払いが1人法廷に連れてこられるごとに、7人の運転者が訴追される勘定となったのである。一般道路や自動車専用道路で生じる不法行為は、新しい形態をとりつつあった。

---

[4] 健康に悪い過度の飲食がなくなったから、という皮肉だろう。

13.3　浮浪

　19世紀の後期には、浮浪[5]は過剰飲酒とほとんど同じくらいの悪、ある意味ではそれよりも複雑な悪だと見られるようになった。20年代の改革の例に漏れず、1824年の浮浪者取締法[6]も、浮浪関連の刑罰の過酷さを軽減したが、適用範囲は逆に拡大した。警察は、多様な好ましからぬ路上徘徊者を逮捕する権限をもち、その中には、乞食・浮浪者・占い師・無許可営業の行商人・救貧法対象者・粗野な娼婦・エロ本売り、さらには、たんにもっと重大な罪を犯す恐れありと判断されただけの者までも、含まれた。しかし、総じてこれは、警察が好む類の仕事ではなかった。彼らは、法律をたてにとれば、こうした無力だったり厄介だったりする者たちを相手に憂さ晴らしもできたが、無意味な刑期を終えて出てきては同じ違反を繰り返す相手を逮捕したり追い回すのは時間の無駄なので、不満がつのる。しかも警察官たちは、一般人と治安判事から社会の最底辺の人々に寄せられる同情の高まりと、下院議員と警察幹部が彼らに向ける非合理な敵意の激発との間で、挟みうちに会っていた。定期的な路上一斉手入れは、後者の敵意がそういう形で発露されたものである。この問題に法律によらない解決を見いだそうとする慈善団体の介入のために、公式報告と現実とのあいだの関係は、さらに複雑なものとなる。とはいえ、利用可能な数字から判断すると、1914年までは毎年、1万2千人から2万人までの浮浪者が、戸外就眠で訴追されている。これは、物乞いのかどでの訴追件数の2倍である。金銭を強要して逮捕される者の数は浮浪者の数よりも不安定だが、その理由のひとつは、物乞い行為は不況の影響を直接的に受けるということであり、いまひとつは、通行人につきまとう者たちへの社会の見方も、変化しやすいということである。

　酩酊者と浮浪者の区別は、現実には、しばしば恣意的だった。司法機関に渋滞を引き起こすのはどちらも同じだったし、どちらも、社会にとってよりもむしろ自分にとって危険な男たち、ときには女たちな

---

[5] vagrancy
[6] the Vagrancy Act

のだった。20世紀が始まった時点では、イングランドの監獄に収容されていた全男性の30%が、「定まった住まい職も無」かったのであり、そのうち半ばばかりはあきらかに、浮浪者取締法に追われる渡り鳥だった。第一次世界大戦後、この二つの違法行為の範疇は、お互いにきわめて似ていた。酩酊の場合と同様、物乞いと戸外就眠のかどでの訴追は、戦時に落ち込んだ後に回復するが、エドワード朝期の水準に戻ることは、二度となかった。そして、対財産犯罪についてと同様、浮浪者取締法違反のもっとも顕著な特徴は、大不況になっても増えかたが比較的鈍いということである。失業者は、家庭に閉じ込もっていたか、それとも仮設の施設で救貧法の名残に依存して生きていたか、ということになる。オーウェルが『ウィガン波止場への道』[7]で書いているところでは、「古くからの産業の町では、まだ隣り近所で助け合う生活が破壊され尽くしていず伝統が強力に生きていて、ほとんど誰もが家族——つまり潜在的には家を、もっていた。住人が5万人から10万人くらいの町ならば、偶発的というか説明のつかない人口は存在しない。たとえば、路上で眠る人間などはいない」、というわけである。1935年に行われた浮浪者取締法の改訂では、適用対象を、屋内施設に移ることを繰り返して拒んだ者と、現実に迷惑行為を行った者に、限定している。つまり、たんなる戸外就眠は、罪ではなくなったのだ。物乞いのかどでの訴追も、20世紀初期の水準をはるかに下回ったままだった。ここで取り上げる期間の最後には、浮浪と物乞いのかどで訴追されるのは、年間でも千人いるかいないかになってしまっている。1960年代の世論啓発活動が如実に示すことになったように、家のない者や極貧者がいなくなったわけではない。ただ、彼らに対処するのは、もはや警察ではなく、福祉の制度・施設になったのである。

---

[7] *The Road to Wigan Pier*

13.4 売春

　特別な法律がなかったために、この時代の三番目の大問題である売春[8]は、他の二つのどちらかとして扱われていた。じっさい、「不運な女」の酩酊は珍しいことではなかったし、たとえ素面でも、路上徘徊罪の適用は容易だったからである。性的な不道徳行為について問題意識が高まっていたときではあるが、警察はこの問題を、個人の道徳よりも公共秩序の問題として扱った。そのため、娼館の手入れは、その屋内か前の路上で騒ぎが起きて近所迷惑になった場合か、客の盗難や娼婦虐待など別の犯罪の容疑がある場合に限られた。良家の男と高額支払を受ける女が合意の上なら、教会にどう思われようが、増えつつあった道徳居士にどう思われようが、警察は関心をもたなかったのである。当時は、都市や町の拡大につれて売春が増加し、家庭生活の未来が危殆に瀕していると広く信じられていたが、警察も議会も、直接の禁止を渋った。婚外性行はすべからく悪だとしても、違法となるのは、公共の平安を乱した場合だけだったのである。

　報告や調査の数字は、世紀の半ば頃に何倍にもなるが、それらが示す結論は大前提の影響を露骨に反映しているため、考察対象よりも考察者自らについて語るところが多いほどである。しかし、裁判所の扱った娼婦について最近の歴史家たちが集中的に研究したおかげで、この問題を包んでいた神話の靄が、かなり晴れてきた。警察が街頭娼婦を飲酒と浮浪という範疇に入れていたことは、歴史家たちが多くの発見で裏付けた。彼女たちのすべてに備わる特徴は、これらの容疑で有罪判決を受けた男たちの多くと同様、不道徳ではなく貧しさだった。街頭で客を取ったのは、自分の住まいがあまりにひどくてどんな営業もできないからだし、酒を飲むのは、他のどんな慰安も受け付けないほど、つらい生活だからだった。確かな人数など知りうべくもないが、安楽な暮らしが望みでこの職業を選んだ者もいただろうし、社会のどの層でも女性に拒まれていた経済的自立を、ある意味では達成したり、自分の意志での暮らしを手中にした者もいただろう。しかし、娼婦の位

---
[8]prostitution

置づけを考えるには、立派な社会的評価をもつ人々がきまって非難した美服と不道徳の対照性などよりは、貧民一般の生存戦略という観点から見るのが、妥当である。本書の第三部が扱う時代を通じて、定常的で十分な収入がない者たちは、本能的に、個人でやれるもっとも手近な稼ぎに走ったのだ。つまり、ヴィクトリア朝後期およびそれ以降の経済の中でもっとも活動的な資本主義者だったのは、資本主義の最大の犠牲者でもあったこの人々なのである。失業がちの男たちも、男に養ってもらえない女たちも、景気の谷間をいわばさまよっていたのであり、なんであれ作れる物があれば作り、交換できる物があれば交換した。特別な品物も技術もない場合、買い手がいれば肉体を売ったのである。売春業は、関わる金こそわずかだが、資本主義の原理が働く場だった。いっぽうには常に、相対的に富裕になる夢があり、他方にはほとんど常に安全の欠如と飢えという現実があり、しかも街頭娼婦の場合には、病気と肉体的虐待という危険まであった。自分たちの中に入り込んできた都市伝道団体に応えた女たちが求めたのは、赦しではなく、間違いなく口にできる食事だった。道徳回復教育課程の魅力も、それがもっと安全な収入への道を提供してくれるところにあったのである。

　こういった理由のため、娼婦の数には相当の出入りがある。何度も法廷に姿を見せる者がいる一方、不況で一時的に離れていた縫製などの職に復帰する者もいた。労働者階級においては、人を分けるのは、ほどほどの体面を保った暮らしをしているか否かよりも、金銭面の事柄を自力で始末する余裕があるか否か、つまり、恥ずかしいその場しのぎをおおっぴらにやらざるを得ないか否か、という点だった。そういうその場しのぎの第一番目が売春であり、二番目が質屋通いで、最悪はおそらく、労役所への入所である。同じ尺度で、街頭娼婦は、誰もが私事をさらけ出すしかない地域社会では堂々と受容されるが、何ほどかのプライヴァシーを守る努力がまだ払われている地域では大目に見てもらうのがせいぜいという扱いになり、労働者階級が自分の秘密を秘密としておけるほどに豊かな地域なら、追い出されてしまうので

ある。社会的地位の喪失は、彼女らを買う男たちを見れば分かる。若い金持ちの遊び人や女好きの中流階級の夫たちもたしかに存在したが、客としての重要性は比較的に低い。客のほとんどは貧しい男たちで、自分よりさらに貧しい女たちにわずかな金を払うのである。女がまとまった金を期待できたのは、たいてい、農場労働者が収穫の給金をポケットに入れて町に来てくれたときだけだった。飲まされ服を脱いでしまった男たちは、道徳以外のものまで失いがちだった。道徳よりも経験と分別のほうが、それを失った場合の結果は重大だから[9]、客は裁判所に訴える羽目になりやすい。

　治安判事たちは、こうした騙されやすい田舎者たちにかならずしも同情的ではなかったし、じつのところ19世紀も3分の2が過ぎる頃まで、彼らは売春にほとんど関心を抱いていなかった。客の中でいちばん法的な関心を惹いたのは、範疇的には軍隊である。1864年、1866年、そして1869年の伝染病法[10]は、部分的には、10年前のクリミア戦争で露呈した軍の欠陥への対応だった。戦う男たちが、大英帝国の防衛に適さないのではないかという恐れは、それから半世紀の間、社会的・法的な改革の中で、くりかえし奏でられる主題の一つである。のちに、もっと一般的に心身の虚弱ぶりに不安が膨らんだときには、梅毒が焦点になった。これらの法律は、守備隊が駐屯する町の特別私服刑事たちに、娼婦と疑われる女性を逮捕して内診を受けさせ、もしこの病に罹っていると判明した場合には、完治が証明されるまで投獄しておく権限を与えた。これらの法律の重要性は、客たちへの衝撃よりも、むしろ、それが惹き起こした反政府運動のほうにある（客たちのほうは、検診の翌日に娼館を利用することをすぐに思い付いた）。これらの法律は1886年に廃止されたが、廃止に追い込んだのは、ジョセフィン・バトラーが組織した強力な世論喚起運動である。この運動においては、根強い道徳的保守主義と女性の権利の急進的主張が結びついていた。娼婦を男の欲望の犠牲者と位置づけ、性交の唯一の場としての結婚生活を賞揚するいっぽう、これらの法律を、女性の扱いに見られ

---

[9] 面倒な言い回しだが、ようするに金品を盗られたということだろう。
[10] Contagious Desieses Acts

るヴィクトリア朝社会の規準の二重性を端的に現すものだとして、攻撃したからである。たしかに、娼婦が不運ゆえに罰せられるいっぽう、彼女らを抱いて病をうつし、何も知らない妻たちにまで病をうつしている男たちは、罰せられないままだったのだ。

　娼婦のみでなく客にも罰を科すことは、しかし、真剣に考慮されることがまったくなかった。時代全体を通じて、この問題のあらゆる側面に法律が適用されたが、金銭授受の伴う男女の性交の権利だけは、手付かずで残されたのである。ただし、女性、ことに肉体と道徳の両面が強要によって傷つきやすいと考えられていた若い女性には、より手厚い保護が加えられた。自分で同意できる年齢は 1875 年に 12 歳から 13 歳に引き上げられ、1885 年にはさらに 16 歳に引き上げられた。これには、白人奴隷をめぐる世論喚起運動がからんでいる。さらに 1898 年と 1912 年と 1922 年の立法措置は、娼婦を扱う周旋業者と 女衒(ぜげん)と娼館経営者に対処しようとしたものである。警察の活動の主たる成果は、街頭娼婦の営業場所を娼館から自分の住まいに変えさせたこと、そして非難の矛先を、彼女らから、彼女らの働きで暮らしている連中に向けさせたというにとどまる。中心的問題はいまだに、不道徳性への一般人の憤りだったが、貧窮が厳しさを減じ、女性の経済的機会が増えてくるにしたがって、売春も売春のかどでの有罪判決数も、減ってゆく。後者が最低数を記録するのは、大戦間時代である。それ以降、路上での違法行為のかどでの有罪判決は増加に転じ、最初は緩やかな増加だったが、1940 年代からは加速ぶりが激しくなった。警察による見回り活動の強化と社会一般の危機感の高まりの相乗効果が、1959 年に街頭犯罪法[11]を実現させた。戸外での客引きに科す刑罰を、系統的に整理しかつ拡充したのである。それでも客にはまだなんの咎めも無く、娼婦たちは、いまだに密かな商業的搾取に晒されていた。

---

[11] **Street Offences Act**

13.5　賭博

　公共秩序と道徳を侵害する行為の四重奏の、最後である。これも、他の三つと共通点が多い。賭博[12]が最初に詮索と非難の的になったのは、飲酒および売春と同じ時だが、それ以降、新しい警察の仕事量のかなりの部分を、とくに都市部においてはこれが占めるようになった。すでに1835年の馬券売場法[13]がノミ行為の禁止を狙うものだったが、1874年の立法措置、そしてことに1906年の立法措置は、増加するいっぽうの路上ノミ行為を対象にしていた。この行為が目の仇にされたのは、不労所得やいかがわしい楽しみへの道徳的反感のせいもあるが、家計に入るべき金や仕事に向けるべき注意力をそれが横取りしてしまうという、社会的な不安のせいでもあった。

　この件には、他のどんな不届き行為の場合よりも露骨に、差別の要素が含まれていた。チャールズ・ミュアが1936年に言っているとおり、

> ...馬券法[14]の一般的効果は、電話と銀行口座をもっていて競馬場に行ける者は賭けても罪にならず、それらをもたない者が同じ現金のやりとりを路上やパブでやると犯罪となる、ということである。これぞ富者と貧者で法律が異なる例であり、正当化は難しい。

何人ものノミ屋に有罪判決を下した治安判事が、人目につかない所で長距離電話を使ってノミ屋に注文を出す、といった例はよく知られていた。また、ノミ行為はパブと切っても切れない関係にあり、胴元が奥に引っ込んでいる間に、手先が裏通りを走り回って賭けを募るのである。一般的に言ってこの商売こそ、小銭資本主義の、もっとも普及しかつもっとも成功した例だろう。法律のおかげで店舗費用は不要だし、税金も払う必要がなかった。この商売を始めるには、精力と計算

---

[12] gambling
[13] Betting Houses Act
[14] betting laws　『英米法辞典は』**betting**を‛gambling'同様に「賭博」としている。一般にはそれでよいのだが、日本語で「賭博」という言葉がもつ語感とあいまってこの文脈では曖昧になるので、この訳語を採用しておく。のちほどフットボールが含まれるようになると、もちろん事情が違ってくる。

に強い頭さえあればよかったのである。破産者も多く出たが、『失業手当てで恋をして』のサム・グランディーのような連中が巨富をつかんだのは、けっして絵空事ではない。

　しかしながら、未来に賭けること［馬券買い］と、より直截な満足の獲得［馬券買い以外の娯楽］との間には、決定的な違いがあった。もっとも重要な違いは、飲酒・浮浪・売春の追放に向けての世論喚起運動のほうは、多かれ少なかれ、社会および経済の全体的な流れに連動していた、ということである。つまり、労働者階級の家族の富と安全が増大し、都会の娯楽が多様で洗練されたものになり、福祉の懲罰的性格が薄まってくる、といった変化は、警察や治安判事や議員たちの努力を妨げるよりも、むしろ後押しする力になったのだ。緊張や摩擦が生じる領域もまだ広く残ってはいたが、社会的に立派な振舞とは何かという概念が司法・警察の側に形成されつつあり、警察が活動する場である労働者階級地域社会がもつそうした概念との間に、ある程度の一致が見られるようになったのである。ところが馬券買いとなると、話がまったく逆になる。19世紀の半ば以降、禁止はむしろ歴史の流れに逆行していたが、国家はますます禁止の貫徹にこだわった。通信の分野で非常な進歩があって電報が利用できるようになり、スポーツ報道も急成長したので、馬券購入の時間と空間が短縮される。新聞が1884年に最終賭け率を掲載し始めると、北部産業地帯の工場労働者やスラムの住人たちでも、わずか数ペンスの金さえあれば、アスコットやニューマーケットにで出かける人々と、対等の勝負ができるようになった。初等教育への巨額投資でようやく読み書き能力が普及していたが、それが、切実とはいえ生活改善にまったくつながらないこんな形で役立ったのは、時代の大いなる皮肉の一つである。労働者階級の者の多くにとっては、出走馬の一覧表を読んで賭け率を予想するといったあたりが、学校で修得した技能のいちばん高度な使いみちだったのである。

　1906年の馬券法は、大量に存在した混沌たる制定法や条例に取って代わったが、国民国家としての効率と、ことにノミ行為の野放図な増加についての、一般社会の懸念に応えたものである。当時、警察幹部

は、他の種類の犯罪に統計上では勝利したばかりで意気が上がっており、あらたに得た権力をここにふるおうとした。しかし、現場の警察官たちは、これほどに敵意を買い、しかもいたるところで狡猾な抵抗に出くわす業務の遂行に、幹部たちほど気乗りするはずがなかった。いっぽうノミ屋たちも見事な組織を作り、警察署の近くに偵察役が自転車で待機して、自分たちを狙って出動する警察官たちを尾行する始末だった。20年も経たないうちに、一般警察官たちの間には、疑念が蔓延するようになった。膨大な時間と労力を投入したあげく、目に見えるほどに減退したのは、違法行為ではなく、警察官たち自身の士気と評判だったのである。法律を守らせることに、かくも明白に失敗していることが彼らの権威を堀り崩していたうえに、頻繁に腐敗事件が起きて、さらに害を大きくしていた。法律の強制はつねに警察の倫理にとって脅威となるものであり、酩酊や娼婦との同衾こそ警察発足当時の万事に疎漏な時代より減少したが、ノミ屋の利用やノミ屋からの収賄は減らなかった。同時に、治安判事たちも熱意を失い、収監よりも罰金刑に頼りがちになった。

　根本にあったのは、ノミ行為が一般に広く受容されていた、という問題である。これは、汚名を負い縮小しつつあった特殊な集団ばかりでなく、老若男女を問わず労働者の社会に広く行きわたり、さらにはホワイトカラー階級にまで、広まっていた。成功したノミ屋は、一般に不当と見なされている法律に立ち向かう者として尊敬され、職にうまくありつけない人々からは、下働きや見張りに雇ってもらえるので感謝された。たしかに、ノミ行為に対しては、非国教会系の信仰や自己改革的社会主義の立場からの反対が労働者階級の中にもあったし、現在なら強迫的とでも呼ばれるような賭けぶりで崩壊した家庭の人々には、強い反対感情があったに違いない。しかし、ノミ行為はたいてい少額であり、2連とか3連方式の賭けで利益もわずかだった。娯楽でこそあれ、ほとんどの場合さしたる害はなく、単調な人生でちょっとした息抜きとなるといった、完全に分別にかなった行為だったのである。やがてドッグレースとサッカー賭博が流行し、ことに後者が1930

年代から 1 千万人もの観客を集めるようになると、労働者階級から賭博を取り上げる見込みは、完全に消えた。もはや、禁止から規制への切り替えしか打開策はなかった。そうすればすくなくとも警察は、誇張気味とはいえ不安の的だった賭けと犯罪組織とのつながりを断つことができ、自らの行動領域も一般の同意のもとに拡大できると思われた。第二次世界大戦後、王立委員会が、この法律は不評であること、また賭けの害はかつて心配されていたよりもはるかに小さいことを、確認した。それを受けて作られた 1960 年の「馬券および賭博法」[15]は、ついに、大衆が場外馬券を買うことを合法化した。その前年の街頭犯罪法と同様、この法律は、避けがたく思われるとはいえまだ幾分いかがわしい行為を、一般の視線から隠して、街頭の良俗を守ろうとするものだった。

13.6 同性愛

　酔っ払いや娼婦や浮浪者や博打うちは、19 世紀の後半からあらたな扱いを受けるようになったとはいえ、それ以前にも法の世界と無縁ではなかった。20 世紀の道徳家たちの強迫観念になった問題行動[16]が三つあるが、そのうちここで第一に取り上げる同性愛にも、ある意味では、長い前史がある。反自然的性交[17]は、1533 年から 1861 年まで死刑該当の犯罪だったし、それ以降も、10 年から終身の収監刑になることが多かった。軍隊では、ことに注意の対象だった。この罪は、男女間でも人間と動物の間でも等しく適用されたが、強姦や暴行と同様、一生の傾向というよりも一時的な逸脱行動とされていた。同性愛という範疇は、存在自体が公序良俗にとって脅威となる確信犯的な性的異常者たちを指すが、じつは、ヴィクトリア朝時代の最後の 10 年間に新しく設けられたものである。これが法的処置の対象とされたのは、1885 年

---

[15] Betting and gambling Act
[16] behavioural issues
[17] **buggery** 男による男もしくは女との肛門性交、男女による獣との性交を含む。制定法でもコモンローでも、犯罪とされる。

の刑法修正法[18]へのラブーシャ修正条項[19]からだった。これによって、二人の男性の間での著しい猥褻行為[20]を、2年間の重労働で罰しうるようになった。こうして、より軽い罪と刑罰の導入によってずっと広い範囲の訴追が可能となり、結果的に、この10年後オスカー・ワイルドが、クイーンズベリ卿に対する名誉毀損のかどで、罠にかかるのである。当時のその他の素行規制的立法措置[21]とは異なり、これは公的のみならず私的な行為にも適用された。街頭での強要行為は、1898年の浮浪者取締法[22]と1912年の刑法修正法によって、別途に扱われた。

同性愛については、名目上違法であるどのような他の行為についてよりも、犯行と処罰の関係を正確に把握することが難しい。1895年に行われたオスカー・ワイルドの2件の裁判は、それを端的に示している。彼は、前代未聞の報道ヒステリーの中で、名声の頂点から叩き落とされた。彼が、芸術家には自分で道徳規準を定める権利があると主張したり、19世紀末ながら現代の少年娼婦に相当する少年と関係したことが暴露されたことで、同性愛者は異端分子で社会を堕落させる存在だというイメージが、定着した。パブリックスクール時代の後ろめたい記憶をもつ者たちばかりが集っていた裁判所は、そうした行いへの憤慨を表明した。ワイルドが有罪となった夜、通常の10倍の人数にあたる600人の男たちがフランスへ渡ったといわれており、これ以降、男性同士の性的関係は、不安と秘密に閉ざされることになる。女性同士の関係は、無理解と不信の陰に隠されていた。レズビアニズムがついに立法者たちの注意をひくようになった1920年代、この行為におおっぴらに汚名を着せることは、大多数の無垢な女性は知らないに違いない逸脱行為を公表するだけだ、という議論があった。女性の性は本質的に受動的だとされていたので、同性愛者が無垢の女性を堕落させる危険性はずっと小さいと考えられたのである。

ハヴロック・エリスが、英国は同性愛者に対してもっとも過酷な法律

---

[18]**Criminal Law** Ammedment
[19]Labouchere Amendment
[20]acts of gross **indecency**
[21]behaviourial legislation
[22]Vagrancy Act

をもっているが、対照的にドイツのような国々は法律を控え目に適用しているという意見を述べたのは、1912年のことである。大戦間時代には、警察が認知した限りでの男性同士の破廉恥行為は、年間約300件と、ほぼ倍増した。しかしこの数字は、立法措置とは関係がない。この法律によってときたま捕らえられたのは、富裕かつ有名な人々で、とくに社会的に下の者と一緒にいるときにつかまった。1945年以降の最初の10年間に、この関係での警察の仕事は7倍にも増えたが、これは、冷戦時代の頂点にいた当局が、国家の安全保障と関係する行為に敏感になっていたことを、反映しているのである。一連のスパイ醜聞事件、ことに、男性と酒を野放図に好んだガイ・バージェスの事件の後で、公職に就く場合には厳格な身上調査が行われるようになった。同性愛傾向は、たとえどのように認識されようとも、微妙な職から外す根拠となり、極端な場合には、解雇の理由になるとされた。しかし、賭博や売春と同様、裁判所の仕事は、なんらかの究極的勝利など不可能であることを浮き彫りにしただけだった。1954年、ウォルフェンデン卿のもとに省庁間委員会が設立されて、売春と同性愛を同時に論議した。三年後に公表された報告では、そういった行為が道徳的に誤りであるのは変わらないが、警察の活動は、公共秩序の分野と直接的な強要や堕落させるなどの行為があった場合に限るのが賢明である、とされていた。法律が防止できないことは、教育や世論の非難にまかせておくほうがよい、されたのである。同性愛への敵意のほうが、異性間での不法な性交渉への敵意よりもずっと根深いので、国家がそこに介入する勇気を奮い起こすまでには、ずいぶんと時間がかかった。それでも1967年には、労働党政権が、合意の成立している成人同性間での行為を合法化する私法案の通過を認めた。公的破廉恥行為は犯罪とされたまま残り、ますます厳格に訴追された。

13.7　麻薬

　はじめのうち、麻薬の消費は、酒と共通するところが多かった。それは日常的で目立ちもしない行為であって、あらゆる仕事についている男女が行っていたのである。どんな街角の薬局でも、じつにいろんな形態の阿片が買えた。錠剤やトローチもあれば、膏薬や塗布剤もあり、浣腸剤、甘味料、酢、葡萄酒、さらにチンキもあった。広範囲の苦痛を取り除いたり、すくなくとも軽減するという触れ込みのさまざまな特許薬としても、買うことができた。子供たちは親に言われてそれを買いに行ったし、「ゴドフリーの強壮剤」のような製品の形で、むずかったり空腹の赤ん坊を泣かせないように、与えられもした。酒と同様、気分転換から治療までにわたって用いられていたのである。阿片チンキは家庭の常備薬で、心身両面のストレスを和らげるのに用いられた。労働者たちには正式な薬の安価な代替物であり、重労働の苦痛を癒してくれるものでもあった。阿片の1ペニー分もあれば、多くの場合、高い料金をとる医者や、さらに高額な処方箋よりもましな効果を得られたのである。教育のある階級においても、男女を問わず、阿片を緊張緩和に用いるのは、なにも恥ずかしいことではなかった。阿片を用いていた有名人の中には、浪漫派の詩人たちばかりか、フロレンス・ナイチンゲールやウィリアム・グラッドストンのような、ヴィクトリア朝社会で立派な人間の見本とされた人々もいたのである。

　阿片が有効とされた一例は、錯乱症状の治療だった。19世紀半ばには、行き過ぎた薬物依存症状はまだ認識されておらず、使用者が公共秩序を侵害したり治安を妨害したという記録はない。彼らは危険な集団を作ったりしそうになかったし、購入された阿片は、立法者たちの望みどおり、家庭で消費されたのである。麻薬が効いているからといって、お互い同士や警察や妻を攻撃したりもしない。しかし、酒が緩い販売許可制度に規制されるようになるだけなのに比して、阿片のほうは、徐々にではあったが、完全に自由市場から締め出されてゆく。ノーマン・ケア博士が1884年に設立した飲酒研究会[23]は非常に影響力があっ

---
[23] Society for the Study of Inebriety

たが、この団体は、酒と麻薬を、不節制という同一問題の二形態と見なしていた。ただ後者が、厳しい監督を受けるようになっただけなのだ。それが犯罪とされる事情には多様なものがあるが、そもそもの原因は、製造と流通の仕組みである。18世紀以来、酒造業界は、大量生産と大量販売の最先端を走ってきた。議会で絶大な影響力をふるう醸造業者たちから、その製品を販売する無数の認可業者にいたるまで、酒は、資本主義のもっとも攻撃的で精力的な面を体現していたのである。それに対して麻薬は、商業とも医薬とも領域的に競合していた。というのは、一方には特許薬の販売業者がいて、ヴィクトリア朝の事業家たちの中でも、豊かな想像力と貧しい良心という組み合わせを代表していたし、他方には医者と薬剤師がいて、麻薬の統制を自分たちの専門領域の一部とみなすようになっていたからである。

　立法による介入は、1868年の毒物および薬物法[24]をもって始まる。この法律は危険な物質の販売を規制し、阿片を含むより軽い薬物には毒物という表示を行わせるものだった。この法律には、酒の場合のような政府歳入源となる特許制度が導入されなかったので、消費レベルへの影響は最小限にとどまった。その重要性は、むしろ、責任の主張にある。1852年に正式な法的地位を獲得した薬剤師たちは、麻薬についての権限を主張していた。自分たちが関与しない限り、市場が安全な製品を供給する保証はなく、消費者が分別のある用いかたをする保証もない、というのである。麻薬の不正使用についての不安を掻き立てるため、健康関連の公式統計が利用された。たとえば、自殺のための使用とか、とくに子供の偶発的過剰使用などの例である。さらに、労働者階級の家族の素行について不安が存在していたところに、専門職として自家医療の領域を狭めておきたい医者たちが、一見科学的なその根拠を示した。しかし当面は、警察も裁判所も、やるべきことはさしてなかった。麻薬関連の手入れや新聞の派手な見出しといったものは、中毒患者が発見されてからのことである。19世紀の最終四半期には、議論の焦点は麻薬そのものから使用者へと移り、阿片のアルカ

---

[24] Poison and Pharmacy Act

ロイドであるモルヒネの使用者に注意が向けられた。モルヒネは、最初は医学的指示に基づいて、新しい皮下注射針によって使用されていた。本格化しつつあったアルコールと各種麻薬の強迫的使用の研究が、いっそう切実さを増したのは、医者たち自身が麻薬を普及させ、問題があるといわざるをえない規模で使用していたからである。だがこの時点ではまだ、中毒は薬物への肉体の反応であって、その結果として道徳的崩壊現象が起きるのだと考えられていた。だから治療法も、可能ならば適量を投与し、患者に系統だった訓戒と再教育を施す、というものだった。1890年の精神傷害法[25]では、麻薬中毒は、正式な保護者をつけるべき場合の一つとされた。ともあれかくして、阿片派生物は、かつては医療の手段だったものが、いまやその対象と見られるようになったのである。世紀末には、コカインもまた、有望な鎮痛剤から危険な依存性誘発物質へと、評価を変えつつあった。

　医学上の不安だったこの問題が一般社会で恐慌を起こした決定的なきっかけは、麻薬と若い女性の堕落の関連である。第一次世界大戦の前から直後にかけて、一連の悲劇的事例が世間に知れ渡り、たいていは外国人である悪徳商人たちが、監督不十分な娘たちにとっていかに危険な存在であるかが、注目を浴びた。国際紛争ですでに手ひどく揺さぶられていた、国民の健全さについての自信や、家庭外での役割が増大した女性たちの純潔についての多くの不安が、麻薬窟のイメージに凝縮された。そうした麻薬窟では、女性たちが、中国系であることが多い悪質な阿片業者によって、道徳的にも肉体的にも健全さを奪われている、というのである。警察は、1868年の法律をもってしては、それが1908年に拡充された後でも介入は困難だと考えていたが、1920年と1923年の危険薬物法[26]によって、ようやく有効な権限を手にした。これらの法律は、そもそもは兵士の健康を守るために戦時中に行われた規制を、統合強化したものである。阿片やモルヒネやコカインの販売は、医師の処方箋による統制を受け、無許可では粗製麻薬の輸出入も製造もできなくなった。ロンドンやリヴァプールやカーディフで警

---

[25] **Lunacy** Act
[26] **Dangerous Drugs** Acts

察活動が爆発的に増加した結果、年間 300 件もの立件が行われたが、ひとたび中心的な供給網が崩壊した後では、この数は年間 100 件以下に落ち着いた。その半分が阿片関連で、残りはモルヒネとコカイン関連である。1926 年のロルストン報告は医師たちに対して、中毒を悪行と切り離してとらえ、純粋に肉体的状態の問題として、たとえば慎重な経過観察に基づく処方といった、多彩な治療を行うよう、勧告した。これ以降の訴追件数が低いところで安定するのは、警察活動の有効性のためばかりではなく、あいかわらず医師から麻薬が入手できるという状況が続いていたせいでもあるし、さらに部分的には、大戦間の残余の期間中は使用量がじっさいに落ち込んだためでもある。1950 年代には、一般の関心が再燃した。一世紀ものあいだ医療や気分転換に用いられてきた大麻が、あらたな脅威となったためである。もっともその使用に陥りやすい集団も、女性から十代男女に変わった。1965 年に立法措置があったが、今度は使用の減少にはつながらず、むしろ着実な増加の始まりを告げることになった。

13.8　自動車

　この期間、薬物への一般の関心によって司法体系に新たに付加されたものは、ほとんどない。まったく逆なのが、ここでとりあげる素行型犯罪の最後の範疇、つまり、自動車がらみの違法行為である。1900 年といえば自動車が初めて道路を走ってから 6 年後だが、このときはまだ、治安判事裁判所で有罪とされた事件の、千件あたりわずか 4 件がこれに属するにすぎない。ところが 1930 年には、路上の自動車は 200 万台をわずかながら越えており、正式起訴を要しない違法行為の総数の、すでに 43％が自動車がらみとなった。大戦勃発の時点では、それが 60％になるのである。1930 年代前半ともなれば、毎年、殺人の犠牲者が 100 人、重罪該当もしくは故意の傷害の犠牲者が 1,400 人であるところに、6 千 500 人が路上で命を落とし、20 万人が負傷している。数字そのものは 1991 年の 11 分の 1 だが、割合で言えば、50％も高い。

犠牲者の多くは、自転車に乗っていた人や歩行者などのいわば「非戦闘員」であって、法律にも道路設計にも、不注意で未熟で向こう見ずの運転者たちから彼らを守る配慮が足りなかった。自動車協会は一切の法的規制に精力的な反対運動を展開したが、犠牲者の有無にかかわらず、自動車関連が、警察と裁判所の取り扱う不法行為としては、他のすべての範疇を圧倒するにいたった。本書が扱う何世紀もの期間を通じて、これほど短期間に、これほど深甚な変化を法律と公衆の関係に強いた人間活動は、他にはない。

　もっとも衝撃的な変化は、じつは違反者像に生じている。一般的に言えば、犯罪と処罰の歴史は、直接間接に、有産階級が無産階級を訴追し罰してきた歴史なのだ。ヴィクトリア朝時代の、路上で馬が牽引したり人間がペダルを漕いだりする交通を扱うために出来上がってきた法律群についても、おおむねそのことが当てはまる。他に汚点の無い市民が酩酊の結果車を「不注意かつ乱暴もしくは激越に」運転して、有罪判決を受ける例がときたまあったが、ほとんどの訴訟は、荷車や辻馬車の御者に対して起こされたのだ。しかし、第二次大戦後までは自家用車の所有が中流から上流の階級に限られていたため、増加する一方の被告のほとんどは、これらの階級から出ることになった。速度制限は1898年に毎時4マイルから12マイルに引き上げられ、1904年にはさらに20マイルに引き上げられて、1930年の廃止までそのままだった。1935年に制限が復活したときには、舗装地域での制限が時速30マイルとされた。これが意味していたのは、自家用車の所有が今世紀の最初の30年間に中産階級に普及してゆくなかで、速度制限はつねに、最低の車が出せる速度よりも低く設定されていた、ということである。つまり、ほとんど運転そのものが不法とされていたのだ。とするとこれは、現代社会における麻薬と似ていることになる。

　警察は史上はじめて、自分たちから見て社会的に上位の人々を大規模に扱わねばならなくなった。治安判事の場合には、対等ということになる。ことに警察官たちには、これは不快な経験だった。彼らは、財産の保護に向けるべき精力を事故の防止のために割かれ、1930年代に

信号灯が導入されるまでは、寒くて退屈で心身にこたえる時間を、混雑する交差点で過ごさねばならなくなった。しかも車の運転者が引き起こす負傷や苦痛は、土曜の夜のパブの終業時刻後に警察官たちが経験していたものよりもひどく、精神的外傷を残すようなものさえあった。違反者を逮捕すればしたで、卑屈さと不信と侮辱と買収の試みの混じったものに直面することになる。速度違反の取締装置を設置しようすれば、自動車協会がつねに妨害した。協会は、運転者に警告を発する偵察要員を雇いさえした。治安判事たちも、逮捕者に対しては、伝統的な下層階級の被告に対するときほど厳格であるとは限らなかった。本当の初期には、村落部の治安判事の中には、田舎が荒らされるのに激怒して、警察と共同して法律を厳格に適用する例があった。しかし、自分たちや友人たちが車を所有し始めると、そういった熱心さは減退し、結果的に、歩行者や自転車利用者の権益を擁護する団体にとっては、歯がゆい事態となった。刑を軽くするための言い訳は何であれ受け入れられ、処罰はほとんど苦しみや不快のないものにされてしまうのだった。1938年時点では、有罪となった43万8千人のうち、収監判決を受けたのは、たった800人に過ぎない。死亡や重傷の原因となった違法行為ですら、めったに少額の罰金以上の刑を科されることはなかったのである。

　警察にとって唯一本当に良かったのは、歩行者としてとくに飲酒運転や不注意運転の犠牲者になりやすかった労働者階級の人々との関係が、改善されたことである。史上初めて、文字どおりの路上の者が、制服警察官を見て、これは自分を守ろうとしてくれているのだ、そして社会の壁を越えて法律を適用しようとしてくれているのだ、と思えるようになった。それに応じて、庶民が警察に来て情報を提供したり、一世代前なら考えらえなかったほどの数の者が、救済を求めるようになった。車の進出によって、麻薬や同性愛といった領域ではあまり明らかではなかった警察の変化が、たとえただ自分たちが被告になることが少ないという理由によるにせよ、具体的に彼らの目に見えるようになったのである。かつては、素行取締活動の強化といえば、中産

階級的な立派さの基準に当てはめて貧しい人々を犯罪者扱いすることだったが、いまや事態は逆転したのだった。自家用車が第二次世界大戦後ますます普及し、多少とも裕福な者たちが被告として裁判所に現れるようになると同時に、麻薬使用者の増加によって、特権をもつ者たち、あるいはすくなくともその子供たちが法的責任を問われる場面が、さらに多くなった。裁判所が社会的公平さの別天地となったというのは事実にほど遠いが、すくなくとも、もはやたんなる階級支配の手先とは見なせなくなったのである。

第14章　司法職の専門化

1856年の州および自治都市警察法[1]から1964年の警察法[2]の間に、イングランドとウェールズは、常套句として世界最高の警察と言われているものを獲得した[3]。政治的中立性と市民的抑制を兼ね備えている点が、ことに称えられたのである。警察官は銃器を携帯せず、党派的な利益擁護を行わなかった。彼らは、自分たちが勤務し秩序を維持する地域社会とは、明確に一線を画した。ピールが1829年に開始した改革は、規律正しい部隊という形で結実したのであり、すくなくとも大戦間時代の終わりまで、盗みを封じ込め、通りを安全に歩ける場所にしたのだった。警察は、専門職化への総体的流れに乗ってまっしぐらに進んでいたが、この流れは、現場の警察官ばかりでなく、裁判を仕切る法律家や懲罰を受け持つ監獄職員までも包み込んでいた。この意味では、19世紀中葉の何十年かは、犯罪の歴史の分水嶺だったのだ。改革の以前には、諸制度は素人的で効率が悪かったが、改革後になると、結果に見合う報奨が保証され、効率も向上した。「旧時代」[4]には公私の区別が手続き的に曖昧だったが、近代世界では、法律を執行する側とその業務に金を払って成果を享受する側との間には、明確で必然的な区別が置かれたのである。

　しかしながら、バーバラ・ウェインバーガー他が指摘しているように、専門職志向という見方を警察に適用するには、特別な慎重さが必要となる。組織・要員確保・訓練・職務遂行の方法・倫理基準・一般的

---

[1] County and Borough Police Act
[2] **Police Act**
[3] Emsley, *The English Police. A Political and Social History*, pp.94-5 には、この種の発言がいくつか引用されている。
[4] *ancient régime*

効率といった決定的に重要な事柄において、警察を、専門職の正式な定義、あるいはヴィクトリア朝期に現れた専門職組織のどれとも、結び付けるのは容易でないからである。そして、古典的な専門職集団との相違が大きければ大きいほど、新しい警察は、彼らの前身であってつぎはぎ細工としてひどく蔑まれた小警察吏[5]や警備隊[6]に、似てしまうのである。警察としては、すくなくとも、自らの成功の証しのように見える犯罪統計数字を示して建設的な業績があることを主張できたが、いっぽう、［シェークスピアの］ドッグベリーからドック・グリーンのディクソン[7]までの変化の道のりは事実というより虚構だと見ることもできないわけではない。この種の議論には、警察業務の発達史の範囲内で済むような単純な決着はつかないが、それにしても、部外者である警備委員会[8]の微細にわたる口出しを免れるための主任警察官[9]たちの果てしない戦いは、この問題[10]の存在をじつに明らかに示すものである。この点を巡る変化の規模と性質を見るには、互いに関連する二つの問題に焦点を当てることになる。第一に、かりに警察官［警察］と法律家［司法］の歴史は一つにしておくのが手軽だとしても、必要なのは、この期間全体を通じて、制服警察官をもっと広い意味での司法の仕組みの文脈に位置づけることである。というのは、なにも警察官やその他の有給職員ばかりがこの仕組みに能動的に関与していたわけではなく、一般市民も有産無産にかかわらず関与していたからである。彼らもまた、法と秩序の維持にとって決定的に重要な役割を、あいかわらず果たしていたのだ。第二には、かりに、複雑化する一方の

---

[5] **parish constables**
[6] **watchmen**
[7] Dixon of Dock Green 英国の作家 Norman J. Crisp(1955-92) が台本を書いたテレビ用シリーズものアクション番組の主人公。我が国でも放映されて人気のあった「サンセット通 77」などと同時代である。
[8] **watch committees** 自治都市では、この古めかしい委員会が公共の安全に責任を負っていることが多かった。Emsley, *The English Police. A Political and Social History*, p.44:「市参事会とその警備委員会は、警察を、単に防犯目的に限らず、自分たちが好きなように使役できる下僕だと見なしていた。参事会は自らを選出してくれた納税者に頭が上がらないので、警察官たちを、かならずしも法と秩序に関わりのない仕事にも投入し、目いっぱい使うのだった....」。この他にも同書には関連記述が多い。
[9] **chief constables** 配下である地域の警察官について使用者責任を負う。
[10] 警察官の専門職化

エクルシャルの警察官（1907 年）
スタッフォードシャー博物館

内務省管掌の規則や規律が新旧警察官の本質的な違いとなりつつあったにしても、法律の執行業務の実質をなす裁量[11]という行為には、十

---
[11] discretion

分な注意を向けなければならない。制服を着て正確な歩調で巡邏する警察官はいかにも融通がきかないようだが、じつは彼らは、ほとんど全ての事柄を、自らの判断で処理しなければならないからである。同様に、彼が奉仕すべき一般市民の側も、彼に協力するのかしないのか、するならするでどのようにするのかを、みずから決めねばならなかった。これらの選択がどういう利害考慮の結果として行われるかが、警察業務の意味の変遷や、その発展の指標たるべき犯罪統計数字の意味の変遷にも、影響するのである。

14.1　職歴形成

19世紀後期に実現されたもっとも重要な改革を一つあげるならば、それは、警察官の職務内容ではなく、職務自体の終了に関わることだった。というのは、素人と専従者のもっとも顕著な違いは妥当な年金制度の有無にあるが、その制度を導入したのが、1890年の警察法だからである。老齢退職後に備えての措置は、1839年以来さまざまに取られてきたが、確実な保証というには、あまりに矛盾が多かったり基金が不足したりしていた。どうしても、25年勤続後、もしくは健康上の理由での退職なら15年勤続後に年金が保証できるような、財政的に妥当な制度が必要だった。この改革で、三つの決定的な成果があがった。第一に、場当たり的泥縄的に各地方で取られてきた措置が、全国的に一本化された。単一組織としての警察の存在を、かくも力強く告げ知らせるものはない。なにしろ、改革後の警察においても、じつは、三つの異なった組織が並存していたのだ。すなわち、内務大臣に責任を負う首都警察[12]と、自治体参事[13]の構成する警備委員会が管掌する自治都市警察と、1888年までは治安判事、その後は治安判事と州参事[14]が構

---

[12] Metropolitan Force
[13] councilors
[14] councilors 『英米法辞典』の **council** を参照されたい。

成する委員会が管掌する州警察[15]である。この三部構成全体では、規模も文化も責任も非常に異なる警察組織が、188 も存在していた (数的には、1946 年までに 3 分の 1 に統合されるが)。この期間中に内務省は、たとえば、警察組織を監督して不十分ならば資金を差し止める権限を 1856 年に得たが、これを皮切りに、すこしずつ権限を強化してゆく。さらに、国家的な緊急事態の期間中には、国家利害を前面に押し出して地方特有の感じかたといったものを圧倒することが容易だったので、改革は加速した。しかし、警察組織を全国的に一本化するとなると、その方向を支持する声もときにはあったものの、つねに反対に直面した。反対が起きたのは、ひとつには、州や自治都市の伝統なるものがことあたらしく考え出されて言い立てられたためもあるが、今ひとつには、中央政府への不信感があいかわらず続いていたためでもあった。対照的に、新しい年金は、いわば一刷きで、国家が保証する勤務条件均一化をもたらしたのである。これは、外部の見方への影響はともあれ、警察という組織にみずからの生活を託した人々には、たしかに深甚なる影響を及ぼした。警察を退職した者すべてが、退職前まで彼らを雇用していた者たちがどれほど自分たちを特別視していようと、いまや対等となったのである。

　第二に、年金は、職業としての警察官の基盤だった。初期の警察は、現存の小警察吏たちか、もしくは熟練・半熟練労働者の市場から、隊員を採用していた。初任給は週給 19 シリング程度だったから、まともな職人なら、自立と社会的地位を捨ててまで制服と世間の悪口を選ぶ気にはなりそうもない。それでも、田舎に閉じ込められて見通しの開けない農場労働者や、せめて一日二日以上続く仕事にありつこうと四苦八苦している都会の労働者には、そこに魅力的な未来が見えたのだ。とはいえ、警察官を適職と心得る者も、ましてや終生の職と考える者も、新隊員の中にはほとんどいなかった。彼らのほとんどにとって、警察官という職は、経済の底辺に生きる者をつねに見舞う苦難を乗り切る緊急避難措置、もしくは田舎から都会、非熟練から熟練へと

---

[15] county force

移ってゆく途次の、頼りない踏み石といったものだったのだ。肉体労働職とはいえ、この職につくためには、同じ制服職である郵便局員を別にすると、いちばん厳しい肉体的・教育的な試験を突破しなければならなかった。にもかかわらず、それを突破した者たちが出くわしたのは、過酷な規律と地域社会の敵意とそこらじゅうにある誘惑という、なんとも強力な組み合わせだった。ほんとうに職務に誠実な一握りの者以外は、脱落してしまうことになる。ピールの最初の警察組織は、2年のうちに半数が解雇された。その5分の4は酩酊のためだったが、さらに3分の1が、自ら辞職している。自治都市や州が警察を設立するたびに、同じ事態が繰り返された。世紀が進むにつれて事態は徐々に改善されたが、1890年の法律ができるまでは、新入隊員が年金の受給開始まで職に留まることなど、ほとんど期待できなかった。もっとも、その年金自体、存在も価値も保証されているとは言い難いものだった。それが、老齢退職後の年金は現役時賃金の3分の2という魅力的な水準に設定されたのだから、警察という職場を労働者としての人生の中心に据える本当の動機が、ここに形成されたのである。制服を着る他の肉体労働職を別にすれば、威厳がある職業や好況時に羽振りがよかったりする職業でも、就職時から死亡時までこの水準を提供するものは、どこにもなかった。なにしろ1911年に国民保険法[16]ができるまでは、病気で働けない場合の給与支払すら、一般的ではなかったのである。1890年以降、自己都合の退職は、たちまち顕著な減少を見せた。解雇率も1870年代に落ちはじめ、1914年に5％になるまで、低下し続けた。大戦間時代も、失業率の上昇で恒久性のある職が貴重になったため、その率は変わらない。逆に、福祉国家と完全雇用の時代が訪れると、警察官を職業に選ぶ利益はさほどなくなって、むしろ制服を着ての職務がわずらわしく感じられるようになってくる。

　最後に言っておかなくてはならないのは、年金は内面的な規律を確立したということである。新しい警察像のためには、個々の巡査が、勤務する地域社会のほとんど誰よりも優れた振舞い基準の体現者であ

---

[16] **National Insurance** Act

ることが、決定的に重要だった。私企業では鉄道だけが、同じ水準の誠実さと時間厳守と服従を実現しようと試みていた。これは、新隊員の多くを解雇するだけだった初期の頃には、まるで達成できない目標だった。同程度の賃金を他で得る機会が十分にあり、しかも年金を得る見込みがあまりないという事情のもとでは、新任巡査たちには、主任警察官が要求するような行動基準を内面化させる動機も機会もほとんどなかったのである。しかし、徐々にではあるが、警察は隊員の処遇方法に洗練を加えてゆく。昇進という考え方が、警察にも、他の制服職にも現れてきた。巡査職[17]も巡査部長職[18]も、何階級かに細分化され、それらを移る際の複雑な規則も、ますます多く作られた。突然の死というドラマの代わりに、延々と続くいわば双六ゲームが確立されたのである。勤務良好の評定を蓄積して、優秀章の筋飾りと週に数シリングかの割り増しを得たり、ちょっとした違反でそれらを失ったりするようになった。そして、納得の行く年金計画こそは、この制度の基盤だった。数年も勤務した警察官なら、解雇されて失うもののほうがはるかに多いので、受給資格の得られる25年が満ちるまで勤務水準を保つように注意するだけの理由があったのだ。近代的な昇進制度は、主任警察官たちの権威を強化したが、それと同時に平の巡査たちにも、いかに幻想じみていようと、自分たちもなんとか昇進できるという感じを、いささかなりと抱かせたのである。

14.2　訓　練

　職場としての警察の機構は、最初は軍隊を模したものだった。じじつ19世紀の警察のほとんどは、陸軍や海軍の退役仕官が運営していたのである。そこには、終身保証賃金と賞罰による動機形成という点で、肉体労働の世界における本物の革新があり、世紀が終わるまでには、警察という職場の特異性は、制服の特異性以上に根深いものとなっ

---

[17] constable
[18] sergeant

ていた。職歴が長くなればなるほど、純正な職業文化を身につける機会が多くなり、職務遂行そのものも、使命感に裏付けられて良心的になる。しかし、個人を処遇する制度から警察全体へと、そんな話しを敷衍するわけには参らない。まず、警察官は一介の労働者に過ぎないのであって、法律家や医者のような社会的地位や特権や収入があるわけではない。農業労働の窮屈さから逃れてきた新入隊員は、住所や同居者について、またもや雇用者に調査された。些細な昇級があるとはいえ、それ以上の本物の昇進の見込みはきわめて小さいし、大戦間時代までは、現役の警察官から地方警察の主任警察官を抜擢する慣行も存在しなかった。1872年から組合結成の動きが始まったが、これは激化する悶着の種となり、ついに1918年と19年にストライキが行われるにいたった。18年のストライキは、政府が戦争終結に向けて苦闘中だったために一時的な勝利を収めたが、19年のそれは壊滅的敗北に終わった。御用組合である警察同盟[19]が作られる結果となったが、この組織は、再びストライキをやることすら禁じられたのだった。

　さらに一般的に言えば、警察の業務自体には、こうした展開に見合うような進歩はまるでなかった。そもそもの最初から、警察と郵便は、肉体労働職としては二つだけの例外として、採用の際に正式に識字試験を課していた。巡査は毎日業務日誌をつけなくてはならないので、英語能力がその水準に達しない者については、追加教育を施すか採用を拒否するかしかなかったのである。特徴的な筆跡でぎこちなく堅苦しい散文を綴ったという点では、当時の小学校卒業者のうち、19世紀の巡査ほどに書き言葉を実用に供した例はないだろう。しかし、勉強して試験に備えるといった意味での抽象的な知識体系は存在せず、新人研修にしても、軍隊式の教練だけだった。行進の仕方さえおぼえれば、あとは他の職人たち同様、勤務しながら専門技術を身につければいいとされていたのである。系統的教育という考え方が根づくまでには、半世紀が必要だった。1902年、刑事を訓練するための小規模な集団がスコットランドヤードで編成されたが、これが発展して、5年後

---

[19] Police Federation

にはロンドンに最初の警察訓練学校ができた。大規模な警察組織はこれに倣ったが、新任巡査をわずかしか採用しない組織は、せいぜい周辺的重要性しかない活動への投資を渋った。そういうわけで、1945年までは、かならずしも新任巡査の全員が、現場で教育を完成させるべく配属されるまでに、合宿形式の訓練を済ませていたわけではないのである。その頃までには、すでに学科試験が昇進制度に組み込まれており、1860年以降は、さまざまな警察組織が、学科試験や警察の義務についての試験に通ることを、巡査部長やそれ以上の階級への昇任の条件としてゆく。これらの試験で昇任適格者が選定され、最終的決定は、人格と勤務記録の評定によるのである。1919年には、警察全体で資格試験が義務づけられたが、1958年までは、各警察間での規準のすりあわせは、真剣には行われていない。そしてこの頃までには、上の階級への昇任の準備は、1947年に設立された国立警察大学で行われるようになっていた。

14.3　技　術

　書き言葉による学習の妥当性が認められるまでには、暇もかかれば、躊躇もあったということである。警察活動に科学技術を導入するについても、同様だった。産業革命が犯罪との戦いにとって諸刃の剣になるのは、そもそもの最初から、明白なことだった。通貨流通量が増加中であるような経済では、どちら側が革新で益を得るのか、まったく定かではない。たとえば、かつて強迫観念的な不安の対象だった通貨偽造は、王立造幣局の新技術でいったんは困難になるが、電気鍍金が、偽造に新しい可能性を拓いてしまう。金庫製造業者と金庫破りの果てしない戦いが始まり、どんな改良が加えられようとも、それを破る方法が開発されるのだった。書き言葉のコミュニケーションを社会の底辺にも普及させようと1840年から運営されていた1ペニー郵便についても、長距離で犯罪情報が交換されるのではという不安が、広く抱かれた。内務省が開封検査権を、1844年に一般からあがった激しい反対

の声にもかかわらず放棄しなかったのは、まさにそのためである。けれども、偽金作りや金庫破りや国際犯罪者が一人いれば、小窃盗犯や押込み犯はその数千倍もいるのだ。何十年もの間、犯罪の圧倒的多数は、知的にも肉体的にも素質劣等な者たちの仕業だった。いわばそれに応じた尺度で、警察業務もまた、きわめて素朴な技術で行われていたのである。技術革新が警察官の日常業務に深刻に影響しはじめたのは、自動車の登場以来である。まずは、車をぶっ飛ばす犯人と、馬か自転車にしか乗れない警察官の戦いという、不公平な場面が出現した。1914年以前にも一部の警察は自動車を試験的に利用していたが、車での警邏が真剣に考慮されだしたのは、やっと1920年代のことである。これらの車両を無線でつなぐ試みは、まずはモールス信号を使って行われた。総数50台の無線付きパトロールカーのために首都警察が管制室を設置したのは、1934年のことである。

　19世紀後半の進歩は、通信と情報記録の面で新しい方法を一部採用するにとどまった。1860年代の後半から、警察署は相互に電報網で結ばれたが、電話の導入には、世紀末にいたってさえ、相当の抵抗があった。国内の犯罪記録制度の基礎は、1869年に、常習犯登録係[20]の創設という形で据えられたが、その有効性は、違法行為者の同定記載のための信頼性ある方法が存在しないために、きわめて限られていた。写真機は、写真術の発明とほとんど同時に導入されていたものの、結局のところ、その確実性も、写真を解釈する人間の目以上ではなかった。誤審事件が続発し、アドルフ・ベック事件で頂点に達した。ベックは1896年に7年間の重懲役という判決を受けた人物だが、そうなったのは、何度もの面通しで、ジョン・スミスなる常習詐欺師と人違いされたからである。真犯人スミスはユダヤ人であり、間違いが最終的に露見したのもベックが割礼を受けていない事実が注目されたからだが、この判定方法は、ほとんど普及しなかった。本質的な進歩は、当時よくあったように、植民地で起きたのだった。インドでは、異国人である警察官が見慣れない大勢の顔を識別しなければならないという問題が、

---

[20] the Register of Habitual Criminals

典型的に生じていた。指紋の利用法は、ベンガルの汚職に対処するために、すでに1858年にウィリアム・ハーシェルが開発していたが、この方法の可能性について本国のフランシス・ゴルトンが注目して最初の科学的研究を出版したのは、1892年のことである。1890年代には、首都警察は、指紋と人体計測学の両方を試みている。後者はフランスの方式で、体の各部を計測して人物の同定を行ったが、結果は思わしくなかった。最終的には、1901年に首都警察副総監[21]に任命された前ベンガル警察の刑事部長サー・エドワード・ヘンリーがこの方法を自ら持ち込んで専門の指紋部門を編成し、誰にもできると思われるこの同定法を基盤にして、常習犯局[22]を犯罪記録局[23]に変えたのである。

　より本格的な科学的方法の導入は、さらに遅れる。コナン・ドイルがシャーロック・ホームズに駆使させたような数々の技術を専門組織たる警察が利用するようになるのは、じつはその半世紀も後のことなのだ。20世紀初期には、化学者や病理学者への私的な協力依頼がますます多くなったが、そうした業務を適切な装備を整えた部内組織で行う方向に動き出したのは、前セイロン政府化学顧問のC. T. シモンズが1934年に英国に来てからである。警察の研究所は、首都警察の仕事をするものがヘンドンに設立され、同時に7個所の地域中心地にも設立された。だが、第二次大戦にいたっても、州警察は、まったく科学的装備なしに仕事をしていたのである。そしてこの間ずっと、小さな組織には、そもそも専門の刑事部門が存在しなかった。近代的な刑事は、小説でも事実でも、首都警察の初期に誕生したが、犯罪との戦いという点では、長いあいだ、わずかな役割しか果たしていない。1842年から1868年の間に、専任の私服刑事の人数は、8人から15人になっただけである。もっとも、首都でも地方でも同様に、問題に応じて制服組からの増強を受けてはいたが。

　この点では、ロンドンが当時のヨーロッパの都市のすべてと対照的だったことが、強調されてきた。英国の文明は、スパイや私服の秘密

---

[21] assistant commissioner
[22] Habitual Criminal Bureau
[23] Criminal record Office

警察が存在しないことを、本質的特徴としてきた。他国が秘密の調査に依存した領域で、英国の警察は、自由国家にとって大切な諸権利の背後に退き、控え目に振舞っていたのである。皮肉なことに、刑事部門の組織改変と拡大を最終的にもたらしたのは、この国民的自由の体現者に、広範な腐敗が見つかったことだった。1870年代初期に私服刑事が増加したが、このときに管理体制の質的整備が追いつかず、1877年には、4人の警部のうち3人が競馬汚職で有罪判決を受け、投獄されるありさまだった。海外の例が参考にされたのは否定できず、パリ警視庁を研究した後に、[ロンドン警視庁] 刑事部[24]が、若き法廷弁護士ハワード・ヴィンセントの指揮のもとに設立された。6年後には彼は、独自の指揮系統と給与体系と仲間意識を持つ800人を、部下として駆使するまでになった。地方警察も、程度の差はあれ熱狂してこの例に倣い、とくに都会地域ではそうだった。世紀末までには、刑事という観念は受け入れられていたが、現実には国内におけるその存在は一様というには程遠かった。また、私服たちは密告屋を系統的に利用しはじめたが、この行為は19世紀の初めには、公金横領と抑圧に結びついていた。たしかに犯罪との戦いには効果を発揮したが、警察官たちを新しい形の腐敗にさらすことになり、しかも組織強化は、その腐敗を明るみに出すよりも、隠蔽することに役立ったのだった。1920年代初期までに、デヴィッド・アスコリによると、首都の刑事部は「徹底的に腐敗した私的軍隊」となっていた。私服警察官による警察活動のための全国共通の規準らしきものは、内務省刑事委員会[25]の活動をまたねばならなかった。これは、1933年から1938年の間に、個々の部隊間の妥当な協働体制を作り上げ、科学的方法の体系的基盤を整えたのである。

---

[24] Criminal Investigation Department
[25] Home Office Committee on Detectives

14.4 知識

　この期間の相当の間、警察活動の根幹は巡邏(じゅんら)だった。昔の小警察吏[26]と新しい自治都市警察および州警察の主な違いは、たんに、有産層地区で警戒怠りない姿を見せるという行為が、より系統だった組織によって行われるようになった、ということにすぎない。巡邏(じゅんら)の路程は厳密に測られており、夜の方が昼間より、そして都会よりも村落部のほうが、長かった。歩度さえも定められていて、ロンドンでは一時間当たり 2.5 マイルで、州ではそれより少し速かった。州の方が巡回面積が広かったからである。歩道のどこを歩くかさえ定められており、夜には窓や扉を確かめるために家屋側を歩き、昼間は道路側を歩いた。1869 年には定点立寄り[27]制度が導入されたが、これは、巡邏(じゅんら)の途次、決まった地点に決まった時刻に到着するものである。必要ならば巡査部長は、部下の巡査をそこで待ち受けたり、巡査が規則違反の道草や休息をしていないか、確認できるのだった。電話で本署に接続された交番が 1920 年代後期に整備されるまでは、地区における業務の組織化といえば、たったこれだけだった。つまり、無線指令を受けるパトロールカーによるチーム単位の行動が 1950 年代に導入されるまでは、巡査は勤務時間のほとんどを、単独で歩いて過ごしたのである。改革警察の初期には、つらい仕事に耐えている労働者たちから、ただ歩き回るだけで安定した給与を貰う結構なご身分だというのでつねに非難を浴びたが、新任の巡査の目から見れば、この仕事は過酷で辛いものであり、自分から危険に飛び込まねばならないとき以外は退屈なのだった。

　制服巡査が定められた通りに巡邏(じゅんら)することこそ、税金を払う人々が望んだことだったし、この期間の大部分を通じて、主任警察官が提供できるほぼ精一杯のことでもあった。警察活動の本質は受動的な知識にあった。最初は小規模で信用もされなかった刑事部門を除けば、巡査たちは、犯罪やその証拠の発見に努めることなど、求められはしな

---
[26] parish constables
[27] fixed-point

かった。彼らがなすべきは、第一には法の存在を印象づけること、第二には秩序破壊を予防することだった。そして第三には、巡邏（じゅんら）中に見たことや善良な市民との会話で耳にしたことをちゃんと理解し、できるなら記憶にとどめることだった。彼らがそうして集積してゆく知識こそ、他でもないこの仕事の専門家としての巡査たちの存在そのものだったのである。この知識は、事件や事柄よりもむしろ人々についての知識、心理学的法則というよりも個々の人柄についての知識だった。この仕事で彼らの助けとなった科学技術は、長年にわたるそういう情報の記録に関わるものだった。その意味で写真は早くから使われ、ほとんどの警察署には、地元に住む前科者と要注意人物の記録が置かれた。全国の犯罪者原簿を作ろうという試みは、巡査たちの基本的な仕事の、自然な延長線上にある。こういう技術的進歩がなければ、経験豊かな巡査が退職して巡邏（じゅんら）が終わると同時に、警察がその地域で動員できる実用的な情報は失われてしまう。こういう文脈で見ると、過去との本当の決別は、新しい警察および専門の刑事部門の設立にあったのではなく、その半世紀後に指紋の採取・記録が制度化されたときのことである。これこそは、耳目による見聞に依存しない初めての警察活動の技術、正真正銘の専門家のみが用いうる初めての技術だった。

14.5　一般市民

個人的観察への依存は、警察業務が抱える本質的逆説を生む原因の一つである。巡査は、一面ではロボットのように機能することを求められており、しかもその程度たるや、ある意味では範とされた兵士たちよりも甚だしかった。兵士なら、ずっと長い時間を基地の中でぶらついているにすぎないのだから。ところが別の面では、巡査は人間の行動を絶えず分類・範疇化してもいたのであり、しかもその作業は、つねに巡査個人の判断によっていた。つまり、内務省はますます複雑で冷たくて抽象的な統計数値をまとめていたのだが、その源泉になる業務を行う巡査たちの頭に詰まっていたのは、じつは、生きていて名前

をもち個々に違う人格である人々だったのだ。洗練された理論も根拠もないので、巡査たちの判断はもっともらしい犯罪者のステレオタイプに影響されることになったが、そのステレオタイプは、三つの範疇に分けることができる。第一は、裁判所で裁かれた経験をもつ者。第二は、いるべきでない場所にいるべきでない時刻にいる者。たとえば、粗末な服を着て上流住宅街にいる男、就労時間帯に外をうろついている労働者、日暮れてから大荷物を運ぶ者などである。第三に、ことに地域外から入り込んだ浮浪者や失業中の若者、常習的酔っぱらい、娼婦、評判の芳しくない家や街区の住人全てといった、定義からして法と折り合いの悪い者たちがいる。

犯罪が発生しても犯罪者の記録が手元にある、というわけだった。犯罪の発生後に既知の容疑者を検討することが、警察官の仕事になる。被害者と証人が積極的に協力してくれなくては不可能な作業だが、そのことが、警察の抱える第二の逆説を生んでしまう。というのは、改革の本質は、専門家としての警察官と一般市民とを差異化することだったのに、両者の協同作業にその成否がかかってしまうからである。首都警察の初代総監や主任警察官や内務大臣たちは、数十年ものあいだ、良質な警察活動は一般市民の信頼次第だという一般論を語ったが、窃盗や暴力との日々の闘争においては、これは切実な意味をもっていたのである。新しい警察は、違法行為者の逮捕や逮捕者の司法処理の見届けといった手間を税金負担者から省いたが、それでもまだ、素行関連の違法行為を除くと、ほとんど訴訟開始権がなかった。人身や財産の安全の確保のためには、被害者が犯罪を届け出、容疑者の割り出しに協力し、法廷でそれを追認することが必要だった。犯罪目撃者たちが、公式非公式を問わず、警察にある前科者資料の中から、顔や名前を指し示すことができれば、事件解決の見込みはおおいに膨らむ。逆に、目撃者がなく、行き当たりばったりの捜査やおなじみの胡散臭い連中の締め上げで結果が出なければ、解決の見込みはほとんど失せた。こういう活動では、一般市民もまた、警察同様に、ステレオタイプ化された個人的見解に頼ってしまう。たとえばもし、商店主が盗人を現

行犯で捕まえ損なった場合、この商店主は、挙動不審なよそ者か、自分の店で盗みを働いたことがある地元の人間を、容疑者として申し立てる蓋然性が高い。社会規範に反する行為の分類は近代警察の重要な特徴のひとつとされることが多いが、じつはそうした分類はもっと広がりのある社会現象であって、専門家と一般市民との間の積極的な対話が背景をなしている。両者が一連の前提を共有していなければ、そうした対話は成り立たない。

　こうした相互支援が当初から有産階級をはるかに越えた広がりをもっていたことを示す証拠がある。個別地域の研究を見ると、労働者階級も被害者として犯罪を届け出ているし、容疑者を示唆したり、被告や証人として法廷に出てもいるのだ。弁護士や治安判事が費用について手段を講じえた場合は、ことにそうだった。だが同時に、新しい警察のことに初期の頃には、制服巡査に対する広範な敵意が社会の底辺に存在した。その証拠は、たとえば個人や集団による襲撃を含めて、十分にある。この領域はさらに研究調査が必要だが、見かけ上の矛盾をいくらか解いておく程度のことはできる。まず、警察活動自体にいくつかの範疇があることを、認識しなくてはならない。たとえば19世紀の第三四半期には、警察への敵意の水準に変動が見られるが、その変化の淵源は、酩酊など習慣的要素の強い問題行動についての公式取扱方針の変化であることが、しばしばだった。20世紀の初めの数十年間、地域社会の規準と警察の基準の摩擦でもっとも深刻だったのは、究極的には無意味としか言いようのない、ノミ行為の禁止を巡るものである。実施を受け持つ警察の種別や責任者の人柄によって、地域で実際に採用される戦術には変化があったから、非協力的な態度やあからさまな衝突について、全国共通の型といったものは存在しない。全般に言えるのは、土曜日の夜に巡査と戦ったり路地裏の暗がりでノミ行為をしている人物でも、自宅が押入り強盗にあったり仕事場が荒らされた場合、あるいは家主や雇用者に騙されたと感じた場合にはためらわずに警察の助力を要請した、ということである。

　厳格苛烈さがもっとも求められる側面においてさえ、警察は、酩酊者

やノミ屋や運転者を拘置すべきかどうかについて、また、泥棒の追跡にどの程度の力を割くかについて、自主的判断を行わねばならなかった。スティーヴン・ペトロウが述べていることだが、「自主判断の権限のおかげで、法律と、上司たちと、道徳改革家たちの求めるところと、担当する区域の住人たちのしばしば互いに食い違う要求と、さらには自らの見解や背景までを、警察官たちは折り合わせることができたのである」。こうした選択の余地は、無産階級の側にもある。専従者が法を維持することについては、完全な拒否も無条件な完全受容もありえなかった。19世紀の後半には、貧しい人々は、もし妥当だと思えば地元の巡査に助けを求め、そう思わなければ近所で解決をはかった。彼らも、盗みは悪だという常識を中産階級と共有していたから、手間に見合う結果が得られそうだと思えば巡査を呼んだ。だが、妻への暴力といった問題は、外傷がひどくなるとか他人の妻が絡んでいるとかいったことがないかぎり、隣近所の監視や非難によって抑制されるのみだった。彼らはある種の暴力は容認したし、自ら対処する類の暴力もあった。しかし、程度が甚だしかったり被害者がとくに弱い立場だったりした場合には、法に訴えたのである。加害者が、見知らぬ者とか経済的優越者とかの、つまり仲間ではない場合には、救済を求めた。商業上や法律上の関係が複雑になってくるにつれて、彼らは、警察と裁判所を、自分達が世間的にはそういった事柄についての知識や技能を欠いていることを埋め合わせるために利用した。質屋の重要性が上昇し、その数は大戦間時代に最大となったが、絶望的な状態に陥った家庭経済の責任者たちが、失効した質札を書き換え延長するための宣誓供述書[28]を求めたり、過剰請求だという理由で召喚状[29]の発行手続きをとったため、法律業務の量が激増した。エドワード朝の終わり頃には、毎年百万件もの負債取りたて請求が治安判事の法廷で処理されていたが、大部分は、そうした法の救済がなければ自らが貧窮に陥る危険にさらされた小商人たちからの、些細な額の取りたて請求だった。

---

[28] affidavits
[29] summonses

一連の司法改善、ことに1878年の婚姻事件法[30]、1886年の妻女扶養法[31]、さらに1895年の略式裁判（既婚婦人）法[32]が、治安判事裁判所を労働者階級の家庭事情に巻き込むことになった。妻は、暴力や遺棄や非道な仕打ちを理由として保護を求め、また財政的支援の提供を強いることができるようになったのである。また、1902年の事前認可制法からは、夫の常習的酩酊もその理由となりえた。妻たちが裁判所に訴えたのは、隣近所の言葉や実力による非公式な制裁では家庭内での彼女らの地位の無力さを埋め合わせられない場合だった。そもそもの金の不足ということからも、劣らず揉め事が起きた。結局、彼女らが治安判事に求めた助言や法的措置の大部分は、夫から十分な財政的扶養を得ることをめぐっていたのである。法律の大袈裟な手続きを忌避するどころか、彼女らは法の効力を過大評価して、治安判事を、能力や権能を越えた情報提供や介入の要求で生き埋め状態にしてしまうのだった。19世紀の最終四半期までに、警察と裁判所の業務を教会や博愛団体の救済努力と連携させる試みがいくらか行われていたし、1900年以降は、専門の保健訪問員やソーシャルワーカーも現れはじめて、司法制度のなかの助言的役割の一部を支援活動の専門家たちに任せることが可能になっていった。しかし同時に、裁判所の福祉面の責任は、とくに1908年の児童法[33]以降は膨張を続け、結果的には国家介入の網の目が出来上がって、犠牲者の立場によって歓迎されたり恨まれたりすることになったのである。

---

[30] **Matorimonial Causes Act** 『英米法辞典』の記述は、「1857年の」と断ったうえで、以下の通り。年代についてはどちらかが誤りと思われるが、McCord, *British History 1815-1906* も1878年の法律だけをあげている。あるいは同名の法律で先行したものがあるのだろうか（上記書に説明される成立経緯から判断すると、考えにくいが）：「（教会裁判所の）婚姻関係事件についての中世以来の裁判権を、新設の世俗裁判所である Court for Divorce and Matrimonial Causes（離婚・婚姻事件裁判所）に移すとともに、parliamentary divorce（国会離婚）による以外には不可能であった完全な離婚を可能にした。」

[31] Maintenance of Wives Act 『英米法辞典』に載らない。訳語は吉村による。

[32] Summary Jurisdiction (Married Women) Act 『英米法辞典』に載らない。

[33] Children Act 『英米法辞典』に載らない。訳語は吉村による。

14.6 治安判事

　法と貧しい人々の間の関係においては、治安判事が決定的に重要な役割を果たしていた。行政的役割は中央政府の任命する官僚が肩代わりしていったが、治安判事の司法的役割は着実に増大し続けたのである。たとえば、1855年の刑事裁判法[34]と1879年の略式裁判法[35]を主なものとする一連の制定法は、多くの違法行為の扱いを四季裁判所から治安判事小法廷に移した。裁判官や陪審がいなくても、司法処理が行えることになったのである。ある意味ではこの改革は、専門職化の流れに逆行するものだった。じっさい、有給の治安判事が増えてきたとはいうものの、支配層の代表という昔ながらのありかたも、自分の社会的地位と誠意を見せようとする新しい富裕層に補強されて、いささかの余命を得たのである。数十年のあいだ、小さな自治都市では、治安判事の方が警察官よりも数が多いことさえあった。州でも、この職責が素人によって果たされる伝統は、さしたる変化も無く維持された。治安判事職は、1906年に資産による制限が廃止されるまでは、中流から上層中流階級の男性しかつけなかった地位であり、女性が判事席に着くようになったのは、1918年からである。有給無給を問わず、治安判事が上から正式な命令を受けることはなかった。とはいえ、じつは治安判事補佐官[36]が増加して、法廷ではこの人々が、実質上独占的な権威を行使するようになるのである。1945年以降には治安判事のための訓練教程が利用できるようになったが、新米の治安判事がそうした訓練を強いられるようになったのは、なんと1966年のことである。そのときやっと、エスター・モイヤーの定番的研究が言うように、「専門職である必要性の受容という点で、治安判事職も、やっと行政の他分野と一線に並んだ」のである。

　個人としても集団としても、治安判事たちは、司法処理について極

---

[34] the Criminal Justice Act 『英米法辞典』に載らない。訳語は吉村による。
[35] Summary Jurisdiction Act この名称の法律はいくつも出ている。
[36] clerk だが、明らかに **clerk to the justices** のこと。非法律家の治安判事の職務遂行に際して、法律問題・訴訟手続・裁判実務などについて助言する、法律専門家。『英米法辞典』に載る。

めて大きな裁量権をもっていた。勃興しつつあった警察との関係は、複雑にならざるをえない。当初、治安判事たちは、不人気だった警察官たちを守り、その役割を権威づけてやるのを、自分たちの義務と心得ていた。小警察吏と、より組織だったその後継者の明白な違いは、後者のほうがより頻繁に法廷に姿を見せたということ、そして自分たちの証言は一般人のそれよりも重みがあるはずだという期待を、より強く抱いていたこと、である。しかし治安判事たちは、地元の司法制度全体への信頼を維持するという、より一般的な責任を負っており、その制度の中では警察はかならずしも、誠実さと分別と正直さをあわせもつ部分とは限らなかった。個人的性癖からかじっくり考えてのことかはともかく、ときとして治安判事たちは、貧民の側に立ってその圧迫者と対立したし、そんなときには、圧迫者が制服を着ていようと着ていまいとお構いなしだった。地元有力者という彼らの地位と、内務省の権威の迂遠さに勇気づけられて、彼らは自らを、司法処理機構のたんなる代理執行者というよりも、その正義の具現者そのものと見なすようになったのである。

14.7　階級間の軋轢

この観点から見ると、18世紀と19世紀後半との間には、継続性がある。どちらにおいても、貧しい人々の側に立って介入することには、象徴的意義があった。一時的な譲歩が行われたのも、本質的には有産層の利益を守るための仕組みに、全般的な信頼をつなぎとめておくためだったのである。財産のない人々もせいぜい法を利用したとはいえ、裁判所の仕事の圧倒的部分は、社会的優越者とその代理人が労働者階級の男女を相手取っておこなう訴追だった。前章で述べたとおり、中産階級が被告として大量に裁判所で裁かれるなど、自動車の出現までは、なかったのである。たとえば19世紀後半のマンチェスターでは、治安判事裁判所で扱う件の5分の4は、素行関連の違法行為だった。この種の事件だと、裁くのはきちんとした身なりの者で、裁かれるの

は風呂にも入らない者である。貧しい男女は、あいかわらず、裕福な人々の財産や平安をわずかに侵したというだけで、裁判所で過酷な罰を科されていたのである。

　階級的な扱いの差の問題をめぐっては、一般的な問題点を三つ、指摘することができる。まず第一に、貧しい人々は、そういう差が存在することなら、わざわざ犯罪学者に言ってもらうまでもなく、心得ていた。警察業務の近代化には昔から二重性があって、法は、一方では自由に生まれついた全イングランド人の生得権であるが、他方では支配層の下僕でもある。政治的にも経済的にも無力な者たちは、よく分からないながらも可能な限りは法律を利用しようとし、利用できないならできるだけ法律と関わらないようにしようとした。

　第二。時が経つうちに、扱いの差自体に色合いの違いが出てきた。すでに19世紀の終わりには、対立は、法と貧しい人々との間にあるのではなく、意味範囲の広い「ちゃんとした人々」と、まだ文明化されていないという烙印を押された人々の間に、存在するようになっていた。犯罪行動の実際の特徴分析がどれほど的外れだといっても、犯罪者階級という概念が警察活動の理論や巡邏(じゅんら)中の巡査の行動の基盤だったということは、すくなくとも、退化堕落した貧民地区なるものの域外で生活する労働者が多くいると信じられていたことの、証拠にはなる。労働者のうちでも、中年で地元の生まれで、割の良い仕事についていて比較的裕福でほどほどの家に住み、まずまず真面目に働いている者であれば、法と秩序の番人と良好な関係を保てた。だが、評判の悪い家族や地区の失業中の若者には、これはまったくあてはまらない。前者なら巡邏(じゅんら)している巡査におびえたりしなかったし、そもそも巡査自身、いまでは彼と同じ社会階層から出ていたのだ。この人々は、盗みや野卑粗暴な行為が減ることを、ますます高く評価するようになってゆく。他方、アイルランド人だとか、この時期の終わり頃なら黒人だとか、あるいは定職のない二十歳以下の若者だとか、露天の屋台店とかノミ行為の手下とか肉体を売っているとかのおよそあらゆる形態の路上営業者は、警察の絶えざる監視の的になり、裁判所でもほとん

ど公然たる差別を受けることになった。

　扱いの差について確認しておくべき第三の点は、さまざまな形態の階級間戦争への警察の関与から、どの程度国家が自らを切り離せたか、である。犯罪者タイプと非犯罪者タイプの区別はますます精密化していたが、公共治安問題の場合には、そんなものは意味が薄れてしまう。たとえば、総選挙での暴力沙汰はヴィクトリア朝時代の大部分にわたって見られたが、それを社会の屑たちの仕業とするわけにはゆかない。親方と職人の悶着も、世紀末に近づくにつれて組織的になる傾向が強まるが、その当事者は、まさに文明への参加を認められたばかりの労働者たちだったのだ。「雇用関係法」[37]が1867年に廃止されたために、警察は、個人としての被雇用者と雇用者との争いに介入しなくてもよくなったが、職能別組合と労働者の政治組織の成長が、一連の新たな問題を生み出していた。内務省の基本的態度は、ストライキ参加者や抗議行動参加者たちに敵対してとられた行動から、ましてや結果が思わしくなかったその種の行動からは、できるだけ自らを切り離そうというものだった。それは、法律によって警察の対処責任が定められているロンドンについてさえ、同じだった。だから、19世紀の後半に首都で起きた2件の大騒動、つまり1866年のハイドパーク暴動と1886年の失業者たちの暴動では、政治家の首が飛ばなかったいっぽうで、前者は首都警察総監の辞職を早め、後者はその職歴を断たれたのである。首都以外では、警察が独自の対応を行うことは、公式に認められていた。したがって、行進参加者やストライキ参加者への対応は、署長の人柄や地域の階級間関係によって差があった。

　19世紀の最終四半期までには、しかしながら、国家の安定性への信頼は揺らぎだし、中央政府がより強い主導権を発揮し始める。ほとんどの場合、政府は、国家安全保証策については議会の調査を忌避できるという伝統的な権限を、活用できた。秘密警察活動は、チャーティズム運動の終焉とともに暗黙のうちに廃止されていたが、1880年代には、おなじく暗黙のうちに、まずは首都警察のアイルランド特別部[38]と

---

[37] the **Master and Servant** Act
[38] the Special Irish Branch(1880)

して復活した。これを設立したのはハワード・ヴィンセントで、フェニアン運動参加者たちが本土で展開した爆弾闘争への、対応措置だった。だがその翌年にはアイルランドとの特別な関係は消えて、制定法はもとより正式な発表すらないままに、現代の警察秘密活動の原形となった。郵便の検閲は、世紀半ばに階級間闘争が落ちついてからは行われなくなっていたが、これと同じ時に、ひっそりと復活した。1892年には、アクトンホール炭坑で、能力の限界を越えてしまった署長が軍隊を呼び入れて二名の坑夫が射殺され、ストライキへの地方警察の対処能力に疑問が呈された。1910年から1912年にかけての空前のストライキの波に直面した自由党政府は、思い切った介入策をとり、国内いたるところに軍隊を派遣して、苦境に陥っていた警察を支えた。また、警察予備役の維持についての指示も出した。無政府主義者やアイルランド共和国主義者や過激婦選主義者との戦いの中で特別部[39]の役割が増大し、それと並んで、MI5の前身である秘密情報局[40]が設置されて、外国の諜報員や国内不満分子が国家安全に与える脅威の増大と見えるものと戦うことになった。国家による市民の伝統的権利の蚕食は、どれ一つとして、議会の監督を受けないものばかりだった。例外は、政治難民の居住をはじめて制度的に管理するための1905年の外国人法[41]と、1911年に一時間足らずで強引に下院を通過させられた政府秘密法[42]だけである。主任警察官たちは、内務省と軍と特別部と秘密情報局の諜報員たち、さらには、しばしば混乱しているのみならず敵対的でさえある監視委員会といった諸要素間のますます複雑になってゆく関係の中に置かれていたが、一般の人々は、中央と地方、明示的な捜査と秘密捜査、民間人による警察活動と軍による警察活動との間に伝統的に存在した境界線がどこまで崩壊しているかには、ほとんど気づきもしていなかった。

---

[39] the Special Branch
[40] the Secret Service Bureau 『英米法辞典』には、アメリカでのこの語の用法だけが述べられている。
[41] the **Aliens** Act
[42] the Official Secret Act

第一次世界大戦の間は、国家防衛法[43]のもとで、一定の範囲で新しい権限や制限が生じた。平和の回復とともに、国内の失業と国際共産主義運動が双生児のように姿を現したため、そういった権限や制限の多くが、1920 年の緊急事態権限措置法[44]によって統合された。いまや内務省は、大規模なストライキなどの国家的危機に際しては、各種実力行使部隊を警官隊で支援したりさまざまな対応措置を統合調整する権限を、正式に獲得したのである。これほど表面には出なかったが、特別部は、やはり植民地帰りのベイジル・トムソンのもとに、反社会的運動についての、いわばやけどしそうな情報を収集する強力な活動を組織した。大戦間時代のほとんどを通じて注目順位が高かったのは全国失業者運動[45]で、これは断食行進を組織したり、地域に支援や娯楽や抗議の組織網を作ったりしていた。そして、共産党とつながりのために、中傷宣伝や盗聴から組織中央委員会のことに専門で当たる係員の配置にいたる、多くの秘密活動の対象とされていた。警察と失業者集団の偶発的な衝突は、職業安定所敷地外での一切のデモの禁止令が 1931 年に出たことで、頂点に達した。こうした国家権力の乱用と思われる事態に対応するため、1934 年に「市民的自由のための全国協議会」[46]が結成された。

しかしながら、デモに対処する主任警察官の権限を強化した 1936 年の公共秩序法[47]にもかかわらず、動じず平和的で責任感が強く、一般市民との関係においては開放的で、しかも階級間の争いに際しては中立な警察官というイメージは、何とか維持された。バークンヘッドの貧民街に対する警察の暴力行為といった自己統制機能の大規模な崩壊があっても、たんなる例外とされた。当時のヨーロッパ諸国の例と比較すると、抑圧措置はつねに過酷さが少なく、抗議行動の方もまた破壊性が低かったのである。第二次世界大戦中には、ヨーロッパにおけ

---

[43] the Defence of the Realm Act
[44] the **Emergency** Powers Act(1920)
[45] the National Unemployed Workers' Movement
[46] the National Council for Civil Liberties 訳語は『リーダーズプラス』(研究社)による。
[47] the Public Order Act 訳語は吉村による。

る専制主義との対比の中で、警察の評価はさらにいっそう高まり、労働党の新内務大臣は、1945年に新警察法案[48]の提示に当たって、警察を「全世界の尊敬の的」と表現することができた。警察の評判の下落の兆候は、次章で検討する監獄制度の評判と同様、犯罪発生率が1950年代に上昇するのと時を同じくしている。警察の有効性の維持についての疑念が、小規模ながら連続して腐敗事件が起きたり、1958年にノッティングヒルとノッティンガムの競馬場暴動では地域全体と警察との対立がまたもや起きたりということがあったために、大きくなった。はたして警察が時代の変化について行けるかどうかを審議する王立委員会が、1959年に設置された。その1962年の報告は行動や統制機構について一連の改善措置を提案しているが、なにはともあれ、犯罪発生率が低くて一般社会から絶対的に信頼されていた時代に戻る道などはない。そのことだけは、はっきりしている。

---

[48] the New Police Bill

第15章　刑罰体系の整備

15.1　刑罰の体系と改良

　ジェイベズ・バルフォアは、19世紀の司法の世界にときおり現れた象徴的犠牲者の一人である。彼が非国教徒としての広い人脈を利用して設立したリベレイター住宅金融組合は、持ち家願望の強い労働者階級の貯金を吸い上げた。彼はこの財政的成功を足場にして自由党の下院議員となり、商業専門家の地位を築いたが、その商業帝国は1892年に崩壊してしまう。バルフォアはアルゼンチンに逃亡したが、公人として彼が得た名声と、豊かに暮らしていた何千人もの人々が彼のために嘗めた苦しみとの落差は、あまりといえばあまりなため、国家は彼をみせしめにせざるをえなくなった。煩雑な犯人引き渡しの動きが始まり、彼は1895年に英国に連れ戻されて、住宅金融組合の失敗に絡む一連の詐欺行為のかどで、14年の懲役という判決を受けた。ウォームウッドスクラブズ監獄とパークハースト監獄でしばらく過ごした後、彼は、英国のいわばアルカトラズにあたるポートランドの監獄島に送り込まれる。そこは、彼が後程述べたところによれば、「意気を挫き魂を虐げ頭脳を破壊する地上の地獄」だった。お定まりの9ヶ月の独房監禁を強いられたが、夜は、暖房も無い幅4フィート長さ7フィートの「鉄の波板でできた犬小屋」に入れられるのだった。日課は過酷で容赦なく、「暫時の読書が許されている以外、気晴らしや余暇は一瞬もなかった」。しかも、看守の「狭量下賤な専制」と、囚人に対して定期的に行われる屈辱的な裸体検査のために、暮らしはさらに惨めなものとなった。

しかしバルフォアは、「非常な人間らしさと忍耐をもって」彼に接する役人をポートランドにおいてさえ見出したし、人間としての個性を失わない囚人も見た。後者は、ことにフェニアン運動の爆破犯たちがそうだったという。受刑期間中に状況は顕著に改善され、最後の数週間は、パークハースト監獄の図書館のために「非常に望まれていた」新しい書籍カタログを仕上げるのに忙殺されていた。彼は、懲罰方針がもっとも過酷だった時期がまさに終らんとするときに監獄に入ったが、彼が書いた『監獄での生活』[1]自体、収監刑の本質と機能をめぐって盛り上がっていた議論に、一石を投じるものとなった。もっとも、流刑の復活を求める彼の最終的意見は、受け入れられそうもなかったが。近代の刑罰体系の発達を研究する歴史学者にとって避けて通れない問題がふたつあり、それらは、彼の監獄経験からも浮かび上がってくる。まず第一に、1877年から1895年まで監獄理事会の理事長を務めたサー・エドマンド・デュ＝ケインの時代に絶頂に達した刑罰体系は、どの程度に破壊的で非人間的だったのだろうか？第二に、デュ＝ケインの後継者で1921年までその任にあったサー・イヴリン・ラッグルズ＝ブライズが開始した改革は、どの程度に効果的で、またどう理由づけて始められたのだろうか？フーコーの『監獄の誕生』[2](1977)が世に出、フーコーのその批判的洞察をマイケル・イグナチェフとデイヴィッド・ガーランドが英国に適用して以来、人道的衝動に駆られて持続的改善が行われたなどという説は、もはや通らなくなっている。明らかなのはただ、官僚的な秩序観念と道徳的誇張と合理主義的野望が合体したところに、後にはさらに行動社会学的な主張までが力を貸して、抵抗手段を剥奪された人々の人格を隷従させる前代未聞の仕組みを作り出したということである。しかしこの変化について、古臭いホイッグ流の歴史をただ裏返しにして、不可解な自由の喪失だなどと言ってみても、根拠に欠けることに変わりはない。近代という時代の全域にわたって慎重に考える必要があるのは、重要な転換点については、そのタイミングと内実、そして理論と現実との変化し続ける関係である。また刑

---

[1] *My Prison Life*
[2] Discipline and Punish みすず書房から出ている邦訳の書名に従った。

罰体系については、なによりもまず、更生志向と懲罰志向のあいだの、複雑で解きがたい緊張関係なのである。

15.2 重懲役

　流刑が最終的に廃止された後には重懲役刑[3]が根付いていったが、偶発的にでも囚人への優しさが入り込む余地は、あいかわらずほとんどなかった。拡大を続けていた警察の業務内容とは違って、監獄では、職員の管理から食事や懲罰まで、あらゆる面に厳格な仕組みが浸透していた。労役所[4]と一部の野心的なパブリックスクールを除けば、これほど完璧に規則ずくめの施設は、国内にはなかった。何度か深刻な監獄暴動が発生し、首締め強盗の流行（一部の犯行は仮釈放された囚人の仕業だと噂された）で大衆が恐慌を起こすと、王立委員会は1863年に、監獄は更生機能を犠牲にしても牽制機能を強化すべきだと勧告した。もっと辛い境遇、つまり、もっと辛い労働ともっと固いベッドを囚人に与えるよう、勧めたのである。その論拠は、「犯罪者の道徳的更生が監獄制度の目的の第一であるべきではない」、というものだった。ハンモックは廃止され、自分の名前を書けない者には改善教育が行われることになった。カーナヴォン卿が委員長をつとめる上院の特別委員会は、この方針を支持したのみならず、地方の監獄もこのやり方に従うよう求めさえした。こうした提案は、1864年の重懲役法と1865年の監獄法で強制力を得たが、後者は、地方の監獄に対してさえ、独房への収容を強いようとした。1877年にはあらためて監獄法が作られたが、この法律では、収監は地方社会が行っているという見せかけさえ、ついに完全に放棄されてしまった。扱いの均一性を確保しかつ税金の消費を減らすため、地方施設の管理と運営は中央監獄理事会[5]に委譲され、視察委員会の委員となった治安判事たちは、いわば痕跡器官的な役割しか果たさなくなってしまった。以前はジョン・ハワードのよ

---

[3] penal servitude
[4] **workhouse**
[5] central prison commissioners　訳語は吉村による。

うな一般市民が収容房を訪れたり収容者と接触することが可能だったが、それは出来なくなり、高い塀が、隣接する地域社会と囚人たちを遮断した。監獄の内側のことはデュ＝ケインと部下の看守たちによって決められたが、そのほとんどは軍人あがりだった。

　デュ＝ケインの支配方法の核心をなすのは、手続きの厳密な定式化で懲罰に完全な予測可能性を与えたことだった。彼自身が『懲罰と防犯』[6](1885)に書いているところでは、「懲役の判決の主たる特徴は、懲罰面に関する限り、それが全ての人間に厳密に同じように適用されるということである。囚人の経歴も人格も、受けるべき懲罰には何の関係もない」。裁判所で裁かれる原因となった生き方を打ち砕き、そこから強制救出するためだと称して、9ヶ月の独房監禁が、まず囚人全員に課せられた。その後の懲治課程を支配したのは、囚人が扱いを変えてもらうには自分の人格で点数を蓄積してゆくしかないという、手の込んだ評点制度だった。評点次第で、ちょっとした特権が得られたり失われたりする。評価は、囚人が当てがわれた仕事をどれほど必死でやったかによるのだった。建て前ではこの目的は、囚人を強制するよりも自発的に徳性高い行動に向かわせることであり、最高の達成報酬は、半時間の訪問と一度の手紙の授受だった。その機会は、3ヶ月に一度。かつて行われていた工場での生産的労働は、おおむね、ドックの清掃といった公共的性格をもつ肉体労働か、ほとんど意図的拷問と言えそうな、きつくて単純な反復労働に換えられた。デュ＝ケインの見解では、取っ手を回したり踏み車を回したりする効用は、それが適格性よりも一律性の原則に則っているところにあった。外の世界での肉体労働の中には、囚人たちが直面していた労働ほどに単調で疲労するものなど、ありえない。マイハダ作りに人気があったのは、房の中で静かにこなせるからである。

　囚人を更生させようという野望は、この制度の、従属的ながらも真正の要素であり続けた。主目的は懲罰と牽制だったとはいえ、判決どおりの刑を務めた囚人は道徳的自己変革に誘われることが、期待されて

---

[6]Punishment and prevention of crime

いたのである。最初に経験させられる独房拘禁が、ことに重要視されていた。デュ＝ケインの説明によると、「この期間に囚人は、訓戒と警告の告げるところに自らを開くようになるし、宗教的影響が心に届く可能性も最大となる。囚人はこの状況の中で、過去を悲しむようになるだろうし、それらの悪を未来において避ける方法を教えんとする人々の言葉を、歓迎するようになるだろう」。つまり独房監禁の精髄は、監獄付きの牧師が補助的役割を果たしたとはいえ、囚人の魂と全能の神との格闘だったのである。かくして、富とはもっとも縁薄く教育は最低といった社会階層出身の男の囚人たち、ときには女たちまでが、プロテスタント的な救済論理のもっとも純粋かつ陰鬱な面に、さらされたのだった。刑のありかたがこんなふうでは、教師の役割は、囚人が聖書を読めるようにすることしかない。当時、規模的に唯一監獄と比肩しうる公共施設だった労役所でも同様だったが、国家は、道徳的自己を再建するための物質的環境を整備するにとどまり、救済への旅路を辿るか否かは、あくまで囚人本人に任されていた。彼らが法を犯したのは自由意志の選択によるのであって、したがってまともな生活への復帰も、自らの決断によらねばならないのだった。もし機会をつかまないのなら、もはや彼らのためにしてやれることは何もない。デュ＝ケインはしばしば、囚人中でも最底辺の者となると、はたして反省や自己分析の能力があるのかどうかさえ、疑わしく思うのだった。19世紀の最終四半期の刑罰が無情なまでに体系化されていたことに、疑いの余地はない。しかし、受刑者たちの監獄経験が監獄の建材である石材のごとく硬く一定不変だったという、公式報告から受けがちな印象は、いくつかの点で正しくない。囚人の尊厳と個性を意図的に剥奪するのは、看守個人の気まぐれや感情的行動を放任することでもあるのだ。この方式が全体に浸透すればするほど、看守は、細々したことにまで暴君的になる。囚人に対する彼らの権力は、評点制度と、鞭打ちも行える内部懲罰制度のおかげで、絶大なものがあった。囚人なら誰でも、正式規則を越えたところにさらに規則があることや、自分たちの行動や言葉や身振りについて、ある看守が容認しても他の看守なら

罵ったり殴打したり正式懲罰を科したりしかねないということを、熟知していた。所長のペットに好かれることさえ、囚人の生活を変える要素になりえたのである。たしかに 19 世紀初期に比べれば、露骨な放置や執拗な暴力の例は少なくなったし、いまやどの監獄にも医師がいて、肉体的苦痛についてある程度の監察を行っていた。だが、囚人には、看守の行為を外部に訴える手だてがない。懲罰に対する囚人の反応にもいろんな型があったから、彼らの個人としての背景や人柄を無視しようとデュ＝ケインがどれほど決意を固めても、独房監禁や重労働に耐える力は、囚人ごとに差があった。それで、肉体と精神力が萎えてゆく過程で頻繁に心身の異常が生じたが、当時の一般社会には、そのことはほとんど隠されていたのである。

15.3　さまざまな刑罰

　さらに一般化して言えば、司法処理のありかたそのものが、合理主義的で反復的な監獄の秩序構造と矛盾していた。そもそも、警察が被告を裁判にかけるかどうかを決める際に差別的要素が強く働いたし、それをさておいても、判決を下す側には広範な裁量の余地があった。理論上は、裁判所の裁量権が監獄の硬直性を相殺するはずだったし、デュ＝ケインも、囚人の経歴や人格を無視する理由として、「判決に際して考慮すべきそうした事柄について全的な知識をもつ、もしくはもつべきなのは、裁判所である」、という正当化を行っている。彼の見解では、自分の決定は確実に実行されるという確信を判事がもてるようにするのが、彼自身の役目なのだった。近代の刑罰体系は、司法の独立性の再確認とともに出現したのであり、議会は監獄の管理方式を細部まで決定する権限はもっていたものの、議会にも内務省にも、法律の解釈を判事に強制する権限はなかった。その結果、ジェイベズ・バルフォアが「目に余る判決の不公平さ」と呼び、監獄自体のいかなる欠陥よりも重大な問題だと指摘した事態が、生じたのである。このことは、ホワイトカラーの囚人と累犯者の囚人について、とくに顕著だっ

た。前者はこの期間を通じて、ときおり見せしめじみた判決がありはしても、一般には寛容に扱われた。だが後者は、盗みが三度目になると、それが雌鶏だろうが衣類一点だろうがお構いなく、7年もしくはそれ以上の懲役を科されてしまったのである。

スタッフォード監獄で踏み車を踏む囚人たち。1869-71年。

(版権：スタッフォード博物館)

19世紀が終わる頃には、判決には裁判官個人の癖が出ること、それも、素人の治安判事が無知や偏見から下した判決ではなく、国中でももっ

とも経験豊かな裁判官の下した判決にその例があることが、一般市民に注目されはじめた。偶然の要素の遍在や、存在するとおぼしき何らかの原則と現実に行われていることとの懸隔のひどさときては、さすがのデュ＝ケインまでが、囚人の個人的条件を裁判官にもっと一定したやりかたで評価させる運動を始め、それにますます力を注ぐようになったほどだった。しかしながら、ヨーロッパに範を取って制度を整えようというさまざまな試みは何の成果も生まず、合意を得て判決適用表を作成しようという控えめな試みさえ、同様の結果に終わった。つまるところ、変革を起こす役目は、不運な、割礼を受けていなかったあのアドルフ・ベックが果たしたのである。ベックこそは、警察と刑罰の改革に、個人としてはおそらくピールに次ぐ影響を及ぼしたのだ。一度ならず二度までも彼に有罪判決を下した司法処理の過誤の調査では、彼が最終的に自由を得た事情の極度の偶然性までが浮き彫りにされたので、判決見直しのための正式制度の必要性が、最終的に誰の目にも明らかになった。そして1907年、刑事控訴院[7]が設立されて、法律や事実の誤った解釈で下された判決を修正する権限が、与えられた。裁判官の裁量権が直接に制限されたわけではないが、控訴院の決定が、判決の事実上の指針になり始めるのである。

　この時期には、法律違反者に科される刑罰として、監獄もしくは地方監獄への収監が、適用される法律の既存と新規とを問わず、標準的になっていた。最後の流刑船が出たのは1867年のことで、死刑も、1890年代後半には、正式起訴となった件1万につき、7件にすぎない。つまり、非常に多くの老若男女が収監刑に処されるようになったのである。世紀の変わり目頃には、毎年20万人近くが、背後で監獄の扉が閉じられる音を聞いていた。とはいえ、バルフォアが苦痛に満ちた細部まで描写しているような、恐ろしい14年間の重懲役を目いっぱいに務める者は極めて少なかったし、さらに減少する傾向にあった。デュ＝ケイン在任中に、非刑事罰の囚人の平均在獄日数は、48日から36日へと短くなっている。囚人総数の3分の2は2週間以内に出獄してお

---

[7]the Court of Crminal Appeal

り、12ヶ月以上在獄する者は、200人に一人しかいなかった。［たんなる収監ではない］重懲役は、そもそもは流刑の代替措置として考えられたのだが、1896年を例に取れば、正式起訴で有罪とされた者のたった2％に科されたにすぎない。1891年には刑の最短期間が5年から3年に引き下げられ、それがもっとも一般的な刑期となった。5年以上在獄した者は全部でも10人しかいない。バルフォアは、まさにそのうちの一人だったのである。

　刑罰史は、全体主義のドラマともいうべき長期重懲役刑の問題にとり憑かれている。これは、ある意味ではもっともであって、この判決を受けた者の数こそ少なかったが、そうはいってもデュ＝ケイン時代の初期には、収監者総数の3分の1をつねに占めていたのである。この刑罰形態と、それ用に作られた施設は、当時の科刑方針を見事に具体化したものだった。1877年の制定法で監獄が統合されて運営は中央に集約されたが、これは、他の範疇の収監も全て、刑事犯のそれに準じて扱われるようになったということでもある。かくして理論は現実となり、公式・非公式の種々の議論の中で、ますます頻繁に検討や論争の的になった。身体刑用の急造施設だの町営拘置場だのといった状態からもっとも著しく改善された監獄は、ポートランド、ペントンヴィル、ダートムアだが、収監刑の判決を受けた囚人の多くにとって、監獄は、一時的な不便を忍ぶ場以上のものではなかった。彼らの人生はそもそも不確実さと苦難に満ちていたから、不運の挿話がひとつ増えた程度でしかないのである。何ヶ月もの独房監禁や、営々と評点を積み重ねる年月がなくなってみると、彼らにとっての監獄生活は、過密で病害虫だらけの婆婆の住処から、よりプライヴァシーがあって非衛生的でない監房に、一時的に移ることでしかなくなってしまった。食事の水準は、当時の栄養学がまさに最低限と認めたものでしかなかったが、すくなくとも安定して供給された。それに、典型的な貧民街ではまずありえないこととして、不熱心にもせよ医師までがいて、治療を受けられた。改善が進んだ後では、塀の内側で疫病にかかる可能性のほうが、外側でよりも低くなったほどである。もっとも、自由身分

の生活としては一般にもっとも忌避された労役所よりも、監獄はなおつよく嫌われたのであって、改善されたからといって、それに変わりはなかった。すくなくとも、微罪や売春などで暮らす若年層にとっては、そうだった。そして、かりに運悪く監獄に入れられたところで、彼らの大部分にとっては、改心の機会というよりも、一過性の出来事にすぎなかったのである。

15.4　女性受刑者

　上記のことは、とくに女囚に該当する。1880年代には、地方監獄の収容者の5分の1、監獄ではその10分の1を、女性が占めていた。2週間もしくはそれ以下のきわめて短い収監の判決を受ける女性が着実に増えており、その大部分は、酩酊とそれに関連する違法行為のせいだった。こういった場合、娑婆と監房の距離は遠いものではなく、鉄格子の向こうに閉じ込められるとはいっても、あまりに期間が短かすぎて、懲罰にも改心にも役立たなかった。出るときも、入ったときと同様に姦しくて反抗的で何も身につかないままだったのである。監獄体験でいちばん目立つのは、重い健康障害が、必要とされていた注意をやっとある程度向けてもらった、という例の多さである。また、この範疇の女性の累犯率は男性より高く、しかも上昇を続けていた。1880年の地方監獄では、過去に10回以上有罪判決を受けた経験のある女性収容者は、男性収容者の5倍に達していた。これはある意味では、アルコール中毒者を監獄に収容することの不適切さを示しているが、またある意味では、監獄が暫定的な避難所として魅力的だったことも示している。家族や地域社会との縁が切れた女性は、男性以上に、自由か生存かの厳しい選択を迫られた。収入がまったくなかったり、ことに出産が迫っている場合には、裁判所やそれが科する罰への恐れは、劇的に薄れたのである。

　3ヶ月もしくはそれ以上の刑期を務める囚人と女囚は、地方監獄にはもともと少なかったが、さらに減少してゆく。1860年代初期にはそう

刑罰体系の整備　　　　　　　　　　355

女性監獄での朝の祈り。スタッフォード監獄、1869-71年。

いった判決は年間千件ほどだったが、1900年にはたった34件になってしまう。短期よりも辛い経験だとはいえ、女性に対しては、男性に比べると、強迫観念的な懲罰志向は希薄だった。管理原則自体、女性の方が道徳的影響力に対して従順で道徳的指導の受容性も高いという点が、ことさらに強調されていた。女性の囚人は、男性の囚人ほどには凝り固まっていず、改心の誘いに心を開きやすいと考えられていたのである。そのため、監獄職員も、囚人たちの人格を改善する役目をとうぜん負うものと見なされた。かくして監獄は、男の世界である法執行制度中の、例外となる。旧制度の堕落した側面が攻撃されていた

ので、男性看守は、弱い立場の女囚から、可能な限り遠ざけられた。女性は、看守として、そして最終的には所長として、当時のほとんどの職業におけるよりも、制度上の大きな権限と責任を行使するようになった。彼女らの業務の中では、デュ＝ケインの規準以上に、個人の人格が重んじられた。規則の解釈もより自由だったし、内部懲罰はより寛容であり、看守と囚人の交流も囚人同士の交流も、むしろ奨励された。そのために、反抗や悶着や便宜提供は、ことに人間関係に肉体的要素が絡んでいる場合、複雑な様相を示したが、娑婆同様に監獄でも、女性の同性愛は深刻な問題とは見なされていなかった。改心という意味で非常な効果があったという証拠はほとんどないが、職員のほうにも専門職的な背景は皆無だったし、その方向での訓練もほとんど受けていなかった。女囚の生活は、外界の公的な仕事をする可能性が無いので男性囚人のそれよりも単調だったが、その分、肉体的な消耗は軽かったのである。

15.5　若年受刑者

　この時期の科刑方針の変化は、かくして、一見するよりも複雑だった。デュ＝ケインの方針がますます強硬になってゆく一方で、懲役を科される受刑者の数自体は半分に減り、地方監獄の数も半減した。これは、犯罪の発生数の一般的減少のみを反映しているのではなく、長期から短期へという判決方針の変化をも、反映しているのである。また、世紀が進むにつれて、収監以外の形態の刑罰への移行も生じた。この時代に官僚が行った介入の主要例としては、他に新救貧法があるが、科刑方針の場合もそれと同じで、改革は周辺部に始まって、徐々に中心に及んだ。個人の特殊性を考慮しない刑罰が主流をなす状態に変化が起きたのは、刑罰制度の底辺においてだった。というのも、犯罪好発年齢層が若年に偏っているために、収監が19世紀中葉に標準的な刑になるやいなや、たちまち問題が起きたのである。なにしろ1880年に

は、16歳以下の少年が6千500人も監獄におり、そのうち900人が12歳未満というありさまだった。といっても、些細な盗みや素行不良[8]で判決を受けた者が大部分で、窓を割ったり食物を頬張って逃げ出しただけなのである。彼らがまともな養育を受けていないことや、筋金入りの成人犯罪者の堕落した生活と接触していることに、憂慮の声が高まってゆく。続く半世紀のあいだに、概念的にも物理的にも、この集団を収監刑を受けた他の集団から分離する試みが、行われた。成人に対する科刑方針は刑の単一性を強調していたが、若年の素行不良者で有罪判決を受けたりその可能性のある者への対処方針は、教育指導や児童福祉といった領域の活動と、ますます融合してゆくのである。

貧民子弟の教育が、とくに1870年の国民教育制度条項と1880年の義務教育条項によって国家の責任となったが、犯罪者への対処においても平行した措置がとられた。矯正学校[9]は、しつけや法への敬意の植え付けを親に代わって行おうと作られた。もしその試みが失敗しても、教育を放棄して懲罰に走るのではなく、より厳格な規律環境を整備して、まだ可塑性を残す人格を改善することになっていた。また授産学校[10]は、特定の罪を犯して裁判にかけられらたり、あるいはもっと一般的には親のまともな監督を受けていない14歳以下の子供たちに、道徳的、教育的そして労働的な訓練を施した。現実に犯された違法行為と、そういった犯行を行う可能性との境界線は、意図的にぼかされた。これらの学校の運営は私的に行われたが、資金供給も監督も公的に行われ、中心目的は懲罰ではなく更生だった。世紀末までには、いろいろな教育立法で設立された補導学校[11]や昼間授産学校[12]が、これらを補完するようになる。教護院[13]は、1854年に構想が生まれた時点では、12歳から16歳までの若年者に、より監獄に近い代替施設を提供しようとするものだったが、そうした懲罰的性格は、徐々に失われてゆく。

---

[8] bad behaviour
[9] the inspected schools
[10] industrial school
[11] truant school 訳語は『研究社英和大辞典』(研究社) による。
[12] day industrial school
[13] reformatory schools 訳語は『研究社英和大辞典』による。

判決期間の最初の2週間は監獄で過ごすべし、という条項も1899年に廃止され、教護院は、たんに年長者用の矯正授産学校と見なされるようになった。両者は結局、1913年に統合されてしまう。

　20世紀が始まる以前に、12歳未満の子供たちはほとんど監獄から姿を消し、16歳未満の収監者も千人に減った。だが、若年犯罪に不安を抱いていた国家は、収監刑を完全に廃止することはできなかった。若年者の懲役刑を廃止した1908年の画期的な児童法ですら、堕落の度合いのひどい14歳から16歳の少年犯罪者を収容するために、監獄を選択肢として残したのである。とはいっても、彼らを裁く治安判事は、この年齢層をとくに熟知した者が選ばれ、しかも、判決の長さや形態の決定に際しては、福祉も考慮する権限を与えられていた。裁判の場も、特別の少年裁判所だったのである。この頃までには、更生的側面を強化しようという配慮は、はっきり他と区別できる重要な人間集団として社会理論で規定されている者たち、つまり子供から大人への危険水域を渡航中の年齢層全体に、及んでいる。エドワード朝時代に集中豪雨的に現れた諸報告のおかげで、学校から定職への移行の問題に関心が高まり、懲罰制度の内部においても、ベッドフォード、ボーストル、そしてダートムアの各監獄で、若年受刑者の特異性に即した収監形態を開発する試みが、始まった。対象は、ラッグルズ＝ブライズが「若きならず者たち」「犯罪にかなり浸った者たち」と表現した若者たちである。この方法は成功したように思われたため、1908年の防犯法[14]によって、新しい範疇の刑が設けられた。16歳から20歳までの者は、1年から3年までの期間を判決で言い渡され、その期間は素行優秀であれば短縮され、課せられた条件を守れなければ延長されるのだった。彼らは特別な建物に収容され、定められた肉体的運動と正式教育と実業訓練を受けた。収容者の選抜は、犯罪の常習性と更生の見込みとを勘案して行われた。

　ボーストルのこの制度は、従来の制度よりも大きな注意が受刑者の個性に払われるべきことを、最初から前提としていた。理論上は、こ

---

[14] the Prevention of Crime Act

の制度は、伝統的な懲罰理念にパブリックスクール精神を融合させたものである。服従と自立心が、道徳的・知的な指導を挟んだ精力的な集団活動を通じて、注入されてゆくのだった。しばらくすると、ボーストルの収容者たちは、それぞれに寮監のいるいくつかの寮に分けて収容されたが、寮監の役目は、集団の誇りを生みだし新しい伝統に順応させることだった。工場が19世紀初期の改革家たちの霊感の源泉だったとすると、20世紀初期の改革家の模範は、パブリックスクールだったのである。とはいえ実際には、最初の施設の職員は、古典的に教育された教師ではなく、筋金入りの看守たちだった。彼らは、厳格な規律と際限の無い機械的労働に依存しがちだったが、それでも、従来型の監獄に比較した場合の「ボーストルボーイズ」の累犯率の低さは、この方式での改善に希望を抱かせるに十分なものがあると思われた。ただし、矯正困難な者たちは、従来型の監獄に収容され続けたのである。

15.6　20世紀的システムの出現

　素行不良の子供たちを成人犯罪者から隔離しようという努力は、第一次世界大戦勃発までの20年間により広い範囲で起きた変化の一部である。転換点は、グラッドストン委員会が1895年に出した批判的な報告と、その結果として生じたデュ＝ケインの辞職だった。よりリベラルなイヴリン・ラッグルズ＝ブライズが監獄理事会の理事長に就任し、新しい監獄法が1898年に通過して、新時代の到来を告げた。この法律は、重懲役刑の過酷さを、たとえば足踏み車や把手回しの廃止に見るように緩和し、監獄内規違反に対する肉体的懲罰も、軽減した。有効性の低い監察委員会[15]には、地元の監察員団[16]が取って代わった。つまり、部外者がより大きい監督権をもち、囚人たちは、処遇上の苦情を訴える機会をより多く得たのである。囚人同士の交流の規制はゆるめ

---

[15] visiting committees
[16] board of visitors

られ、服役態度良好による刑期短縮[17]の制度も、国立監獄から、収容人数の多い地方監獄へと広げられた。改革のもっとも直接的な原因となったのは、囚人の福祉への人道的関心が復活したことだが、その基盤となったのは、心身の苦痛についてのより科学的な評価である。長期の拘禁から囚人が被る害を測定することが容易になった一方で、益のほうは考えにくいものとなった。デュ＝ケインなら、公式統計に現れた犯罪発生率の低下を、牽制効果のせいだと言ったかもしれないが、彼の批判者たちは、累犯率の上昇を強調して、道徳的改造が失敗した証拠だと言ったのである。グラッドストン委員会の報告はまた、オスカー・ワイルドの凋落とも時を同じくしていた。自らの監獄体験についてのワイルドの熱のこもった抗議と、彼がそこで実見した、子供を含めた囚人たちの苦しみが、もっと建設的な懲罰方法が必要だという感じを強めるのに、おおいに役立った。1898年の『レディング監獄の歌』[18]にある、ワイルドの言葉は、こうだ——「僕たちひとりひとりの心の中で何かが息を引き取った。死んだのは、希望だったのだ」。

　変化の方向を決めたのは、逸脱行動についての、あらたに現れたふたつの見方だった。両者はまったく違う源から発していたが、にもかかわらず、結果には重なるところが多くあった。その第一は、犯罪者の人格の科学的研究である。これは、選択と罪の理論を、生物学と資質継承論に置き換えてしまった。いろいろな形態の新ダーウィニズムが優生学的運動へと発展したが、これらはいずれも、人格の世代間継承によって反社会的行動を説明した。極論すれば、懲罰は無意味であり改心は望めないことになる。ならばむしろ、不出来な人間が子孫を作ることを防止し、法律遵守（じゅんしゅ）が人格構造的に無理な人間には特殊な医学的処置を施すべきだ、というのである。これに対して第二の見方は、より寛容で受容的な態度に応えて人道的で責任感のある社会集団が生まれる可能性を、強調した。かくして議論の焦点は、個人の良心内部

---

　[17] earned remission 『英米法辞典』に remission が載るが、かならずしもこの文脈に適合する訳語がないので、このように訳しておく。
　[18] "The ballad of Reading Gaol" 1連6行で100連を越す長大な作品である。また、同じ監獄体験を連綿と散文で綴ったものが、有名な *De Profundis* である。

刑罰体系の整備

の葛藤から集団的努力の次元に移り、社会を倫理的に改善することと、そのための基盤となる物質的条件の改善が、問題となった。優生学的運動を支えたのは人種的凋落への不安だったが、リベラルな福祉主義を推進したのは、社会進歩の可能性に寄せる新たな確信と、国家の建設的役割への新たな信頼だったのである。前者を批判するリベラル派は、基本的人権が完全に失われた未来をそこに見て取ったが、いっぽう後者を批判する保守主義者は、露骨完全な社会主義の実現をそこに見ていた。もっとも、どちらの立場も、管理運営という秘密で狭い部門の外については、一定の枠内で職業的専門家が権威をもつのが妥当だと、強調していた。また両者とも、違法行為者のひとりひとり異なる背景や要求に注意を向けるべきことを、主張してもいた。

　結局のところ、20世紀初めにおける方向の変化は、どちらの理論が求めるところよりも混乱し、完全性を欠くものとなった。部分的にはこれは、制度というものがもつ巨大な物理的慣性力のせいである。学校改革にもましてこの場合には、現実的改革と理論的革命の衝撃力を牽制してしまう条件として、つねに獄舎と看守たちが存在したのだ。19世紀に設計された巨大な獄舎は、廃れゆく懲罰慣行の基盤上に堅固に築かれた制度網と、一体のものだった。刑罰環境に20世紀前半に生じた唯一の重要な変化は、古くて小さい建物の閉鎖計画が引き続き実施された結果にすぎない。おかげで、それでなくても一枚岩的なヴィクトリア朝の監獄の外観は、いっそうその点が強調された。1898年の法律は、より良好な訓練を職員に提供するものだったが、不滅の軍隊的伝統が、懲罰的規律を継続させる弾み車のような働きをして、ことに若年囚人については、もっと斬新だったはずの改革に影響を与えた。資質継承の理論は、それがどう囚人たちに適用されたかはともかくとして、むしろ看守たちにこそ該当したのである。

15.7 監獄に代わるもの

　大略を言えば、根本的な変化は、体制の辺縁部にしか起きなかった。長期的に見てもっとも重要なのは、重大ではない違法行為を犯した者たちの処遇について、収監の役割を縮小してゆくことだった。20世紀初期には、地方監獄に収容されている人数の半分は、些細な違法行為の些細な罰金を払えなかったために、自由を失った人々だった。たとえば酩酊者は、ほとんどの場合、罰金を支払えずに二度目の事件送致になってから[19]、施設収容の罰を受けた。こういう処理方法は、国家には二重の手間となるうえに、本来は監獄に収容する人数を減らそうと考え出された仕組みを、機能不全に陥らせた。何度か改善が失敗した後、1914年の刑事司法運用法[20]がこの問題に取り組み、被告に定まった住居があれば罰金を払うための時間的余裕を与えるよう、治安判事に求めた。1921年までに、罰金不払いによる収監者の数は8万5千人から1万5千人に減ったのである。続く数十年のあいだに、罰金は、収監の原因というよりも、ますますその代替措置となっていった。罰金で済まされる刑の範囲が広くなり、また1935年の現金納付法[21]は治安判事たちに、罰金不払者の貧窮状態の調査を求めたので、ますます収監判決を下しにくくなった。1947年になると、刑事裁判所で有罪判決を受けた者のほとんど5分の4が罰金を科されており、そうした50万人のうち、最終的に収監されたのは、3千人にも満たない。

　犯行が常習でなく、また一時の激情に駆られたのでもない場合に適用するための、第二の収監代替措置がこの時期に作られ、その適用も拡大された。誓約をとって違法行為者を釈放するのだが、長らく行われてきたこの習慣に正式な法的位置づけを与えたのは、1879年の刑事裁判権法[22]である。さらに1887年にはデュ＝ケインが、初犯者に対す

---

[19] 原文は 'only at the second remove, as they expiated their original financial penalty' だが、続く記述から判断して、常識的な意味にしておく。不安が残るので、識者のご教示を待ちたい。
[20] the Criminal Justice Administration Act
[21] the Money Payment Act　訳語は吉村による。
[22] the Criminal Jurisdiction Act　訳語は吉村による。

る保護監察制度[23]を導入した。しかし、どちらの工夫もあまり普及せず、若年犯罪者の生きかたを正道に戻す仕事は、ボランティア団体任せのままだった。だが、それらの団体の資金や専門的技量は、十分でもなければ信頼が置けるものでもなかった。累犯者は増加し続けたし、そうした工夫の狙いと現実のあいだの落差も大きかったため、結局はもっと系統的な改革が避けられなくなる。1907年には、自由党政府が保護監察法[24]を通した。これは、専門的訓練を受けた保護監察員が、この措置が有効だと判断した違法行為者に対して、1年から3年のあいだの監察期間を認めるものである。もっとも、この時期の他の多くの改革福祉制度と同様、この措置の重要性は、問題解決への直接的貢献度よりも、体現していた原理のほうにある。というのは、この法律は、司法システムの業務領域が、緒に就いたばかりの職業的社会活動の業務領域と一部重複していることを、正式に認めたのだ。前者は有罪判決を受けた者の処遇を定め、後者は、保護監察制度の運営要員と方法論を提供したのである。そして、学校の校長たちも、若年犯罪者の更生制度に組み込まれた。いまや、治安判事から高等法院[25]の裁判官にいたるまで、判決を言い渡す任にある人々は、19世紀後半の刑罰運用の現場を支配者した警察官や監獄長のみならず、それ以外の人々の専門知識や業務とも、関わりをもつようになったのである。

　伝統的刑罰では効果がないように見える犯罪者のために収監に代わる措置を見出すことは、これほどうまくは行かなかった。19世紀の末には中毒という概念が明確化してきたので、裁判所による常習的酩酊者の扱いが、注意を集めるようになっていた。同じ人物があまりに頻繁に治安判事の前に現れるところからすると、監獄が懲罰や牽制の役に立っているとは、思えなかった。常習的酩酊についての理論が説かれはじめていたが、それによると、環境とアルコールの合体の仕方よっては道徳感が圧倒されてしまう、というのである。だから、この種の違法行為者に必要なのは、懲罰よりもむしろ、監獄という環境では行

---

[23] probation
[24] the Probation of Offenders Act
[25] **High Court**

えない特殊で集中的な治療だというのだった。隔離用の私立施設の認可制度を作ろうという試みが1879年と1888年にあったが、問題解決にはつながらなかった。1898年に常習的酩酊法[26]が、常習的飲酒者やアルコールの影響下で犯罪を犯した者たちを収容するための独立施設の設立要件を定めた。そこでは、最大限3年間の更生課程を受けることになるのだった。

　この法律が発効して最初の10年間に、酩酊行動で有罪判決を受けた者は、千人あたり2人しか、更生施設に送られなかった。そしてさらに10年後には、事実上この制度は廃止されてしまった。問題のひとつは、新しい施設のほとんどを地方当局が提供することになっていた点で、地方当局は責任を負いたがらなかったのだ。いまひとつの問題は、収容者の扱い方が有効なものでなく、しかも明確でないことだった。ほぼ全て女性からなる収容者に対して伝統的な道徳的導きはほとんど効果を見せなかったので、より新しい医療的介入の方法に重点が移された。だが、そういう治療が精神的に病んだ者のためのものなら、懲罰制度の外郭施設のような所に患者を閉じ込めておく理由はないことになる。しかも、彼女らの行為の違法性はあまりに軽微だし、知的能力もあまりに不安定なため、マクノートン準則[27]の適用すらできなかった。この原則によって、1843年以来、善悪の判断もできないと見なされたごく少数の者が、自由意志をもつと見なされた圧倒的多数の犯罪者から、分離されてきたのである。犯罪性のある狂人は1863年以来ブロードムアに収容されていたが、1910年からはランプトンが加わった。これらにおける治療は、最初はもっぱら労働療法とダイオウに頼っていたが、やがて進化して、保護精神病院の方法を用いるようになった。病気のアルコール中毒者など精神に異常のある犯罪者のためには、1913年の精神欠陥法[28]によって、中間的解決が図られた。精

---

[26] the Inebriates Act

[27] the **MacNaghaten Rules** 被告人が、犯行当時、精神的失陥のゆえに理性を欠いており、自分の行為が悪いことを知らなかったということが明白に証明された場合、刑事責任能力なし、とする。1843年のマクノートン（綴りかたは何種類かある）事件にちなんだ名前。

[28] the Mental Defficiency Act

神に異常があると見なされた者について、裁判所が医療施設への収容命令を出せるようにしたのである。

15.8 変化と継続

　大戦間時代の刑罰の体系は、デュ＝ケイン最盛期よりもずっと複雑で、しかも一貫性を欠いていた。1890年代後期からの一連の改革によって、懲罰や牽制の手段は苛酷さを薄め、専門家の関与の度合いが大きくなっていた。また、犯罪者の背景や人格の調査が普及するにつれて、監獄はもはや、裁判所で有罪判決を受けた者全ての行き先というわけではなくなった。ことに、変化の余地があると思われた犯罪者の人格を構築しなおそうという建設的な大望が、制度の中にしっかりと根を下ろした。囚人の大多数を生み出している階層を経済的・社会的に境遇改善しようという、より一般的な試みも行われた。と同時に、非寛容な優生学的方策に対しては、強固な抵抗が存在した。有力な刑罰学者の中には、犯罪傾向の遺伝という先駆的研究に興味を示す者も多かったが、彼らとてその結論には懐疑的だった。囚人の処遇決定時に精神的な不具合の型をもっと考慮すべきなのは明らかだったが、そういった医学的な介入は、制度的にはまだ辺縁部にとどまっていた。主流をなしていた論は、犯罪者は反対証明がないかぎり自分の行為に個人的に責任があり、行為の結果を十分に予測しうる、というものだった。彼らの犯行は、心理的問題よりも道徳的問題による、というわけである。彼らにも理性と判断力がある以上、刑罰政策の第一の目的は、19世紀の最終四半期にもそうであったように、法を犯した者たちに罰を加え、そのような行為をしようとしている者を牽制することなのだった。

　1914年以前の改革の基底にあったひとつの要素は、犯罪との戦いが順調に行っているという感じだった。完全な勝利にはほど遠かったが、犯行数の増加が止まったために監獄の負担が軽くなり、監獄は、そこを通過した全員にとってとまでは言えなくとも、全体としては社会にとって有用な機能を果たしている、と見られるようになった。この全

般的な楽観主義は大戦間時代までも持続し、旧来の管理制度はさらに緩められた。ラッグルズ＝ブライズが1921年に辞任した後はアリグザンダ・パターソンが主役となったが、パターソンは、犯罪者は「罰として監獄に送られるのであって、そこでまた罰を受けるために」送り込まれるべきではない、という信念を抱いていた。ボーストルは、職員が以前よりも適切な訓練を受けたことでますます精力的になり、更生させる力を誇るようになる。その特色を、成人監獄制度もいくらか取り入れ始めた。肉体的教育は、個人的運動や団体競技というかたちで、それよりずっと広く取り入れられていた。デュ＝ケイン時代にはまったく信用されていなかった教師たちも、ますます多く監獄の壁の中で働くようになった。娯楽のための便宜も広範に提供されるようになって、新技術だったラジオが与えられることさえあった。囚人服の太い横縞模様と刈込頭は1921年に廃止され、同時に定期的な髭剃りも行われるようになる。

　徐々に、重懲役[29]と一般収監[30]の区別が曖昧になっていった。受刑者[31]の強制隔離は1923年に効力停止とされ、1930年には廃止された。翌年、地方監獄でもそれが廃止され、以降、受刑者と短期収監の者たちはますます同じように扱われるようになって、同一施設内での交流も認められた。1920年代半ばには、監獄理事たちは、「犯罪者を、可能な限り市民社会に適応するよう訓練することによって、社会を護る」ことを、自らの使命と考えるようになった。懲役期間の最初に置かれていた独房監禁は、「独房で思いつめる者は」、道徳的に更生するよりも、むしろ「陰険かつ復讐的になる」という理由で、廃止された。労働訓練がより多く取り入れられ、労賃支払制度が導入されたので、囚人は、点数や特権の代わりに、わずかながら現金を稼ぐことができるようになった。保護監察制度は、1930年代の末には、正式起訴該当事件の受刑者の半数以上に、適用されるようになっていた。5分の1は罰金刑だったから、監獄に送られたのは、4分の1以下である。肉体

---

[29] **penal servitude**
[30] imprisonment
[31] **convicts**

に罰を加えることは、大戦前にすでに役割を縮小しつつあったが、判決としても監獄内の懲罰方法としても、事実上消滅してしまった。

　ある意味では、ラッグルズ＝ブライズの時代から1948年の刑事裁判法[32]までは、単線的な進歩だった。大戦間の諸改革を統合したのが、この法律である。後期ヴィクトリア朝でもっとも恐れられていたのは重懲役と鞭打ちだったが、いまやそれらは正式に、存在を終えた。そして、微罪を犯した者を余暇に教化センターに通わせて有用な労働をさせる制度や、ボーストルほどに厳格な環境は必要ないと思われる若年違法行為者を短期収容所[33]に収容する制度によって、監獄そのものへの依存度を減らす試みも、行われた。しかしながらこの変化は、一見そう見えかねないほどには、大規模でもなければ、議論の余地の無いものでもなかったのである。公式犯罪統計の数字の低下は底を打ち、ますます勢いを増しながら増勢に転じた。1932年にダートムアの所長が旧来の規律に復帰しようとしたのは、急進的政策への不安が表面化したものだが、それによって半世紀このかた例を見なかった規模の暴動を誘発してしまい、監獄の中央棟が完全に破壊されるにいたった。教師・指導員・監獄付牧師・医者・福祉活動家といった、監獄で働く外部者が増加して、ときとして内部での不信の種となった。ことに、これらのいわば訪問者たちが、敵意に満ちた見解を次々に発表するとあっては、なおさらだった。

　公式報告は急進的な更生努力を物語っていたが、批判者たちやときおり出版される監獄経験者たちの自伝が描き出す生活は、デュ＝ケイン時代の受刑者が入っていたと同じ監房での、相変わらず苛烈な厳罰主義であって、それがうわべだけは聞こえ良く語られているにすぎないのだった。より多くのソーシャルワーカーが監獄にいるようになったとしても、便所の数は足りないままで、増えていなかった。1950年代でさえ、汚物の垂れ流しは当たり前で、監獄理事会の理事長が遠回しに表現したように、「多くの囚人の日常の振舞いには、まだ洗練に

---

[32]Criminal Justice Act 訳語は吉村による。
[33]detention center『英米法辞典』は detention の項目に「拘置所」とするが、曖昧なので、このように訳しておく。

欠けるところがある」のだった。そして囚人たちは、1863年に定められたままの固い木製ベッドに寝ていたのである。1959年の白書『変化する社会における犯罪』[34]で、新規建設計画の始まりが告げられるまでは、1900年以来、たった二個所しか監獄の新築はなかった。ワイト島のキャンプヒルが1912年、エヴァースソープが1957年に作られていたが、後者は、それまでの全ての例と同様、1842年のペントンヴィル監獄をモデルとしていたのである。犯罪者対処の全域で間に合うようにと、40もの新しい施設が計画されたが、これは部分的には、変化した刑罰慣行に建物の物理的構造を合わせるためであり、囚人の増加で相当の過密状態が生じているのに対処するためでもあった。囚人の数はすでに2万2千人に達しており、これは戦前の2倍である。非収監刑の判決が増加しているにもかかわらず、1980年代には、その数字がさらに倍増した。本章があつかう時代にもっとも一貫して存在する特徴は、監獄理事会の交代のたびに、監獄の開設よりも閉鎖が多く行われたということである。この意味では、1950年代後期はひとつの時代の終わりを告げるものだ。だが、建設計画が需要を上回ることができるかどうか、またヴィクトリア朝の残滓を払拭できるのかどうか、その点はまったく定かではなかった。

　エドワード朝期の論争と騒乱、またその後数十年にわたって続いた一連の革新を経た後でも、ふたつのことは真実として残った。まず第一に、囚人のほとんどが、肉体面にせよ道徳面にせよ、何らかの良い影響を被るには、あまりに短い期間で出獄していた。若年微罪犯たちのための非収監措置が模索され続けたが、現実には、彼らに下された判決の4分の3は、3ヶ月もしくはそれ以下の収監刑でしかない。本人の経済的・社会的な地位がより安定していれば、自由な生活がこうして中断される衝撃はもっと大きいのだろうが、変転途次のこの連中の場合、刑罰制度をめぐって蓄積されてきた理論や論争の重みなど、本人が経験に感じる重大さには、なにも関係がない。第二に、逆に相当期間の刑期を務める少数者の場合には、はたして入所中によりよき市民

---

[34] the 1959 white paper "Penal practice in a changing society"

に以前より近づいたのかどうか、示すのが容易でない。監獄生活の苦痛の程度が減少し運動や学習やラジオが導入されても、それはやはり、肉体にも魂にも、破壊的な効果を及ぼす。元囚人が1956年に書いていることだが、「実のところそこは懲罰のための場所であって、更生的要素などは、場違いかつ無益に添えられているにすぎない」のである。

第16章　おわりに

1996年のことだが、衣料店の郵便受けから鉤つきの棒を差し込んで展示中の服を引き出している二人の泥棒のビデオを、テレビが放映していた。連中は知らなかったろうが、この手口は、トマス・ハーマンが1566年に『当然令状作成官さんご用心』で初めて描いたものである。ディケンズのフェーギン（1837-8年の『オリヴァー・ツイスト』）にも、第二章で述べたとおり、1585年のロンドンの酒場の主人という先行実例があった。チャールズ・リードの小説『更生に期限なし』(1856)は、近代の強盗にも、技術解説書として役に立つ。つまり、犯罪者は新しい機会を利用しようとつねに手口を改良しているし、最新の技術も用いるが、それでも、手口には多分に持続性が存在するのである。犯罪の種類自体にも、持続性がある。以下に、都市部の暴力事件が殺人にいたった件の法廷記録の要約を示してみるが、いつの時代でもおかしくはない。1306年だろうか、1506年だろうか、1706年だろうか、それとも1906年だろうか？

> リヴァーパッドのロバート・クラークとウィリアム・ウォーカーが、チェスターからリヴァプールへの途次、口論を始めた。彼らはウォーカーの従兄弟ウィリアム・ブラウンと行き合い、この二人の従兄弟がクラークを相手にすることになった。口論は暴力沙汰となり、ブラウンはナイフを抜いてクラークを脅した。恐怖に陥ったクラークが道を走って逃げると二人は追いかけたが、ウォーカーはナイフを振り回していた。クラークは自己防衛のために武器を執り、結局、ウォーカーは殺されてしまった。

じつは、これは1306年の事件である。犯罪の歴史にはある程度の普遍的要素が存在するようだし、刑罰の歴史にも、程度は低いながら同様のことがありそうだ。

もっとも顕著な持続的要素のうちのふたつは、犯罪の性質と犯人像についてのものである。我々の歴史を通じて、ほとんどの犯罪は、人ではなく財産に対して行われてきた。犯罪は、まともな生活を拒まれた者たちにとっては生活や収入補完の手段だったし、現在もそうである。この10年間、暴力への不安が高まっているとはいえ、1994年7月から1995年6月までに記録された犯罪の93%は、強盗・窃盗・詐欺・偽造・器物損壊そして放火だった。じつは、いつもこんなふうだったのであって、この10年間で変化したのは、盗まれる品物のほうなのだ。また、最新の統計を見れば、車が今世紀の犯罪に及ぼした影響を、確認することができる。窃盗の半ば以上と、記録されている全犯罪の4分の1が、車の、もしくは車からの、窃盗なのだ。車の中にはきわめて高価なものもあるが、それを盗むのはプロの泥棒である。過去にもずっとそうだったように、現在も、ほとんどの盗品売買は偶発的に行われていて、金額的にはたいしたことはない。消費財の非常な膨張と、それに伴うひどいインフレにもかかわらず、1990年代前半の強盗事件の4分の1では、被害額は些細なものであり、被害額が100ポンドに達しない事件が、全体の45%を占めている。

暴力は、はるか昔からそうなのだが、現実の発生頻度とはかけ離れた影響力を、一般民衆の犯罪観に及ぼしてきた。まして最近の数十年間は、暴力犯罪の伸びが財産侵犯の伸びを上回ったため、この傾向はしっかり根づいてしまった。暴力犯罪の範疇では、重大な対人犯罪のほうが、軽度のそれよりも増えているが、こうした流れの例外のひとつは、じつは殺人、つまりいちばん重大な暴力行為なのだ。1950年代初期には、年間の殺人発生率は400人強が最高だったが、死刑廃止から四半世紀後の1994年には、729人に上昇する。それでもこれは、もっとも増加率の低い違法行為のひとつなのである。火器の入手が容易になったにもかかわらず、殺人のほとんど90%は、利器や鈍器を用いた

おわりに

り、殴ったり蹴ったり、首を絞めたり焼いたり溺れさせたり毒を飲ませたりといった、古典的方法によっている。最近の報告にある唯一の本当に近代的な殺人方法は、殺す意図での車の利用だが、これは年間12、3件ある。

　本書の各章が提供してきたのは、逸脱行為を定義しそれに対処する方法が、非公的なものから公的なものに変わってきたことをめぐる、未完の歴史である。何世紀も経るうちに、法と秩序を体現する人や組織は、個人や地域社会の振舞いへの支配権を拡大していったが、そのお返しに、訴える人の数は増加し、訴えうる事情の範囲も拡大してきた。犯罪の量的表現が本気で試みられるようになってからのことを言えば、近頃は、警察に通報された犯罪行為と、大目に見られたり他の方法で対処されたりしている犯罪行為の間のズレが、問題になっている。記録されない犯罪は、最近では「隠れた数字」と呼ばれているが、この概念は、統計の専門家が処理できない事例や日常的な犯罪の犠牲者たちといった厄介な問題を、包含しているのである。数えられたことのない犯罪を数えようという試みが、色んな工夫を凝らして行われているが、なかでも一番系統的なのは、『英国犯罪調査』[1]である。これを見れば、本書が記してきた多くの「進歩」にもかかわらず、いまだに、警察に通報される犯罪よりも通報されない犯罪の方が多いことが分かる。通報しない動機としてあげられているなかには、警察や裁判所の能力や公平さへの不信感、当局の犯罪の定義に感じる違和感、面倒事を避けたい気持ち、法律を用いることで生じかねない出費や肉体的な危険、さらには、家族や近所で問題を処理したい気持ち、といった、旧世代からお馴染みのものもある。この調査はしかし、通報と非通報の差が縮まり続けていることも、明らかにした。通報の率が、1981年からの10年間に、31%から43%に上昇しているのである。すると、この期間中の実際の違法行為発生率は、記録の数字が示唆するところより低いかもしれない。こういう複雑な面があるのだから、現在であれ過去であれ、犯罪統計の数字の変動を、行動や経験に生じた実際の変化

---

[1] British Crime Survey

の正確な反映だと考えたりしてはならないのである。

　司法制度に厄介をかけてきた者のほとんどは、路地裏で喧嘩している連中であれ掏摸(すり)であれ、若い男性だった。いまも、そうである。この千年間つねに話題であった売春を別にすると、犯罪統計への女性の登場頻度は低いし、登場しても、家庭内暴力以外は軽微な違反によることが多い。男性の場合には、特定の集団が法律への挑戦を成人儀礼にしている例さえある。一般的に言っても、社会や教育や経済の組織といちばん隔離されている年齢層が、男性の場合、いちばん誘惑に駆られやすい時期でもある。歴史時代が現在に接続するあたりでは、男性の違法行為者の平均年齢は、教育機会の拡大と歩調を合わせて、14歳から18歳へと上昇してきた。しかしながら、現在不安なのは、かつては20歳代になると合法的な生活に復帰していたのに、この連中は、過去にはまず例がないほどの規模で違法行為を続けている、ということなのだ。いっぽう、女性の違法行為者の場合、そもそも数自体が少ないが、いちばん犯罪を多く犯す年齢は、14歳である。

　平均的な男性犯罪者の年齢は、現在では、平均的な大学一年生と同じだというわけである。じっさい、最近警察は、本書を出版してくれている大学について、学生と、学生のステレオや車を盗みに入ってくる部外者を外見からは区別できない、と苦情を呈したのだった。しかしながら、あいかわらず囚人の圧倒的多数は、教育機会に恵まれずそのため職業の安定性や転職の機会にも恵まれない社会階層の、出身である。最近は、高度な情報操作技術を悪用して国際的な詐欺や着服を行う機会が劇的に増加しているが、これは、少数の高度に熟練した犯罪の専門家と、膨大に存在する偶発的な窃盗犯との間の、昔から存在した較差を、いっそう拡大することになった。後者の連中のやることときたら、目配りのきいた計画や計算があるどころか、むしろそれらを完全なまでに欠いていることが特徴なのだ。

　犯罪の場合、結果として生じる富の再配分は、福祉活動と同様、おおかたは貧者から貧者へのものである。そして、いちばん声高に警察の巡邏(じゅんら)の強化と強硬な処罰を求める者たちは、つねに、肉体的にも財

産的にも、害を被る可能性が統計的にもっとも低い者たちなのだ。若者たちの重大な暴力行為の被害者は、誰よりも若者たち自身である。彼らはまた、遠い郊外の持ち家に住む人々よりも、近くにいる市街中心部の商店主たちから盗む傾向があるが、収入の不安定からは財産侵害が生まれ、収入の安定からは持たざる者への恐怖が生まれる[2]、というわけである。危険の感知と現実に存在する危険の関係には、つねに合理性が欠けている。たとえば、近年老人たちの不安が何倍にも膨らんでいるが、老人こそは、あらゆる年齢層のうちでも、もっとも襲われる危険性が低いのである。殺人犯と犯人の近さは、犯人が被害者に知られていたり縁戚関係があったりする傾向に劇的に表れているが、これは、殺人の歴史を通じて変わらない重要事のひとつである。家族や地域社会の崩壊が犯罪行動の増加を引き起こしているにしても、犯罪の実態が示すのは、そういった社会集団がいまもなお複雑で現実的な力をもっているということである。

　犯罪は、ある地域や集団、それどころか家族の伝統とさえなることがある。キャノックチェースの有名なある家族の場合、16世紀と20世紀後半の法廷記録に、家族が微罪犯として登場する。こういう伝統が、どの程度までたんなる決めつけのせいなのか、物質的環境の持続性のせいなのか、はたまた文化的伝統や生物学的遺伝のせいなのかは、ながらく議論の種だった。エリザベス朝時代の社会観察家であるトマス・ハーマンは、犯罪者である親たちが子供を犯罪者に仕立て上げると言っているし、ヴィクトリア朝でも、親たちによる養育の不十分さが、犯罪行動の主たる原因だとされていた。20世紀初頭には、優生学者たちが犯罪の伝統を科学で解釈しようとしたが、最近これが、いわゆる「犯罪遺伝子」を分離する試みという、あらたな装いで行われている。しかしながら、逸脱傾向の伝統が最大規模でしかももっとも一貫して現れるのは、つねに、民族や人種の違いゆえによそ者と見なされる人々だったのである。中世と初期近代のイングランドでは、それはウェールズ人やスコットランド人やアイルランド人だったが、ヴィクトリア

---

[2] つまり、実際には被害を受けることが少ない郊外の富裕層のほうが、声高に強硬措置を求める、というのである。

朝時代とエドワード朝時代では、ユダヤ人や中国人やアイルランド人となり、もっと最近では黒人移民がそれにあたる。今日、イングランドとウェールズの男性収監者の12%が少数民族集団だが、彼らが総人口に占める割合は、5%でしかない。

犯罪を論じるうえで事実を過剰に粉飾強調し、そのおかげで警察活動や刑罰に対して不当に大きい影響力を発揮するたぐいの説があるが、そういった説がときおり歴史に姿を見せるのも、ひとつの伝統というものである。広汎な暴動や 騒擾（そうじょう）を一時的ながら苛酷に罰した16世紀中葉であれ、甚大な影響を及ぼしたわりには根拠は薄弱だった1860年代の首絞め強盗恐慌であれ、さらには、刑罰政策全体にごく近年吹き荒れた見直しの嵐であれ、そういうときには、合理的な議論など、公権力の行動のためにしばしば片隅に押しやられてしまう。だが、「犯罪には強硬策で」[3]という方針が効果を発揮した歴史的証拠など、ほとんど存在しない。犯罪行動の増加は、エリートたちの習慣や生活形態からの疎外感が存在することをしばしば示すが、これと同様に、刑罰の苛酷化は、下層階級の価値観や振舞いへの信頼感の崩壊を示すのである。犯罪発生率の低下は、一般に、犯罪政策の変更の結果ではなく、原因でしかない。より広い歴史的文脈のもとで眺めれば、刑期の長期化と監獄管理体制の苛酷化という現象は、恒久的なストレスのもとで起きる、いわば結腸 痙攣（けいれん）［神経性の下痢］にさえ見える。大戦間時代の監獄理事会理事長だったアリグザンダ・パターソンの、「囚人が監獄に送られるのは罰としてであって、そこで罰を受けるためではない」という有名な言葉は、ローマの偉大な法学者ウルピアヌスの「監獄は人間を閉じ込めるための場であって、罰するための場ではない」という言葉に由来するものだが、収監措置を更生に役立てたいという望みのほうも、初期中世の教会法の出現へと、由来をたどることができる。更生にしろ刑罰にしろ、近代の犯罪対処の制度から排除できるものではない。むしろ我々は、この両陣営のあいだの果てしなき戦いの虜になっているのである。

---

[3] tough on crime

おわりに

犯罪をめぐる公的議論については、事実と幻想を区別することが難しい。すくなくとも中世以来、法律違反と法律違反者が、大衆娯楽の主要な源となってきた。中世のロビン・フッドのバラッドから、詐欺師を描く初期近代の安直本[4]、さらには19世紀の裁判実録もの、現代の映画やテレビにいたるまで、犯罪を種に稼がれた金の方が、犯罪者の稼いだ金より多いに違いない。犯罪に限りない魅力を覚える大衆は、つねに劇的な描きかたを求め、犯罪に対する非難までもロマンチックなものにしてしまう。1867年、『オリヴァー・ツイスト』への序文の中でディケンズが、「何十人という泥棒について読んだが、この連中は、非の打ち所なく服装をきめた女たらしで（だいたいは愛敬がある）、ポケットは金で膨らみ、スケの好みにはうるさく、態度は大胆、色事では幸運、歌でも酒でもカード賭博でもサイコロ賭博でも見事な腕前、真の勇者の友にふさわしい連中ときている」とこぼしているのは、その点なのだ。彼は、これに対して自分は、「あの連中を、醜悪さ悪辣さ、生活のおぞましい悲惨さのままに描き出す」[5]と言う。だが、その彼にしてなお、ナンシーという登場人物を感傷的にしすぎたことについて弁解を強いられた。というのは、サイクスに対する彼女の愛情が、悪徳と美徳を隔てる壁についての社会通念に反したからである。ヴィクトリア朝の人々が犯罪をめぐる議論に行った貢献は、一方では、新しい強力な形態の娯楽を発明したことであり、いまひとつには、犯罪行動の記録と分析において専門的客観性の新しい規準を確立したことである。後者の言うところに用心が必要なのは近代犯罪学が教えてくれたが、前者については、現代の娯楽産業はほとんど何も言うところがない。現代人が『オリヴァー・ツイスト』に出会うのはほとんどミュージカル版だが、原作が描きだそうとした文化は、そこからまったく失われているのである。

20世紀の最後の三分の一に起きた変化の多くは、先行する時代から受け継いだ主題と軋轢の変奏曲として解釈される余地がある。しかしながら、既存の傾向がはなはだ激化して現代を近い過去に比してさえ

---

[4] chap-books
[5] 訳は吉村による。前出個所も同じ。

異質なものとしてしまった領域を、おそらく三つ数え上げることができる。この異質化は、社会史的な面と制度史的な面の両方で、めったにはないほどの規模で同時並行的に起きているが、いちばん明らかなのは、記録された犯罪の膨大さである。1950年代には人口100人当たり1件だったのが1970年代には5件になり、1994年にはついに10件に達した。ゆいいつ現政権の慰めになりそうなのは、この数字が、内務省を支配する政党とは無関係にきわめて安定した上昇率を示している点である（平均すると増加率は、保守党政権下のほうが、労働党政権下よりもわずかに高い）。年単位で見た場合の減少など、時折わずかなものがあるにすぎない。産業経済社会においては、日本を例外として、犯罪は一般に、富裕化および都市化と歩調を合わせて、ゆるやかに増加してきた（ただし、イングランドとウェールズにおける1987年から1994年にかけての増加率は、比較可能な19ケ国の中で二番目に最悪だった）。[第二。] 収監者の数は、非収監判決の増加によって抑えられているが、それでも5万人あたりを行ったり来たりしており、これは、1950年代の2倍である。監獄の建築計画は、本書の完成時点では勢いづき始めたように見えるが、計画開始当初に比べてさえ、すでに収容能力の不足は明らかである。

　[第三は、刑事司法制度への参加権が一般市民から剥奪されていることである。] 近代化を推し進めるさまざまな力は犯罪行動を増加させるように思われるが、それにもかかわらず、政府とその諸機関はそれらの力を徹底的に利用しようとしており、すでに危機的状況にある一般国民の信頼を、さらに失いつつある。たとえば、刑事司法制度への一般人の参加は、過去何世紀にもわたってすこしずつ侵食されてきたが、中世と初期近代のイングランドでは、全男性が叫喚追跡への参加を求められていた。つまり、治安維持は普遍的な義務だったのである。多くの一般人が、治安官や十人組長などの治安維持役の任期を務めるように求められたし、訴追手続きを開始して進めたのも、地元の一般民だった。現代と比べるとより多くの男性が、原告や証人や各種陪審や裁判所の役付きとして、裁判の運営に参加を求められていた。

ひるがえって現代を見ると、ここ数十年の間に、刑事司法制度はさらに地域社会の手から離れ、専門家に握られるに至っている。1990年代の前半には、1991年の刑事司法法[6]がことに顕著に示している、制定法によって判決を下そうという傾向のために、法の過酷さを和らげ法が富者優遇に傾きがちなのを補正するための昔ながらの陪審の権限が、たとえ象徴的なものにすぎなかったにせよ、さらに削られてしまった。また、警察が通信や捜査に高度技術を熱狂的に取り入れた結果、本来彼らが奉仕すべき対象である一般人と警察との距離が、いっそう開いてしまった。業務遂行を示す数値指標は上昇するかもしれないが、警察の能力や清廉さや誠実さについて一般人が抱く評価が、戦後数十年間の下落傾向から回復した兆候は、ほとんどない。

　さて、本書をいちばん衝撃的に締めくくるなら、1953年の戴冠式の年に生まれた少年たちについて語るにしくはないだろう。不況と戦争と耐乏という苦難の後、エリザベス女王の新しい時代が始まったのだが、この少年たちの3分の1は、略式裁判該当中でも程度の重い一部の違法行為と正式起訴該当事件のすべてを含むいわゆる「規準一覧表」[7]のどれかに抵触して、現在すでに前科者である。我々の社会で年をとりつつあるこの集団が40歳代になれば、数字はさらに膨らむだろう。現在の警察や刑罰の制度の基礎を作ったヴィクトリア朝人たちの特徴だった楽観主義は、おそらく永久に失われたのだ。合理的な調整と誠実な公共サービスさえあれば進歩が可能だなどとは、もはや誰も信じない。国家は監獄の運営すら市場に託そうとしているし、有権者もまた、不安の解消を公的な制度や活動に求めなくなった。今世紀が終わりに近づいている今、犯罪の犠牲者リストにも実行者リストにも載る心配をしなくていい人の割合など、無意味なほどに縮小しつつあるのだ。だから、露骨至極な表現をするならば、この歴史は、我々とともに絶えるのである。

---

　[6]Criminal Justice Act 訳語は吉村による。
　[7]standard list 訳語は吉村による。

書 誌

原著書誌

中世

- Bellamy, J. *Crime and public order in the later Middle Ages* (London and Toronto, 1973).

- Hanawalt, B. *Crime and conflict in English communities* (Cambridge, MA., 1979)

- Harding, A., *The law courts ofmedievalEngland* (London and NewYork, 1973).

- Keen, M. *The outlaws of medieval England* (London and Toronto, 1961, rev. 1977).

初期近代

- Addy, J. *Sin and society in the seventeenth century* (London, 1989).

- Beattie, J. M. *Crime and the courts in England. 1660-1800* (Oxford, 1986).

- Brewer, J. & J. Styles (eds). *An ungovernable people: the English and their law in the seventeenth and eighteenth centuries* (London, 1980).

- Brinkworth E. R. C. *Shakespeare and the bawdy court of Stratford* (London, 1972).

- Bushaway, R. W. "Grovely, grovely and all grovely: crime and conflict in the English woodland." *History Today* 31, May 1981, pp. 37-43.

- Cockburn, J. S. *A history of English assizes 1558-1714* (Cambridge, 1972).

- Cockburn, J. S. (ed.), *Crime in England. 1550-1800* (London, 1977).

- Emmison, F. G. (ed.). *Elizabethan life: home. work and land* (Chelmsford, 1976) [part 3 (PP. 197-333) is an extended essay with numerous examples of various aspects of the Elizabethan manor courts of Essex].

- Gatrell, V. A. C. et al. (eds).*Crime and the law: the social history of crime in western Europe since 1500* (London, 1980).

- Harvey P. D. A. *Manorial records*, British Records Association, "Archives and the user", no. 5 (1984).

- Hay D. War dearth and theft in the eighteenth century. *Past & present* 95, 1982, pp. 117-60.

- Hay D. et al. (eds). *Albion's Fatal Tree: crime and society in eighteenth-century England* (London, 1975).

- Herrup, C. B. *The common peace: participation and the criminal law in seventeenth-century England* (Cambridge, 1987).

- Ingram, M. *Church courts, sex and marriage in England. 1570-1640* (Cambridge, 1987).

- Judges, A. V. (ed.). *The Eliezabethan underworld* (1930) [collection of documents]

- Kent, J. *The English village constable. 1588-1642: a social and administrative study* (Oxford, 1986).

- McLynn, F. *Crime and punishment in eighteenth-century England* (Oxford, 1989, 1991).

- Marchant, R. A. *The church under the law* (Cambridge, 1969).

- Moir, E. *The justice of the peace* (Harmondsworth, 1969).

- Munsche, P. B. *Gentleman and poachers: the English game laws 1671-1831* (Cambridge, ,1981).

- Salgado, G. *The Elizabethan underworld* (London, 1977).

- Sharpe, J. A. *Crime in early modern England. 1550-1700* (London, 1984) [the best introductory text] .

- Sharpe, J. A. *Judicial punishment in England* (1990) .

- Stevenson, J. *Popular disturbances in England, 1700-1832*, 2nd edn. (London, 1992).

- Styles, J. & J. Brewer (eds). *An ungovernable people: the English and their law in the seventeenth and eighteenth centuries* (London, 1980).

1800-1960

- Bailey,V. (ed.). *Policing and punishment in nineteenth-century Britain* (London, 1981) .

- Carson,W. G. White-collar crime and the institutionalisation of ambiguity: the case of the early factory acts. In *Crime and society. reading in history and theory.* M. Fitzgerald et al. (eds) (London, 1981) pp. 134-47.

- Conley, C. *The unwritten law* (Oxford, 1990).

- Davis, J. A poor man's system of justice: the London police courts in the second half of the nineteenth century. *Historical journal* 27, 1984, pp. 309-35.

- Donajgrodzki, A. P. *Social control in nineteenth-century Britain* (London, 1977).

- Emsley C. *Crime and society in England 1750-1900* (London, 1987).

- Emsley C. *The English police* (Hemel Hempstead, 1991).

- Forsythe, W. J. *The reform of prisoners 1830-1900* (London, 1987).

- Forsythe, W. J. *Penal discilpline, reformatory projects and the English Prison Commission 1895-1939* (Exeter, 1990).

- Garland, D. *Punishment and welfare: a history of penal strategies* (Aldershot, 1985).

- Gatrell, V. The decline of theft and violence in Victorian and Edwardian England. In *Crime and the law. The social history of crime in western Europe since 1500*, V. A. C. Gatrell, B. Lenman, G. Parker (eds) (London, 1980), pp. 238-337.

- Gatrell, V. Crime, authority and the policeman state. In *The Cambridge social history*, vol. 3, F. M. L. Thompson (ed.) (Cambridge, 1990), pp. 243-310.

- Gatrell,V. *The hanging tree* (Orford, 1994).

- Hay D. & F. Snyder (eds). *Policing and prosecution in Britain, 1750-1850* (Oxford, 1989).

- Home Office. *Criminal statistics: England and Wales 1994* (London, 1995).

- Ignatieff, M. *A just measure of pain: the penitentiary in the Industrial Revolution* (London, 1978).

- Jones, D. J. V. *Crime, protest, community and police in nineteenth-century Britain* (London, 1982).

- Jones D. J. V. The new police, crime and people in England and Wales, 1829-1888. *Transactions of the Royal Historical Society*, 1983, pp. 151-68.

- McLintock, F. H. & N. H. Avison. *Crime in England and Wales* (London, 1968). Mannheim, H. *Social aspects of crime in England between the wars* (London, 1940).

- Miller, W. *Cops and bobbies – police authority in New York and London. 1830-70* (Chicago, 1977).

- Morris,T. *Crime and criminal justice since 1945* (Oxford, 1989).

- Palmer, S. *Police and protest in England and Ireland, 1780-1850* (Cambridge, 1988).

- Petrow, S. *Policing morals – the Metropolitan Police and the Home Office* (Oxford, 1994) .

- Radzinowicz, L. & R. Hood. *A history of English criminal law and its administration from 1750.* vol. 5 of *The emergence of penal policy in Victorian and Edwardian England* (Oxford, 1990).

- Reiner, R. *The politics of the police* (London, 1992).

- Robb, G. *White-collar crime in modern England* (Cambridge, 1992).

- Samuel, R. *East End underworld* (London, 1981).

- Steedman, C. *Policing the Victorian community* (London, 1984).

- Stevenson, J. & R. Quinault *Popular protest and public order* (London, 1974).

- Storch, R. The plague of the Blue Locusts: police reform and popular resistance in northern England, 1840-57. *International Review of Social History* 20, 1975, pp. 61-90.

- Thompson, F. M. L. Social control in Victorian Britain. *Economic History Review*, 1981, pp. 189-208.

- Weinberger, B. The police and the public in mid nineteenth-century Warwickshire. In *Policing and punishment in nineteenth-century Britain*, V. Bailey (ed.) (London, 1981), pp. 65-93.

- Wiener, M. J. *Reconstructing the criminal: culture, law and policy in England 1830-1914* (Oxford, 1990).

- Zedner, L. *Women, crime and custody in Victorian England* (Oxford, 1991).

書誌追加分

　私の『マーヴェル書簡集』(松柏社、)および『「リハーサル」散文版』(松柏社、)の略書誌にあげた文献はいずれも、17世紀を中心とする事柄を理解するうえで、なんらかの形で有用でした。17世紀に関する事柄については、そちらをご利用ください。17世紀もしくはスチュアート朝の前後の時代については、まだこの領域で書誌と称するほどのものを独自に作るだけの蓄積が、訳注者にありません。ここにあげるのは、必要に迫られてあれこれと利用した文献のうち、原書書誌に現れないものです。

- Brown, James. *Gamlingay. Six hundred years of life in an English village* (Cassell, 1989).

- Chandler, J. A. *Local government today* (Manchester University Press, 1996).

- Cosman, Madelein Pelner. *Medieval Holidays & Festivals* (Susan P. Urstadt Inc., 1981). 加藤恭子／山田敏子訳『ヨーロッパの祝祭典』(原書房、 1986年)として邦訳出版されています。

- Cross, F. L.(ed.). *The Oxford Dictionary of the Christian Church*, revised edn. (Oxford Univeersity Press, 1974).

- Eastwood, David. *Governing Rural England: Tradition and Transformation in Local Government 1780-1840* (Clarendon Press, 1994).

- Eastwood, David. *Government and Community in the English Provinces* (Macmillan, 1997).

- Humphries, Stephen. *Hooligans or Rebels? An Oral History of Working-Class Childhood and Youth 1889-1939* (Basil Blackwell, 1981). S. ハンフリーズ『大英帝国の子供たち』(拓殖書房新社、1990年) として邦訳出版されています。

- Hurnard, Naomi D. *The King's Pardon for Homicide before AD1307* (Clarendon Press, 1969).

- Hutton, Ronald. *the Rise and Fall of Merry England, the Ritual Year 1400-1700* (Oxford University Press, 1994).

- Lennard, Reginald. *Rural England 1086-1135. A Study of Social and Agrarian Conditions* (Clarendon Press, 1959).

- Marcombe, David. *English Small Town Life. Retford 1520-1642* (University of Nottingham Press, 1993).

- McCord, Norman. *British History 1815-1906* (Oxford University Press, 1991).

- Mingay, G. E.(ed.). *The Unquiet Countryside* (Routledge, 1989).

- Sharpe, J. A. *Crime and the Law in English Satirical Prints 1600-1832* (Chadwick-Healey, 1986).

- Taylor, David. *The new police in nineteenth-century England: crime, conflict and control* (Manchester University Press, 1997).

なお、我が国の明治以降の警察制度のことが気になったのですが、これについては、同僚でもある畏友永山正男教授（政治学）から、大日方純夫『日本近代国家の成立と警察』（校倉書房、1992年）をご教示いただき、とてもよい勉強になりました。ここに記して感謝を捧げる次第です。

各種索引

索引・法律法案など

王位継承法 (1701 年) 120
解剖法 (1832 年) 205
外国人法 (1905 年) 341
街灯および警備法 (1833 年) 225
街頭犯罪法 (1959 年) 305,309
家族法 32
合邦法 (1536 年) 110
監獄手数料廃止法 247
監獄法 259,347
監獄法 (1779 年) 140
監獄法 (1823 年) 260
監獄法 (1865 年) 347
監獄法 (1898 年) 359
危険薬物法 (1923) 314
救貧法 54,90,103,107
　　　　　123,175,185,189-9,218
　　　　　230, 240, 246,266,365
救貧法 (1601 年) 93
教育立法 357
共同謀議法 173
警察法 319
警察法 (1890 年) 322
刑事裁判権法 (1879 年) 362
刑事裁判法 (1885 年) 337
刑事裁判法 (1948 年) 367
刑事司法運用法 (1914 年) 362
刑事司法法 (1991 年) 379
刑法修正法 (1885 年) 310
現金納付法 (1935 年) 371
公共秩序法 (1936 年) 342
国家防衛法 342
国民保険法 (1911 年) 324
穀物法 (1815 年) 170
雇用関係法 (1867 年廃止) 340
婚姻事件法 (1878 年) 336

妻女虐待法 (1882 年) 213
妻女扶養法 (1886 年) 336
事前認可制法 (1872 年) 297
事前認可制法 (1902 年) 336
児童法 (1908 年) 336,358
自治体法 178
州および自治都市警察法 (1856 年)
　　　　　　　　........... 271,358
首都警察法 225
首都警察法 (1829 年) 223
巡回裁判法 26
常習的酩酊法 (1898 年) 363
常習犯法 191
職能別組合法 (1871 年) 187
食品劣化法 204
職人及び労働者の住居に関する法律
(1863 年) 221
新救貧法 181,228
新警察法案 (1945 年) 343
審査法 178
人身保護法 171
森林法 22
精神欠陥法 364
精神傷害法 314
制定法・監獄統合 (1877 年) 353
政府秘密法 (1911 年) 341
選挙制度改革法案 180
煽動集会禁止法 (1817 年) 171
村落部警察法 (1839 年) .. 198,228-9
大救貧法 119
デモ禁止令 (1931 年) 342
伝染病法 304
統合法 178
涜職法 (1883) 187
毒物および薬物法 (1868 年) 313
都市警察条項法 225
都市自治体法 225,229

都市自治体法 (1835 年) 224
馬券および賭博法 (1960 年) 309
馬券売場法 (1835 年) 306
馬券法 306
反逆罪裁判法案 (1696 年) 120
秘密投票法（1872 年）........ 187
浮浪者取締法 (1824 年) 300-1
浮浪者取締法 (1898 年) 310
暴動法 179
防犯法 358
保護観察法 (1907 年) 363
ミドルセックス警察法 221
ミドルセックス裁判所法 105
民事法 31
ラブーシャ修正条項 310
略式裁判（既婚婦人）法 336
略式裁判法 (1879 年) 337
六箇法 (1819 年) 177

索引・固有名詞

固有名詞で始まる施設・組織・事件も一部含む。

アードレイ、ジョン（窃盗犯） 254
アイルランド 40,112
　　　　　　178,194-5,349,384
アイルランド王立警察 224
アイルランド特別部 340
アクスブリッジ 156
アクスブリッジ伯爵 153,157-8
アクトンホール炭坑 341
アスコット 307
アスコリ、デヴィッド 330
アダムズ、ジョン 98
アップルガース、ジョン 95
アメリカ 108,134,136,208
アリス・ホルトの森 150
アルカトラズ 345
アルゼンチン 345
アングルシー 148
アン女王 90,113,149

イーストエンド 279-80
イーデン 259
イグナチェフ、マイケル ... 261,346
イニス、ジョアナ 136
イネの王 21
イプスウィッチ 99
インスキップ、ジョン（窃盗犯）
　　　　　　　　　　　　　253
インド 328
ヴァンクーヴァー、チャールズ.149
ヴィクトリア女王 ... 245,273-4,280
ウィリアム征服王 23-4
ウィルコックス.78 ウィルソン、エドワード（詐欺師）.......... 111
ウィルトシャー 64,143
ヴィンセント、ハワード（法廷弁護士）................330,341
ウィンタトン 149
ウィンチェスター 44
ウィンチェスター主教 83
ウィンチルシー 59
ウィンブルドン 173
ウースター 180
ウースターシャー 89
ウェイクフィールド 78
ウェインバーガー、バーバラ ... 319
ウェールズ 17,38,40
　　　　　58,98,101,110-2,119,276
　　　　　282-3,292,319,375-6,378
ウェールズ王子領 87
ウェールズ評議会 59,87
ウェストミンスター 14,27,33
　　　　　42-9, 54-55, 59-60,91,98
　　　　　103,105,113,124,178,223
ウェストモーランド 87,101
ウェズレー、ジョン 138,182
ウェッジウッド、ジョサイア ... 165
ウェッジウッド大佐（議員）... 187
ウェッジウッド二世、ジョサイア
　　　　　　　　　　　　　222
ウェッブ夫妻 251

索引　　　　　　　　391

ウェリントン公爵............180
ウェンロック、リース（村の小悪党）........................118
ウォーカー、ウィリアム.......371
ウォード、トマス...........69-70
ウォームウッドスクラブズ監獄
　　...........................345
ウォールストリート............289
ウォッツ師、アイザック........156
ウォッピング..................221
ウォリス、ウィリアム...........68
ウォリングフォード............106
ウォルヴァハンプトン..........154
ウォルサム＝アポン＝ウォード（村）........................115
ウォルター、エイブラム（茶商）
　　...........................144
ウォルポール、スペンサー（内相）
　　...........................186
ウォレン.......................20
ウッド、アイザック（贓物収受屋）........................254
ウッド、トマス（馬方）.........51
ウッド、マシュー（市長）.....113
ウッドフォード、エリザベス（贓物収受屋）..................254
ウルヴァハンプトン.............55
ウルヴァハンプトンの暴動.....188
ウルピアヌス..................376
エヴァースソープ監獄..........368
エガム.........................90
エクゼター.........43,99,146,170
エセックス..57-8,64,67,94,109,129
　　..................137,143,151
エセルスタン（アングロサクソンの王）.......................15
エセルベルト王.................21
エデン、ウィリアム............140
エトルリア....................222
エドワード告白王...............23
エドワード六世.................47

エムズリー、クライヴ.....198,203
　　198,203,221,231,243,261
エムリン、ソロモン............140
エリオッツ、ウォルター（郷士）
　　...........................157
エリザベス一世女王........67,80
　　..................124,126
エリザベス二世女王............379
エリス、ジョージ...............95
エリング荘園..................150
エンゲルス....................200
オーウェル、ジョージ（小説家）
　　...........................301
オーウェン、ジョージ（治安判事）
　　...........................111
オーウェン氏..................243
オーストラリア......251-3,258,268
オーストリア..................230
オールドベイリー..........48,134
オコンネル、ダニエル..........178
オランダ......................297
オルストンフィールド...........72
カーディガンシャー............112
カーディフ....................314
カーディントン................248
カートライト少将、サー・ウィリアム（警察監督官）...........240-1
カーナヴォン卿................347
カーペンタ、メアリ（改革家）
　　..................266,276
カーマーゼンシャー............111
ガーランド、デイヴィッド......346
カウンター監獄.................49
ガフ、リチャード..............118
カンタベリー...............32,61
カンタベリー大主教............153
カンバーランド.............87,188
キール.........................84
キャヴェンディッシュ、ウィリアム（デヴォンシャー公爵）......137
ギャトレル.............233,239

キャノック 62,72-3,75-7,83
キャノックチェース 60,75
　　　　　　　　　153,156-7,375
ギャリー、ウィリアム（歳入官）
　　　　　　　　　　　　..... 145
キャンドルフォード・グリーン . 235
キャンプヒル監獄 368
キャンベル、トマス 151
キング 78
キング、グレゴリー 98
クイーンズベリ卿 310
クーパー、ジョージフ 257
クラーク、ジョージ（警察吏） . 114
クラーク、トマス（牧師） 96
クラーク、ロバート 371
クラーケンウェル 130
グラッドストン 186,359
グラッドストン委員会 360
クラレンドン巡回裁判所 27
グラフトン公爵 228
グランヴィル 31
グランディー、サム 307
グラント、アルバート（犯罪的企業
　家） 285
グリーン、ウォルター 293
グリーン、ロバート 42
グリーンウッド、ジェームズ（判
　事） 203
クリスチャン、エドワード（判事）
　　　　　　　　　　　　..... 193
クリミア戦争 229,304
クレア家（犯罪者家系） 255-6
クレア選挙区 178
グレイ、サー・ジョージ 179,228-30
　　　　　　　　　　　　　　 238
グレート・ウィシュフォード（村）
　　　　　　　　　　　　..... 150
グレートバック、ジョージ（ギャン
　グ） 256
グレートヤーマス 149
グレッグ、H.R. 216

グロヴリーの森 150
クローマー 149
グロズヴナー 185
グロズヴナー・スクウェア 175
グロスターシャー 78,104,111
クロフォード、クロフォード ... 262
クロムウェル、オリヴァー .. 23,119
クロムウェル、トマス 23,83
ケア博士、ノーマン 312
ケープ＝コースト 252
ケトル、リチャード 254
ケンジット、ジョン 188
ケント 53,78,97,110,113,146
　　　　　　　　　　　　275,282
ケント、ジョーン 114-5
コヴェントリ 62,170
コークホーン、パトリック 109
ゴードン卿 185
コープランド、ハナ 257
コーンウォール 149,154,194
コックス、エドワード（判事） . 213
コックバーン、S. 127
コットリル、アイザック（警察署
　長） 238
コニングズビー、トマス（治安判
　事） 101
コルチェスター 151
ゴルトン、フランシス 329
サーペンタイン池 185
サイクス（小説の登場人物） ... 377
サウスベンフリート 768
サクステッド 70
サザック（ロンドンの） .. 42,47,49
　　　　　　　　49,81,105,127,130
サザンプトン 154
サセックス 57,145
サドリア 285
サニッジ 59
サフォーク 113
サマセット 109
サレー 109,116,126

索引

128,133-5,137
サンディス、エドワード（ヨーク大主教）................83
サンドン..................69
シェークスピア.......83,96-7,114
　　　　　　　　　　　　219,320
ジェームズ一世..........123,137
ジェニングズ、ニコラス（偽病人）
　　　　　　　　..................46
シェフィールド大騒動.........186
シスルウッド、アーサー（陰謀家）
　　　　　　　　..................175
シドマス子爵（内務相）.......171
シモンズ、C.T.............329
シャープ博士、J.A.......137,139
シャッフルボサム、ヒュー（偽金作り）......................255
シュルーズベリ........99,114,119
　　　　　　　　　　　　126,132
シュロップシャー.............118
ショー、チャールズ（老ポーター）
　　　　　　　　..................257
ジョージフ（少年囚人）.......251
ジョーンズ..................235
ジョーンズ、サー・トマス（悪徳治安判事）.................111
ジョーンズ、デーヴィッド.....232
小ピット....................170
シンジョン通................130
シンダル....................288
スウィフト、サー・ロバート（知事）..................92
スコットランド........17,110-1,375
スコットランドヤード..98,200,287
　　　　　　　　　　　　326
スタイルズ、ジョン.......148,151
スタッフォード....51,55,60,62,126
　　　　　　　　　　　158,172
スタッフォードシャー.....52-3,55
　　　72, 77, 97,107,147-8,158
　　　174,181,183,185,201,209

227, 237, 244, 253,256-7
スタッフォード監獄.......351,355
スタッフォード博物館.........351
スチュアート朝........79,118,143
スティーヴン、サー・ジェームズ
　　　　　　　　..................243
スティーヴンズ師、J.レイナー 182
スティーヴンソン、ジョン.180,182
スティーヴン王..................25
スティードマン、キャロライン.133
223,226-7,231,236-7,239
ステネット、サミュエル.......248
ステプニー..................115
ストー....................82
ストーク（地名）............254
ストーク、ロバート.......227,233-4
ストーク=オン=トレント..187,243
ストーン（窃盗犯）............254
ストックトン教区..............93
ストックポートの暴動.........188
ストラッフォードシャー.......147
ストランドリヴァーズ..........68
ストリート、ケイトー（陰謀家）
　　　　　　　　..................175
ストンウォード=ウィズイン...114
スネイプ（地元民）............126
スマイルズ、サミュエル......169
　　　　　　　　　　　　199,286
スミス、シドニー.............258
聖ブライド....................46
セントセイバー教区............130
セントマーガレットヒル.......105
ソールズベリ..................150
ソールズベリ主教..............64
ダートムア監獄...263,353,358,367
ダービーシャー................174
ターピン、ディック（大泥棒）.201
ターリング教区...............143
タイバーン....................83
ダウド、マイケル（行商人）...257
タスマニア....................258

ダドリー、キャサリン（贓物収受
　　屋）..................... 255
ダラム 59,87,96,262
タンストール................. 257
チープ監獄................... 81
チェシャイア......... 53,129,184
チェスター...... 53,58-973,109,154
　　　　　　　　　　　　230,371
チェニー..................... 83
チェルムズフォード............ 94
チッピング＝オンガー........ 67-8
チャーター、ダニエル（地元民）
　　........................ 145
チャールズ一世............... 100
チャドウィック、エドウィン
　　.................... 228,250
チャリングクロス 177
デーンロー地域（Danelaw）...... 17
デイヴィーズ、ジョージフ..... 263
ディクソン 320
ディケンズ........ 41,166,371,377
テイラー、J. 163
テイラー、W.C. 224
テイラー、ジョン（牧師）..... 146
テイラー（魔術師）............ 70
デヴォン....... 54,108,124,129,136
デッカー、トマス........... 42,79
デフォー、ダニエル 149
テムズ河................. 105,221
テムズ河警察署.............. 221
デュ＝ケイン、サー・エドマンド
　　　　　　346,348-50,352-3,356
　　　　　　　　359-60, 362, 365-7
テュークスベリ............... 154
デュモン..................... 245
ド＝ヴェイル、トマス......... 105
ドイル、コナン............... 329
トゥウェムロー（判事）....... 256
ドウズ博士（外科医）......... 201
ドーヴァー（地名）.......... 59n
ドーソン、ジェーン（貧民）.... 88

トームズ、ナンシー.......... 213
ドッグベリー............. 97,320
トッテナムコート通......... 185
ドナイグロッキ.............. 165
トムキンス................... 76
トムソン、ベイジル 342
トムリンソン、ジョン 95
トラファルガー広場........... 186
トリスタン、フロラ 248
トルコ 248
トレガロン.................. 112
トロッター、エレノア.......... 97
トンプスン、E.P. 172,177,195
トンプスン、F.L.M. 166-7
トンプスン、フロラ 235
ナポレオン........ 124,166,170,172
　　　　　　　　　　　　249,289
ナポレオン戦争................217
ナンシー（小説の登場人物）...377
ナントウィッチ............... 53
ニコラス、ウィリアム（窃盗被害
　　者）..................... 132
西イングランド............... 101
西インド諸島................ 134
ニュー・モルトン.............. 91
ニューイントン............... 46
ニューキャッスル＝アポン＝タイン
　　........................ 256
ニューキャッスル＝アンダー＝ライ
　　ム 154,222,238,254
ニューキャッスル＝アンダー＝リン
　　........................ 187
ニューゲイト............. 146,244
ニューゲイト監獄......... 248,250
ニューサウスウェールズ... 136,252
　　　　　　　　　　　　　　258
ニューマーケット 307
ニューヨーク................ 262
ノーサンバランド............. 87
ノーザンプトンシャー......... 228
ノーザンプトン巡回裁判所...... 27

索引

ノースアラートン................88
ノーデン、ジョン（監督官）....74
ノーフォーク..................109
ノッティンガム.......170,180,343
ノッティングヒル..............343
ノリッジ.....43,53,99,103,154,159
ハーヴェイ一族..............207-8
パーカー、アリス...............77
パーキンス、ウィリアム（ピューリタン）....................139
バーク、エドマンド............169
バークシャー..................193
パークハースト監獄.........345-6
バークンヘッド................342
ハーシェル、ウィリアム........329
バーズラム................254,256-7
バーソロミューの市.............47
ハーツホーン、ジョン（窃盗犯）................254
ハーディ、トマス..............117
ハーディン、アーサー（元犯罪者）.........279-80,292
ハーディン、アラン..........19,21
ハーディン、ブロードハースト（警察官）....................255
バーデット、サー・フランシス.173
ハードウィック卿..............112
ハートフォードシャー...........57
バートン......................126
バートン＝オン＝トレント.....117
バーナードキャッスル...........96
バーフォード..................154
バーフォード・セント・マーティン（村）........................150
パーマー、イノック（不動産仲介）...................208-10
パーマストン...............229-30
ハーマン、トマス........42,45,49,371,375
バーミンガム......154,170,230,262
ハーランド.....................77

パーレイ.......................69
バーン、W.L...............163-4
バーン、リチャード............102
ハイズ........................59
ハイド........................18
ハイドパーク................185-6
ハイドパーク暴動 (1866)....185-6,340
ハイホルボーン................235
バウマー、サー・ジョン........83
バウマー、レイディ・マーガレット................83
バクストン、トマス・ファウアル............246,250
パジット卿....................148
パターソン、アリグザンダ.365,376
パティンガム...................97
ハドソン、ジョージ（大鉄道起業家）...........285
バトラー、ジョセフィン...233,304
パトリック、メアリ（娼婦）....83
パトリック、リチャード（税関役人）.................146
ハムステッド..................185
ハモンズ夫妻..................169
パリ..........................175
ハリス、トマス.................68
ハリス、ロバート...............88
ハリスン、ロイデン............186
ハリスン（密告者）............146
ハリソン（博士）..............126
バルフォア、ジェイベズ.345-6,350,352-3
ハロビー卿....................175
ハワース、ジョージ（銀行役員）................210
ハワード、ジョン（監獄改良運動家）92,141,248,250-1,259,267,347
ハンガーフォード...............83
ハンサード....................239
ハンズロー・ヒース.........151-2

ハンプシャー.................149-50
ハンブルトン、ハンナ（窃盗犯）
　..................253
ハンレー.......................223
ハンレー（商店主）............253
ヒース、プリシラ（娼婦）.....263
ビーティー、J.M.（教授）.107,116
　　126-7,133,137
ピール、サー・ロバート..106,223
　　260,319,324,352
東アングリア................101,149
東ミッドランド.................172
ビショップ、サー・セシル......146
ヒューズ、エリナー（窃盗犯）.126
ヒューム、ジョージフ（議員）.177
ビリングズ、サミュエル........254
ヒル、ビリー（元ギャング）
　...................280,292
ヒル、マシュー・ダヴェンポート
　（改革家）.................266
ヒルズ、ウィリアム.............69
ファウンシング、ベス（娼婦）..81
ファリントン、ウィリアム（聖職
　者）.......................67-8
フィールディング、サー・ジョン
　..................105
フィールディング、サー・ヘンリー
　.....90,113,116,140
フィールディング兄弟.........220
フィッツハーバート.............102
フィンズベリーコート..........81
フーコー、ミッシェル........346
ブース将軍....................188
フェーギン............41,197,371
フォックス、ジョン（強盗）...255
ブッシャウェイ、R........W.150
フライ、エリザベス（監獄改良運動
　家）...................248,267
ブライアン、ジョージフ（窃盗犯）
　..................254
プライス、リチャード（悪徳治安
　判事）.....................112
プライス、リチャード（牧師）.169
ブライト.....................186
ブライドウェル監獄...........82
ブラウン、ウィリアム........371
ブラウン、トマス（ギャング）.256
ブラクストン（法律学者）.130,259
ブラザートン将軍.............228
ブラックカントリー...........181
ブラッシントン、ウィリアム...257
ブラッド、J.T.（警察署長）...238
ブラッドフォード 111
ブラドネル卿（地主）.........153
フランス.....22,25,59,117,132,150
　　169-70,172,175,188,329
ブランストン（村）............115
ブランドレス、ジェレマイア...175
プリーストリー、ジョージフ
　（化学者）.................170
フリートストリート...........114
ブリストル............43,103,180
プリマス.....................154
フリン、アン（窃盗犯）.......128
ブレイク.....................186
プレイス、フランシス（仕立屋）
　..................177
ブレインツリー　　　　　　151
ブレインリー、セアラ（窃盗犯）
　..................132
プレストン、ウィリアム（偽株券
　発行）.....................286
ブロードムア（監獄）.........364
ヘイ、ダグラス......108,147,197-8
ベイカー、キャサリン..........95
ヘイスティングズ..........59,146
ベイリー、ヴィクター..........188
ベイリー、ジェイムズ（窃盗犯）
　..................254
ベイリー、トマス.(窃盗犯)...253
ヘインズ、ウィリアム（村人）..68
ベーカー、ジョーン............95

索引

ヘクサム（地名）............116
ヘクスト、エドワード（治安判事）
　................109
ベック、アドルフ（誤審被害者）
　............328,352
ベッドフォード................248
ベッドフォードシャー.....235,248
ベッドフォード監獄...........358
ベッドフォード公爵...........153
ペトロウ、スティーヴン.......335
ヘリフォード............100,179
ヘリフォードシャー...........101
ペリン、トマス...............70
ベルグラーヴィア.............185
ベルマン、ジョン（犯罪者）...130
ベンガル....................329
ベンガル警察................329
ベンサム......181,245,249,259-60
ペンシルヴァニア............262
ベンソン....................95
ヘンチフォード、マイケル（小説の登場人物）.........117
ペンドルトン（ランカシャー）.238
ヘンドン....................329
ベントン、ネイサン（窃盗犯）.253
ペントンヴィル..............261
ペントンヴィル監獄...262,353,368
ベンフォード、サミュエル.....174
ペンブルックシャー...........110
ペンブルック伯..............150
ヘンリー、サー・エドワード（首都警察副総監）............329
ヘンリー＝オン＝テムズ........95
ヘンリー一世............23-5,37
ヘンリー二世...............25-7
ヘンリー七世................37
ヘンリー八世................46
ヘンリス....................110
ポイントピューア（少年用施設）
　................252
ボウストリート..........90,105

ボウストリート昼間警邏隊.....223
ボウルトン、ジョージ（ギャング）
　................256
ボーストル監獄........358-9,366-7
ボーストル方式...........279-80
ホーズリー、ホレイショ（元犯罪者）....................287
ポーター、ロイ.............282
ポートランド..............345-6
ポートランド監獄...........353
ホートン、W..............165-6
ホートン、ジョン...........243
ホートン＝ル＝スプリング教区..94
ホームズ、シャーロック.......329
ボール、ジョン..............37
ボストン...................156
ボタニー湾.................136
ボッキング.................151
ホッジズ、エリザベス........89
ボトムリー、ホレイショ（詐欺師）
　................287
ホプキンス、トマス（建築職人）
　................143
ポロック卿（判事）..........209
ホワイト、R.J..............168
ホワイトチャペル...........128
ホワイトヘイヴン...........188
マーゲイト監獄.............204
マーシャル、チャールズ（農夫）
　................153
マーフィー、ウィリアム......188
マーベリー中佐（郵政長官）...183
マクミラン（首相）..........272
マッキントッシュ（改革家）...243
マロー....................102
マンチェスター......72,77,170,174
　.........186,230,258,282
マンチェスター毛布連........174
マンハイム、ハーマン........279
ミッチェル（地元民）........126
ミッドランド............153,158

ミッドル（村）................118
ミドルウィッチ................53
ミドルセックス......44-6,129,140
南アフリカ...................171
ミュア、チャールズ...........306
ミルバンク監獄................260
メアリ女王、チューダー..39,47,77
メイエット、エイチャード（窃盗犯）......................106
メイヒュー.....41,200-1,205-6,291
メイン、サー・リチャード（首都警察長官）...................186
メッシーナ兄弟（ギャング）...292
モールワース委員会...........258
モア、エスター...............101
モーガン、ジョン（桶屋）.....114
ユートクシタ.................238
ヨーク..........43-4,61,87,91,99,111,180,283
ヨークシャー......78,88,92-3,148,228,234
ヨークシャーの反乱............23
ヨーク主教区..................64
ヨーロッパ....281,286,329,342,352
ライ..........................59
ライト、ラルフ（教会役員）....94
ライトウッド、ジョン（密猟者）......................147
ライトソン、キース...........114
ラウントリー.................290
ラジノウィッツ...............230
ラッグルズ＝ブライズ、サー・イヴリン..........346,358-9,365-6
ラッセル卿、ジョン...........180
ラッテンベリ、ジャーク（密輸犯）......................146
ラッド、ネッド（将軍）.......172
ラテラノ公会議................29
ラドロー......................87
ラナークシャー...............184
ラフ・ミュージック...........117

ランカシャー.......78,102,184,234,260,264
ランカスター監獄.............263
ランカスター公爵領............78
ランカスター公爵領大法官......59
ランドー、ノーマン...........113
ランバード、ウィリアム（治安判事）....................53,102
ランプトン監獄...............364
ランベス......................49
リア王........................79
リーグ、ハワード（監獄改革家）......................247
リーダム、デヴィッド（窃盗犯）......................254
リード、チャールズ（小説家）........245,251,371
リヴァーパッド...............371
リヴァプール..154,159,280,314,371
リスター、サミュエル（治安判事）......................111
リチャーズ、W.J.（おとり）..171
リッチェル、ジョージ（助祭）.116
リッチフィールド........55,62,147
リッチフィールド主教座聖堂....62
リッチモンド..................88
リッチモンド公...............146
リュード.....................257
リンカーンシャー.............153
リンカーン主教................83
リンカーン伯.................158
リンドップ、ジェームズ.......256
ルージリ......62,72-3,75-7,83-4,148
ルール、ジョン...............151
レイリー......................70
レイン＝エンド.........253,255
レスター......................99
レスタシャー.................115
レディング監獄...............360
ロイル.......................196
ロウ、アリグザンダ（傷害犯）.254

ローマ 33,61,376
ローマ法 22
ローワン、チャールズ 227
ロシア 230,248
ロチェスター主教 48
ロックデール 216
ロックハート、トマス（殺人被害
  者）...................... 51
ロビンフッド 39,195,377
ロムニー 59
ロムリー（改革家）........... 243
ロルストン報告 315
ロングトン 187,201,207-10
ロンドン 17,39-49,55
    58-60, 81-3, 88, 98,103
    105,108-9,113,115,126-8
    137,140,147, 173-5, 195
    200,203,206,208,287,371
ロンドン労働者協会 182
ワイアット、リチャード（治安判
  事）................... 90,116
ワイアットの乱 47
ワイルド、オスカー 310,360
ワトキンス、ジョン（煉瓦積み職
  人）..................... 143
ワンズワース 130

索引・雑

アイルランド共和国主義者 341
足踏み車（監獄）......... 262,359
足枷刑 246
阿片 312-5
阿片チンキ 312
悪党 40,209
アルコール 314
アルコール中毒 354,364
アングロサクソン 13,24
アングロサクソンの王 15,17
アングロサクソンの刑法 21
アングロサクソンの領主 22
アングロサクソン時代 17-9,22-3

アングロサクソン諸王国 17
アングロサクソン人 13-4,22
異端 47,66-8
維持裁判所 99
一般参事会 99
入り会い地 152-3
飲酒 70,83,88,132,166,188,192
    297-8,212,257,278,283,289,292
飲酒研究会 312
ヴィクトリア朝 105,169,199
    212,275-6,282,287-9
    361,367-8,375-7,379
馬泥棒 40-1,48,127
エールハウス 52,76-7,83
    88-9,95,97,104,113,1143,165
エール検査人 74
営業許可の発行 52
嬰児殺害 45,82,213-4,23,275-6
『絵入りロンドン新聞』........ 206
英国内外学校協会 167
エドワード朝
    273,301,338,368,376
エリザベス朝 .. 42,52,56-8,64,72,77
    102,110-1,119,125,135,375
エリザベス朝人 40
押込み 125,256,272-88,328
横領 208-9,286-7,291
王の街道 16,29
王の司法 33
王の特許状 16
王権州裁判所 73
王座裁判所 27,33,59-60,115
王政復古 37,84,109,134
王立造幣局 327
夫 69,83,95,128,139,211-3,273
恩赦 126-8,134-5
下級判事 30
加重暴行 211
寡婦 116-7
科刑方針 353,365-7
貨幣危機 38

400

過激婦選主義者 (suffragettes) .. 341
過酷な苦痛 55
悔悛 63,80,82
悔悛者 80
海賊 48
開放監獄 253
開放切符制度 253
外国人 16,40,43
街灯 49,103
街道監督官 97
街道税 222
街頭浮浪児 277
隔離制度（監獄） 262
囲い込み 152-3,155-6,158,168
                          179,194-5
枷 46,49,97,123
学校 41,129,157,163,168,191
                      277,358,361,363
カトリック 38-9,52,65,102
                      113,178,188
仮釈放 347
カルトゥジオ会 47
感化院 276
監獄 136,175,252,259
監獄改革 248-9
監獄鑑査委員会 261
監獄規律改善協会 260
監獄暴動 347
監獄理事会 346,359,367-8,376
鑑査官（監獄） 261
監察委員会（監獄） 359
監察員団（監獄） 359
監視委員会 341
看守 146,259,263-4,345,348-50
                      356,359,361
慣習法 19,26
看守長 92
干拓 153,158
姦通 32,80,82,95,130,132
監督官 74
管理型国家 182

管理国家 204
議会 30,39,103,144,152,166,170
                182,194,208,259,350
議会の毎年開催 174
議会外運動 180
祈願節 96
規準一覧表 379
偽証罪 246
貴族 .. 13-4,18,24,30,37,43-4,51,126
義務教育 278
義務教育条項 357
ギャング 145,256,280,292
救世軍暴動 188
救貧税 52,88,101,222,225
救貧法 ... 54,88,93,101,104,119,179
            181, 183, 212,224-5,227-
            8, 234,240,260,300-1,356
救貧法実施官 227
教育 124,140,165,167,170,191
                199,253, 263,277,279-80
                347, 349, 357-9, 366,374
教育機会 374
教育者 167
教化センター 367
教会裁判所 22,32,61-4,67,71-3
            82,84,87,97,100,116,124-5,132
教会法 22,376
教会役員 93-7,100-1
叫喚追跡 106,378
教区 226
教区の役人 99
教区委員 63,65,67
教区会 225-6
教区教会 52
教区視察 61
教区総会 63
教区吏員 94
教護院 357-8
共済会 206-7
共産主義運動 342
共産党 342

索引

矯正院 90,135-6,140
矯正学校 357
矯正授産学校 358
強制徴募 168
共犯者証人 30
禁固刑 243,246
金庫破り 328
禁酒運動 297
近郊諸州 44
近親相姦 95
クウェイカー教徒 210,248,250
首絞め強盗 262,271,347
首締め強盗恐慌 376
熊いじめ 129
組合 178,186-7,209
郡 . . 18-9,26,33,50,58,94,98,101,103
郡裁判所 18-9
鶏姦 252
軽罪 54-5,61,89,94,99,191,275
警察活動 192
警察官 166,363
警察訓練学校 (1907年) 327
警察行動 188
警察裁判所治安判事 213
警察治安判事 221
警察署長 231,238,240
警察同盟 326
警察部隊の創設 182
警察予備役 341
警察吏 94,96-8,105,114-5
刑事 326
刑事控訴院 352
刑事司法 39,50,59,75,78,84
刑事司法運営 30,33,50,52,79
刑事司法機関 54
刑事司法権限 79
刑事司法行動 78
刑事司法制度 33-4,50-1,60,84
378-9
刑事司法体制 58
刑事事件 27,32,59,77,99,287

刑事訴訟 31,75
刑事犯罪 30,33,60,75
刑事部門 329-32
軽窃盗 104,133
競馬場暴動 (1958年) 343
刑罰政策 365,376
警備 103,113,115
警備委員会 224,320
警備責任者 100
警備隊 99-100,114,320
警備隊員 100,113
刑法 11,21-2,27,31,38-9,134
186,197-8,287
刑法委員会 196
けしかけ役 171
決闘裁判 23,29
結婚 81,95,157
検死官 28-9,34,50-1,53,58,92
牽制機能（監獄） 347
賢人会議 16,19,27
コーヴ（隠語） 41
コイン屋（偽金作り） 205
公開処刑（最後の） 244
強姦 25,48,80,82,95,125
130,138,281-2,309
抗議犯罪 191
拘禁施設 46
郷士 90,97,110,116,157,172-3
公式統計 271,360
郷士団 176
絞首刑 30,33,46-8,54,56,83
124,127,135,138-9,256
絞首台 47-8,124-5,127,129
138-9,255
工場 . . 151-2,164-5,168-171,348,359
工場制生産 181
工場労働者 181
郷紳 30,34,37,41,43,51,55
97,157,170
更生 140,243,246,249
256,259,261,263,275,291,347-

　　　　8,357-8,363-4,366-7, 369, 376
更生機能（監獄）............. 347
更生志向..................... 347
公的訴追機関................. 196
強盗....... 26,114,125,192,201,211
　　　　257, 290, 290,292,371-2
強盗行為..................... 247
高等宗務官裁判所...............39
高等法院..................... 363
合同荘園裁判所.................77
公法..........................33
コカイン................... 314-5
戸外就眠..................... 301
「国王と教会」暴動........... 169
国王の治安....................30
国王の訴え....................31
国王の布告....................81
国王への訴え..................24
国王裁判所....................22
国王至上宣誓..................47
国土防衛軍................... 229
国民議会..................... 157
国民協会..................... 167
国民教育制度条項............. 357
国立監獄..................... 261
国立警察大学 (1947)........... 327
五港..........................59
小作......................... 168
小作人........................19
孤児..................... 43,279
乞食..................... 40-1,45-6
国家..... 12,21,28,33,61,80,115,141
　　　　163-5,168-9, 171, 182, 185,189
　　　　191-3,199,204,255,271,273,278
　　　　286,345, 349, 357-8, 361-2,379
国家基準..................... 202
国家裁判所....................24
国家法........................22
国教会........ 38,80,164,166-7,182
国教会離れ................... 166
コモンロー................... 309

小屋住み.... 43,74,143-4,147,152-3
　　　　　　　　　　　164,197
コレラ....................... 214
婚姻前性交.............. 32,80-1,95
婚外性交.................. 81,84
婚約..........................81
最高法官..................... 24-5
サージャント（上級法律家）....55
債務.................. 25,27,205
債務者....................... 205
債務囚人..................... 250
債務地........................32
詐欺............. 111,135-6,205-6
　　　　283-8,328,345,372,374,377
詐欺師....................... 287
罪状認否.................. 56,126
財務府.............. 24-5,27,31,231
裁量.................. 33,321,350
裁量権.................. 194,352
酒場................... 41,206,371
サッカー賭博................. 308
殺人................... 18, 21, 23
　　　　26-8, 39,45,47,50,57,60,90,92
　　　　109,123,125, 138-9, 192,213-4
　　　　244,256,273-6,281, 371-3,375
晒し刑.................... 48,246
晒し台............. 49,82,129-30,213
産業革命....... 159-60,169,192,273
　　　　　　　　　　　284-5,327
斬首...................... 47,83
参事会........................99
サンディカリスト（労働組合至上主
　義者）...................... 185
自衛団..................... 221-2
ジェームズ朝..................42
市議会........................80
四季裁判所........... 45,52,54,56
　　　　54,56,59-60, 71-2,78,84-5
　　　　87-9,91-2,94-6,98-9,103-4
　　　　111, 143,158, 183,209,226
識字試験..................... 326

索引

識字審査.......................125
死刑.....19,21,30,47-8,54,111,123-
　　9,133-6,138,141,158,175,179-
　　80,192,198,205,207,243-6,264
　　274, 281,309,352,372,352,372
自警団.........................172
視察（大主教・主教・大執事の）
　　.......................63-4
視察委員会（監獄）...........347
事実上の陪審....................29
死者の埋葬.....................96
四旬節.........................65
市場監督官....................227
市場監督裁判所.................99
自助努力................167,169,286
私生児...32,52,69,81,84,95,213,217
慈善学校......................156
慈善団体......................300
思想犯.........................38
死体泥棒......................204
自治体参事....................322
自治都市.........16,18-9,26,50,61
　　　　　　　　71,77,98,174
自治都市警察.............322,331
自治都市裁判所........19,71,73,76
　　　　　　　　　　79,84,136
質屋.....................212,253
市長............46,73,99,105,113
執行停止....................126-7
失業.........101,107,118,128,197
　　　　　　　　275,289-90
失業者....................301,342
失業対策......................181
執事（荘園の）........73,77-8,85
シティー..............44,49,81-2
児童虐待......................51
児童虐待防止全国協会........276
自動車......295,299,315-7,328,338
自動車専用道路.................299
児童福祉......................357
慈悲罰金.......................83

私服........................329-30
私服警官....................235-6
私服刑事............236,304,329
私法........................33,71
私法廷.........................71
司法的迫害....................177
市民的自由のための全国協議会.342
指紋..........................329
社会内規制...............165-7,189
若年違法行為者................367
若年犯罪.................358,362
若年犯罪者....................363
若年微罪犯....................368
煮殺...........................48
写真.....................328,332
シャリヴァリ..................117
州.......18-9,24-7,30,33-4,44,50-5
　　57-61,87,90-4,98,101-2,110,112-
3,260-1
収監（訓練と指導）...........140
収監（刑罰形態の一としての）.135
収監（若年者）................356
収監（女性）..................354
収監（少数民族男性）.........376
収監（短期）..................366
収監刑（一般）...123,133,136,140
　　158,179,254,304,309,317,346-7
　　352-3,356,358,361,366,368,376
獣姦.......................80,282
収監刑（規準刑罰としての）...136
収監刑（死刑代替措置としての）
　　..........................141
収監刑（若年者）..............357
収監刑（重労働を伴う）.......140
収監形態（若年者）............358
州監獄.........................91
収監代替措置................362-3
宗教改革...............38-9,61,80
宗教世論調査（1851年）.......166
州警察................323,329,331
重罪.................21-3,28,30,45,52

　　　　　　　54-8, 60, 78, 90, 97,109
　　　　　　　111,116,118, 120, 124-5
　　　　　　　128-9,134-6,139,191,254
州裁判所................ 18-9,50
州参事........................322
自由人...................... 13-9
重窃盗.................. 125,133
10代......... 196,217,275,280,290
州代官.........................24
自由党................ 187,345,363
修道院.........................38
自由党政府....................341
自由土地保有権................147
自由土地保有権者.......... 56,73
十人組..................... 18,74
十人組長................... 74,378
州の判事......................26
自由身分の農民................21
州立監獄.................. 259,261
住宅金融組合.......... 209-10,345
十戒.........................66
重労働......... 135-6,140,143,260
主教.................. 44,51,62-3
主教管区......................62
主教区................... 32,62-4
主教座聖堂参事会..............62
主教座聖堂主任司祭............62
主教裁判所....................62
主席治安官....................53
取得犯罪.....................191
首都警察......... 224,226-7,229,241
　　　　　　　　　　322,329,340
首都警察総監.............. 186,340
首都警察副総監................329
授産学校.................. 276,357
授産拘置所....................46
出仕義務......................22
主任警察官...... 320,325-6,331,333
　　　　　　　　　　　　341-2
狩猟................ 90,147,153,193
巡回裁判......... 26-8,58,112,126

巡回裁判所........... 26,33,54-60
　　　　　　72,74, 78,85,89,91-2,101
　　　　　　101,108,111,113,116,119
　　　　　　124, 127,133, 136-7, 143
　　　　　　177, 209,　244, 209, 244
巡回裁判所判事.................28
巡査............. 324-7,331-5,339
巡査職.......................325
巡査部長............. 325,327,331
巡察裁判官................. 25-6
巡邏............. 100,113,331,374
荘園........................226
荘園裁判所.... 32,60,71-4,76,79-80
　　　　　　　　　　　83-4,93,136
障害児......................217
浄化団................. 222,226
荘官・執行補佐人..............58
召喚状......................335
小警察吏....... 93,96,98,101,114-5
　　　　　　　　　　320,323,331,338
娼館............. 49,81,88,130,201
娼館経営......................80
常習窃盗.....................292
常習的飲酒...................363
常習犯局.....................329
常習犯登録係.................328
情状酌量................. 128,254
少数民族.....................376
小窃盗.................. 192,328
少年.... 41,45,108,251-2,275-6,276
　　　　　　　　　　　356,358,379
少年裁判所............... 275,358
少年犯罪者...................276
少年非行................. 276,279
小陪審........................54
消費税.......................297
娼婦........ 41,49,83,114,201,257
　　　　　　　　　　　　283,304-5
ショヴヘイペニー（ゲーム）..76-7
初期近代...... 38,44-5,49-61,78-87
　　　　　90, 98, 100,102,106-9, 100, 116

索引　　　　　　　　　　　　　　　　　　405

118, 120-1, 123, 127,136,138-41
　　143-4,146,151-2,155-60,375,377
職業的犯罪者................49
贖罪物......................28
職能別組合...........178,186,340
食糧...............153-5,158,168
処刑......47,125,128-9,138-9,170
　　　　　　　　　　　　175,274
女性.......................315
庶民................21,37-8,137
人口......22,38,43-4,58,60,78,93
　　　109,118-20,127,134,150,168
　　　　196,200, 213, 272, 275, 378
人口（ロンドン）..............43
人口過剰...................181
信仰統一....................39
人口動態....................39
新侵奪不動産権回復令状........29
新ダーウィニズム.............360
人頭税.....................37
神判.............19-20,23,26-7,29
人民間訴訟裁判所..............27
人民憲章...................182
人命金......................21
信用詐欺師.................206
審理陪審..................29,56
「スウィング隊長」暴動.......179
枢密院..............58-60,83,101
枢密院通達..................80
スター＝ボウケット方式.......217
ストックポートの暴動........188
ストライキ.........151,178,183,234
　　　　　　　　　　　　340-2
スパイ...............171,175,329
スラム..............276,287,291
掏摸..........41,117,196,201,374
聖域.......................28
請願裁判所...................59
生活妨害....................94
世紀末....................340
正式起訴........58,133,271-3,275

282,292,315,352-3,366,379
青少年..............165,276-7,280
聖職者.........16-8,20-1,32,61,64
　　　67-8,76,94-5,102,116,124,147,170
聖職者特別宥免措置...124-7,134-6
聖職者特別宥免措置非該当.....125
精神病....................264
精神病院................263-4,364
星室裁判所................59-60
生存犯罪...................191
聖体拝領.........64,66-7,94,96
性的虐待...................276
制服警察官................280
聖務補佐員..................94
世界の工場.................206
窃盗...............26,32,49,77,90
　　　108,117,125-7,132-5,287
　　　372, 374,143,149-50,158
　　　202-3,253-5,257,272,282
雪冤宣誓...................19,29
選挙............147,170,178-9,180
選挙区改正.................169
選挙権............156,179,182,186
選挙権資格.................178
選挙民....................178
全国監督官（警察）..........230
全国失業者運動..............342
宣誓供述書.................335
宣誓者.....................20
専制主義...................343
戦争......108,128,150,170,172,197
　　　　　　　　　　　　289,379
全能国家...................163
占有授与....................14
ソーシャルワーカー...........12
贓物収受...........88,254-5,272
素行規制的立法措置..........310
素行不良...........52,93,357,359
訴追..........26,29, 34,38,49,56-9
　　　60,107-8,110,115-6,120-
　　　1, 128, 137, 195-6, 198

　　　　　　　282, 297, 299, 301, 378
訴追のための陪審 29
訴追協会 221
訴追人 137
訴答 23
訴答者 31
相互向上協会 199
捜査 214,274,379
捜査機関 51
相続不動産回復令状 29
総人口 376
速度違反 317
速度制限 316
村落部警察 198,225,228-9
第一次世界大戦 163,189,228
　　　　　　239,299,301,314,342,359
代官 18
大貴族 14
大執事 62-3,85
大執事管区 32,62
大衆的プロテスタント主義 188
大衆反乱 39
大主教 61
大主教管区裁判所 32
大窃盗 192
第二次世界大戦 299,329
大陪審 34,52-6
大反乱 37,72
大不況 301
大不況時代 289
大麻 315
短期収容所 367
男色家 45
ダンス 45,66,68
男性成人普通選挙権 174
治安維持 44,100,168,183,188
　　　　　　　　　　　　211,378
治安維持活動 98
治安維持官 51
治安維持組織 171
治安維持役 378

治安官 53-5,58,74,77-8,83,378
治安監察官 58,96,98,101,114
治安判事 30,34,39,51-3,55
　　58-9, 77, 82, 85,87-92,94,96-105
　　109-16, 135, 170-1,170-1,177,187
　　193,203,199-200,209,215,209,213
　　215,220-1,232, 235-6, 240-1 ,252
　　256, 260, 277,300,304,306-8,316-
　　7, 322, 334-8, 347,351,358,362-3
治安判事（有給）............. 221
治安判事小法廷 87,96,103-4,113
　　　　　　　　　　　　136,226,337
知事 . 18,24-8,30,50,53　58,91-2,97
　　　　　　　　　　　　　　100-1
知事補佐 92
恥辱刑 129-30,132,139
地代 14,38
血の掟 141
地方監獄 352,354-5,360,362,366
地方警察 171,330
チャーティズム 175,180-4,234
　　　　　　　　　　　　　257,340
チューダー朝 40,47,71,79,119
　　　　　　　　　　　　　132,143
中央監獄理事会 347
中央政府 .. 114,173,181,189,260,340
昼間授産学校 357
中国人 376
仲裁 20
中産階級 165-7,176,196,206
中小貴族 14
中世 13-4,30,33,39,50,54
　　　　　　　　61,91,124,141,375-8
中世的国家 16
懲役 345,348,351,356,358,366
調査 26
懲治院 104
懲罰志向 347,355
徴募（兵士の）................ 155
勅撰弁護士 55
直属受封者 22

索引

賃金..38-9,54,116,119,137,147,150
　　　　　　　　　　　　　179,181
賃金労働者.....................202
沈黙方式（監獄）.......267,261-3
追放.......27-30,82,132,134,140-1
通貨偽造.............192,285,327
妻............66,68-9,77,80,83,89
　　　95,139,164,167,211-4,258,273
デーン人........................18
泥酔............65-6,95,137,211
定点立寄り制度..................331
廷吏............53,73,75,91-2,94
敵対関係........................21
鉄道...................216,284,325
鉄道会社...................165,207
鉄道起業家.....................285
鉄道事業詐欺...................287
鉄道旅行.......................298
デモ...........................342
典獄............................92
電報.......................307,328
電話............171,306,328,331
闘鶏..........................129
トーリー党....................187
同性愛............95,130,295,356
当然令状作成官.................371
盗賊捕手......................221
盗聴..........................342
当番制度（治安判事の）.....104-5
当番判事詰所..................105
投票資格.............147,174,182
謄本土地所有権者...........43,74
道路......52,93,113,154-5,195,253
毒殺...........................48
独房監禁...262,345,348-50,353,366
ドクシー（隠語の）............42
特別陪審.......................54
特別部........................341
都市区.....222,224-5,228-31,238-9
　　　　　　　　　　　　241-2,248
土地 13-4,16,18,22-3,25,27,29,38,56

　　　　72-3,134,148,153,173,194
土地からの追放.................75
土地の授与....................14
土地の没収....................75
土地の利用形態...............195
土地所有...................14,19
土地所有と個人................14
土地保有態様...............22,38
ドッグレース..................308
特権.......................16,19
把手回し（監獄）............359
徒弟......41,44,101,113,135,164-5
　　　　　　　　　　　205,252,276
賭博.....41,76-7,83,88,130,165,206
　　　　210,212,278,295,309,377
度量衡検査官..................227
奴隷............13,17,19,22,129,213
泥棒....88,201,272,292,371-2,377
内戦......25,39,58,101,110,178
内務省......259,327,340-1,350,378
内務省刑事委員会.............330
難破物取得...............148-9,194
20代..................196,280
偽金.....................126,148
偽金作り....................328
偽病人........................46
日曜学校.....................199
日曜日暴動...................185
ニッパー（隠語）.............41
妊婦特別宥免措置.............127
盗み取り....................148
年金.......................322-5
年書.........................31
農奴.........................20
ノミ屋................306,308,335
ノミ行為...................307-8
ノルマンフランス語............23
ノルマン征服........22,29,33,71
廃船監獄........248,251-2,256,259
売春..49,81,83-4,201,282-3,293,295
　　　　　　　　　　　302,354,374

賠償 21,75,204,210
陪審 19-20,28-9,32,34,44,51,53-
　　　5,72-4,76-7,83, 91,94,97,109
　　　126-8,133,177,209,264,378-9
陪審（検死） 34
陪審（審理） 34,52-3,56,94
陪審（地元の） 26
パイプ・ロウル 24-5
白人奴隷 305
馬券買い 307
橋 52,124
罰金 32-3,73-7,84,88,91-2
　　　114,123,128,136-7,148
　　　158, 204, 317,362,366
罰金額 75
罰金刑 136,247
パノプティコン（監獄案） 259
パブ 116,211-2,299,306,317
パブリックスクール 347,358-9
破門 63-4,94,132
パリ警視庁 330
反カトリック 102
反カトリック暴動 188
反がらくた運動 181
反逆 47,55-6,59,123,139
反逆罪 47,139
犯罪記録局 329
犯罪者階級 197-9,287,291
犯罪発生率 .. 49,108,289-90,360,376
反乱 37,47,59,72,257
非禁固刑 246-7
非国教徒 52,169-70,345
非収監刑 368
非収監判決 378
非常事態宣言 171
秘跡 64
ピータールー 176-7
羊泥棒 125,127
秘密情報局 341
ピューリタニズム 119-20
ピューリタン 49,80,119-20,139

評点制度（監獄） 348-9
病人 64,96
貧民 39,113,146,158,200,202
　　　　　　　　　　　　291,357
貧民街 342,353
貧民学校 199
貧民監督官 .. 81,88,93,96-7,101,179
貧民救済制度 164
貧民窟 193
夫婦 69,89
フェニアン運動 264,341,346
フェニアン団 225
不況 118,159,181,197,263
　　　　　　　　275,289-90,379
不景気 180,289
不動産復帰 56
普通選挙権 157,182
物価 38,100,108,119,154,288
復活祭 72,94
フットボール暴動 271
福祉 165,358,360-1,374
福祉活動家 367
福祉制度 363
不法な身体的接触 137
不法妨害調査官 227
プラット（隠語の） 42
浮浪 295,300-1
浮浪児 202,279-80
浮浪者 40,46-8,52,76,90,93
　　　　　　97,104,118,132,135,300
プラグ＝プロット暴動 . 223,238,257
フランス革命 169
フランス人 176
プロテスタント 38-9,188,349
プロテスタント真実協会 188
プロテスタント非国教徒 178
焚刑 47-8,83,139
兵士 47,108,128,155,168,172-3
176,278
平穏侵害 52
平穏侵害罪 32,76,143

索引

ペテン師 201,206
弁護士 12,120,286
ペントリック革命 174
ボーア戦争 278
ホイッグ党 176-7,180,346
放火 124,152,179,192,372
法学院 31,43
封建的付随条件収入管理官 53
謀殺 125
法喪失 50
封土 14
法と秩序 25,46,275,288,291,373
暴行 77-8,104,114,117,130
　　　136-7,152,213,254,273,278
　　　185,192,211,281-2,288,309
暴動 60,101,153-6,158
　168, 170, 172-3,178-80,183,185-6
　188,192,257,340,257,340,367,376
法律家 31,53-4,191
法律書 31,102
暴力 34,39,50,69,114
　　　129, 152-3,170,174-5,177-8
　　　180-1, 183-4,186-7,192,194
　　　211-4,262,273,276,278,281-
　　　3,287, 289,350,371-2,374-5
暴力犯罪 197
放浪者 38,96,101
北部評議会 59,87
補欠選挙 178
保護監察 12,253,362-3,366
保守党 378
補導学校 357
ホワイトカラー 264,284-5,287
　　　　　　　　　　　　308,350
マイハダ作り（監獄）......... 348
マクノートン原則 364
魔術 57,66,70,125
魔術師 69,70
魔女 45,66,120
麻薬 41,145,271,295,312-5
マルクス主義史家 232

マルクス主義者 38
ミクルマス 68,72
未婚の母 43,129
水責椅子 130
密告 100,146,171,330
密輸 144-8,158,194
密猟 77,135,147-8,156,179
　　　　　　　　　　　193-4,205
民事 27,32,50,54-5,71-2,75
　　　　　　　　　　　213,287
民事裁判所 99
民兵隊 111,224
無産階級 316
無政府主義者 341
鞭打 46-9,54,80,123,132-4,143
　　　145,158,213, 246-7,252,349,367
無法者 15,39-40,195,201
無謀運転 295
酩酊 143, 210,214,280,282-3
　　　295,297,299,301,316,334,354,364
酩酊者 300,362
名誉裁判所 22
名誉毀損 310
メソジスト 194,210
物乞い 300-1
モリスダンス 67
モル（隠語の）............. 42
モルヒネ 314-5
焼き印 48,134
焼き鏝 46
遺言 32,62
有産階級 316
優生学 360,365,375
郵便 326
有料道路 155
ユダヤ人 16,43,328,376
ヨーマン 44
ラディズム 172,192
ラテラノ公会議 29
ラテン語 23,73
略式裁判 87,150,271,282-3,297

299,379
リート裁判所 71-2,75,77-9,97
99,114
流言飛語 135
猟場管理人 147-8
領主 ... 14-9,22,26,32-3,38,72,75,77
領主＝家臣関係 19
領主もち 15
領主無し 15
領地管理人 32,157
累犯率 354,359-60
流刑 133-6,141,175,179,184
184,205,229,243-5,251-9
261,264,267,346-7,352-3
劣悪処遇 181
憐憫罰 33,73-4,76-7
労役所 164,169,181,222
235,26,290,347,349,354
労役所入所審査 181
労働者階級 167,169,179-81
186,188,197-200,205-
6,211-2,278, 286,288
290-1307,309,317,345
労働者市場 108,128,153,172,197
労働者貧民 288
労働党 311,343,378
牢屋 21,28,135,205
老齢年金 231
路上徘徊罪 302
和解 20,63,116,137
若者 44-5,108,139,187,257
,275,227-80,284,358,375
若者暴力集団（フーリガン）... 276

本書について

　本書は、『犯罪・刑罰・社会』（松柏社、1998年）の改訂版です。
　同書には、落丁に相当する不具合が発見されましたが、すでに完全な回収が困難と判断されたため、版を改めたものです。同書をお買い求めくださった方は、どうか松柏社までご連絡ください。本書と無料交換させていただきます。

著者・訳注者紹介

John Briggs, Christopher Harrison, Angus McInnes, David Vincent
いずれも英国 Keele University の歴史学スタッフ。
(David Vincent は社会史)。

吉村伸夫（よしむら のぶお）
1947年神戸市生まれ。兵庫県立長田高校、同志社大学文学部英文学科を卒業。同大学院修士課程修了。
夙川学院短期大学英文科講師、鳥取大学教養部講師を経て、現在鳥取大学教育学部教授。
主な業績　『マーヴェル詩集』(山口書店、1989)『マーヴェル書簡集』(松柏社、1995)『「リハーサル」散文版』(松柏社、1997)その他論文多数。

社会と犯罪
Crime and Punishment in England

2003年10月25日　初版発行

訳注者　吉村伸夫
発行者　森　信久
発行所　株式会社　松柏社
〒102-0072　東京都千代田区飯田橋1-6-1
TEL　03 (3230) 4813 (代表)
FAX　03 (3230) 4857
e-mail: info@shohakusha.com

装幀　ペーパーイート
印刷・製本　日経印刷 (株)
ISBN4-7754-0017-7
略号＝1063
©Nobuo Yoshimura 2003

本書を無断で複写・複製することを禁じます。
落丁・乱丁は送料小社負担にてお取り替え致します。